中国石油企业协会
中国石油大学（北京）经济管理学院

成品油与新能源发展报告
蓝皮书
（2022—2023）

王志刚　孙仁金　高潮洪◎主编

石油工业出版社

图书在版编目（CIP）数据

成品油与新能源发展报告蓝皮书. 2022—2023 / 王志刚，孙仁金，高潮洪主编. --北京：石油工业出版社，2023. 4

ISBN 978-7-5183-5967-7

Ⅰ. ①成… Ⅱ. ①王… ②孙… ③高… Ⅲ. ①石油产品－产业发展－研究报告－世界－2022-2023 ②新能源－能源发展－研究报告－世界－2022-2023 Ⅳ. ① F764.1 ② F416.2

中国版本图书馆 CIP 数据核字（2023）第 058258 号

成品油与新能源发展报告蓝皮书（2022—2023）
王志刚　孙仁金　高潮洪　主编

出版发行：石油工业出版社
（北京市朝阳区安华里二区 1 号楼 100011）
网　　址：www.petropub.com
编 辑 部：(010) 64523609　图书营销中心：(010) 64523633
经　　销：全国新华书店
印　　刷：北京中石油彩色印刷有限责任公司

2023 年 4 月第 1 版　2023 年 4 月第 1 次印刷
710 毫米 ×1000 毫米　开本：1/16　印张：20.5
字数：300 千字

定　价：198.00元
（如发现印装质量问题，我社图书营销中心负责调换）

成品油与新能源发展报告蓝皮书

（2022—2023）

编委会

前言
PREFACE

2022年国际政治局势错综复杂，从2月开始的乌克兰危机对国际关系产生了重大影响，相关国家加大了对俄罗斯的制裁力度，引发了欧洲能源危机。西方主要发达国家通货膨胀普遍高企，世界平均消费指数增长8.8%，欧洲消费指数增长7.2%～8.8%，全球通货膨胀率达到21世纪最高水平。受成本推动的通货膨胀、加息抑制的投资和消费需求、供应链的不稳定性、新冠疫情的反复冲击等因素影响，2022年除少数东南亚国家外，世界主流经济体经济增幅都出现大幅回落。

2022年全球范围内因乌克兰危机导致油气资源能源危机，煤炭和石油供需都呈增长状态，但供需存在明显的区域不均衡。因西方国家对俄罗斯的制裁，欧洲积极进行天然气储备，天然气价格飙升后突降，加之暖冬和储备过剩，欧洲天然气需求大幅下降了40%。美西方对俄罗斯石油和成品油的“限价”，重创了世界能源消费信心。为了应对能源供应安全，多国寻求能源供应途径多样化，促进了新能源汽车和自行车需求增长。同时，全世界有超过130多个国家和地区提出了“零碳”或“碳中和”的气候目标，其中具有重要代表性的是欧盟各国严格的能源政策和环保政策，这些政策持续推进新能源产业发展。

2022年，中国经济经受了新冠疫情、乌克兰危机等多重内外部因素的较强冲击，经济在进出口压力下，实现了平稳运行。能源供应较稳定，需求下降较明显，油气需求除航空煤油外，都呈现下降趋势。随着经济政策和“能耗双控”向“碳排放双控”的转换推进，风、光、电、储能、氢能等新能源呈现大幅增长，非化石能源消费比重持续提高。

2023年中国经济将步入复苏通道。中国成品油产量和炼厂开工率将会有明显提高，汽油需求将基本保持稳定，汽油和柴油价格将面临下行压力，航空煤油市场将迎来较快增长。新能源开发利用将迎来新的增长，创新驱动、存储消纳将会进一步提高新能源的利用比率，新能源汽车产销将继续增长。

《成品油与新能源发展报告蓝皮书（2022—2023）》（以下简称《蓝皮书》）的作者主要来自中国石油企业协会、中国石油大学（北京）经济管理学院和主要能源央企相关研究机构及销售公司等单位，该作者团队长期从事石油流通行业的发展研究，具有国内一流和一线的行业专业基础。

《蓝皮书》介绍全球成品油和新能源发展概要、中国成品油和新能源发展情况，并进行国内与国际、国内年度间对比分析，分析全球、中国成品油与新能源行业发展趋势。由中国石油企业协会、中国石油大学（北京）经济管理学院合作共同完成，按年度向全社会公开出版发行。《蓝皮书》秉持高质量、高水准、高品质的理念，突出行业、市场深度分析和需求趋势预测，是全面、及时了解成品油与新能源市场及发展趋势的年度资讯类报告。成品油市场分析主要聚焦汽油、柴油、煤油、加油站以及非油业务；新能源市场分析则聚焦光伏、风能、生物质能、氢能、储能以及新能源汽车的发展。

《蓝皮书》正文和附录的编写人员情况如下：行业环境与政策篇——薛淑莲、胡东欧、邢阳、杨济宁；成品油篇——齐明、彭晨敖、李雪、娄纪鹏、贺盈、姜莹、冯晓丽、钱一晨、邓钰暄、倪好；新能源篇——于楠、毕希、赵振、孙悦、贺美、张涵、李昱萱、赵少琼、孟思琦、郭风、胡启迪、吴金、孙予诺、张心馨、周昕洁、倪好；附录——邓钰暄、石红玲、魏诗惠。

专题篇的编写人员情况如下：战略性氦气资源的利用及建议（刘贵

洲、窦立荣、李鹏宇、周天航、赵勋）；全球新能源发展现状及展望（王海滨）基于多元回归－灰色模型的中国成品油需求预测（冯晓丽、邓钰暄）；航空煤油市场分析与趋势（周昕洁、孙仁金）；绿色金融助推能源低碳转型（齐明）；“双碳”目标下中国可再生能源发展面临的机遇和挑战（毕希）；“双碳”目标下可再生能源发展财政政策研究（胡启迪）；低碳经济视角下中国可再生能源产业政策新动向（郭风）；生物航煤发展的现状、问题与对策（张心馨、孙仁金）；中国加氢站发展现状与战略思考（于楠）。

孙仁金、王志刚和高潮洪负责框架设计，并组织全书编写；孟思琦负责稿件收集和统稿工作；孙仁金、王志刚和高潮洪负责最终统撰与核定。本书撰写过程还得到了众多专家及机构的指导和帮助，在此一并致谢。报告中难免有疏漏之处，恳请读者批评指正。

编委会

2023 年 3 月

目录
CONTENTS

行业环境与政策篇

成品油篇

新能源篇

专题篇

行业环境与政策篇

本篇将从四个方面对国际成品油与新能源环境及中国成品油与新能源行业环境与政策发展进行分析。一是国际政治经济环境特点方面，2022 年乌克兰危机深刻影响着国际政治环境，美西方与俄罗斯的对立加剧了国际政治格局演变，欧洲地缘政治形势严峻，中美关系产生实质性变化。欧洲普遍陷入衰退，美联储 2022 年多次大幅加息，亚太经济在各种不利因素影响下，增长也明显放缓。二是全球能源市场热点及对成品油、新能源的影响方面，乌克兰危机引发的欧洲能源危机，促使国际油价在高位徘徊，且油气上游投资不足。全球节能减排力度加强，新能源市场发展迅速。三是中国经济环境分析与能源市场分析方面，中国经济保持增长，进出口结构持续优化，工业生产稳步恢复，但固定资产投资增速呈现逐步下滑趋势。中国炼油能力不断增强，能源利用效率提升，成品油需求开始迟缓恢复，航空煤油市场需求先行复苏，“双碳”背景下新能源发展空间巨大。四是中国成品油和新能源政策分析与趋势方面，中国成品油政策主要围绕加强市场监管、规范市场运行、促进成品油行业清洁低碳和高质量发展方面，新能源政策主要针对新能源高质量发展、可再生能源发电补贴、新能源产业发展方面。未来，能源革命将深入推进，重点行业低碳转型发展政策将持续深化。

国际成品油和新能源环境

2022 年全球经济随着主要发达国家宣布新冠疫情结束或取消全面防疫措施实现了一定程度的复苏，但变种新冠病毒德尔塔、奥密克戎等的出现对诸多国家经济复苏、全球航空业产生较大冲击。疫情持续反复、乌克兰危机等事件给全球经济和能源行业带来了很大的不稳定、不确定因素。全球成品油与新能源行业受到美西方加大对俄罗斯能源制裁的影响，欧洲爆发了史上最大的能源危机，全球石油价格处于高位，影响了欧洲能源结构转型进程。各国陆续出台了支持政策，保持本国能源供应、价格稳定，全球新能源汽车产业加速发展。

一、2022 年国际政治经济环境特点

2022 年乌克兰危机深刻影响着国际政治环境，由此引发的一系列后续反应不断改变着世界地缘政治格局。同时，世界经济不均衡发展，美国和欧洲严重的通货膨胀、激进的货币政策，以及全球反复的新冠疫情等都影响着世界经济增长。

（一）国际政治环境特点

2022 年发生乌克兰危机，美西方与俄罗斯在乌克兰问题上的对立使地缘政治形势日益紧张，对抗强度在国际政治格局演变中不断加大。当前中美关系紧张不利于全球政治生态平衡。

1. 乌克兰危机加速国际格局演进

2022 年乌克兰危机爆发后，国际上原本合作与竞争并存的局面被打破，对抗成为主要形势，各政治集团对抗强度不断加大。

2. 美国拜登政府对华政策的对抗意味更重

美国对中国全面战略围堵的步伐正在加快，对华提出“综合威慑”。美

国针对中国的压制行动体现在经贸、金融、意识形态、军事科技、地缘政治等领域。一是在经贸领域构建贸易和关税同盟，对中国进行孤立、制裁；二是通过各种方式施压中国企业，甚至威胁要冻结其海外资产；三是制定行业排他性协定，在国际贸易中推行“双重标准”，限制中国高端制造业的发展；四是在台湾问题上挑衅；五是在军事领域遏制中国发展。这些举措严重破坏了全球政治生态平衡，对全球经济发展造成了无法预测的影响。

3. 欧盟地缘局势不稳定

2022 年，欧盟的地缘形势承受着巨大的压力，其主要来自乌克兰危机和伴生而来的能源危机。2022 年之前，俄罗斯和欧盟保持着紧密的贸易联系，俄罗斯为欧盟提供巨量、廉价的能源，欧盟内部的德国和法国则通过增强与俄罗斯的经贸联系保持欧盟对外关系的独立性。但自乌克兰危机爆发以来，欧盟已经逐渐完成与俄罗斯的能源供应脱钩，这给欧盟内部经济发展带来高昂的成本压力，同时乌克兰危机也给欧盟边境造成巨大的安全压力。随着欧盟深度介入乌克兰危机，欧盟内部意见分歧越来越大，同时英、德、法等国经济压力也不断加大，欧洲的地缘形势越来越严峻。

（二）国际经济环境特点

在乌克兰危机和随之而来的能源危机影响下，欧洲普遍陷入衰退，经济持续弱化。2022 年，为抑制美国严重的通货膨胀，美联储多次大幅加息，增加美国经济下行压力。亚太经济虽然在 2022 年初强力反弹，但在各种不利因素影响下，增长也明显放缓。

1. 欧洲多国经济陷入衰退

乌克兰危机爆发使欧盟的执行政策从促进经济发展转换为应对地缘危机，并在安全领域倾注更多财力和物力，严重打乱了欧洲经济复苏计划。欧盟跟随美国对俄罗斯施加了大量制裁，但是能源方面的制裁却有着巨大的反噬效应，使欧洲陷入了能源供应困局，能源供应紧张引发通胀高企、民众生活水平降低、生产成本提高、企业竞争力下降等一系列问题，工业生产和居民生活均受到影响，欧洲经济持续走弱。2022 年 12 月，欧元区通胀率 9.2%，能源价格同比上涨 25.5%，全年平均消费物价指数增长率高达 27.8%。欧元汇率不断下跌，贸易、投资、消费等环节都出现了停滞的问题。

2. 美国的高通胀和加息增加经济下行压力

2022 年美国经济承接着高企的通胀压力。美国遭遇了 40 年以来最严重的通货膨胀，消费者价格指数 CPI 同比涨幅在 6 月达到 9.1% 的峰值后，一直保持在 7% 以上的高位。为抑制通胀，美联储调整其货币政策，短期内多次加息，加大了美国经济衰退的风险。回顾 2022 年，美国经济走势的主要特征是前低后高，实质是“衰退式增长”。在此期间，中国和美国之间科技脱钩甚至经济脱钩的风险都在不断增加，为美国市场传导了巨量的不确定性。另外美国不断收紧融资渠道给全球带来了流动性风险、信用风险和市场风险。总之，通胀、加息、经济总体下行构成了 2022 年美国乃至全球经济的主要特征。

3. 亚太地区经济强劲反弹势头逐步减弱

2022 年初，亚太地区经济保持强劲反弹势头，之后由于新冠疫情在第二季度和第四季度对中国经济的影响和其他不利因素，反弹的趋势不断减弱。据测算，亚太地区 2022 年经济增长率为 2.6%，对比 2021 年的经济增长率 6.1%，增长明显放缓。主要干扰因素有：第一，美国通胀居高不下，美联储收紧货币政策的力度不断加大，导致亚洲的金融环境愈加紧张；第二，乌克兰危机带来紧张的地缘形势，推动大宗商品价格飙升，并一直保持高位，大多数亚洲国家的贸易条件都有所恶化；第三，疫情后一些国家尤其是依赖旅游业的经济体和高债务国，投资水平持续下降，经济增长不足。

二、全球能源市场热点及对成品油、新能源的影响

乌克兰危机在 2022 年不但重新塑造了全球石油贸易格局，而且造成了欧洲的能源危机，使得国际油价在高位徘徊，但油气上游投资不足。2022 年，各国碳减排力度加强，欧盟碳关税法案出台，美国提出气候投资法案，全球新能源汽车产业快速发展。

（一）全球能源市场热点对成品油的影响

1. 乌克兰危机破坏国际油气平衡，全球石油贸易格局重塑

乌克兰危机迫使欧盟逐渐减少对俄罗斯能源的进口，2022 年第三季度俄罗斯能源输入占比已经降至约 15%。欧盟为降低对俄罗斯的能源依赖，付出了巨额成本，同时分散了能源供应国，除挪威天然气占比超过 30% 以外，其他国家均不超过 20%，有效降低了能源供应风险。2022 年俄罗斯天然气出口量较 2021 年下降约 25%，产量减少 12%，其中对苏联加盟共和国以外国家的天然气出口下降了 45.5%；俄罗斯石油产量同比增长 2%，达到 5.35 亿吨，出口量同比增长 7.5%，达到 2.42 亿吨。亚太地区是全球石油消费量最大的地区，石油消费能力保持稳定增长，其中中国是增长的主要动力。自从乌克兰危机爆发，俄罗斯对欧洲能源出口受到很大限制，亚太地区成为未来支撑俄罗斯能源生产的主要市场，印度自俄罗斯的石油进口量已显著增加，中国也仍有空间进一步吸纳俄罗斯的能源出口。

2. 美西方加大对俄能源制裁，全球石油价格处于高位

乌克兰危机发生以来，美国、欧洲和部分其他国家对俄罗斯能源出口进行制裁：2022 年 12 月 2 日，欧盟同意对俄罗斯出口原油设定每桶 60 美元的价格上限，上限保持在较市场价低 5% 的水平；2022 年 12 月 5 日正式禁止进口俄罗斯原油，并从 2023 年 2 月 5 日起禁止进口俄罗斯石油产品。2022 年俄罗斯原油出口继续保持约 7.5% 的增长，天然气出口因俄欧之间天然气基础设施遭破坏等原因减少约 25%。2022 年 3 月国际油价涨至 2008 年以来的最高点，自 6 月中旬开始，油价震荡下跌，到 11 月下旬整体跌至乌克兰危机爆发前的水平。不过受原油供应渠道受限和渠道重整、OPEC 抵住压力坚持减产、需求复苏等一系列因素的影响，以及油气行业投资不足、重视国家能源安全、贸易结构调整和能源转型等因素支撑，2022 年国际油价长期维持高位。

3. 欧洲爆发史上最大能源危机，影响欧洲能源结构转型进程

欧洲能源供需结构性矛盾长期存在。乌克兰危机爆发后，欧盟对俄罗斯进行多轮制裁，俄欧能源共同体破裂叠加北溪管道爆炸，俄罗斯对欧能源供应锐减，欧洲国家能源和电力价格大幅上涨，给该地区带来能源短缺和经济

衰退的重大风险。

欧洲能源危机使得欧洲碳中和进程受挫，能源转型要让位于能源安全。欧洲一些国家面临天然气短缺的威胁，重启了已经关闭的燃煤电厂。根据德国统计局数据，2022 年 7 月至 9 月，德国电网中来自燃煤电厂的电力超过 1/3，达到 36.3%，2021 年同期这一比例为 31.9%。2022 年，欧洲的煤炭、石油等化石燃料消费比重逐渐增加，这无疑会持续影响可再生能源开发利用以及脱碳进程，进而影响其碳中和目标实现。

4. 全球油气上游投资不足及 OPEC+ 减产，全球石油供给进一步下降

2022 年，世界主要经济体响应环保要求，“双碳”导向直接影响能源投资格局；世界各国面临着严重的通胀压力，人工和材料成本不断上涨，抑制了油企的投资热情；以美国为代表的页岩油行业，投资与产出绩效比不断降低，抑制了页岩油投资积极性。以上因素均导致全球油气上游投资持续下滑。

2022 年第三季度全球经济增速逐渐放缓，同时美国释放原油战略储备并多轮加息以抗衡通胀，国际油价呈现缓慢下行的势头。为应对这种局面并促使产油国利益最大化，OPEC+ 采取减产保价措施。油气上游投资不足加上 OPEC+ 减产，使得石油供应进一步下降。

（二）全球能源市场热点对新能源的影响

1. 各国持续出台支持政策，全球新能源及电动汽车产业加速发展

2022 年，在“双碳”气候目标下，多国发布加强新能源汽车发展的指导意见。欧洲议会规定自 2035 年开始在欧盟境内停止销售新的燃油车，德国、英国、挪威、法国、韩国、泰国、印度尼西亚、埃塞俄比亚等政府也纷纷提出助力新能源汽车发展的产业政策。而各国新能源汽车基础设施建设也在持续完善。2022 年，中国充电基础设施数量达到 520 万台，同比增长近 100%，其中，公共充电基础设施增长约 65 万台，累计数量达到 180 万台；私人充电基础设施增长约 190 万台，累计数量超过 340 万台；累计建成 1973 座换电站；公共充电站增加 3.7 万座，保有量达到 11.1 万座。中国计划于 2023 年底前实现具备条件的普通省干线公路服务区（站）能够提供基本充电服务。

全球新能源汽车产业发展已驶入快车道，世界各国将继续合作，加快新

产品新技术的研发运用，加快汽车产业技术转型，加快新能源汽车产业生态发展，以技术创新带动产业持续升级。

随着各国政府越来越多地寻求利用可再生能源的能源安全和气候效益，全球太阳能、风能和其他可再生能源发电的新产能持续增加；据世界能源理事会统计，截至 2022 年 9 月，已有 21 个国家和欧盟委员会制定并公布了氢能战略，增加上游制绿氢规模，拓展低碳氢下游消费及应用，通过政策补贴降低氢能项目投资风险，促进氢能全产业链技术研发，以及氢能行业标准制定等。

2. 气候变化大会各国承诺净零排放，明确能源转型目标

2021 年第 26 届联合国气候变化大会（COP26）结束后，各国就净零排放目标承诺、淘汰化石燃料、全球甲烷承诺、停止森林砍伐协议、气候融资等议题达成协议或共识。为了达成新目标，波恩气候变化大会在 2022 年 6 月 6 日至 16 日召开，讨论自 COP26 上《格拉斯哥气候公约》签署以来，各国气候目标的进展。重点讨论了减缓和适应气候变化、对发展中国家的支持等关键领域的工作，通过经验分享体现发展中国家在应对气候变化方面发挥的重要作用，同时带动其他国家迅速开展更有力度的节能减排行动。

3. 欧盟碳关税法案在争议中出台，可再生能源份额进一步提高

碳边境调节机制（碳关税）是欧盟委员会发布的欧盟绿色政策的一部分，目的是帮助欧盟国家 2030 年二氧化碳排放量降至 1990 年水平的 55%，并到 2050 年实现碳中和目标。此法案的颁布一方面是为了实现严格的气候目标，另一方面是为欧盟绿色投资增加吸引力。因此欧盟委员会、欧盟理事会和欧洲议会于 2022 年 12 月 13 日决定，建立欧盟碳边境调节机制（CBAM，又称碳关税），该机制将于 2023 年 10 月试运行，2026 年全面实施。碳关税锁定的行业主要集中在水泥、电力、化肥、钢铁、铝、有机化学品和塑料等高碳排放和高能源消耗的行业，未来这些进口产品要符合欧盟气候标准。欧盟可根据产品制造过程中温室气体的排放量对进口产品征税，目的在于进一步推动全球减排方略。对于碳关税的实施，各方仍有争议。欧盟内部金属行业组织认为，欧洲的材料价格将会上涨，导致产品竞争力削弱；部分欧盟国家认为，由于碳关税的实施，欧洲的生活成本将不断增加，并导致贸易纠纷，不利于

气候改善。

2022 年欧盟时间 7 月 13 日，欧盟议会通过了提升可再生能源占比的法案修正案，该法案由欧洲议会的工业、研究和能源委员会（ITRE）提交。在克服能源短缺的冲击和局部热点问题的焦虑后，欧盟最终还是将 2030 年可再生能源发展目标提升至 45%。同时，在绿氢、交通、建筑等领域提出了更加明确的要求，以保证可再生能源发展目标切实推进。

4. 美国提出气候投资法案，本土化补贴政策引发争议

2022 年 8 月 7 日，美国通过了有史以来最大的气候投资法案，规模高达 3690 亿美元，旨在为美国气候和清洁能源计划助力，以便实现到 2030 年减少 40% 碳排放的目标。该法案掀起了全球对清洁能源领域的投资热潮。气候投资法案的重点内容覆盖清洁能源制造业，包括太阳能电池板、风力涡轮机、电池、电动汽车、氢气生产以及关键矿物在内的众多细分领域。该法案对可再生能源行业的税收激励措施长达十年，涵盖太阳能、风能等核心领域；此外，还为广大消费者与家庭提供清洁能源补贴，有效刺激市场需求，扩大市场规模。此气候投资法案将对光伏产业进行大力扶持，推动美国光伏产业的发展，从而帮助美国减少对中国光伏供应链的依赖。新能源车方面，电动汽车条款将为消费者提供 7500 美元的税收抵免用于购买新电动汽车；但符合补贴资格的汽车必须在北美组装，电池中的材料和关键矿物必须来自美国或与美国有自由贸易协定的国家。这引起了欧盟的不满，2022 年该地区正经历严重的能源短缺和高位通胀，对于这种可能导致核心技术和资金外流的强制性政策，该地区企业纷纷表示反对。

中国成品油与新能源行业环境与政策

2022年，中国兼顾疫情防控与经济发展，双轮驱动效果显现，为期三年的新冠疫情防控政策在年底进行了实质性调整，经济稳健前行，仍是全球经济增长的主要贡献国之一。成品油需求在2022年末开始迟缓恢复，旅游业逐渐恢复，2022年底国内航线航空煤油消费量实现了正增长，中国新能源汽车发展迅猛，出口欧洲数量增长迅速。展望2023年中国经济将以高质量发展为特点，并在深入推进新型能源体系、支持重点行业领域低碳转型发展等方面推出进一步的政策。

一、2022年中国经济环境分析与能源市场分析

2022年，面对复杂多变的国际环境，中国坚持稳中求进工作总基调，激发市场活力，努力培育创新动力，国民经济在新常态下平稳运行。能源供应相对稳定，需求下降明显，新能源发展取得新进展。

（一）中国经济环境分析

2022年，中国GDP实现增长，供需关系逐步改善，固定资产投资增速呈现逐步下滑趋势。中国进出口规模再创历史新高，结构也在持续优化，民营企业进出口占比提高，多双边经贸合作也取得了积极进展，中国国际收支保持基本平衡，工业生产稳步恢复，全年居民消费价格呈现上涨趋势。

1. GDP同比增加，供需关系逐步改善

根据国家统计局数据显示，2022年国内生产总值（GDP）为1210207亿元，按不变价格计算，同比增长3%，略微超过市场预期。分产业看，第一产业增加值88345亿元，比2021年增长4.1%；第二产业增加值483164亿元，比2021年增长3.8%；第三产业增加值638698亿元，比2021年增长2.3%。

分季度看，一季度国内生产总值同比增长4.8%，二季度增长0.4%，三季

度增长 3.9%，四季度增长 2.9%。四季度国内生产总值与三季度持平。

2022 年经济回稳向好，供需关系逐步改善，市场活力动力增强，就业民生较好保障，国民经济延续稳定恢复态势，社会大局保持稳定。

2. 投资持续上升，对稳增长的支撑作用增强

2022 年，全国固定资产投资（不含农户）572138 亿元，比上年增长 5.1%；其中，民间固定资产投资 310145 亿元，增长 0.9%。

从产业看，第一产业投资 14293 亿元，同比增长 0.2%；第二产业投资 184004 亿元，同比增长 10.3%；第三产业投资 373842 亿元，同比增长 3%。第二产业中，工业投资同比增长 10.3%；其中，采矿业投资增长 4.5%，制造业投资增长 9.1%，高技术产业投资增长 18.9%；其中高技术制造业和高技术服务业投资同比分别增长 22.2%、12.1%。第三产业中，基础设施投资（不含电力、热力、燃气及水生产和供应业）同比增长 9.4%，比 2021 年提高 9 个百分点。全国房地产开发投资 132895 亿元，同比下降 10%。

3. 进出口规模创历史新高，国际收支保持基本平衡

全年货物进出口总额 420678 亿元，比 2021 年增长 7.7%（合 6.3 万亿美元）。在规模合理增长的同时，结构也在持续优化，其中，出口 239654 亿元，增长 10.5%；进口 181024 亿元，增长 4.3%；贸易顺差 58630 亿元。一般贸易进出口增长 11.5%，占进出口总额的比重为 63.7%，比 2021 年提高 2.2 个百分点。民营企业进出口增长 12.9%，占进出口总额的比重为 50.9%，比上年提高 2.3 个百分点。机电产品进出口增长 2.5%，占进出口总额的比重为 49.1%。

多双边经贸合作也取得了积极进展，中国对《区域全面经济伙伴关系协定》（RCEP）贸易伙伴的出口同比增长 17.5%，高于整体增速 7 个百分点。对“一带一路”国家进出口占比达到 32.9%，比 2021 年提升 3.2 个百分点。

中国国际收支保持基本平衡。中国经常账户顺差 1691 亿美元，与 2021 年同期 GDP 之比为 1.9%，继续处于合理均衡区间。其中，国际收支口径的货物贸易顺差 3207 亿美元，同比增长 36%，为历年同期最高值；服务贸易逆差 378 亿美元，同比下降 30%。跨境资本流动保持基本均衡，其中直接投资顺差 749 亿美元。2022 年末国家外汇储备 31277 亿美元，比上年末减少 1225 亿美元，主要受美元指数上涨、主要国家金融资产价格下跌影响。

4. 工业生产稳步恢复，新动能引领作用增强

工业生产稳步恢复，2022 年全国规模以上工业增加值比 2021 年增长 3.6%。分三大门类看，采矿业增加值增长 7.3%，制造业增长 3.0%，电力、热力、燃气及水生产和供应业增长 5.0%。高技术制造业、装备制造业增加值分别增长 7.4%、5.6%，增速分别比规模以上工业高 3.8、2 个百分点。

分经济类型看，国有控股企业增加值增长 3.3%；股份制企业增长 4.8%，外商及港澳台商投资企业下降 1.0%；私营企业增长 2.9%。

分产品看，新能源汽车、移动通信基站设备、工业控制计算机及系统产量分别增长 97.5%、16.3%、15.0%。12 月，规模以上工业增加值同比增长 1.3%，环比增长 0.06%。2022 年，全国规模以上工业企业实现利润总额 84038.5 亿元，同比下降 4%。

新动能引领作用增强，高技术制造业增加值同比增长 9.6%，增速较全部规模以上工业高 6.2 个百分点。产业链供应链修复加快，汽车制造业工业增加值同比增长 6.3%。企业利润恢复加快，规模以上工业企业利润同比增长 0.8%，实现由降转增，41 个工业大类行业中有 21 个行业利润同比增长，行业增长面为 51.2%。

5. 居民消费价格呈现上涨趋势，生产价格涨幅小幅度回落

石油、天然气等能源价格因乌克兰危机而高企，农产品价格也创下二战后新高。由于俄乌农产品在全球占比非常高，如果乌克兰危机持续，农产品价格将很难在短期回落。

全年居民消费价格（CPI）比 2021 年上涨 2.0%。分类别看，食品烟酒价格上涨 2.4%，衣着价格上涨 0.5%，居住价格上涨 0.7%，生活用品及服务价格上涨 1.2%，交通通信价格上涨 5.2%，教育文化娱乐价格上涨 1.8%，医疗保健价格上涨 0.6%，其他用品及服务价格上涨 1.6%。扣除食品和能源价格后的核心 CPI 上涨 0.9%。全年工业生产者出厂价格比 2021 年上涨 4.1%，全年工业生产者购进价格比 2021 年上涨 6.1%。

6. 四大展会吸引全球企业广泛参与，外资准入门槛不断降低

2022 年，中国高水平对外开放不止步。成功举办进博会、广交会、服贸会、消博会；鼓励外商投资产业目录增加，外资准入门槛不断降低；RCEP 正

式实施，持续释放开放红利，自贸区网络布局更加完善；创新平台持续扩围，培育外贸发展新动能。2022 年 7 月，第二届消博会吸引 2800 多个知名品牌参展；9 月，服贸会达成各类成果 1300 余个；10 月，第 132 届广交会上传展品超过 306 万件，创历史新高；11 月，第五届进博会总成交额 735.2 亿美元，同比增长 3.9%。

（二）中国能源市场热点与趋势

乌克兰危机深刻改变着全球能源供应格局和能源市场结构，各国对能源安全的重视程度大幅提升。中国炼油能力不断增强，炼化一体化布局形成，多数炼厂通过调整加工结构优化升级装置，加快转变能源利用方式，大力提升能源利用效率，达到“减油增化”“减油增特”的绿色转型发展。

2022 年末成品油需求开始迟缓恢复，旅游业逐渐恢复，国内航线航空煤油消费量实现了正增长，航煤市场需求先行复苏。在“双碳”背景下，中国油气行业面临诸多挑战，传统的石化能源未来将逐渐失去优势，光伏和风力发电必将有巨大发展空间。

1. 国内炼油能力继续增加，国内炼化一体化布局形成

2017—2022 年，国内炼油能力继续增加，民营炼厂炼油能力增长明显，合计有 1.2 亿吨的一次产能投产，主营炼厂也将有 6850 万吨的一次产能投产。新增产能多数为七大石化产业基地的炼化一体化项目，预计到 2025 年，七大石化基地的炼油产能将占全国总产能的 40%。2023—2030 年，国内预计新增产能将达到 1.23 亿吨。

以七大石化产业基地为主基调的一体化项目陆续投产，恒力石化及浙江石化在 2018 及 2019 年相继投产，盛虹炼化、广东石化也在 2022 年逐步投产。盛虹炼化 1600 万吨炼化一体化项目相关装置已具备投料开车条件，盛虹炼化常减压蒸馏装置一次开车成功。常减压装置开车，意味着炼化全产业链打通也将基本完成。1600 万吨 / 年炼油项目的投产，是国内大型炼化一体化项目的重要一步。初期未在七大石化产业基地规划的山东地区也在顺应一体化趋势，通过整合方式在烟台建设裕龙石化，通过达成意向的 10 家地方炼厂总产能 2720 万吨，按照 1∶1.25 比例裕龙石化获批 2000 万吨炼油一次产能，这也

是从“一油独大”迈向“油化并举”的一大步，预计将在2023年底投产。

2022年华东地区炼油能力激增1600万吨/年。华南地区2022年内有大型炼化一体化项目投产计划，其他规划项目也在快马加鞭进行中，国内炼化一体化布局形成。从各区域规划项目数量上来看，华东、华南、东北的沿海地区仍是大型炼化一体化项目的重点关注地区，其中华东地区由于各方面的优势，未来领衔国内炼化一体化转型的格局不会改变。

2. 中国炼油产业链结构发生较大变化，逐步实现“减油增化”

近五年，中国炼油产业链结构发生了较大变化。由于独立炼厂装置淘汰，2022年常减压、催化裂化、柴油加氢的产能出现负增长。2022年乙烯产能为4683万吨/年，超过美国，位居世界第一。近年来，企业逐步减少汽柴油加氢等装置的项目投资，并加大渣油加氢、加氢裂化装置的投资力度，积极利用渣油加氢、蜡油加氢裂化和催化重整等装置生产调整的灵活性，通过优化装置生产运行参数，提高轻重石脑油及航煤等高附加值产品收率，有效降低企业柴汽产品比例，最终达到“减油增化”及油品质量升级的目的。多数炼厂选择以现有炼油装置为基础，通过调整加工结构、优化升级装置实现“减油增化”“减油增特”的绿色转型发展。

3. 能源危机推升对高碳能源的使用，中国原煤产量大幅增长

2022年，中国煤炭供应增速大于需求增速，供需缺口持续收缩。但乌克兰危机爆发加剧了全球能源危机，带动国际煤炭、天然气等能源价格大幅上涨，国内煤价长期处于高位。

2022年，在煤炭长协保供政策以及产能释放影响下，煤炭企业生产积极性高，叠加铁路运力提升，港口煤炭中转作业增加，带动中国煤炭产量大幅增长。根据国家统计局数据显示，2022年全国生产原煤40.9亿吨，同比增长9.7%。

4. 中国新能源汽车发展迅猛，出口欧洲数量大增

2022年中国新能源汽车生产704.1万辆，销售688.7万辆，出口量大幅增加，中国成为全球第二大汽车出口国。2022年中国制造商在欧洲的新车注册量约为15万辆。中国新能源车企蔚来在德国柏林举办发布活动，宣布开始在德国、荷兰、丹麦、瑞典4国市场提供服务。比亚迪在柏林与德国汽车租赁

公司西克斯特签署一项长期合作协议，为欧洲市场提供新能源汽车租赁服务，共同推动汽车租赁市场电动化转型。

当前欧洲市场对中国新能源汽车的认可，与行业绿色发展趋势、各国环境保护和节能减排目标密不可分。2022 年新能源汽车已占欧洲新车销售量的 20%。中国车企在欧销售的绝大多数产品是插电式混合动力、纯电动等新能源汽车。中国新能源汽车出口至挪威、比利时、英国、德国等市场，成为拉动中国汽车出口增长的重要动力。

在第二十六届联合国气候变化大会（COP26）上，宇通作为公共出行领域“中国制造”的代表受邀参会，携手国际公共交通联会（UITP）、国际知名运营商发起零碳倡议，55 辆宇通纯电动客车在 COP26 期间服务公众出行。在智利，宇通旗舰纯电动客车 T13E 全球首发并实现交付，宇通携手智利政府、客户等共同成立零碳联盟（Team Zero），帮助智利进一步完善城市公交体系，实现绿色公交梦。宇通自 2018 年进入欧洲市场，已累计出口超 2200 辆新能源客车，覆盖波兰、丹麦、法国、芬兰、挪威、英国、意大利、西班牙、葡萄牙、荷兰、保加利亚、冰岛等多个欧洲国家。截至 2022 年底，宇通在全球累计销售新能源客车超 17 万辆，已成为全球范围内最畅销的新能源客车品牌。

5. 中国首个氢能产业中长期规划出炉，提出氢能产业发展目标

2022 年 3 月 23 日，国家发展改革委、国家能源局联合印发《氢能产业发展中长期规划（2021—2035 年）》，明确了氢能源是未来国家能源体系的组成部分，充分发挥氢能清洁低碳特点，推动交通、工业等用能终端和高耗能、高排放行业绿色低碳转型。同时，明确氢能是战略性新兴产业的重点方向，是构建绿色低碳产业体系、打造产业转型升级的新增长点。

在推进氢能多元化应用方面，该规划提出，有序推进交通领域示范应用，重点推进氢燃料电池中重型车辆应用，有序拓展氢燃料电池等新能源客、货汽车市场应用空间，逐步建立燃料电池电动汽车与锂电池纯电动汽车的互补发展模式；积极探索燃料电池在船舶、航空器等领域的应用，推动大型氢能航空器研发，不断扩大交通领域氢能应用市场规模。该规划还明确，“十四五”时期将开展氢能产业创新应用示范工程。在交通领域，将在矿区、港口、工

业园区等区域探索开展氢燃料电池货车运输示范应用；在有条件的地方，可在城市公交车、物流配送车、环卫车等公共服务领域，试点应用燃料电池商用车；探索氢燃料电池在船舶、航空器等领域的示范应用。

6. 明确新型储能市场定位，可独立参与电力市场交易

2022 年 6 月 7 日，国家发展改革委办公厅、国家能源局综合司联合印发《关于进一步推动新型储能参与电力市场和调度运用的通知》。新型储能具有响应快、配置灵活、建设周期短等优势，可在电力运行中发挥顶峰、调峰、调频、爬坡、黑启动等多种作用，是构建新型电力系统的重要组成部分；要建立完善适应储能参与的市场机制，鼓励新型储能自主选择参与电力市场，坚持以市场化方式形成价格，持续完善调度运行机制。

该通知进一步明确了新型储能的市场定位，不仅指出新型储能可作为独立储能参与电力市场，还明确了独立储能的转换条件，为储能独立参与市场运营奠定了基础，也为电源侧配建储能提出了灵活多样的市场模式。该通知同时指出，随着市场建设逐步成熟，鼓励探索同一储能主体可以按照部分容量独立、部分容量联合两种方式同时参与的市场模式；同时，为独立储能参与电网调峰提出了具体的支持措施，明确了储能参与辅助服务费用的承担原则。

（三）国内环境对中国成品油与新能源的影响

国内成品油需求在 2022 年末开始迟缓恢复。旅游业逐渐恢复，2022 年底，国内航线航空煤油消费量实现了正增长，航煤市场需求先行复苏。在“双碳”背景下，中国油气行业面临诸多挑战，传统的石化能源未来将逐渐失去优势，光伏和风力发电必将有巨大发展空间。

1. 中国疫情防控政策逐步放开，成品油需求先降后增

中国经济稳定发展，城镇化建设持续推进，居民收入不断增加，航空出行需求日益增长，民航运输业持续发展，为航煤需求市场增长提供了强力支撑。在改革开放的 40 多年间，中国的航空煤油消费量增长了 140 多倍，已成为全球第二大航空煤油消费国，航空煤油消费也成为中国消费经济的重要组成部分。

2022 年全国大范围疫情暴发之时，汽柴油需求急速下滑，汽油需求下滑尤为明显，航空运输是受影响最大的运输方式，货运量及客运量同比大幅下滑。在疫情得到有效控制的情况下，民航业发展有所回暖。炼厂汽柴油库存呈现上涨趋势，开工率也在成本和库存的双重压力下持续下滑。2022 年，煤油表观消费量 1969.2 万吨，同比下降 39%。

成品油需求在 2022 年末逐渐恢复，但恢复速度比较迟缓。从柴油消费来看，受抗疫期间物流保通保畅政策的影响，全国货运流量的低点率先在 2022 年 12 月 3 日左右出现，最低货运强度较国庆假期后高点的回落幅度在 24% 左右，且此后的恢复更为迟缓。工业用油方面，招银夜光指数显示上海疫情后工业复工情况始终迟缓，开工率在年底小幅回升至 77.7%，但同比来看差距仍有 15.8%，仍处柴油消费淡季。

2022 年 12 月，国内中短途航线需求逐步恢复常态，但国际航空出行仍然受限。航空出行消费量回升，但较疫情前消费水平，仍处于低位。航煤消费量也未达到疫情前水平。

2. 石油仍将是中国主力能源，但能耗能效双控压力不断增大

石油天然气仍将是未来一段时间中国的主力能源，预计在未来 20 年内仍有发展空间。“十四五”末中国原油总消费量将达到 7.8 亿吨，年均增速 2% 左右，“十五五”期间国内石油消费会逐步达峰。而天然气作为低碳化石能源仍将保持较快增长势头。预计 2040 年国内天然气消费量达到峰值约 6500 亿立方米；到 2050 年、2060 年仍有 5000 亿立方米、4000 亿立方米的消费量。从 2022 年情况看，中国天然气消费超 3700 亿立方米，增速超 12%（过去十年复合增长率 7%）。当前国家把初级产品供给保障作为重要战略，要求加大国内资源勘查力度，推动国内油气增储上产。因此，国内油气企业在推进油气增储上产方面仍然大有可为。

在“双碳”背景下，中国油气行业面临诸多挑战。一是需求逐步减缓，预计石油需求在 2030 年前后达峰后下降，天然气需求在 2040 年达峰后下降。二是炼油产能趋于过剩，预计到 2025 年，国内原油一次加工能力控制在 10 亿吨以内，严控新增炼油产能，逐步淘汰中小型炼厂，向大型化基地化转变。三是碳减排压力增大，国家能耗“双控”政策，特别是“两高”项目管控等政策对中下游炼化项目影响较大，部分耗能过大的新上化工项目审批可能会暂缓，部分未达能效基准水平的炼厂或将面临关停整顿风险。四是电能替代竞争日益激烈，随着电动汽车的普及，多个大城市的电动汽车渗透率超过 20%，预计“十四五”末中国新能源汽车将占新车销量的 20%，电气化快速推进将进一步蚕食油气市场份额。

3. 能源转型成为趋势，中国可再生能源发展取得重大突破

当前中国正处于实现“双碳”目标、构建“清洁低碳、安全高效”能源体系的关键时期。中央经济工作会议明确提出，“碳达峰碳中和”工作要加快调整优化产业结构、能源结构，推动煤炭消费尽早达峰，大力发展新能源，由此可见走能源转型和低碳技术创新之路势在必行。

2022 年，中国可再生能源呈现发展速度快、运行质量好、利用水平高、产业竞争力强的良好态势，取得了诸多里程碑式的成绩。2022 年，中国风电、光伏发电新增装机突破 1.2 亿千瓦，创历史新高。2022 年，中国风电、光伏发电量达到 1.19 万亿千瓦时，比 2021 年增加 2073 亿千瓦时，同比增长 21%，接近全国城乡居民生活用电量；可再生能源发电量达到 2.7 万亿千瓦时，占全社会用电量的 31.6%，比 2021 年提高 1.7 个百分点。可再生能源在保障能源供应方面发挥的作用越来越明显，可再生能源新增装机已成为中国电力新增装机的主体。

中国可再生能源重大工程取得重大进展。一是以沙漠、戈壁、荒漠地区为重点的大型风电光伏基地建设进展顺利。第一批 9705 万千瓦基地项目已全面开工，部分已建成投产，第二批基地部分项目陆续开工，第三批基地已形成项目清单。二是水电建设积极推进。白鹤滩水电站 16 台机组全部建成投产，长江干流上的 6 座巨型梯级水电站——乌东德、白鹤滩、溪洛渡、向家坝、三峡、葛洲坝形成世界最大“清洁能源走廊”。三是抽水蓄能建设明显加快。2022 年，全国新核准抽水蓄能项目 48 个，装机 6890 万千瓦，已超过“十三五”时期全部核准规模，全年新投产 880 万千瓦，创历史新高。

二、2022 年中国成品油和新能源政策分析与趋势

2022 年中国成品油政策主要围绕加强市场监管、规范市场运行、促进成

品油行业清洁低碳和高质量发展展开；新能源政策主要针对新能源高质量发展、可再生能源发电补贴、新型储能发展、智能光伏产业发展、氢能产业发展。2023 年预计会在深入推进能源革命、支持重点行业领域低碳转型发展等方面推出进一步的政策。

（一）成品油政策分析

1. 加强市场宏观调控，促进成品油行业高质量发展

2022 年 2 月，国家发展改革委联合 12 部门印发《关于促进工业经济平稳增长的若干政策》，围绕新基建、产业集群培育等一批重大工程项目和产业投资项目落地实施，推动传统产业技术改造，激发了石油化工企业开拓市场的潜力，也为打造行业增长新动力提供了工作抓手。

2022 年 4 月 7 日，国家发展改革委、工信部等部门联合发布《关于“十四五”推动石化化工行业高质量发展的指导意见》，提出到 2050 年石化化工行业基本形成自主创新能力强、结构布局合理、绿色安全低碳的高质量发展格局，高端产品保障能力大幅提高，核心竞争能力明显增强。这对石化化工行业实现高质量、绿色低碳发展具有重要指导意义。

2022 年 6 月 23 日，工信部等 6 部门联合印发《工业能效提升行动计划》，指出重点行业节能提效改造升级重点方向，要求石化化工行业加快原油直接裂解制乙烯、重劣质渣油低碳深加工等推广。坚决遏制高耗能、高排放、低水平项目盲目发展，合理控制煤制油气产能规模，严控新增炼油产能。对工业节能提效做出了整体工作安排，进一步明确了工业节能提效的指导思想、总体目标和重点任务。

2. 实行阶段性价格补贴，成品油市场运行进一步规范

2022 年 6 月 29 日，财政部、国家发展改革委发布《关于做好国际油价触及调控上限后实施阶段性价格补贴有关工作的通知》，提出补贴对象为中华人民共和国境内生产、委托加工和进口汽、柴油的成品油生产经营企业，当国际市场原油价格高于国家规定的成品油价格调控上限（每桶 130 美元）时，对炼油企业实行阶段性价格补贴，政策持续时间暂按两个月掌握，后续如国际市场原油价格继续高于国家规定的成品油价格调控上限，将提前明确相关

调控政策。此项措施一定程度上有助于保障市场供应稳定。

2022 年全国多地出台本地区成品油市场专项整治方案，进一步整顿和规范全区成品油市场经营秩序，严厉打击违法、违规经营成品油行为，加强成品油市场安全生产检查，确保安全经营，保障经营者和消费者的合法权益，针对成品油市场环保监督检查等方面进行重点整治。

3. 推进油气管网互联互通，原油和成品油管网布局继续完善

2022 年 3 月 25 日，国家发展改革委《“十四五”现代综合交通运输体系发展规划》提出加强油气管网高效互联，完善东北、西北、西南和海上四大油气进口通道。加快全国干线天然气管道建设，完善原油、成品油管网布局，推进东北、西北、西南等地区老旧管道隐患治理；推进油气管网互联互通和支线管道建设，扩大市县天然气管道覆盖范围并向具备条件的沿线乡镇辐射；完善多层次道路交通网，科学布局建设加油加气站；健全综合交通运输应急管理体制机制，完善沿海和内河溢油应急设备库，拓展西部陆海新通道国际服务，做优做强保税燃油供应；稳定并完善交通专项资金政策，继续通过成品油税费改革转移支付等渠道支持交通基础设施养护。该规划为石油石化行业发展、油气安全保供指引了方向。

4. 炼化行业清洁化发展落地，油品质量升级落后产能淘汰

2022 年 1 月 30 日，国家发展改革委、国家能源局发布《关于完善能源绿色低碳转型体制机制和政策措施的意见》，提出要从提升油气田清洁高效开采能力，推动炼化行业转型升级，完善油气与地热能以及风能、太阳能等能源资源协同开发机制，持续推动油气管网公平开放并完善接入标准，鼓励传统加油站、加气站建设油气电氢一体化综合交通能源服务站，加强二氧化碳捕集利用与封存技术推广示范，扩大二氧化碳驱油技术应用等方面完善油气清洁高效利用机制；同时要求健全油气供应保障、储备应急体系和区域能源供应监测平台，协调开展跨省跨区的油气输送通道等基础设施和安全体系建设。该意见为石油石化行业绿色低碳转型与发展、油气安全保供指引了方向。

2022 年 3 月 17 日，国家能源局印发《2022 年能源工作指导意见》，提出增强供应保障能力，同时要求提高能源服务水平，统筹安排好煤电油气运保障供应；深入推进成品油质量升级国家专项行动，确保 2023 年 1 月 1 日全国

全面供应国六 B 标准车用汽油；加大能源监管力度，深化油气管网等自然垄断环节监管；坚持加强化石能源清洁高效利用，推动煤炭和新能源优化组合，稳步推进能源绿色低碳发展。

5. 统筹大气污染防治，推动能源清洁低碳转型

2022 年 11 月 14 日，生态环境部等 15 部门发布《深入打好重污染天气消除、臭氧污染防治和柴油货车污染治理攻坚战行动方案》，要求坚决遏制高耗能、高排放、低水平项目盲目发展；提出统筹大气污染防治与“双碳”目标要求，开展大气减污降碳协同增效行动，将标志性战役任务措施与降碳措施一体谋划、一体推进，优化调整产业、能源、运输结构，从源头减少大气污染物和碳排放；推动能源清洁低碳转型，开展分散、低效煤炭综合治理；提升监督执法效能，围绕标志性战役任务措施，精准、高效开展环境监督执法，在油品、煤炭质量、含 VOCs 产品质量、柴油车尾气排放等领域实施多部门联合执法；持续开展环保信用评价，对环保信用等级较低的依法实施失信联合惩戒。本方案对解决人民群众关心的大气环境问题具有重要指导作用。

（二）新能源政策分析

1. 构建新能源高质量发展方案，规范可再生能源发电补贴

2022 年 5 月 14 日，国家发展改革委、国家能源局发布《关于促进新时代新能源高质量发展的实施方案》，在新能源的开发利用模式、加快构建适应新能源占比逐渐提高的新型电力系统、完善新能源项目建设管理、保障新能源发展用地用海需求和财政金融手段支持新能源发展等方面做出全面指引。本方案坚持统筹新能源开发和利用，坚持分布式和集中式并举，突出模式和制度创新，在四个方面提出新能源开发利用的举措，推动全民参与和共享发展。

近年来，中国以风电、光伏发电为代表的新能源发展成效显著，装机规模稳居全球首位，发电量占比稳步提升，成本快速下降，已基本进入平价无补贴发展的新阶段。同时，新能源开发利用仍存在电力系统对大规模高比例新能源接网和消纳的适应性不足、土地资源约束明显等制约因素。2022 年 3 月 24 日，国家发展改革委、国家能源局以及财政部三部委联合下发《关于开展可再生能源发电补贴自查工作的通知》，决定在全国范围内开展可再生能源

发电补贴核查工作，进一步摸清可再生能源发电补贴底数。根据文件要求，自查对象包括电网和发电企业，范围为截至 2021 年 12 月 31 日已并网有补贴需求的全口径可再生能源发电项目，主要为风电、集中式光伏电站以及生物质发电项目。自查内容主要涉及项目合规性、项目规模、项目电量、项目电价、项目补贴资金、项目环境保护。

该通知鼓励和引导企业通过自查主动发现并纠正问题。对于 4 月 15 日前企业自查发现并及时整改的问题，核查时将针对违规部分核减相应补贴资金，免于或从轻追究相关责任；对于部分企业拒不开展自查，或存在信息填报不完整、准确度差、填报信息造假等情形，一经发现确认，将采取暂停补贴资金发放、核减相关补贴资金、上报企业信用不良记录、移出补贴清单等措施，并将相关情况通报组织、监察部门。

2. 推动新型储能技术创新能力建设，全面支撑能源领域“双碳”目标实现

2022 年 3 月 21 日，国家发展改革委、国家能源局联合印发《“十四五”新型储能发展实施方案的通知》，提出到 2025 年，新型储能由商业化初期步入规模化发展阶段，具备大规模商业化应用条件，新型储能技术创新能力显著提高，核心技术装备自主可控水平大幅提升，标准体系基本完善，产业体系日趋完备，市场环境和商业模式基本成熟；到 2030 年，新型储能全面市场化发展，新型储能核心技术装备自主可控，技术创新和产业水平稳居全球前列，市场机制、商业模式、标准体系成熟健全，与电力系统各环节深度融合发展，基本满足构建新型电力系统需求，全面支撑能源领域碳达峰目标如期实现。

新型储能是构建新型电力系统的重要技术和基础装备，是实现碳达峰碳中和目标的重要支撑，也是催生国内能源新业态、抢占国际战略新高地的重要领域。中国部分储能技术完成了从跟跑、并跑到领跑的过渡。《“十四五”新型储能发展实施方案的通知》明确了新型储能独立市场主体地位，推动新型储能参与各类电力市场，避免储能项目难以并网的尴尬，并进一步释放储能的商业价值，激发业主投资储能项目的积极性，从而推动储能市场进入良性发展循环。储能在发电侧、电网侧、用户侧应用也逐步展开。预计到 2025

年左右，储能行业将形成商业化、规模化发展的局面。

3. 构建智能光伏产业生态体系，进一步提升光伏行业智能化水平

2022 年 1 月 5 日，工信部、住建部、交通运输部、农业农村部、国家能源局联合印发《智能光伏产业创新发展行动计划（2021—2025 年）》，提出到 2025 年，光伏行业智能化水平显著提升，产业技术创新取得突破；新型高效太阳能电池量产化转换效率显著提升，形成完善的硅料、硅片、装备、材料、器件等配套能力；智能光伏产业生态体系建设基本完成，与新一代信息技术融合水平逐步深化；智能制造、绿色制造取得明显进展，智能光伏产品供应能力增强；支撑新型电力系统能力显著增强，智能光伏特色应用领域大幅拓展；智能光伏发电系统建设卓有成效，适应电网性能不断增强；在绿色工业、绿色建筑、绿色交通、绿色农业、乡村振兴及其他新型领域应用规模逐步扩大，形成稳定的商业运营模式，有效满足多场景大规模应用需求；以构建智能光伏产业生态体系为目标，坚持市场主导、政府支持，坚持创新驱动、产融结合，坚持协同施策、分步推进。把握数字经济发展趋势和规律，引导产业规范发展，鼓励智能光伏行业应用，有利于促进中国光伏产业持续迈向全球价值链中高端。

中国的能源结构正在加速转型中，由以化石能源为主逐步向风力、光伏和水电等清洁能源转换。光伏产业蕴藏着巨大的市场空间。截至 2022 年底，中国光伏累计并网装机规模为 392.04 吉瓦。大力发展光伏产业是实现“双碳”目标的必要选择。

4. 完善氢能产业发展制度，促进氢能产业高质量发展

氢能是未来国家能源体系的重要组成部分。应充分发挥氢能作为可再生能源规模化高效利用的重要载体作用及其大规模、长周期储能优势，促进异质能源跨地域和跨季节优化配置，推动氢能、电能和热能系统融合，促进形成多元互补融合的现代能源供应体系。

全球氢能均处在发展起步期。为助力实现碳达峰碳中和目标，深入推进能源生产和消费革命，促进氢能产业高质量发展，2022 年 3 月 23 日，国家发展改革委和国家能源局联合发布《氢能产业发展中长期规划（2021—2035 年）》，首次明确了氢能是未来国家能源体系的重要组成部分，确定可再生能

源制氢是主要发展方向，充分展现国家层面对氢能产业的重视；同时，明确氢能是战略性新兴产业的重点方向，是构建绿色低碳产业体系、打造产业转型升级的新增长点。该规划提出到 2025 年，形成较为完善的氢能产业发展制度政策环境，产业创新能力显著提高，基本掌握核心技术和制造工艺，初步建立较为完整的供应链和产业体系；氢能示范应用取得明显成效，清洁能源制氢及氢能储运技术取得较大进展，市场竞争力大幅提升，初步建立以工业副产氢和可再生能源制氢就近利用为主的氢能供应体系。

5. 新能源汽车获政策支持，市场渗透率持续攀升

2022 年，中国全年新能源汽车产销分别实现 705.8 万辆和 688.7 万辆，同比分别增长 96.9% 和 93.4%，产销总量连续 8 年位居世界首位。自实施《节能与新能源汽车产业发展规划》以来，中国新能源汽车销售的年均复合增长率达 87%，累计推广新能源汽车达 1596 万辆。中国成为全球汽车产业电动化转型的重要引导力量。

为支持新能源汽车产业发展，促进汽车消费，财政部、工信部、国家税务总局于 2022 年 9 月联合发布《关于延续新能源汽车免征车辆购置税政策公告》，对购置日期在 2023 年 1 月 1 日至 2023 年 12 月 31 日期间内的新能源汽车，免征车辆购置税。根据该公告，列入《免征车辆购置税的新能源汽车车型目录》的纯电动汽车、插电式混合动力（含增程式）汽车、燃料电池汽车，属于符合免税条件的新能源汽车。

2023 年 1 月 30 日，工信部等 8 部门联合印发了《关于组织开展公共领域车辆全面电动化先行区试点工作的通知》，开展公共领域车辆全面电动化先行区试点，进一步提升公务用车、出租车、邮政快递、环卫等领域车辆的电动化水平。发布新能源汽车车购税减免等接续政策，修订发布“双积分”管理办法，稳定市场预期。

（三）“双碳”目标下成品油与新能源政策趋势分析

1. 将进一步完善成品油行业监管，完善成品油市场机制

在“双碳”目标、消费需求、炼厂转型等因素的共同作用下，国内成品油产量增速放缓，成品油过剩和出口压力也将有所缓解，成品油出口大幅下

降。2022年，中国进一步完善成品油行业监管，强化成品油生产环节税收监管，以原料、装置确定企业应税油品收率，掌握企业合理税负区间；实施缴纳消费税额与进口原油配额联动监管，按照行业平均收率测算并核定下一年度的原油进口和使用配额；定期对地方炼厂进口原油的实物流、资金流、票据流进行监管核查，堵塞偷逃税款行为。

强化成品油流通环节税收监管，建立成品油市场监管常态机制，严厉打击走私和非法经营行为，加大对偷逃税企业及个人的司法惩处力度；完善进口产品税收管理相关制度，开展各类变换税则号、品名等逃税行为的专项整治行动，明确对进口稀释沥青、轻循环油和混合芳烃征收消费税；强化社会加油站税收监管，加装加油站智能税控系统，对加油站的进货、销售进行在线实时监测，防止地方炼厂逃税油品通过社会加油站流入成品油市场；研究制定“互联网+税收”征管办法，并与税务监管部门实现实时互联互通。

推进消费税分配体制改革，落实中央关于“健全地方税体系”“深化税收征管制度改革”部署，及“后移消费税征收环节并稳步下划地方”安排，将成品油消费税改为中央地方共享税，同时将成品油消费税征收由生产环节后移至批发或零售环节，实现税收在地区之间的合理分配，营造公平的成品油市场竞争环境。完善从生产、进出口、流通到消费的全流程追踪监管系统，以完善全产业链统计为基础，以提升税收治理技术和能力为支撑，以中央各部门和地方政府联合管控为保障，以推进成品油价格市场化为动力，全面提高炼油与销售全产业链监管水平，推动产业升级，保障能源安全。

2. 将进一步制定节能减排政策，深入推进能源结构转型

2022年5月30日，财政部印发《财政支持做好碳达峰碳中和工作的意见》，作为构建碳达峰碳中和“1+N”政策体系有机组成，针对6大重点支持领域提出5项财政措施。下一步，各级财政部门将按照相关指示和要求，充分发挥财政职能作用，推动如期实现“双碳”目标，包括优化清洁能源支持政策；大力发展新能源汽车，加大交通基础设施投入；完善循环经济发展体系，促进再生资源回收行业健康发展；支持完善绿色低碳市场体系，推动全国碳排放权交易市场建设。财政政策措施方面，强化财政资金支持引导作用；设立国家低碳转型基金，支持传统产业和资源富集地区绿色转型；发挥税收政策激励约束作用，研究支持碳减排相关税收政策；完善政府绿色采购政策，带动绿色制造厂商发展。

2022 年 10 月 9 日，国家能源局发布《能源碳达峰碳中和标准化提升行动计划》，提出到 2030 年建立起结构优化、先进合理的能源标准体系，能源标准与技术创新和产业转型紧密协同发展，能源标准化有力支撑和保障能源领域实现碳达峰碳中和。实现“双碳”目标是一场广泛而深刻的经济社会系统性变革，立足中国能源资源禀赋，坚持先立后破，有计划分步骤实施碳达峰行动。完善能源消耗总量和强度调控，重点控制化石能源消费，逐步转向碳排放总量和强度“双控”制度。推动能源清洁低碳高效利用，推进工业、建筑、交通等领域清洁低碳转型；深入推进能源革命，加强煤炭清洁高效利用，加大油气资源勘探开发和增储上产力度，加快规划建设新型能源体系，统筹水电开发和生态保护，积极安全有序发展核电，加强能源产供储销体系建设，确保能源安全；完善碳排放统计核算制度，健全碳排放权市场交易制度，提升生态系统碳汇能力；积极参与应对气候变化全球治理。

3. 将进一步落实支持重点行业领域绿色低碳转型，促进可再生能源发展

2022年11月2日，为落实《“十四五”节能减排综合工作方案》有关要求，完善能源消耗总量和强度调控，国家发展改革委、国家统计局联合公布《关于进一步做好原料用能不纳入能源消费总量控制有关工作的通知》。该通知作为完善能源消费强度和总量双控制度的重要举措，从 5 个方面对新增可再生能源消费不纳入能源消费总量控制有关工作提出要求，对推动能源清洁低碳转型、保障高质量发展合理用能需求具有重要意义。可再生能源发电和利用具有可再生、清洁、低碳的特点，新增可再生能源和原料用能消费不纳入能源消费总量控制，将推动新增可再生能源消费量作为促进经济社会高质量发展的重要支撑和保障，有利于更加准确反映能源利用实际情况，有利于为经济社会发展提供充足用能空间。未来将出台更具体的政策要求，落实支持重点行业领域绿色低碳转型，有利于针对性地采取节能降碳措施，促进可再生能源发展。

4. 将进一步促进充电基础设施建设，助力新能源汽车产业健康发展

充电基础设施是促进新能源汽车产业健康发展的重要保障，也是服务和改善民生、实现“双碳”目标的重要组成部分，对促进中国能源、交通领域清洁低碳转型具有重要意义。为全面贯彻落实《国务院办公厅关于印发新能源汽车产业发展规划（2021—2035年）的通知》，国家能源局会同有关部门相继出台了《关于进一步提升电动汽车充电基础设施服务保障能力的实施意见》《加快推进公路沿线充电基础设施建设行动方案》等一系列政策措施。在此基础上，未来会进一步推出针对居住社区、公路沿线、内部停车场等充电设施建设的具体政策，以继续提升充电基础设施服务保障能力。

5. 落实能源安全新战略，将进一步推动建立新型储能行业管理体系

国家能源局认真贯彻落实“四个革命、一个合作”能源安全新战略，锚定“双碳”目标，大力加强新型储能行业宏观引导，促进产业规模快速发展，带动技术创新多元化。国家能源局、国家发展改革委联合出台《关于加快推动新型储能发展的指导意见》《“十四五”新型储能发展实施方案》《新型储能项目管理规范（暂行）》《关于进一步推动新型储能参与电力市场和调度运用的通知》等一系列政策，开发建设全国新型储能大数据平台，初步建立了全国新型储能行业管理体系，统筹推动全国新型储能试点示范，为新型储能技术创新应用和产业高质量发展奠定了基础。目前，全国所有省（区、市）及新疆生产建设兵团均已不同程度开展新型储能发展政策研究，未来将出台进一步完善中国新型储能行业管理体系的相关政策。

成品油篇

本篇将从两个方面对成品油供给、需求、加油站及非油业务发展进行分析及展望。一是成品油市场分析展望方面，2022 年全球炼厂存在库存降低、产能下降问题，供给紧缺；中国炼油厂产能较高，但开工率和利用率偏低，独立炼厂规模化发展。2022 年国际油价波动频繁，中国及国际汽油、煤油零售价格波动增长，柴油价格维持在限价附近。中国成品油批发市场呈现区域企业竞争格局，交易方式单一、价格竞争无序。中国油库数量较多，战略石油储备居世界第一。中国管道运输和航运发展显著，航运运力规模整体上升。未来，成品油供给端将得到明显恢复，汽油价格在小幅下降后将保持稳定，航空煤油价格整体趋稳，柴油价格面临下行压力，成品油智慧物流将逐渐落实。二是成品油需求、加油站及非油业务发展分析与展望方面，2022 年国际成品油的需求整体呈下行趋势，中国成品油消费量相比 2021 年小幅增长，国际国内成品油进出口均价呈大幅上涨趋势。加油站投资建设支出减少，重点拓展新能源项目，加油站不断向智慧化、低碳化发展。非油业务销售规模继续上升，经营效益增长较快。未来，全球成品油需求将增加，但增速有所回落，中国成品油需求量将呈现缓步上升态势。加油站将进入高质量增长阶段，综合能源服务要求加油站业务实现一站式供应，促进能非互动，全方位建设智慧化非油业务。

成品油市场分析展望

2022 年，受地缘政治、新冠疫情、供应链、市场避险情绪以及能源转型战略等多重因素的影响，成品油供需错配，市场跌宕起伏。成品油产量方面，除柴油产量有所回升之外，汽油及航空煤油的产量均有着明显的下降趋势；汽油和煤油价格均在明显上涨后稳步回落，航煤价格整体也呈现上涨势头；中国成品油批发、仓储和物流市场处于稳定发展阶段，各个市场都得到了进一步推进与完善，但与以美国为主的国外市场相比仍有较大差距。

2023 年，随着全球经济复苏、新产能陆续投产、新冠疫情的影响持续减弱以及市场的进一步规范，成品油产量预计实现小幅的稳定增长；汽油价格受到新能源及燃油效率提高等因素影响，可能在 2023 年初略有下降但整体上保持稳定，航煤市场也将逐渐回暖，柴油价格可能面临下行压力；仓储物流市场方面，通过“智慧物流”，成品油产、运、销、储将实现智能联动一体化发展，成品油物流运行效率和效益得到大幅度提升。

一、炼油厂发展现状及变化分析

2022 年，全球炼厂呈现库存低、产能下降的趋势，供给紧缺形势难改。而中国作为全球第一大炼油国，成品油炼厂产能处于高位，但产能利用率和开工率偏低，存在产能相对市场过剩的情况。独立炼厂平均炼油能力提升，呈规模化发展趋势。

（一）炼油厂发展现状分析

目前，海外炼厂面临成品油库存低、炼厂开工率反弹至高位运行的情况。一方面，美国、日本、新加坡等地成品油库存都处于低位水平；另一方面，在 2020 年新冠疫情冲击后，美国、欧洲、日本和韩国炼厂开工率大幅下降，但随着 2021 年以来经济恢复，海外炼厂开工率基本反弹至高位运行阶段。在成品油库存历史低位、海外开工率反弹至高位运行、闲置炼油产能有限的情况下，现有炼能存量有限，只能依靠新建炼能满足未来的新增炼油加工需求。

中国成品油产量实现进一步增长，市场竞争加剧，“双碳”目标下炼油厂转型压力增大。独立炼厂通过行业规范化整顿、供给侧改革及技术创新等手段，不断提高产品质量，加快落后产能淘汰步伐。同时，政策管理趋严，独立炼厂面临新挑战。最重要的是，在“双碳”背景下，中国炼油多项技术取得新进展，炼油设备发展在清洁化和提质增效等方面也取得了很大进步，毛利率显著提升。炼油企业加快绿色能源转型步伐，数字化、智能化水平不断提升，企业管理水平不断提高。

在炼油能力提升的同时，炼厂产能过剩的压力仍然存在，中国炼化产业结构将会进一步优化，并加快供给侧结构性改革，坚持绿色低碳、创新协调发展。炼油技术与设备发展将继续朝着绿色化、低碳化、高效化、精细化方向推进，炼油企业能源转型将进一步加快，智能炼厂建设将不断完善，炼油企业数字化、智能化转型进程将提速。

中国独立炼厂原油一次加工能力占比在逐年上升，并且朝一体化、多模式、纵深化发展。炼油板块占比下滑，而化工品产能增加。从近几年投产的民营大炼化项目的地理位置来看，多处在沿海地区，船运优势明显。

中国小型炼厂生存空间持续被挤压。炼化一体化成为国内炼厂转型的新趋势。中国是全球未来新增炼油产能最大的国家。

（二）炼油厂布局、产能年度变化分析

2022 年上半年，受地缘政治、供应链困扰和市场避险情绪升温等因素影响，成品油供需错配，市场跌宕起伏。一季度，全球能源紧张，助推原油成本高开高走，间接导致炼油利润缩减，炼厂开工率走低，市场几度货紧价扬。二季度前后，汽柴油消费降量明显。同时，年中美联储大幅加息引发剧烈反应，市场对经济衰退的担忧持续加剧，美元指数创下 20 年来的新高。中长期看，以上因素均对原油价格与成品油产量产生压制作用。

1. 全球成品油产能处于低位，库存低和供应紧缺形势严峻

受新冠疫情冲击和能源转型战略影响，全球炼厂呈现库存降低、产能下降的趋势，全球炼厂开工率于2020年大幅下降，后震荡回升（图1）。

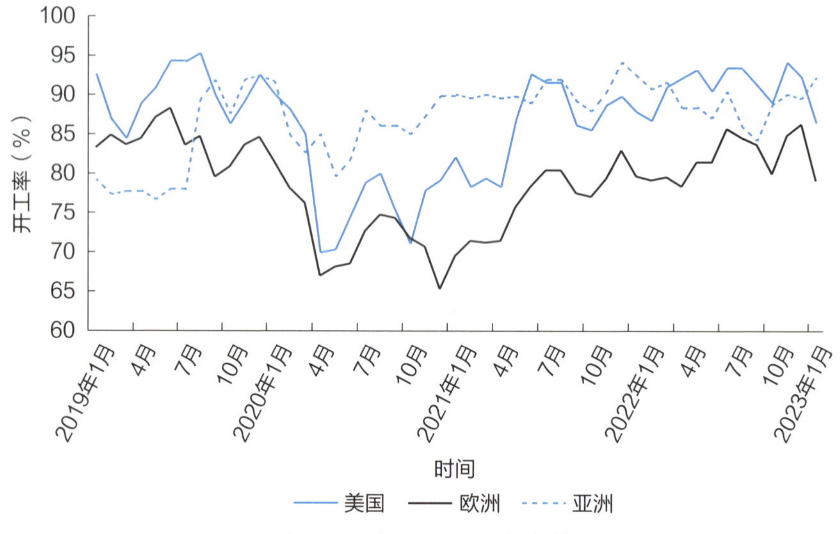

图1　全球炼厂开工率走势

数据来源：石油输出国组织石油市场报告

（1）库存低且闲置炼油产能有限，供给紧缺形势难改。

海外炼厂面临成品油库存低、炼厂开工率反弹至高位运行的情况。其一，美国、日本、新加坡等地成品油库存都处于近5年来低位水平。2020年的疫情冲击迫使全球部分炼能退出，疫情后，随着经济回暖，需求提升，成品油大幅去库存。截至2022年5月，经济合作与发展组织（OECD）成品油库存仅为1.87亿吨；截至2022年7月，美国汽油和馏分燃料油库存分别为3000万吨、150万吨，日本汽油、柴油和航空煤油的库存分别为120万吨、110万吨、65万吨，新加坡轻质、中质馏分燃料油库存分别为230万吨、120万吨。同时，如图2所示，2022年美国成品油总库存在低位水平上依然持续震荡下降。全球成品油库存已达历史低位水平，未来通过去库存增加油品供给的能力有限。

其二，2020年新冠疫情暴发后，美国、欧洲、日本和韩国炼厂开工率大幅下降，但随着2021年以来经济恢复，海外炼厂开工率已反弹至高位运

行。美国炼厂开工率在 2022 年全年基本保持在 90% 以上。此外，截至 2022 年，欧洲炼厂开工率超过了 80%，较去年同期高出 9%；日本炼厂开工率超过 70%，较去年同期高出 6%；韩国炼厂开工率已接近历史高位水平，开工率一度达到 110%。也就是说，海外炼厂开工率已基本反弹至高位水平，闲置炼能有限。

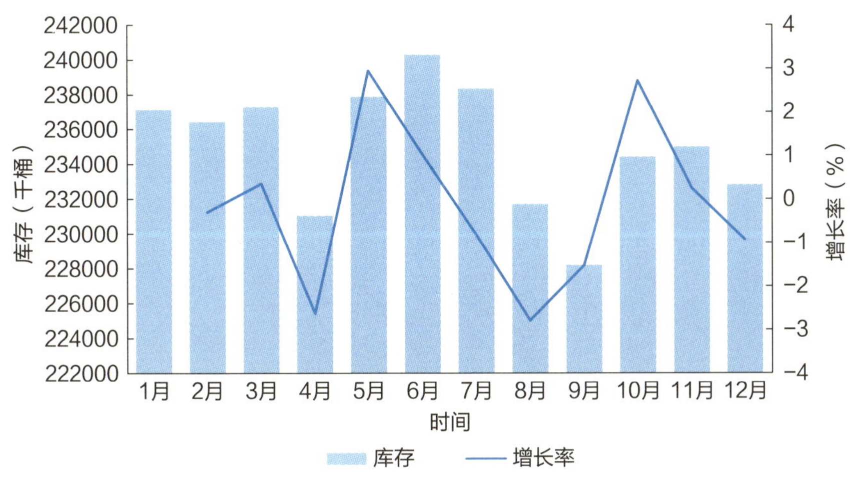

图 2 2022 年 1—12 月美国炼油厂成品油总库存及增长率

数据来源：国际能源信息署

在成品油库存历史低位、海外开工率反弹至高位运行、闲置炼油产能有限的情况下，现有炼能存量有限，只能依靠新建炼能满足未来的新增炼油加工需求。

（2）乌克兰危机持续发酵，成品油供应紧张加剧。

全球炼油供需分布不完全匹配。美国、中东、俄罗斯是全球三大主要石油产品净出口地。净出口地需通过海运、管道等贸易方式满足其他地区的炼油缺口，一旦出现地缘政治危机、运输不畅等重大影响因素，全球成品油市场可能会面临短缺问题。乌克兰危机前（2022 年 1—2 月），俄罗斯 70% 以上的成品油出口至欧盟、美国和英国，出口量分别为 8078 万吨 / 年、2275 万吨 / 年和 807 万吨 / 年，合计 1.12 亿吨 / 年。在西方经济制裁后，美国已在 4 月停止进口俄罗斯成品油，欧盟和英国也在 2022 年底逐步停止进口俄罗斯成品油。俄罗斯成品油供给缺口短期难以弥补。短期内欧洲地区可以恢复的极限炼油产能为0.75亿吨/年，加上美国剩余可恢复的闲置产能为0.15亿吨/年，很难抵消2022年俄罗斯成品油出口受限引致的炼能下降幅度（图3）。

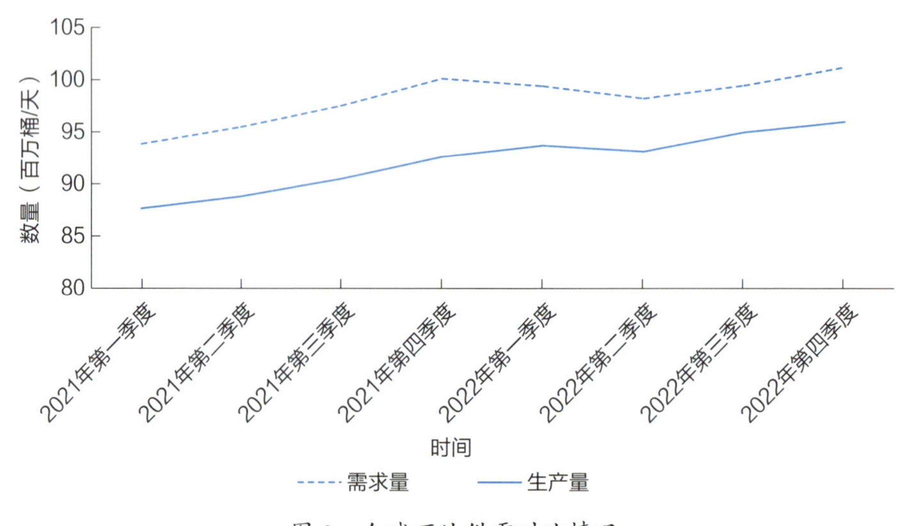

图3　全球石油供需对比情况

数据来源：石油输出国组织

（3）低碳政策倒逼美国炼厂转型，未来扩产信心不足。

与特朗普政府试图重振化石能源经济不同，拜登气候新政把清洁能源革命作为其应对气候危机的重要支撑和核心技术手段，努力推动美国能源结构和产业结构的低碳化和净零排放。乌克兰危机爆发后，全球原油供给面临较大不确定性，油价一路高涨，面对紧张的国际能源局势，拜登政府低碳政策有所松动。2022年4月15日，美国内政部宣布放松联邦土地陆上油气租赁，但可供租赁的联邦土地面积不多，且计划对开采的石油和天然气收取更高的特许权使用费。2022年6月15日，拜登致信美国主要石油公司，呼吁增加炼油能力和成品油供应，与此同时，美国环保署仍要求炼油厂进一步增加生物燃料混合。拜登政府一方面希望短期内借助国内油企的力量压低油价，控制通胀，但另一方面并没有放弃发展清洁能源的长期计划。美国石油协会（API）认为炼油业是长周期行业，拜登政府气候安全政策短期内让位于能源安全的举动，难以使美国炼油企业重拾信心、大力扩产，同时，低碳燃料已成为北美炼油业未来发展共识，美国已有大约一半的关停炼能转向可再生燃料生产，这一过程难以逆转。

政府政策导向推动美国炼油厂商向再生燃料业务转型。根据美国联邦法律，生产或售出 1 加仑可再生柴油或生物柴油能够获得 1 美元的所得税税收抵免。加利福尼亚州的《低碳燃料标准》（LCFS）中指出，可再生柴油具备良好的温室气体减排得分。因此，可再生柴油被越来越多地用作燃料，来获得税收优惠和满足不断提高的低碳燃料标准，同时在碳信用额度交易价格不断上涨的作用下，美国炼油商也正加快向可再生燃料业务（特别是可再生柴油业务）转型。

（4）新冠疫情冲击且自身竞争力下降，欧洲炼能难改下降趋势。

2020—2022 年的新冠疫情给全球经济和油品需求带来了巨大的冲击，欧洲炼厂开工率大幅下降，叠加欧盟趋严的碳中和政策，道达尔、埃尼、埃克森美孚、壳牌等公司在欧洲设立的至少 10 家炼厂都先后关停或转产可再生能源。2020 和 2021 年欧洲炼油产能连续两年下降，截至 2021 年底相比 2019 年减少了约 2908 万吨 / 年。截至 2021 年，欧洲炼厂产能为 7.5 亿吨 / 年，16 国炼厂开工率约为 80%。

欧洲多数炼油厂建设较早，装置未进行改造升级，加工原油适应性较差。尼尔森系数（NCI）是石化行业衡量炼油装置复杂程度的重要指标，一般而言，尼尔森系数越高，炼厂竞争力越强。根据意大利埃尼公司统计数据，2018 年欧洲的尼尔森系数为 9.2，亚太地区为 9.6，北美洲为 11.6，全球平均为 9.4，欧洲地区尼尔森系数已经低于亚洲、北美地区，甚至不及全球平均水平，这表明欧洲的炼厂整体竞争力处于劣势地位。

2020—2021 年炼油毛利低至负值，这也是加速欧洲炼厂产能退出的重要原因。根据 IEA 统计数据，从 2006 年开始，美国炼油毛利已经基本高于欧洲的炼油毛利。从美国、欧洲和新加坡三地的炼油毛利对比来看，欧洲炼油毛利低于美国墨西哥湾地区，与新加坡地区基本相同。2020 年以来，欧洲地区炼油毛利多次跌至负值，这使许多炼厂不堪重负。疫情反复进一步加速了当地炼油产能的关停和淘汰。

（5）新能源大力发展，出生率不断降低，日本成品油产能持续下降。

自2012年以来，日本炼厂产能持续进行收缩调整。日本政府认为，在环境友好型汽车日益普及和出生率逐渐转低的背景下，日本对汽油及其他石油制品的需求逐步放缓，未来或出现供给过剩。在政府敦促和要求下，日本炼油产能由2012年的约2亿吨/年下降至2022年6月的1.55亿吨/年。2020年，受新冠疫情冲击影响，日本炼厂开工率大幅下降，至今尚未恢复至疫情前水平，截至2022年6月，开工率仍在70%左右徘徊。

2. 中国成品油炼厂产能处于高位，产能利用率和开工率偏低

当前，中国的炼油产能在全球处于最高水平。2021年，中国首次成为全球第一炼油大国，炼油能力9.1亿吨，在全球炼油能力中占比18%，超过美国的9.07亿吨。但2022年上半年，中国炼油装置的产能利用率只有71%，远低于全球90%的平均水平。中国炼油产能相对国内成品油市场过剩的事实客观存在。

2022年中国主营炼厂常减压装置利用率呈现先跌后涨走势，整体水平低于前三年。前三季度国内成品油产量因主营炼厂检修及被动降低负荷而下降，消费量因疫情及高零售限价双重打压收缩明显，供需呈现两弱局面。3月中旬受疫情和检修季影响开工率持续下滑，5—8月整体维持在70%的低位水平运行。8月中旬检修季结束以及利润好转，开工率开始上扬。炼油利润也表现出了相似的走势，主营炼厂的炼油利润一季度最高可达1700元/吨，二季度受原油成本大幅上涨的影响，炼油利润直线下滑，4—8月一直徘徊在盈亏平衡点附近。9月开始，随着原油成本下滑，炼油利润出现上涨，这说明炼油利润是影响主营炼厂积极性的重要因素之一（图4）。

3. 独立炼厂平均炼油能力提升，呈规模化发展趋势

2022年，中国独立炼厂数量下降至91家，炼油能力达到3.8亿吨/年，同比下跌5.29%，单厂平均规模提高到417.58万吨/年。此外，独立炼厂开工率和原油加工量也呈现了先减后增的趋势。截至2022年底，山东保留地方炼厂28家，一次加工能力合计1.05亿吨/年。其他地方炼厂的能效基准水平以下的产能也正在加速退出。独立炼厂在“十四五”到“十五五”期间将进一步呈现规模化发展的趋势（图5）。

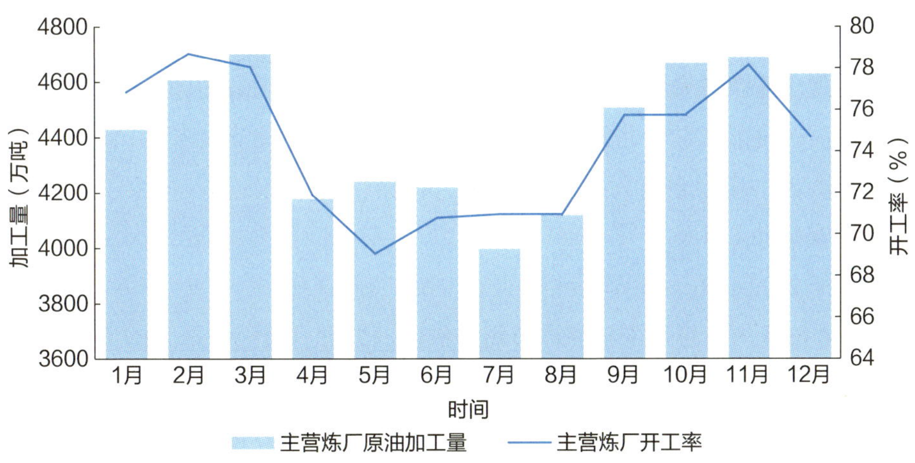

图 4　2022 年主营炼厂原油加工量及开工率

数据来源：隆众资讯

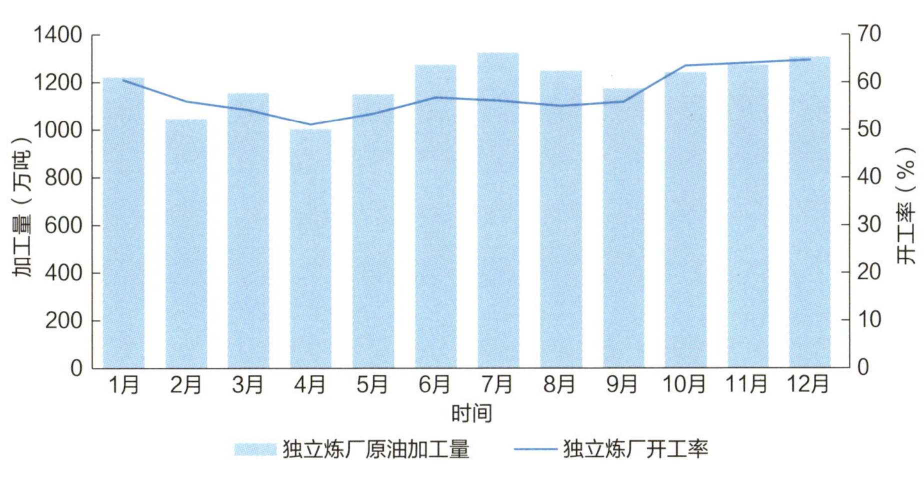

图 5　2022 年独立炼厂原油加工量及开工率

数据来源：隆众资讯

4. 山东独立炼厂产能较为集中，东北、西北地区是石油主产区

中国独立炼厂主要集中在山东、广东、辽宁以及其他地区，尤其在山东最为集中。山东常减压装置产能利用率走势呈现明显的“N”字形。

2022 年国内常减压总产能 9.82 亿吨，行业占比前十位的企业产能达 2.28 亿吨，占全国总产能的 23.22%。从地区分布来看，华东、东北、华南和西北位列前四，整体格局没有变化。山东的炼油能力已经超过中国炼油总能力的五分之一；而东北、西北地区是石油主产区，原料运输成本较低，有利于炼油业发展。

（三）汽油产量年度变化分析

新冠疫情的持续冲击对汽油市场的供需双方都有着极为重大的负面影响，地缘政治的不确定性又为汽油市场增添了较大风险。2022 年中国汽油产量相比 2021 年有所下降，总体呈现先减后增的态势；全球汽油产量也下降明显，短期内无法恢复至疫情前水平。

1. 中国汽油产量年度变化分析

中国 2022 年汽油产量及同比增长率如图 6 所示。分季度来看，第一季度汽油产量相比 2021 年同期有明显增长，第二季度产量相比 2021 年同期有明显下降，三季度产量大幅度回升，四季度小幅度下降。整体来看，第一季度产量较高，但在 4 月产量明显回落，随后产量实现了总体的平稳增长，但幅度甚微。

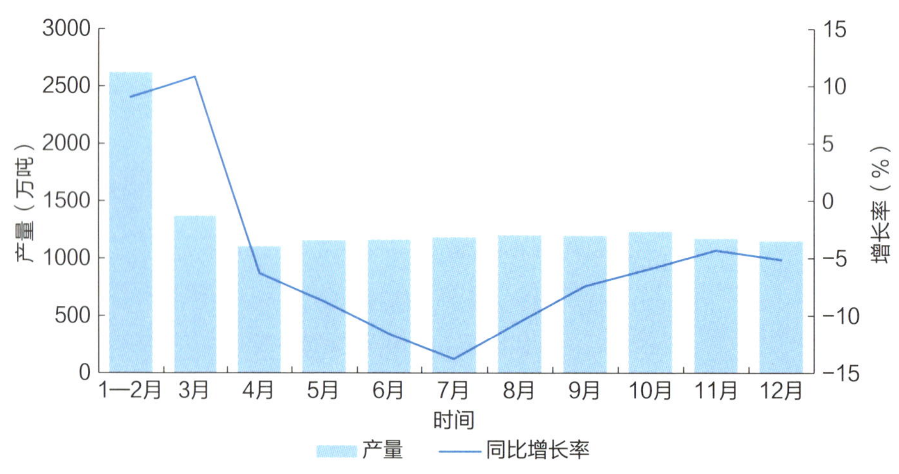

图 6　2022 年中国汽油产量及同比增长率

数据来源：国家统计局

从汽油供应层面上来看，前三季度国内无新增炼油装置投产与落后产能退出，国内常减压装置产能利用率均值66.33%，同比下降6.57%。其中一季度开工率69.62%，高于二、三季度。

二、三季度炼厂检修相对集中，同时因库存处于高位、需求欠佳及产业政策性调整导致开工负荷下滑，这是中国汽油产量相对较低的主要原因。虽然中国资源供应减少对价格存在支撑，但疫情反复侵袭对消费端的影响更为显著。

2022年3月中旬，全国大范围疫情暴发，汽柴油需求急速下滑，汽油需求下滑尤为明显，炼厂汽柴油库存上涨，开工率也在成本和库存的双重压力下持续下滑。2022年整年汽油需求大幅下滑，汽油价格在此期间持续下跌，炼厂产销量萎靡，库存居高不下。

2022年8月中下旬，山东部分炼厂因亏损或销售压力减产，市场对供应存担忧情绪，汽油产量再次出现微小回落，汽油价格月内多次因产量问题上涨。

2022年9月30日，第五批成品油、低硫船燃出口配额正式下发，成品油加低硫船燃配额总量为1500万吨。成品油配额数量总计1325万吨，此次配额下发后，2022年成品油累积出口配额发放量为3725万吨，与2021年发放量3761万吨相当。第五批成品油出口配额的下发为汽柴油市场带来强有力的支撑，为完成出口配额，主营单位开始大量从独立炼厂外采汽柴油，山东汽柴油船单成交大幅增长，同时为独立炼厂汽柴油价格和产量带来有效支撑。

2. 国际汽油产量年度变化分析

疫情对需求的冲击开启了美国与欧洲炼厂的关停潮与转型潮，导致2022年汽油产量呈现下降趋势。

地缘政治危机的加剧会导致汽油的运输与进出口不畅等一系列问题。随着美国、英国和欧盟逐步停止进口俄罗斯成品油，全球范围内汽油供需分布不完全匹配，从而引致产能下降。国际形势错综复杂，叠加各国清洁能源的政策导向，永久关停的炼厂不会轻易恢复生产。

（四）柴油产量年度变化分析

虽然全球炼油产能的下降和乌克兰危机导致的西方对俄罗斯石油禁运使得国际市场柴油供应持续紧张并可能进一步恶化，但世界经济复苏以及部分利好政策的推行也让柴油市场出现了复苏迹象。在2022年中国柴油产量相比2021年有明显上升，总体上呈现先降后增的趋势；国际柴油产量也实现了回升，接近于2019年水平。

1. 中国柴油产量年度变化分析

浙江石化二期等新增产能全面投产，获得配额的民营企业规模扩大，国内原油加工量持续增加，柴油产量不断提升。总体来看，2022年中国柴油产量相较于2021年有着明显增长（图7）。2022年1—12月全国柴油累计产量为1.91亿吨，同比增长17.1%。

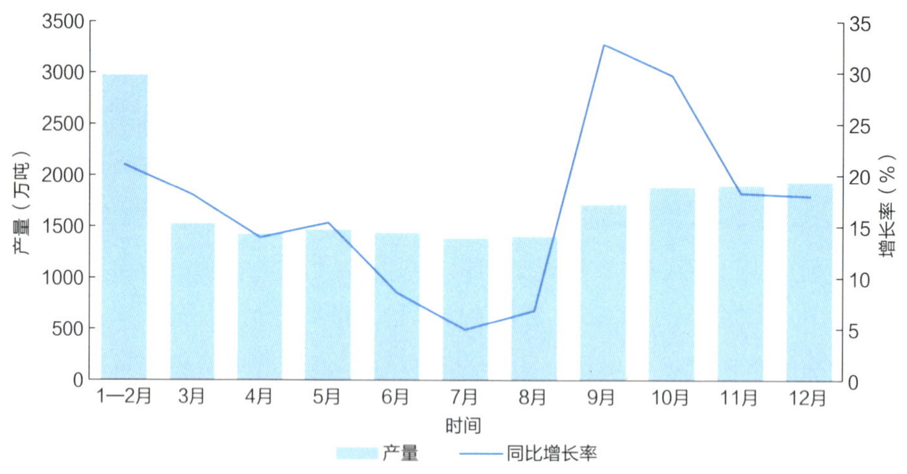

图7　2022年中国柴油产量及同比增长率

数据来源：国家统计局

柴油需求进入峰值平台，未来需求将稳中趋降。在疫情对需求的冲击、产业升级、传统行业油耗下降、运输结构调整、替代能源等因素影响下，柴油需求将稳中有所回落。

2022年10月国内多地疫情形势升级，汽油及煤油需求下降，柴油需求依旧旺盛。与此同时，山东地炼在原油配额充足、炼油利润增加以及柴油紧平衡等因素影响下，复工和提量炼厂增多，地炼开工率环比上涨。由于主营炼厂开工率跌幅有限，地炼开工增幅明显，因此综合来看，国内炼厂加工量仍有增加，柴油产量继续上涨。加之柴油出口利润较高，国内资源供应偏紧，柴油产量将持续上涨。

进入 11 月，国内天气逐步转冷，但工矿基建等行业仍处于赶工期，柴油需求仍有支撑，此外，柴油出口继续增加，主营炼厂开工负荷或有所增加。不过，山东部分炼厂停工，炼厂开工率或难有提升。

2. 国际柴油产量年度变化分析

受新冠疫情的影响，美国、欧洲和日本部分炼厂关闭，2021 年世界炼油产能 30 年来首次下降，加上乌克兰危机爆发后，美国、欧盟等对俄罗斯的石油制裁，导致了以柴油为主的全球性油品供应紧张。柴油危机或将持续存在。

与此同时，世界经济恢复增长带动柴油需求上升；世界轻质原油产量增加，炼厂柴油平均收率回升；加上国际海事组织硫含量新规实施，带动柴油需求上涨，世界柴油供需过剩局面有所缓解。2021 年和 2022 年世界柴油生产和消费有所复苏，接近 2019 年水平。2021 年，世界柴油供给量约 2730.9 万桶 / 日，同比增长 3.5%；柴油需求量约 2767.2 万桶 / 日，同比增长 5.6%。

（五）煤油产量年度变化分析

煤油市场中，航空煤油占据绝大部分。受新冠疫情的影响，航空煤油市场受到了巨大冲击，需求端和供给端均持续低迷。中国 2022 年煤油产量在第二季度经历了严重下跌，在三、四季度有所回升，全年同比下降明显；世界煤油产量在 2022 年有所恢复。

1. 中国煤油产量年度变化分析

2022 全年，全国煤油累计产量为 2949.1 万吨，比上年减少了 994.8 万吨，产量累计同比下降 25.2%；2020 年初新冠疫情暴发，工厂大量停工，煤油产量急剧下滑。国家统计局数据显示，2020 年中国煤油产量为 4049.4 万吨，相对于 2019 年下降了 23.2%。2021 年煤油产量为 3943.9 万吨，与 2020 年产量基本一致。2022 年产量相比于 2021 年出现了大幅下降（图 8）。

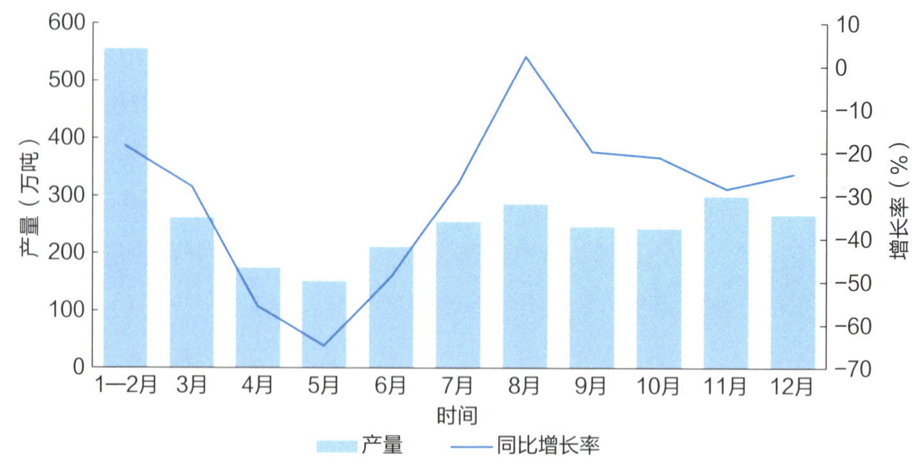

图 8　2022 年中国煤油产量及同比增长率

数据来源：国家统计局

新冠疫情对煤油市场的打击是前所未有的。尤其是航空煤油市场，至今仍未恢复至疫情前水平。航空业恢复缓慢，需求端持续低迷，导致煤油产量迟迟未能回升。中国在 2022 年第二季度疫情再次加重，煤油产量跌至谷底。

随着疫情在中国与国际上逐渐得到控制，煤油市场的产能将会得到一定回升。同时随着中国国内消费能力的不断增长，民航业渐渐走出困境，煤油行业需求得到了提升，中国煤油市场在第三季度有了一定程度的恢复。

2. 国际煤油产量年度变化分析

2021 年，中国境外疫情形势严峻，国际航线大幅削减，导致国际航线航煤消费量出现萎缩，减幅超 8%。

2022 年，国际疫情应对经验逐步积累，负面冲击也在下降。从全球范围来看，疫情制约将逐步下降。在较高的疫苗接种率下，2022 年航空业获得了更好的恢复，航空煤油消费可逐步回到疫情前水平，但新变种病毒带来的不确定性或将延后航空煤油的修复时点。

二、国际油价、成品油价格现状及变化分析

由于政治、经济不稳定，2022 年国际油价频繁波动。中国及国际汽油、煤油零售价格均高歌猛进，而后稳步回落；航煤市场价格整体呈涨。柴油资

源仍处紧张状态，受成本面支撑，柴油价格维持在限价附近，加之下游柴油需求较为稳健，从而带动航煤市场价格上涨。

（一）国际油价及变化分析

2022 年上半年，国际油价大幅攀升后高位震荡；布伦特原油期货均价 104.94 美元 / 桶，环比上涨 37.27%，同比上涨 60.90%；地缘政治风险、新冠疫情及美联储货币政策主导了国际原油走势。1—2 月受乌克兰危机的影响，布伦特原油期货日均结算价格自 1 月 4 日突破 80 美元 / 桶关口后震荡上行；3 月乌克兰危机各利益相关方博弈，油价高位宽幅震荡，3 月 8 日创 2008 年 7 月以来新高；4—5 月因欧盟制裁俄罗斯、中国疫情得到控制，油价震荡攀升；6 月，美联储激进加息，油价震荡回调。下半年国际油价在多种因素推动下稳步下跌。

2021—2022 年 WTI 原油价格变化情况如图 9 所示。从 WTI 原油期货的全年走势来看，2022 年 1—6 月维持强劲的上涨势头，一度达到 115.1 美元 / 桶的高位；从 7 月开始，WTI 原油期货价格下滑趋势明显。2022 年的 WTI 原油价格整年都维持在较高水平上，全年压制 2021 年的 WTI 原油价格。从 WTI 原油价格变化图中也可以看出来，2022 年相比于 2021 年 WTI 原油价格走势波动比较明显，呈现出一个冲高、维持高位、稳定下降的过程。

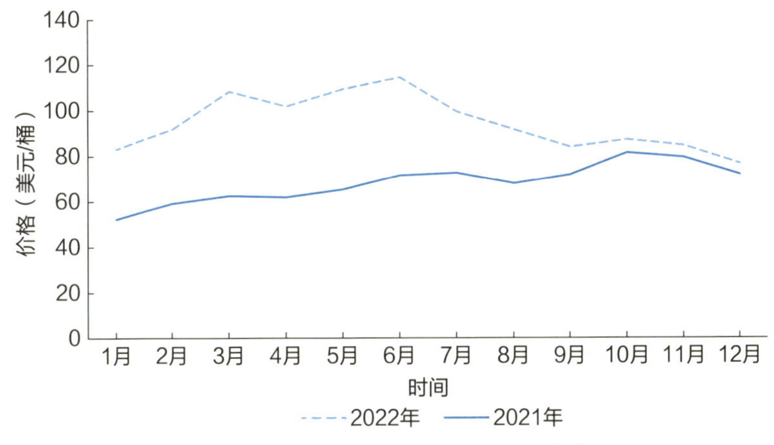

图 9　2021—2022 年 WTI 原油价格变化

数据来源：美国能源信息署

乌克兰危机及对俄制裁加剧了疫情以来全球供应链危机，持续推高能源与大宗商品价格，导致全球通胀水平持续攀升，消费者需求受到抑制，投资者信心遭到打击，央行货币政策空间收窄，全球经济增长放缓。全球制造业、服务业 PMI 持续波动下行。各国经济增长态势分化：美国一季度经济温和扩张，劳动力市场强劲复苏，但通胀状况持续恶化，GDP 同比增长 3.5%，年化环比增速 –1.6%；二季度随着美联储激进加息对抗通胀，美国经济前景转暗，GDP 同比增长 1.6%，年化环比增速 –0.9%。欧元区一季度经济开局良好，GDP 同比增长 5.4%，环比增速 0.5%；二季度欧元区受乌克兰危机影响，通胀高位攀升，经济复苏势头被遏制，GDP 同比增长 4.0%，环比增长 0.7%。中国一季度经济加快恢复，一季度 GDP 同比增长 4.8%，环比增长 1.3%；二季度受疫情影响而回落，GDP 同比增长 0.4%，环比增速 –2.6%；2022 年上半年 GDP 同比增长 2.5%。广大新兴经济体及发展中国家受疫情和高通胀的双重拖累，经济艰难复苏。

三季度全球经济并没有达到预期的复苏，导致无法支持过高的油价，叠加其他因素，原油价格加速下跌。全球制造业、服务业景气指数持续波动下行，特别是欧美地区制造业、服务业景气指数纷纷跌破或接近荣枯线。全球通胀水平处于历史高位，欧元区持续上行，部分国家小幅回落，中国、日本 CPI 温和增长。

2022 年三季度美国制造业 PMI 在 50% 的临界点附近徘徊，而综合、服务业 PMI 则连续三个月处于收缩区间，并曾在 8 月分别下探至 44.6% 和 43.7%，创 2020 年 6 月以来新低。随着美联储激进加息，美国通胀状况有所缓和，但 CPI 仍处于 8% 以上的历史高位；目前就业数据良好，失业率 3.5% 左右，处于历史最低水平，但强劲的就业数据支撑工资维持较高水平，形成“工资—通胀”的螺旋上涨，进一步推高通胀。自 7 月 5 日起，2 年期美债利率持续高于 10 年期利率，且近期未有好转迹象，凸显经济衰退风险。

2022 年三季度欧元区受乌克兰危机的结构性冲击影响持续，通胀高位攀升，屡创历史新高，CPI 已突破 9%；经济前景愈加恶化，8 月、9 月的综合、制造业、服务业 PMI 全部跌入收缩区间，至 48% 附近，创近两年来新低；欧洲央行启动加息进程抗通胀，经济衰退前景难以避免。

2022 年上半年，地缘政治事件频发，成为主导油价走势的关键因素，国际原油价格产生了脱离供需基本面的大幅震荡。乌克兰危机及对俄制裁不断推升国际油价，使得布伦特原油期货价格多次上冲到 120 美元 / 桶的高位，在最高点一度产生了 25 ～ 30 美元 / 桶的风险溢价；1 月 4 日哈萨克斯坦政局动荡使得布伦特原油期货日均结算价格上涨约 1.02 美元 / 桶；也门胡塞武装于 1 月 17 日袭击阿联酋、3 月 25 日袭击沙特阿拉伯，使得布伦特日均价分别上涨 1.03 美元 / 桶、1.62 美元 / 桶；2 月 8 日伊核谈判重启，引起布伦特日均价下跌 1.91 美元 / 桶，而伊核协议谈判进展不顺是促使 4 月 11 日、6 月 8 日、6 月 16 日布伦特日均价分别上涨 6.16 美元 / 桶、3.01 美元 / 桶、1.30 美元 / 桶的主要原因；3 月 9 日美国开启与委内瑞拉对话，成为除乌克兰危机以外促使当天布伦特日均价下跌 16.84 美元 / 桶的另一个重要因素；受利比亚政局动荡而减产的影响，布伦特日均价分别于 4 月 18 日、6 月 13 日上涨 1.46 美元 / 桶、0.26 美元 / 桶。

2022 年三季度，经济前景预期是主导国际油价走势的最关键因素，地缘政治事件对国际油价产生扰动。一是乌克兰危机。围绕七国集团与俄罗斯针对俄油海运出口“限价令”的博弈，引起布伦特原油期货日均结算价格四次上涨，涨幅 0.52 美元 / 桶 ~ 3.05 美元 / 桶，平均 1.35 美元 / 桶。二是伊核协议谈判。伊核协议谈判进展反复，推进顺利时，引起布伦特原油期货日均结算价格四次下跌，跌幅 0.34 美元 / 桶 ~ 3.50 美元 / 桶，平均 2.32 美元 / 桶；推进受挫时，引起布伦特原油期货日均结算价格三次上涨，跌幅 0.39 美元 / 桶 ~ 1.16 美元 / 桶，平均 0.85 美元 / 桶。三是伊拉克局势。7 月 25 日，伊拉克北部油田遭导弹袭击，布伦特日均价上涨 1.95 美元 / 桶；9 月 29 日，伊拉克首都巴格达爆发武装冲突，布伦特日均价上涨 4.10 美元 / 桶；9 月 30 日，伊拉克石油营销组织（SOMO）表示，伊拉克石油出口业务不受武装冲突影响，布伦特日均价下跌 5.78 美元 / 桶。四是挪威石油工人罢工。7 月 4 日，挪威油气工人计划罢工，布伦特日均价上涨 1.87 美元 / 桶；7 月 6 日，挪威政府干预后，挪威石油工人罢工结束，布伦特日均价下跌 2.08 美元 / 桶。其他还包括：独联体国家内部矛盾——7 月 7 日俄罗斯法院要求里海石油管道联盟（CPC）暂停运营 30 天，布伦特日均价上涨 3.96 美元 / 桶；美国与中东博弈——

7月18日拜登未获得沙特增产的承诺，布伦特日均价上涨5.11美元/桶；中美对抗——9月15日美国参院外委会通过所谓的“台湾政策法案”，中美紧张局势加剧，对全球经济发展前景带来负面影响，布伦特日均价下跌3.38美元/桶。

（二）成品油价格现状分析

2022年上半年，国际油价大幅攀升后高位震荡，但受多方因素影响，下半年国际油价持续下跌。一方面，宏观需求不景气，压制油价的上行空间。欧美主要经济体衰退预期持续强化，国内疫情形势严峻，原油需求复苏缓慢。IEA等主要机构多次下调2023年原油需求，对市场需求的一致性悲观预期显著压制油价上行动力。另一方面，市场预期的俄油产量大幅下降未能兑现，供应侧利好落空。乌克兰危机爆发后，七国集团、欧盟等组织纷纷出台制裁措施，对俄罗斯原油设置禁运、限价等禁令，但俄罗斯对欧出口量并未如市场预期一样迅速下滑，反而对中、印等出口体量迅速上升，市场对俄油产量骤降甚至断供的预期大幅落空。与此同时，欧美央行继续加息缩表，金融侧压力持续放大。3月以来美联储开始加息，累计加息6次，共计375个基点。原油名义价格有所回落，金融侧压力持续放大。

受国际油价影响，自2022年中以来，中国油价延续下行态势，对比6月峰值水平和乌克兰危机爆发之前水平均已明显回落。截至12月6日的调价窗口，布伦特和WTI原油期货结算价分别为79.4美元/桶和74.2美元/桶，环比11月暴跌11.5美元/桶和10.1美元/桶，奠定了此次油价大幅下调的基础。

在成品油价格下行的背景下，汽柴油市场却呈现结构性分化态势——汽油市场总体表现平淡，但柴油市场却仍显景气，这与用油行业的景气程度密切相关。一方面，在疫情冲击下，跨省出行管控相对严格，主要城市群交通量显著下降，航班大面积取消，汽油消费低迷。另一方面，受政策激励，工矿基建开工旺盛，建筑用油需求上行，拉动工矿生产用油与运输用油需求走强，支撑柴油消费。

2022年航煤市场价格整体呈涨，后期随着国际油价下调，国家发展改革委零售限价下调兑现，加之部分地市疫情反复拖累用油需求，后期航煤价格有所下跌。

（三）汽油零售价格变化分析

2022年上半年，中国汽油价格维持强势上涨态势；下半年，汽油价格以调降为主。国际汽油价格则与国内汽油价格走势大体相当，上半年上涨，年中达到顶点后，下半年稳步下降。

1. 2022年中国汽油零售价格现状

上半年，汽油市场开盘价格在7840元/吨，收盘价格在9352元/吨，上涨1512元/吨，涨幅19.28%。如表1所示，上半年，仅有2次汽油价格的调降，其余全部是汽油价格的调升；下半年，汽油价格主要以调降为主，调升只占略小的一部分。7月、8月、9月一直保持着降价的态势，10月、11月的汽油价格小幅震荡，12月延续下跌趋势。

表1　2022年汽油调价

月份	调整时间	调整结果
1月	1月17日24时	汽油每吨上涨345元
	1月29日24时	汽油每吨上涨310元
2月	2月17日24时	汽油每吨上涨210元
3月	3月3日24时	汽油每吨上涨260元
	3月17日24时	汽油每吨上涨750元
	3月31日24时	汽油每吨上涨110元
4月	4月15日24时	汽油每吨下调545元
	4月28日24时	汽油每吨上涨205元
5月	5月16日24时	汽油每吨上涨285元
	5月30日24时	汽油每吨上涨400元
6月	6月14日24时	汽油每吨上涨390元
	6月28日24时	汽油每吨下调320元
7月	7月12日24时	汽油每吨下调360元
	7月26日24时	汽油每吨下调300元
8月	8月9日24时	汽油每吨下调130元
	8月23日24时	汽油每吨下调205元

续表

月份	调整时间	调整结果
9月	9月6日24时	汽油每吨上涨190元
	9月21日24时	汽油每吨下调290元
10月	10月10日24时	暂未调整
	10月24日24时	汽油每吨上涨185元
11月	11月7日24时	汽油每吨上涨155元
	11月21日24时	汽油每吨下调175元
12月	12月5日24时	汽油每吨下调440元
	12月19日24时	汽油每吨下调480元

数据来源：国家发展改革委。

汽油价格驱动在成本逻辑和供需逻辑之间不断转换。上半年，受地缘政治因素影响，国际油价始终高位盘旋，汽油价格被动上涨但不及成本涨幅；一季度国内汽油价格受原油上涨推动出现宽幅上涨，汽油于3月初突破万元关口，达到年内最高值10252元/吨。3—5月，受疫情反复影响，供需矛盾日益凸显，汽油价格亦随势理性回调。5—6月得益于经济、政策面利好助推，市场供需格局逐步向好演变；但成本端涨后回落、季节性需求淡季及销售单位半年度任务收尾对汽油价格形成一定打压，国内汽油市场延续先扬后抑走势。6—8月，汽油价格出现两轮反弹。9月底，汽油市场价格8855元/吨，较年初上涨1089元/吨，涨幅14.0%；柴油市场价格8804元/吨，上涨1504元/吨，涨幅20.6%。

10月、11月调价周期内，美元指数从高点回落，平均比上个周期下跌3.09%，一定程度提振以美元计价的原油价格，但市场对全球经济及原油需求增速下滑的担忧加剧，油价因此承压下跌。为遏制通胀，12月美国继续加息导致全球经济增长放缓，进而抑制原油需求。此外，美国汽油库存增长也对原油价格造成打压。国内汽油价格随着原油价格下跌而下调。

2. 2022年国际汽油零售价格现状

2022年上半年以来，受乌克兰危机的影响，全球原油价格不断走高，导致国际汽油价格也居高不下。至 2022 年度中旬，全球平均汽油价格高达 9.31 元 / 升。全球 168 个主要国家或地区中，仅有 21 个汽油价格低于 5 元 / 升；50 个汽油价格低于 8 元 / 升。汽油价格最低的是中东地区主要产油国，委内瑞拉汽油价格仅 0.15 元 / 升，利比亚汽油价格 0.21 元 / 升，伊朗汽油价格 0.36 元 / 升。

但是，三个产油量最大的国家的国内汽油价格并不低。8 月，沙特阿拉伯汽油价格 4.2 元 / 升，全球排名第 19 位；俄罗斯汽油价格 5.65 元 / 升，全球排名第 25 名；美国汽油价格 7.52 元 / 升，全球排名第 43 位，创近 30 年新高。

美国汽油价格高涨造成其国内连续通胀。美元超发是主要内因，疫情期间，美国政府花费近 4 万亿美元，约合 30 万亿元人民币，引起国内物价大幅上涨；叠加疫情导致的供应链混乱，汽油作为主要生活物资，价格开始急速上涨。

2022 年，日本汽油价格平均 8.41 元 / 升，中国平均汽油价格 9.05 元 / 升，韩国平均汽油价格 9.81 元 / 升。中国、日本、韩国作为亚洲主要的经济体，原油以进口为主，三个国家原油进口成本差别不大，造成汽油价格差异的主要原因是不同的税收机制。石油以进口为主的国家，对国内成品油都要征收较高的税，来适当抑制原油消费、优化能源结构、减少污染和外汇储备压力等；而石油对外依赖度不高的国家，对成品油征税税率不高。

2022 年 11 月底至 12 月初，美国各地的汽油零售价格出现了较大程度的下降——由之前的每加仑 36.42 美元缩减为 11 月 21 日的每加仑 26.14 美元，降幅高达 39.3%。这在一定程度上，改善了居民的消费信心。每加仑 26.14 美元的汽油零售价格，不仅远远低于日本、韩国和欧洲一些发达经济体，而且还低于部分发展中国家。

（四）柴油零售价格变化分析

2022 年柴油价格强势开局，而后受到供需面强有力支撑，价格高位震荡，9 月开始资源偏紧，价格居高不下。柴油裂解价差方面，2022 年内多次触及近十年同期最高点。柴油利润最高点出现在 7 月底，高达 1698 元 / 吨；柴油利润最低点出现在 10 月 8 日，为 14 元 / 吨。供需不确定因素增多导致国际柴油价格大幅波动，原油价格整体呈现回落后再上行的走势。

1. 2022 年中国柴油零售价格现状

2022 年，原油、成品油价格分别创 2015 年以来的新高，全年内国家发展改革委指导价共调整 24 次，分别是上调 13 次，下调 10 次，搁浅 1 次，国内柴油均价 7565 元 / 吨，较年初上涨 3.56%；全年年均价 8416 元 / 吨，同比上涨 29.47%；全年波动率 37.4%，同比增加 9.23 个百分点。2022 年柴油价格创 2015 年至今以来的新高水平。而影响 2022 年柴油价格变化的原因主要归结为，成本高企、供需错配。从价格趋势来开，2022 年柴油价格强势开局，而后受到供需面强有力支撑，价格高位震荡,9 月开始资源偏紧，价格居高不下。

柴油裂解价差方面，2022 年内多次触及近十年同期最高点。一季度及三季度利润表现较好，二季度偏差，多次处于负值水平。分析来看，一季度得益于柴油的供需面尚可及原油价格的相对低位；二季度柴油价格震荡波动，疫情对柴油需求影响明显弱于汽油，但原油价格不断上涨，导致裂解价差震荡走跌；三季度开始随着柴油消费旺季的到来，价格开始回调，而原油价格因美联储加息等因素，市场对经济衰退担忧增强，导致原油价格快速回落，裂解价格也得以快速反弹。四季度原油消息面利空叠加，市场供需基本面偏弱局势，国内成品油市场成交欠佳，且跌幅明显，柴油裂解价差继续保持高位，但较三季度有所下跌。

柴油零售利润方面，柴油利润最高点出现在 7 月底，高达 1698 元 / 吨，主因限价水平较高，而市场价格走弱，批零价差快速拉涨。利润最低点出现在 10 月 8 日，为 14 元 / 吨，主要因为国际油价大涨，柴油市场价跟涨，而限价未到调价窗口，导致的短暂批零价差低位。而后随着限价上涨，零售利润小幅反弹，但反弹幅度较小。因资源问题，多地柴油价格维持在批发限价附近。

2. 2022 年国际柴油零售价格现状

2022 年 11 月 2 日，在美联储连续第四次加息 75 个基点后的第 17 个交易日，WTI 重回 90 美元 / 桶大关。布伦特原油也在 16 个交易日之后重上 96 美元 / 桶以上。

根据美国能源信息署（EIA）的统计，2022 年 10 月，美国纽约港超低硫柴油（ULSD）现货价格为平均 4.36 美元 / 加仑，这是自 2022 年 5 月以来的最高月平均价格，也是有史以来的第二高月平均价格。柴油裂解价差在 10 月创下了 2.14 美元 / 加仑的历史高点，甚至高于夏季期间的价差水平。与芝加哥、墨西哥湾沿岸和洛杉矶的基准价格相比，ULSD 现货价格都处于较高的水平。2022 年 10 月，ULSD 现货价格比墨西哥湾沿岸基准价格平均高出 56 美分 / 加仑；而 2022 年 1—9 月，这一地区的价格比墨西哥湾沿岸基准价格仅高出 17 美分 / 加仑。

EIA 指出，2022 年 10 月，ULSD 现货价格上涨是由正常的季节性需求增长、异常低的库存水平以及可供进口馏分油数量有限等原因共同导致的。美国馏分油的需求是季节性的，部分原因是它主要用于东北部地区的家庭取暖。冬季是家庭取暖油需求周期的开始，这成为价格上涨的主要催化剂之一，因为季节性需求的增加动用了本已紧张的地区馏分油库存。多年来的低库存和供应紧张加剧了美国的柴油短缺，尤其是在东海岸地区。美国炼油商们认为，柴油需求比汽油等其他燃料更快地从疫情暴跌中恢复，且继续强劲增长。

与美国类似的是，欧洲柴油市场也已进入危机状态。欧洲部分地区柴油耗尽，这表明柴油的价格可能即将上涨。

作为柴油、航空燃油和取暖油的净进口地区，2022 年以来欧洲一直在努力维持充足的库存，因为高企的天然气价格导致一些用户转向柴油，从而提振了需求；一些买家则避开了俄罗斯的柴油。2022 年，欧洲一半的柴油进口来源于俄罗斯，因为欧洲对于俄石油产品禁令临近，欧洲交易商大量购买俄罗斯的柴油。

2022 年初以来，阿姆斯特丹 – 鹿特丹 – 安特卫普存储中心的馏分油库存一直远低于五年平均水平，在夏季大部分时间中比五年平均水平低 100 多万桶。

EIA 认为，美国和全球范围内馏分油价格的上涨是多种因素造成的：美国和全球馏分燃料油（主要作为柴油消费）库存低；馏分油的需求增加，部分原因与季节性驱动因素有关，例如美国东北部的季节性农业需求和家庭供暖需求，以及炼油厂的季节性维护以及欧洲炼油厂在罢工后开工率降低导致的馏分油产量的减少。2023 年 2 月，欧盟禁止从俄罗斯进口石油产品之前，馏分油的运输成本上升。

馏分油库存处于低位的主要原因包括 2020 年以来全球炼油能力的下降、2022 年初的高需求以及乌克兰危机导致的全球油品贸易中断。2022 年夏季美国馏分油消费量虽然一直低于疫情前的水平，但与 2020 年相比有所增加。较高的消费量和较低的炼油厂馏分油产量也导致了库存的下降。原油的高价格直接导致了馏分燃料油等石油产品价格的上涨，而有限的炼油产能使得炼油价差扩大，进一步推动了油品价格上涨。

（五）煤油零售价格变化分析

2022 年，中国航煤市场价格整体呈涨。柴油资源仍处紧张状态，受成本面支撑，柴油价格维持在限价附近，加之下游柴油需求较为稳健，带动航煤市场价格上涨；随着国际油价下调，且国家发展改革委零售限价下调兑现，国标柴油价格下跌，加之疫情反复降低用油需求，后期航煤价格有所下跌。

1. 2022 年中国煤油零售价格现状

2022 年，中国人均 GDP 上升，居民人均可支配收入增加，人们的消费能力和生活水平显著提升，航空出行需求日益增长，民航运输业的发展，为航煤需求市场增长提供强力支撑。2021 年航空运输受疫情影响，货运量及客运量同比大幅下滑。航空煤油市场需求与民航业景气度高度相关。2022 年虽然疫情得到有效控制，但民航业发展依旧受到很大影响。

中国石油自 2022 年 12 月 1 日零时起，再次上调 12 月航空煤油结算价格，涨幅 244 元 / 吨：各炼化分公司供中航油及由中航油进行资源配置的各油料单位航空煤油（标准品）交销售分公司的含税出厂价格 7911 元 / 吨；供中航油航空煤油销售价格贴水及具体执行价格，由销售分公司同中航油协商确定。各炼化分公司不得向中航油收取航空煤油装车（船）费等杂费。各炼化分公司供军队及其他单位航空煤油（标准品）含税出厂价格为 7971 元 / 吨。

中国石化自 2022 年 12 月 1 日零时起，也调整了航空煤油的结算价格，航空煤油结算价格以及总部相关规定通知如下：炼油企业交销售公司的 3 号航空煤油出厂结算价格由 7707 元 / 吨调整为 7951 元 / 吨，上调 244 元 / 吨；供中航油有限公司的 3 号航空煤油出厂价格由 7727 元 / 吨调整为 7971 元 / 吨，上调 244 元 / 吨；供军队的 3 号航空煤油出厂价格由 7727 元 / 吨调整为 7971 元 / 吨，上调 244 元 / 吨；其他问题仍按现行有关规定。

以中国石化出厂价为例分析中国的煤油零售价格。航空煤油企业出厂价格从 2021 年起一路攀升，其间虽有小幅震荡，但总体呈上升趋势。中国石化航空煤油每月出厂平均价格从 2021 年 1 月的 3242 元 / 吨涨到 2022 年 12 月的 7951 元 / 吨，同比增长 145.24%（图 10）。

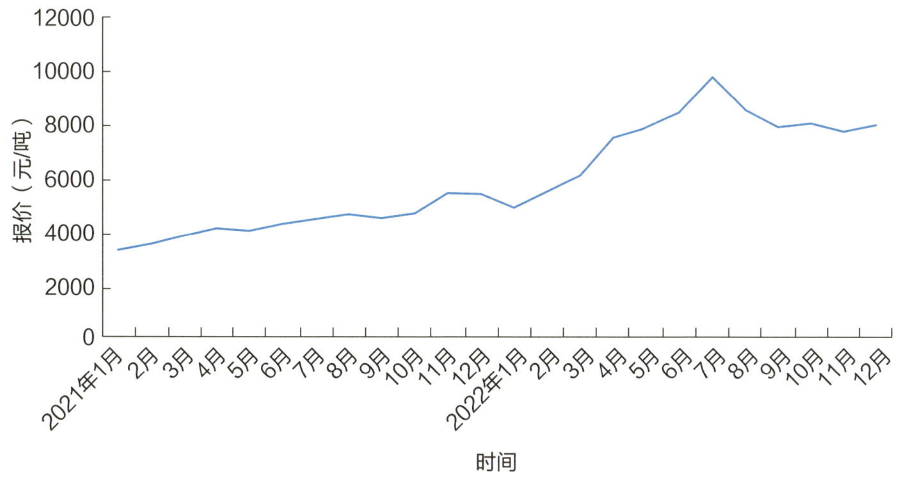

图 10　中国石化航空煤油每日出厂价格

数据来源：隆众数据库

2. 2022 年国际煤油零售价格现状

2022 年初，国际煤油价格受乌克兰危机影响上涨速度极快。这是由于俄罗斯作为全球最大的石油出口国之一，受欧美国家制裁，减少了石油出口量，导致石油价格持续攀升，国际煤油价格因此波动较大。后期，西方对俄罗斯石油设置价格上限效果或难及预期，叠加节日氛围下交易清淡，国际油价不断小幅下跌。加之下游柴油需求一般，中下游刚需购进为主，成交一般，国际航煤价格也随之下跌。但与 2021 年相比，2022 年国际航煤价格始终处于高位。

以西北欧航空煤油离岸价（FOB）变化为例分析国际煤油零售价格。2021 年航空煤油价格一直位于 8000 元 / 吨之下，2021 年 1 月西北欧航煤 FOB 为 5245.67 元 / 吨，后小幅震荡上升，在 2021 年 12 月上升至 6529 元 / 吨。2022 年西北欧航煤 FOB 绝大部分时间均处于 8000 元 / 吨之上。2022 年 2 月西北欧航煤 FOB 迅速攀升至 7201.45 元 / 吨，随后受地缘政治影响波动一直较大，直到 6 月达到峰值 12348.84 元 / 吨；后半年西北欧航空煤油 FOB 震荡下跌，12 月跌至 10187 元 / 吨（图 11）。

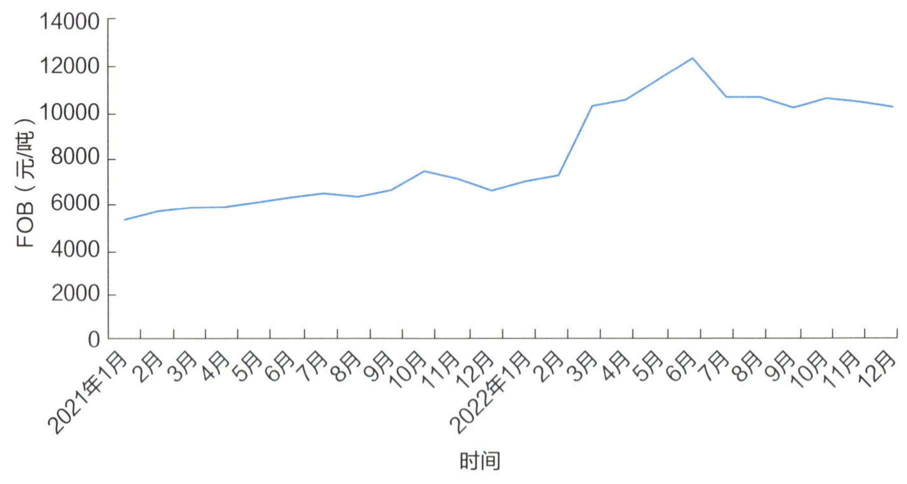

图 11　2021—2022 年西北欧航空煤油 FOB 变化趋势图

数据来源：隆众数据库

三、成品油批发、仓储与运输发展及特点分析

2022 年上半年，受供应收紧和需求复苏影响，中国成品油价格上涨；年中以来，成品油价格震荡回落。国际油价在 2022 年也遭受了重创，受宏观需求不乐观、供应减量、金融压力持续上升等因素影响，年中以来油价一路下行。

总体来说，中国成品油批发市场呈现区域企业竞争格局；成品油批发交易方式单一、价格竞争无序；传统批发业务受限，油企逐渐向综合化供应商转型。以美国为主的国外成品油批发市场发展更加健全，基础设施、配送体系完善，贸易综合性强，定价机制先进。

仓储方面，2022 年中国油库数量较多，战略石油储备总体库存超 9 亿桶，总库容庞大，为战略石油储备世界第一；美国作为全球石油领域行业主导者，成品油仓储设施市场化程度较高，管道运营市场化程度高，截至 2022 年 12 月，美国石油储备为 3.75 亿桶。

运输方面，中国管道运输和航运都在 2022 年发展显著，多个重点管道工程建设投产，航运运力规模也保持了整体上升态势，成品油运输能力保持稳定上升。与此同时，国际市场的物流建设也在积极进行：北美等发达地区油气管道建设及规划活动保持稳态，管网完善及出口通道建设有序推进。

（一）成品油经营市场主体、仓储及运输能力

根据加入世界贸易组织承诺和《中华人民共和国对外贸易法》《中华人民共和国货物进出口管理条例》，中国对原油、成品油进口施行国营贸易管理，并且允许一定数量的非国营贸易进口。随着石油成品油流通“放管服”改革深入推进，越来越多的民营和外资企业进入成品油流通领域，市场经营主体更加多元。根据企业所有制和市场主体发展规模等因素，可以将中国石油市场主体归为四大类，即三大传统石油集团、新兴国有石油企业、民营石油企业和外资石油企业。整体来看，中国成品油经营主体实力雄厚，各主体不断克服自身资源、技术、资金等方面的问题，积极寻求发展机会，且利用品牌和管理优势扩张经营规模。与中国成品油经营主体不同，美国成品油市场上主体众多，性质不受限制，不存在国有的炼油企业，政府非常重视私人投资在国内能源发展和建设中的作用。所有中下游资产均由私营企业及其股东拥有，拥有下游资产的私营公司反而是其他国家的全资国有公司。比如西提哥石油就是委内瑞拉政府完全拥有的国有委内瑞拉石油的独资子公司，在美国拥有若干炼油厂、零售网点、管道系统和数十万座加油站。

在仓储方面，由于中国的石油产量一直能够满足需求，所以石油储备起步较晚，直到 2001 年，中国才首次提出石油资源战略。2003 年，中国正式启动国家石油储备基地计划，决定用 15 年时间分三期完成石油储备基地的硬件设施建设，三期工程全部投用后，中国战略总库存提升至 5 亿桶。2022 年，中国战略石油储备超 9 亿桶，总库容庞大。总的来说，中国成品油仓储行业处于稳定发展阶段，集中度较高。2022 年，国际形势复杂，中国能源安全也受到威胁。能源安全关系重大，因此中国石油储备还需继续加强。纵观国际市场，作为全球石油领域行业主导者的美国，成品油仓储设施市场化程度较高，行业标准明确；管道运营市场化程度高，管道遍布各州，具有管道输送比例高、管网布局密集、运输品种多等特点，在世界处于领先地位。

运输方面，成品油作为炼厂产品，更贴近于下游消费。新冠疫情以来，出行需求萎缩，成品油运输也受到重创；随着全球出行需求复苏，成品油需求也反弹复苏，运输需求增加。中国管道运输和航运在 2022 年都得到了显著

发展；管道运输方面，多个重点管道工程建设投产，大大增加了管道运输能力；航运运力规模也保持整体上升态势，成品油运输能力保持稳定上升。同时，全球炼厂在发达国家碳中和路径下持续向发展中国家转移，炼厂转移速率快于能源转型速率，导致炼厂产能增加提供运量基础，炼厂产能分布不均衡拉长运输距离，进而提升了成品油的运输需求，对运输能力的提高有着正向的积极作用。与此同时，国际市场的物流建设也在积极进行：北美等发达地区油气管道建设及规划活动保持稳态，管网完善及出口通道建设有序推进；成品油海运运输需求呈多元化态势，贸易航线相对复杂，也为提高船只利用率提供了机会，促进经济发展。

（二）成品油批发市场特点分析

2022 年上半年，国际局势逐渐成为市场关注中心，投资者对供应趋紧的担忧成为提振油价走高的主要因素。国际原油期价整体大幅上涨，且波动幅度较大。下半年，在宏观需求承压、供应减量不足、金融压力持续增长的情况下，国际油价呈现加速下行态势，成品油价格走弱。国内市场批发价格则呈现冲高回落势态，整体水平较同期有所上涨。疫情影响下，汽油消费疲弱，批发市场景气程度偏低。柴油整体受疫情影响有限，价格远高于往年同期水平，批发市场景气程度明显高于汽油。

目前，美国是全球最大的炼油国，中国处于第二的位置，远超全球其他国家。美国成品油批发贸易非常发达，实货与期货相结合，国内外资源统筹运用，是完全的市场化运作模式。以美国为主的国外成品油批发市场基础设施完善，配送体系强大；贸易综合性强，分工细致，具备诸多衍生品，市场受众较多；成品油批发市场环境较好，区域分工协作，集中力量发展优势产业；成品油批发定价机制较为先进；成品油质量监管体系十分完善，交易数据公开透明。

中国成品油从炼厂到最终消费者的流通环节主要涉及批发和零售两大市场。成品油批发商从炼厂买入成品油，再销售给零售企业；成品油零售商则主要通过加油站等零售网点向千家万户供应成品油。国内各炼油主体以零售模式为主，其中主营炼厂以零售为主，批发、直销为辅；独立炼厂则以批发销售为主，与中间商进行合作。

从国外成品油批发零售业的发展经验来看，批发零售贸易占比整体呈下降趋势。但是，批发商品交易量仍呈上升趋势，在商品流通中占重要地位。成品油批发业的发展对节约全社会成本、降低交易成本、提高流通效率、促进经济增长具有重要作用。

1. 成品油批发市场呈现区域、企业竞争格局

山东是国内炼油产能最大的省份。从成品油产量来看，山东占比高达15.48%；辽宁省、广东省、浙江省、江苏省分别以占比13.28%、10.47%、5.1%和5.09%，位居成品油生产能力前五位。排名前五位省份成品油生产能力总和已占中国成品油总生产能力的49.4%，前五位省市均分布于中国经济最发达东部及南部沿海一带。

中国成品油市场近年来发展十分迅速，在成品油批发市场开放后，国内成品油市场正在改变原有中国石油、中国石化两大集团集中批发成品油的市场格局。随着中国加入WTO后关税减让、市场准入等扩大开放承诺的兑现，外资石油石化公司抢滩中国大陆市场，国内市场进一步具有国际化的特征，并且逐步形成以国有石油公司为主导，国外大石油公司和国内民营企业积极参与的多元化市场格局，市场竞争愈加激烈。

中国石油和中国石化分别在各自的区域市场占有主要的市场份额，泾渭分明。中国石油在东北、西北地区拥有绝对的市场份额优势，在西南地区占据较大的市场份额；而中国石化在华东、华南和华中地区拥有极强的市场优势。在柴油市场上，两家公司和地方炼厂的竞争则激烈得多，其中，中国石化、中国石油分别占据28%和21%的市场份额，两者总占比接近50%。从成品油销售模式上来看，虽然中国石油、中国石化成品油多以零售为主，但两者依然掌控着大量的批发资源。在直销分销和批发市场上，中国石化和中国石油分别占据了22%和27%的市场份额，两者加起来约为国内总销量的五成。

2. 成品油批发交易方式单一、价格竞争无序

国内成品油交易链条以实物交易为主，还没有引入金融期纸货交易工具，缺乏批发贸易保值工具，依托市场发现价格还处于较为初级的阶段。近年来

由于资源供大于求、竞争主体不断增加，国内成品油批发贸易已经逐步转向市场化运作，成品油批发呈现市场化定价的趋势。与大多数商品价格运行机制相同，成品油资源的供需是影响批发价格的首要原因。

由于国家对成品油管控较为严格，成品油批发尚不能做到完全市场化定价，成品油批发价格受国家零售最高限价变动预期影响较大，主营炼厂往往根据国际油价涨跌，推断零售价格变动情况，随之改变批发价格。综合来看，成品油批发价格主要是在炼厂原油成本变化、政策变动、市场供需变化、市场竞争激烈程度、市场消息的交织影响下形成的。

目前中国市场上还没有权威的批发基准价，全国批发市场行情信息并不透明，各大主营炼厂对外发布的信息有限，各层级的批发贸易商主要依靠信息不对称和对市场价格的判断获利。此外，由于无法为客户提供多样的服务，随着产品同质化的发展，批发客户大多成为价格敏感性客户，谁卖的价格低就买谁的油成为客户大多的选择。而客户经理工作烦琐，重销售、轻开发、轻服务现象普遍存在，企业营销政策无法及时传递到每一位客户，客户黏性小，忠诚度极低。

由于没有权威的批发基准价，批发商对终端客户的定价工具还不够丰富，依托基准价作价的方式还难以实现。批发市场价格波动频繁，油品销售涉及大额资金，客户转账交易线下拼单、倒单和油票分离，成品油市场监管难。而油品批发销售企业用工多效率低，在交易过程中，价格协商、资金确认等过程高度依赖客户经理的自觉性，存在降低价格和资金流失等风险，销售提货单的开具和传递、油品交付、客存签认纸质单据较多，存在丢失、伪造、变造风险。

3. 传统批发业务受限，油企逐渐向综合化供应商转型

自“两权合并、配额放宽”政策实施后，成品油来源渠道丰富，地方炼厂逐渐开始开展加油站零售业务，并直接向社会加油站销售成品油，压缩成品油批发企业的利润空间。面对这一趋势，成品油流通企业通过提供综合化的仓储、物流、协同议价等服务，为下游加油站等客户提供额外价值，从而获得进一步的发展。

近年来，中国城市生活节奏逐渐加快，客户希望在一个地方能够满足多

种消费需求，提高购买效率；同时，加油站开展便利店、快餐、汽车美容等非油业务，能够有效地增加收入来源；加油站开展非油业务的毛利率较高且相对稳定，能够有效降低经营风险。消费者需求、企业盈利驱动和风险控制三方面促使成品油零售业与传统商业逐步融合，以便利店、快餐、汽车美容等为主的加油站非油业务应运而生，目前国内加油站和便利店相结合已经成为一种趋势。

随着公众健康、安全、环保的意识的不断提高以及政府环保法规等的日益严格，成品油行业的安全和环保要求不断提高。中国积极进行车用汽油、柴油的标准升级，降低污染。以中国石油、中国石化为代表的大型油气企业纷纷从“油气”供应商向“综合能源”供应商转型，提高清洁低碳能源在能源结构中的比例，采取更为积极的应对气候变化的行动措施。

（三）成品油仓储市场特点分析

根据能源汇《2022 年成品油半年报》，国际原油整体高位运行，全球原油库存正处于历史低位，原油短缺带来炼厂产能下降，对于成品油需求提升，供应趋紧造成高油价，目前全球大部分国家整体处于消耗库存状态。国内成品油需求受疫情影响几乎贯穿 2022 年全年，成品油需求大幅下滑，炼厂销量萎靡，库存居高不下，成品油供过于求现象表现尤为突出，也在一定程度限制了批发环节油价的涨幅。而近年来，国内成品油库库容保持快速增长态势，供需不匹配抬高了仓储行业的壁垒。

目前，国内成品油储存主要有三种类型：炼油厂储存、商业油库储存和国家油库储存。在中国，成品油的仓储比较集中，多数为石油企业的商业中转库，尤其是企业用于零售的配送周转库。基本布局是以地级市为中心，辐射周边；也有以成品油长输管线为中心，沿线布局中转油库。目前国内影响力较大的成品油输送管线有兰郑长、兰成渝、抚郑管道等，总长已达到 2 万余公里。另外还有国家战略储备油库、部队油库和石化企业附属油库等，具有点多、面广、管理分散、风险点多的突出特点。

皇家孚宝等国外成品油仓储企业具有以下特点：盈利韧性强，受周期扰动小，客户资源相对稳定，行业壁垒较高，行业区域竞争特性叠加岸线资源稀缺性，公司通过联营、并购等方式获取本土企业的经营权。作为全球石油领域行业主导者的美国，仓储设施市场化程度较高，行业标准明确，处于完全竞争态势，主要参与者除石油销售人员外，普通的管道运营商和终端用户也拥有仓储设施；成品油管道运营市场化程度高，管道遍布各州，具有管道输送比例高、管网布局密集、运输品种多等特点，管理专业化，管输和销售分离；拥有较为先进的物流配送体系和标准，配送车辆标准明确，车型大多较大，且具备分仓运载条件。

近年来，国内成品油库库容保持快速增长态势。中国成品油库建设项目在不断推进，中国海油、中外合资企业等新进入这一市场的企业在不断新建、收购成品油库，扩容态势迅猛。从中国代表性油库的容量来看，东营原油库、浙江台州临海油库容量处于领先水平，分别达到 52 万立方米及年吞吐量 260 万吨左右。其他代表性油库还包括江西南昌石油昌北油库、浙江绍兴油库等。

1. 油库储存资源来源较为复杂，运营模式以地区分配为主

中国社会贸易商油库储存资源来源较为复杂，主要来自主营业务、地方炼厂和社会贸易商。不同的油库有不同的采购渠道。不过，如果出口仓库属于独立炼油厂，大部分资源则来自炼油厂，属于炼油厂的异地销售仓库。一般来说，油库将在目标省租赁，然后分配到目标省的当地和周边地区。一方面，它可以像其他私人油库一样寻找低成本的资源。另一方面，与其他油库相比，它可以以更低的成本将资源从炼油厂转移到油库，采购成本也相对较低。它也可以有自己的品牌。

目前中国独立炼厂炼油及销售均在炼厂内发生，独立炼厂的仓储可理解为商业性仓储，库存的高低一定程度会影响炼厂定价的高低及炼厂加工负荷的调整。多数炼厂不可以代储，采购少量油品的多数为当天提走，量大也会规定提货时间。

在运营模式上，独立炼厂与主要销售公司的油库运营模式相似。目前各地区销售企业所属油库的库存管理仍实行传统模式，即由各地区销售公司根据油库库存量情况、企业的库存策略及以往销售经验来确定自己的库存水平及订购时间点。当销售企业的库存管理系统触发了订购条件时，立即向其上

游供应商下订单；供应商接到订单后，便组织向销售企业供货，也可为中下游客户提供客户，价格具有一定优惠幅度。但由于油库采购渠道和频率可以选择，不存在上游供应商的限制，所以库存水平可以随市场变化调整。

2. 成品油仓储市场呈现区域、企业竞争格局

在油库数量较多的情况下，以石油储备基地为例，分析油库的区域布局。从 2008 年起，中国正式建设石油储备基地，经过十余年的建设，目前基本建成 12 个储备基地：天津、鄯善、舟山、黄岛（地面和洞库）、独山子、镇海、惠州、大连、兰州、锦州（洞库）、金坛、湛江。

在中国，成品油的仓储比较集中，总库容及总数量排名前十的民营商业油库主要集中在华东、华南、华北东北等大区。华东地区覆盖江苏、浙江、上海、山东等省，汽柴油消费量排名前十，由于石油原料的优势，这里建了许多社会和商业油库，在成品采购和成品调配方面优势明显。华南覆盖广东、广西、福建三个省，其中广东省汽柴油消费量均位居全国首位，云贵一带的成品油资源除云南石化的供应之外，其他的成品油用量 80% 以上来自广东广西的仓储资源，华南一带也承接了多省的资源供应。

在众多油库中，从企业角度来看，中国石油和中国石化两家公司在成品油油库市场占据主导地位。近年来，作为“新生军”的重要代表——成品油加工能力不断提升的中国海油，通过在惠州炼厂周边建设油库以及在浙江等消费地收购社会经营单位，掌握了多个大规模的油库，对市场的影响正在逐步增加。与此同时，中外合资的成品油油库也在不断涌现。由于外资公司在中国的成品油油库建设方面起步较晚，库容较少，主要依赖于与国内成品油经营单位合资建设。目前，英国石油公司（bp）、荷兰皇家壳牌集团等国际石油巨头在中国都有油库分布。

3. 成品油仓储企业集成化管理程度较低，未建立完善的行业监管体系

当前，中国经济发展总体趋势增速放缓，加之疫情影响，成品油的总贸易量有所缩减。在这种大环境下，成品油企业仍沿用传统的管理及服务模式，导致抗风险能力差。企业集成化管理程度较低，其主要表现为：第一，仓储物流企业的服务较单一。很多企业只单纯提供货品承运服务及仓储保管服务。第二，仓储物流企业仅提供固有服务模式，不同客户方的需

求不同，同一客户针对不同货物的仓储物流要求不尽相同，企业无差别服务无法满足客户方多元化需求。第三，企业未建立上下游企业关联信息平台，未能与上下游企业建立合作并以货运仓储为核心拓展业务领域实现一体化全能发展。

承接成品油的仓储物流行业往往涉及跨境物流，包括货运、仓储、装卸、报关等环节的管理，涉及很多主管部门，企业要实现合规营运就要与各主管部门实时沟通，了解相关政策要求，这无形中为企业带来一定的负担。同时，仓储物流行业已经逐渐脱离了原有的单纯仓储及运输服务，新增的附加服务还未建立配套监管制度。首先，仓储物流企业在增加了针对客户方的增值型服务时，关于其所提供的分包装服务，双方需签订相关协议合同，合同的合法合规性及出现纠纷后的裁决都没有相关的法律及制度依据。其次，仓储物流企业拓展的诸如分包装生产、商品再加工等业务范畴需要符合当地市场监管部门的要求。最后，仓储物流企业在建立商品贸易平台时，缺乏相关的法规及制度约束，对于在平台中直接进行贸易的双方及仓储物流企业，其权利义务仍需进一步规范。

4. 由传统市场向智能化市场转型

相比传统的消费商品，成品油仓储对时效性要求不高，但对于存储及运输成本的控制有着较高要求。第一，传统的仓储十分依赖人工操作。人工操作主要依靠经验，没有系统化的要求。但成品油订单量较大，货物出库入库频繁，存在同型号、同类别货物仓储。第二，仓库对成品油的入库没有建立完善标识机制。这就导致实际货品的数额、货品在库房存放的位置、货品的移动在系统中均未得到体现，频繁出现货品入库货损、丢失后无法追踪的情况，为仓储企业带来经济损失。

近些年，包括成品油行业在内的众多行业都在进行数字化、智能化，成品油企业对仓储物流系统 WMS 的需求在快速增长。行业领先企业已经具有较高的信息化程度和基础。但随着成品油行业向低能耗、清洁化、智能化的目标迈进，企业通过更精细、更协同的管理来实现降能耗和增效益就成为必然选择。这种管理涉及企业的生产管理、供应链物流管理、营销管理等，因此对精益化、智能化仓储物流管理的需要也更为迫切。

（四）成品油运输特点分析

1. 国内成品油运输特点

受益于经济快速发展、固定资产投资加大、汽车保有量不断提高、城市公路系统不断完善等，中国成品油消费量不断提升。成品油供需市场的快速发展相应拉动了中国成品油运输的进一步推进与完善，管道运输和水路运输无论从规模还是效率上都得到很大的提升。

（1）中国管道运输体量持续加大，管道建设取得新进展。

当前管道运输的发展趋势是：管道的口径不断增大，运输能力大幅度提高；管道的运距迅速增加；运输物资由石油、天然气、化工产品等流体逐渐扩展到煤炭、矿石等非流体。中国目前已建成大庆至秦皇岛、胜利油田至南京等多条原油管道运输线。

2022 年 5 月 25 日，国家石油天然气基础设施重点工程——青宁管道末站与西气东输青山站联通工程建成投产，设计规模 120 亿立方米 / 年，实现了中国天然气东西主干管网和南北供应要道的全面联通；5 月 31 日，国家管网集团西气东输管道系统轮南压气站与中国石化塔河油田联通工程投产进气，年输气能力 340 亿立方米，塔河油田天然气资源正式通过管输方式由西气东输管道系统上载进入“全国一张网”；8 月 24 日，国家石油天然气基础设施重点项目董家口—东营原油管道投产一次成功，董东管道年设计输油能力 1500 万吨，全长 365 公里，主要输送青岛董家口港区接卸的进口原油，提升输油能力 260 万吨 / 年；9 月 16 日，中俄东线天然气管道（河北安平—山东泰安）正式投产，该管道线路全长 320 公里，管径 1219 毫米，设计压力 10 兆帕，设计输量 189 亿立方米 / 年，沿线设站场 4 座；9 月 28 日，西气东输四线天然气管道工程正式开工，建成后将与西气东输二线、三线联合运行，进一步完善中国西北能源战略通道；东营输油站迁建工程历时 9 个月 29 天，于 10 月 28 日开始投产；11 月 8 日，随着国家石油天然气基础设施重点工程川气东送管道野三关压气站建成投产，国家管网集团川气东送管道增压工程（二期）全面完成，川气东送管道年输气能力提高至 170 亿立方米；自 2022 年初以来，国家管网集团西部国门站——霍尔果斯压气首站已累计向国内输送中亚天然气超过 400 亿立方米，日输气量突破 1.2 亿立方米，为中国天然气保供提供了坚强保障。霍尔果斯压气首站是中亚天然气进入中国的第一站，也是中国西气东输二线、三线共同的“龙头站”和全线运行的“动力舱”，该站内拥有的 8 台天然气压缩机总功率超过 240 兆瓦，单站装机容量居亚洲之首，每年可为超过 400 亿立方米天然气增压。

（2）中国航运规模小幅上升，基本保持稳定态势。

国内沿海成品油水上运输是国内成品油运输的重要组成部分，为保障中国能源安全，国家对国内沿海成品油水上运输实施宏观调控政策。2022 年，中国沿海成品油运输运力供需相对平衡，运力规模、船舶数量虽然有所波动，但整体上较为平稳，行业整体发展呈现健康有序的局面。交通运输部数据显示，中国沿海运输游船运力规模由 2016 年的 993.31 万载重吨增长至 2022 年的 1142.2 万载重吨。

整体来看，中国 2022 年原油运价指数保持基本稳定。第一季度，由于山东地炼炼油利润不乐观，部分炼厂开工负荷维持低位。之后随着春节假期以及冬奥会临近，户外工程基建活跃度下滑，柴油需求转弱，仅维持刚需低价采购，囤货和投机需求较低迷。且受国际形势影响，原油期货一度连涨，国内市场汽柴油价格跟涨至高位，成品油价维持趋强运行。第二季度，受疫情影响，上游炼厂因原料供应及产品运输由于限压港等原因，汽柴油资源供应相对减少。运输市场供需双弱，以刚需补货和观望为主，市场成交清淡，成品油运输价格维稳。加之东部沿海省份需求降低，成品油社会库存高涨，下游压港严重，滞港情况明显，运力周转不畅，市场有效运力不足。综上，成品油运输市场需求整体偏弱，购销气氛维持淡稳。受运力不足因素影响，成品油运价小幅上涨。6 月 28 日 24 点，国内成品油零售限价遇年内第二次下调，汽、柴油批发行情走弱。第三季度，成品油需求传统旺季来临，大部分炼厂完成例行年度检修，成品油下水量有所上升。叠加双节前后，下游补库需求释放，市场较为乐观，看涨情绪较浓。运输市场方面，受市场成交意愿上升影响，出运增多，叠加台风和北方港口因天气原因封航影响，市场运力周转缓慢，支撑成品油运输市场运价上行。第四季度，受国际原油价格在国庆节假期间宽幅走高影响，地方炼厂节后补货氛围乐观，地炼出货情况明显好转，市场活跃度提升，拉动汽柴油价格走高；需求方面，成品油运输需求稳健。成品油传统消费旺季过后，汽柴油需求加速下滑，虽然在疫情防控政策优化调整下，居民出行、商务活动需求增加，但大部分工程陆续收尾，国内市场需求下行走势明显。国际原油价格震荡上行，炼厂利润继续压缩，部分提前检修减产。油价预取不确定下，贸易商观望情绪渐起，直至年末，国内成品油价格上调预期临近，下游补库意愿提升。叠加临近假期，高速限行，炼厂出货预期受阻，排库意愿迫切，采购拉运需求有所恢复，库存压力缓解，产销基本平衡，成品油运价有所企稳（图 12）。

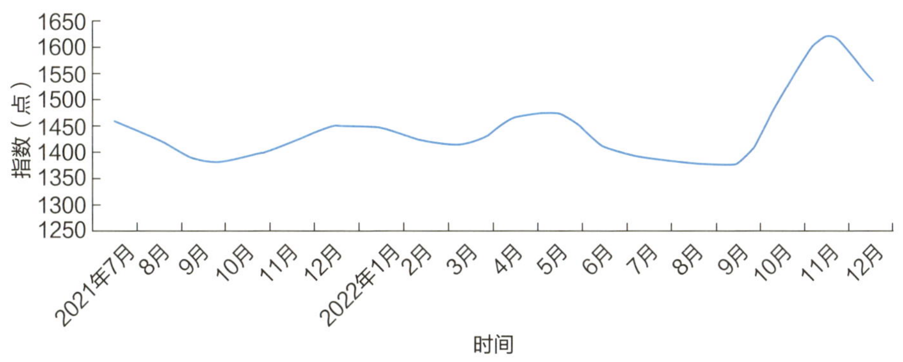

图 12　中国沿海成品油运价指数

2. 国外成品油运输特点

（1）全球油气管道持续推进，进程趋于平稳。

近年来，全球油气管道建设持续推进，进程趋于平稳。截至 2022 年初，全球计划或在建的油气管道约 16.6 万公里，同比下降 8.8%。截至 2021 年底，全球在役管道总里程约 202 万公里，其中天然气管道约 135 万公里（占比 67%），原油管道约 40 万公里（占比 20%），成品油管道约 27 万公里（占比 13%）。未来，全球油气管道建设仍以天然气管道为主。

北美地区建设新管道以提升相关联的上下游业务收益为主要驱动，包括满足本土消费和能源出口双重需求。自 2016 年开始，美国成为天然气净出口国，油气管网基本满足本国消费和能源出口需求。相比美国，加拿大作为全球第五大油气产量国，近几年油气行业相对发展低迷，油气管道外输能力不足是其制约因素之一。为加快油砂开发，拓宽市场开发渠道，加拿大一直在积极拓展原油管道建设，包括 Keystone XL 管道、东部能源管道、Line 3 管道重置项目、Northern Gateway 管道、Trans Mountain 管道扩建计划、Gray Oak 原油管道等，但因一直受到能源监管机构和环保人士的反对，管道建设一再延迟搁置。

欧洲国家为寻求能源供应多样化，管网规划主要围绕天然气进口跨国管道以及欧洲内部区域联络线建设。欧盟主导建设了“南部天然气走廊”项目，由南高加索天然气管道、跨安纳托利亚天然气管道、跨亚得里亚海管道三条管道共同组成，引进阿塞拜疆天然气，逐步推进欧洲供气格局更加多元化。

（2）成品油海运运输需求多元，贸易航线相对复杂。

成品油海运处于全球原油加工产业链的下游，主要负责将炼厂精炼产品运输至消费国家。成品油海运贸易是不同国家或地区通过进出口弥补供需失衡的主要方式，约占整体贸易量的 85%。尽管某些地区也采用管道运输，但相比于海运更加昂贵且更加脆弱。从成品油海运国家分布来看，成品油主要海运出口来源是俄罗斯、美国、荷兰和中东等国家和地区；主要海运进口国是美国、新加坡、荷兰以及澳大利亚等国家。

成品油油轮通常比原油油轮小，反映了成品油相对原油而言较小的贸易量、在较小的港口装卸的需求以及贸易的复杂性。通常成品油海运的主要船型包括 LR2、LR1、MR 以及更小的 Handy 型船（通常仅用于地中海、黑海海域内），其中原油油轮中较小的阿芙拉型船运输成品油时则被称为 LR2 型船。由于成品油种类丰富，成品油贸易模式相较于原油更为复杂，贸易航线更为多样，给提高船只利用率提供了机会。LR2 型船主要用于中东—亚洲、中东—欧洲以及亚洲—欧洲之间的长距贸易航线，LR1 和 MR 型船贸易航线则更加多样，LR1 型船代表性航线为沙特—日本的中长距离航线，MR 型船代表性航线为鹿特丹—纽约的中短距离航线。

四、成品油供给、价格及仓储运输展望

2023 年，随着新能源的大力发展、新冠疫情影响的持续削弱、全球经济的逐步复苏、政治政策等方面的影响，成品油市场也将有明显变化。成品油供给端将得到明显恢复，产量将明显提高；汽油价格在小幅下降后将保持稳

定，航空煤油价格整体趋稳，柴油价格面临下行压力；成品油“智慧物流”逐渐落实，成品油产、运、销、储将实现智能联动一体化发展，成品油物流运行效率和效益将大幅度提升。

（一）成品油供给展望

预计2023年独立炼厂通过转型升级、技术创新、产能扩张、延伸产业链以及扩展产品领域等一系列措施，将显著提高自身竞争力。同时，随着全球经济复苏、新产能陆续投产以及市场的进一步规范，成品油产量会实现小幅的稳定增长。

1. 汽油短期供应趋紧现状难变，未来产量稳步复苏有望

由于汽油对疫情的承压大于煤油和柴油，同时未来短期内随着OPEC+减产政策的持续推进以及俄罗斯针对西方价格上限采取的一系列反制措施，供应趋紧的现状不会改变。然而随着中国“新十条”的发布，防疫政策完全放开，需求端和供给端的利好复苏只是时间问题。整体来看，汽油产量会在2023—2024年呈现上升趋势，但增长率降低，且随着“双碳”战略的推进，增速将逐渐放缓。

2. 低碳经济和能源转型背景下，柴油产量回升乏力

柴油在2023—2024年供需均有增长预期。但“双碳”目标的持续推进以及自2023年1月1日起柴油类产品被列为危险化学品管理，会导致柴油的市场参与者数量在短期内出现下降，对柴油产量的上升有一定阻碍作用。总体来看，柴油产量虽有所上升，但增幅较缓。

3. 航空业回暖，航空煤油产量将明显上升

随着疫情管控放开，航空业会迅速回暖，航空煤油产量将实现稳定上升。全球经济复苏对航空煤油产量和需求也有一定的拉动作用，预计未来航空煤油产量会实现较大程度增长。

4. 独立炼厂转型升级，竞争力不断提高

（1）独立炼厂向下延伸产业链，产品领域进一步丰富。

首先，为了经济效益的提升，燃料型炼厂向化工型炼厂转变是重要的发展方向。其次，“碳达峰碳中和”愿景下，炼化企业的油转化工将进一步深化；

同时，新能源汽车发展也给石化行业带来新的发展机遇，可降解塑料的需求迅速增加促进炼化企业发展“绿色产品”。因此，独立炼厂正在向新材料、新能源领域快速延伸，重点发展可降解塑料、充电桩材料及光伏胶膜树脂材料等。

（2）独立炼厂产能将继续增长，行业竞争加剧。

近年来，随着独立炼厂的快速发展，中国炼化产能格局发生改变。预计在 2023 年，中国炼油产能将达到 10.8 亿吨，其中独立炼厂新建产能占未来五年新增产能的 76.2%。传统独立炼厂的装置配套程度不高，原油资源也不足，因此总体开工率一般保持在 70% 左右。新型炼化一体化炼厂的技术条件较为先进，竞争力较强，进口原油有政策保障，预计可基本保持满负荷生产。独立炼厂产量的持续增长无疑将加剧国内资源过剩情况。

（3）技术及经营创新导向，将提高独立炼厂整体竞争力。

2023 年独立炼厂将重点研发炼化转型升级技术，并将积极发展信息化与智能炼厂技术。在以“互联网 +”为特征的新业态发展推动下，智能制造、智慧加油站、共享经济等新技术、新模式的应用，将促进传统炼化行业进行产业升级，更有效地提高独立炼厂的整体竞争力。独立炼厂未来转型将结合地方特色，形成特色化发展格局。在实现能源以及资源多元化的同时，信息化应当被重视起来，用于炼化业务能力提升的创新。完成从炼化数字到炼化智慧的升级，应用物联网、大数据、人工智能等新技术，从而在下游产业进行资源配置优化，以及对设备、能源、生产、销售的生命周期进行管理，最终实现全价值链优化。

（二）成品油价格展望

国际天然气和煤炭价格预计将在 2023 年和 2024 年回落，但仍远高于 2017—2021 年的平均水平；汽油价格受到新能源及燃油效率提高等因素影响，在 2022 年下半年稳定下降的基础上，可能在 2023 年开始略有下降并整体上保持稳定；随着疫情严峻形势得到控制，航空煤油市场需求将逐渐回暖，预计 2023 年国内航空煤油会保持当前价格水平，而国际航空煤油价格会在 2023 年小幅下跌至 900 美元 / 吨的水平；受政治波动影响，预估 2023 年柴油价格存在下行压力。

1. 国际油价前景展望

根据世界银行估计，预计2023年布伦特原油价格平均为92美元/桶，2024年降至80美元/桶。天然气和煤炭价格预计将在2023年和2024年回落，但仍远高于2017—2021年的平均水平。到2024年，澳洲煤炭和美国天然气价格预计仍将是过去五年平均水平的两倍。

2. 汽油价格前景展望

2023年全球石油需求的整体特征或将切换为“驱动东移”。印度、中国等非OECD国家将在疫情企稳后重返需求增量的主导地位，而OECD石油需求则将继续受制于紧缩周期内的经济下行压力。国内来看，能源转型推动“十四五”期间中国石油消费结构发生明显变化，燃料比例不断下降。以成品油为例，到2025年，成品油消费比例将下降至46%；化工原料比例不断上升至31%。石油消费日益从燃料用途向原料用途转变，炼油能力将明显过剩。随着新能源汽车的加速发展及石化产业的发展，预计到2025年，中国石油需求量约为7.42亿吨，接近峰值。2023年也是汽油不断被新能源替代的一年。汽油需求受到新能源汽车加速发展的冲击明显，加上燃油效率提高等因素的影响，需求仅略有增长，汽油价格在2022年下半年稳定下降的基础上，在2023年可能开始略有下降并整体上保持稳定。

3. 煤油价格前景展望

中国为航空煤油生产大国，主要生产企业包括江苏宝利国际投资股份有限公司、珠海恒基达鑫国际化工仓储股份有限公司、中国石油天然气股份有限公司、西安煤航（集团）实业发展有限公司等。在下游需求拉动下，中国航空煤油市场需求日益旺盛。生物航煤作为航空煤油新兴产品，在国家环保政策支持下，获得广阔市场前景。虽然中国航空煤油出口量有所下滑，但随着疫情严峻形势得到控制，航空煤油市场需求将逐渐回暖，预计2023年国内航空煤油会保持当前价格水平，而国际航空煤油价格会在2023年小幅下跌至900美元/吨的水平。

4. 柴油价格前景展望

随着国内疫情管控放开及政策面对基建行业的拉动，柴油需求有望回升。

西方对俄新制裁将落地，地缘不确定性延续，供应风险依然存在。不过冬季温暖气候令欧洲能源危机担忧大大减弱，经济前景不佳也形成持续性利空抑制，或限制油价的上行空间。预计布伦特原油价格或在 83 ~ 95 美元 / 桶的区间运行。供应面看，部分炼厂在疫情影响下，销量和利润不佳，或存在降低原油加工量可能。需求面看，2022 年国际油价整体呈倒 V 字形趋势，2023 年柴油价格会有所回跌。2022 年国际油价整体呈现倒 V 字形趋势。2022 年末 OPEC 等机构下调原油需求预测、激进加息、西方对俄设价格上限等一系列政策，令经济前景担忧情绪加重，国际油价深跌，从成本面到消息面均对成品油缺乏明确方向性指引，柴油价格承压高位下行。整体来看，2022 年 11 月份柴油相较汽油表现强势，但随着天气转冷，后市需求难言乐观，预计 2023 年柴油价格存在下行压力。

（三）成品油仓储物流展望

国内经济将逐步凝聚增长动力，居民出行回归疫情前水平，基建等开工继续增长，成品油批发市场将有望复苏。另外，中国成品油仓储处于较好的水平，成品油仓储行业处于稳定发展阶段，集中度较高。企业应着眼未来的物联网与区块链创新技术，深化使用物联网、区块链、大数据等新型技术，加强智能硬件、智能风控和物联网监管核心能力建设，继续完善基于物联网与区块链的石油仓单质押融资平台，使虚拟世界的信息征信和物理世界的客观征信合二为一，实现金融科技赋能。

目前中国成品油物流业务链长、产销矛盾突出，未来发展还面临众多挑战，需要石油企业根据业务发展积极进行技术创新，如在成品油智能仓储、智能调度等方面开展小范围探索建设，应用物联网、大数据、运筹优化、人工智能等技术赋能物流业务精准、高效、安全、低成本运行，实现成品油“智慧物流”，提高成品油物流运行效率与效益。未来，通过“智慧物流”，成品油产、运、销、储将实现智能联动一体化发展，成品油物流运行效率和效益将得到大幅度提升。

成品油需求、加油站及非油业务发展分析与展望

2022 年，受乌克兰危机、新冠疫情的影响，国际原油供给量不足，国际油价大幅走高，但在经济趋于恢复的态势下，国际成品油消费量略有增加。国内疫情虽有反复，但工业发展态势良好，在柴油需求量大幅增长的态势下，国内成品油需求量有所增加。汽油的需求水平稳中有降；煤油消费量锐减。成品供给过剩，导致成品油的进口量减少；配额限制导致成品油出口量下降。

成品油供过于求，加油站投资支出有所下降，数量略减，布局不断优化，综合能源服务站的投资建设和数量增长明显。加油站业务圈层不断延伸，非油业务种类越来越丰富。加油站经营中注重油非互动、线上线下全渠道建设；引入“社区 + 社群 + 社交”整合式沟通和消费模式；通过引入第三方营销资源、深化与知名品牌的跨界合作、加强自有品牌建设等打造强势品牌。

2023 年，国民经济和社会发展将加快恢复，国际原油价格将温和回落，传统燃油车购置税优惠政策及地方相关促进汽车消费政策等可能还将延续，这些将有利于传统燃油车的消费。同时，旅游消费的复苏也将带动交通运输业成品油需求量增加。因此，成品油需求将逐渐回升。

中国加油站数量已几近饱和，加油站数量将呈超低速增长。石油公司主要通过传统加油站改造等实现综合能源服务规模化发展。同时，围绕着“人 · 车 · 生活”，非油生态圈将不断扩展，加油站的智慧化建设深入推进。加油站的非油经营实力不断增强，未来将逐渐与连锁超市展开竞争。

一、成品油需求年度分析

2022 年，国际成品油市场发生了较大幅度的波动，受乌克兰危机影响，国际石油贸易局势发生巨大变化，国际油价大幅上升，国内的油价也水涨船高，一定程度上影响国民的消费意愿。同时，2022 年国内疫情时有反复，国

民的出行频次大幅下降，成品油需求较为低迷。

（一）成品油需求发展分析

2022 年，国际原油市场情况复杂，受到地缘政治的影响，国际原油供需浮动较大，原油价格居高不下且大幅波动。随着疫情的好转，世界经济保持缓步增长，市场进一步复苏，国际成品油需求略有增加，全球成品油消费量总体上呈现增长趋势。汽油和煤油消费量基本恢复到疫情前的水平，柴油消费量基本恢复到疫情前的 80% 左右。成品油消费结构与之前类似，三大成品油消费增量中，煤油增量最多，柴油次之，汽油增量最少。从消费区域结构来看，亚太地区的成品油消费量持续增长，居于全球首位；东亚地区成品油消费量增长较少；美国成品油消费量增长明显；欧洲成品油消费增速进一步加快。

2022 年，国内成品油油价大幅走高。尽管经济复苏面临着巨大的不确定性，国内成品油消费量相比 2021 年仍小幅增长。燃油车禁售令的推出将减缓成品油需求量的恢复速度。国民长途出行频次减少、汽车的使用量显著下降，汽油的需求量大幅下滑。工业发展态势良好，柴油的消费量整体呈上升趋势。居民交通出行受到重重限制，煤油消费量大幅下滑。生产制造业呈稳定发展的态势，交通运输与仓储物流行业依旧是成品油消费的主力军。成品油依然有较大的需求，尤其是柴油需求量大幅增长。

（二）成品油需求年度变化分析

新冠疫情以来，国际成品油的需求整体呈下行趋势，美国、欧洲等发达国家的成品油消费量都受到了严重影响。2022 年，随着疫情好转，成品油需求略有增加。国内成品油油价大幅走高，汽油消费量小幅下滑，煤油消费量大幅下滑，柴油消费量大幅上涨。

2022 年 8 月 22 日，海南省政府印发《海南省碳达峰实施方案》，明确到 2025 年，公共服务领域和社会运营领域新增和更换车辆使用清洁能源比例达 100%。到 2030 年，全岛全面禁止销售燃油汽车。2022 年末，欧洲议会通过法案，规定到 2035 年禁止销售传统燃料发动机车辆。燃油车禁售令的推出将减缓成品油需求量的恢复速度，成品油消费量的增长进一步放慢，也同时为中国的新能源汽车企业提供更多的舞台，为中国汽车市场的智能化、电动化、网联化转型提供了新的机遇。

1. 全球成品油需求侧分析

（1）全球整体消费情况。

美国能源信息署数据显示，2017—2019 年，全球成品油消费量总体上呈现增长的趋势，2019 年全球成品油消费总量为 45.7 亿吨，同比增长 0.11%。2020 年开始，受到新冠疫情影响，全球成品油需求出现大幅下滑，2020 年消费总量为 43.2 亿吨，同比下滑 5.34%；2021 年消费总量为 40 亿吨，同比下滑 7.50%，连续两年下滑幅度超过 5%（图 13）。全球疫情导致汽油供需明显下降，疫情对需求的冲击开启了美国与欧洲炼厂的关停潮与转型潮，导致在 2022 年汽油产量呈现下降趋势。

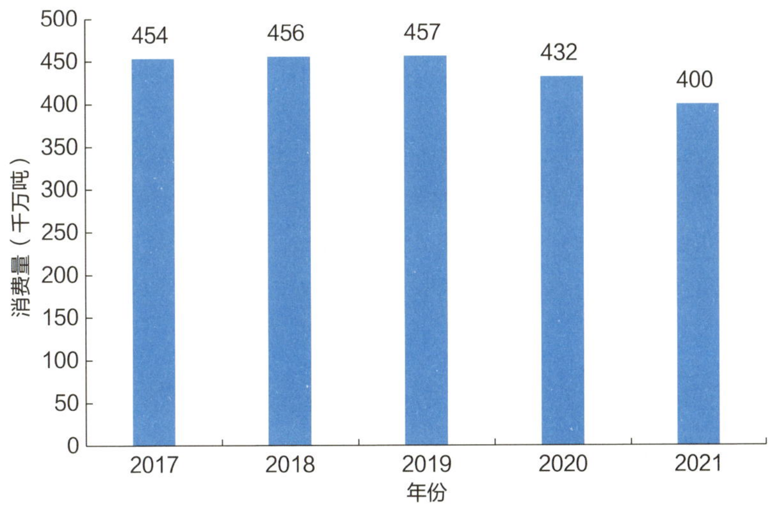

图 13　2017—2021 年全球成品油消费总量变化

数据来源：美国能源信息署

地缘政治危机的加剧会导致汽油的运输与进出口不畅等一系列问题。随着美国、英国和欧盟逐步停止进口俄罗斯成品油，全球范围内汽油供需分布不完全匹配，从而引致产能下降。在国际形势错综复杂的当下，叠加各国清洁能源的政策导向，永久关停的炼厂不会轻易恢复生产。

从油品结构来看，在三大成品油消费中，汽油和柴油加总占比超过 50%，而煤油的占比较小。但从 2017—2021 年三大油品的消费变化趋势来看，从 2020 年开始，因新冠疫情影响，全球汽油和柴油的消费量出现大幅下滑，而煤油的消费量出现了大幅增长，这也在一定程度上反映了在经济下行的趋势下，全球成品油消费更加看重更低的价格。2022 年，成品油消费结构与之前类似，三大成品油消费增量中，煤油增量最多，柴油次之，汽油增量最少（图 14）。

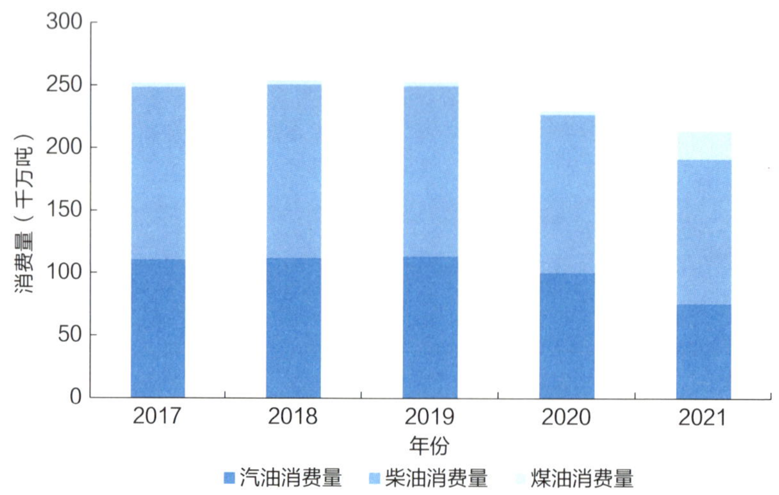

图 14　2017—2021 年全球汽油、柴油、煤油消费总量变化

数据来源：美国能源信息署

从消费区域结构来看，2017—2021 年，成品油消费量区域排名依次为北美、东亚、欧盟、拉美和东盟。受新冠疫情影响，从 2020 年开始北美和拉美地区成品油消费量出现大幅下滑，欧盟和东盟小幅度下滑，而东亚地区消费量不降反升，充分展示了以中国为代表的东亚地区强大的成品油需求市场（图 15）。2022 年，亚太地区的成品油消费居于全球首位，美国位列第二，再次是欧洲。亚太地区成品油消费量持续增长，有效拉动了全球成品油需求的增长。

（2）美国成品油消费情况。

一直以来，美国都是成品油消费大国，其工业、军事发达，对石油的需求量较大，约占全球成品油消费总量的 20%。2017—2020 年，美国成品油消费量呈现稳定递增的趋势，2021 年由于国际油价波动和美国进口原油受阻，成品油消费量出现断崖式下跌（图 16）。2022 年美国成品油消费量增长明显，前期成品油需求处于稳定恢复状态，四季度成品油消费同比下滑 1.3%，其中汽油消费同比下降 4%，处于近几年同期的低位水平。

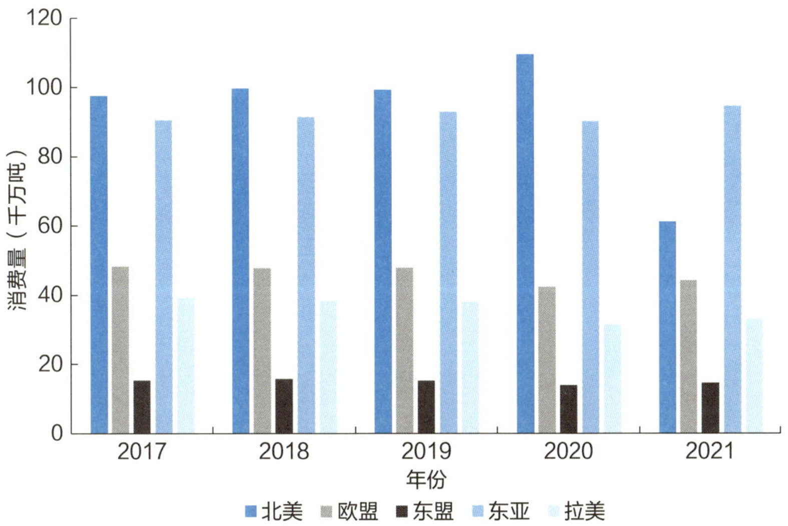

图 15　2017—2021 年分区域成品油消费总量变化

数据来源：美国能源信息署

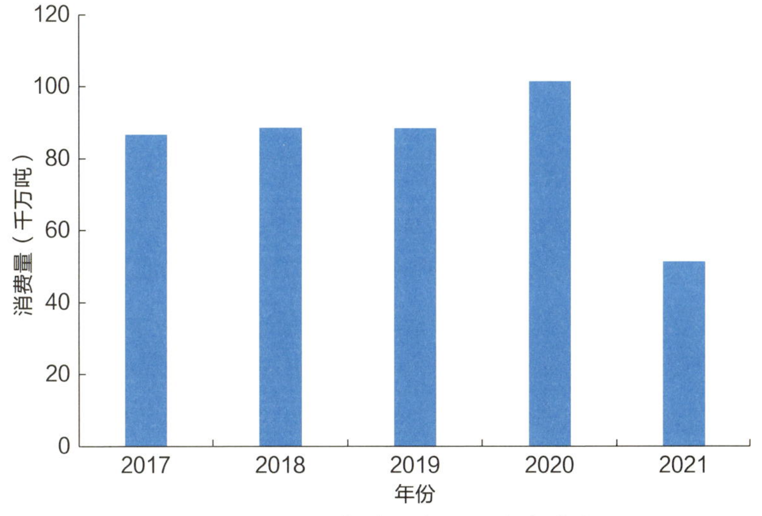

图 16　2017—2021 年美国成品油消费总量变化

数据来源：美国能源信息署

从油品结构来看，2021 年美国成品油消费量大幅下跌主要集中于汽油和柴油。由于美国国内成品油价格的剧烈波动，因此更倾向于价格更低的煤油消费，导致煤油消费量逆势增长（图 17）。

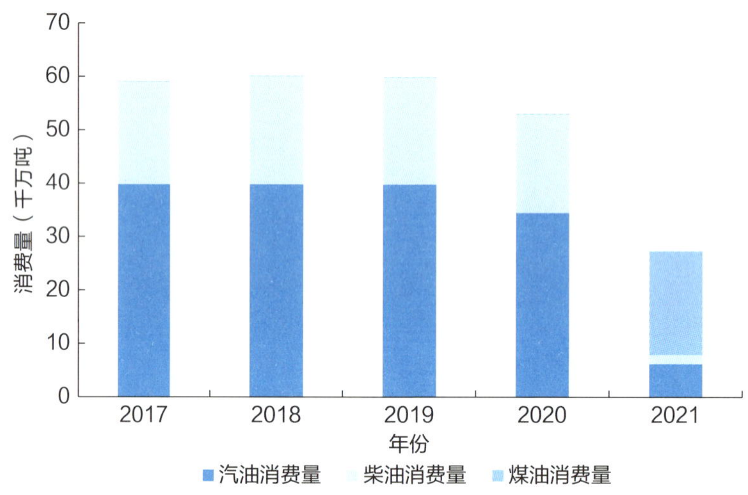

图 17　2017—2021 年美国汽油、柴油、煤油消费总量变化

数据来源：美国能源信息署

（3）欧洲成品油消费情况。

欧盟的成品油消费量在 2017—2019 年间基本保持稳定，年消费量约 4.8 亿吨（图 18）。2020 年受新冠疫情影响，欧洲地区成品油消费量大幅下降，占全球成品油消费比例也低于疫情之前的三年，占比为 9.8%。2021 年随着疫情好转，成品油消费量增长约 4.44%，占全球成品油消费量的比例也提升到 11.6%，但与 2019 年和 2020 年两年平均相比，出现 3% 的降幅。2022 年，欧洲成品油消费增速进一步加快。欧洲地区成品油消费也是以汽油、柴油和煤油为主。

（4）东亚成品油消费情况。

东亚的成品油消费量在 2017—2019 年间从 9 亿吨增长到 9.3 亿吨（图 19）。2020 年受新冠疫情影响，成品油消费量随之下降，但由于中国成品油消费量的贡献，东亚成品油消费量降速低于北美和欧盟，约为 3%。2021 年随着疫情好转，成品油消费量增长约 4.87%，高于疫情前的消费量。2022 年，因为疫情反复，东亚地区成品油消费量增长较少。

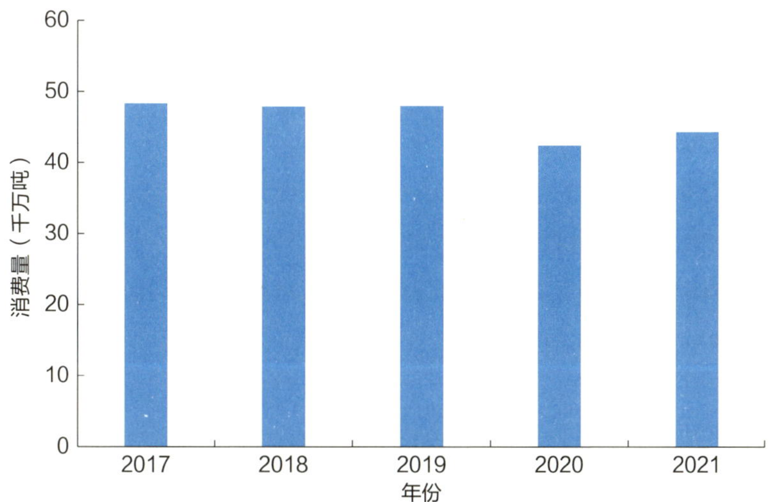

图 18 欧洲地区 2017—2021 年成品油消费量变化

数据来源：美国能源信息署

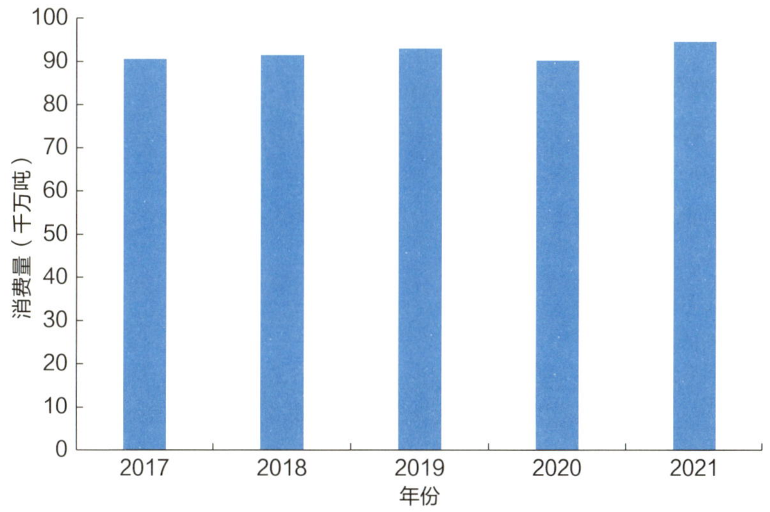

图 19 东亚地区 2017—2021 年成品油消费量变化

数据来源：国际能源信息署

2. 国内成品油的需求分析

2022 年中国成品油消费量相比 2021 年小幅增长。生产制造业呈稳定发展的态势，交通运输与仓储物流行业依旧是成品油消费的主力军，中国的成品油依然有较大的需求，尤其是柴油需求量大幅增长。2022 年，在国际油价与国内疫情的双重压力之下，汽油和煤油需求量低迷。

（1）成品油总体需求情况。

2022 年世界经济持续呈现复苏态势，但由于新冠疫情、地缘政治变化，以及国际主要国家货币政策收紧，经济复苏面临着巨大的不确定性，但成品油需求量整体增加。全年成品油表观消费量 3.45 亿吨，同比增加 0.9%。

第一季度，成品油消费量的增长幅度较大，增长率超过 20%；进入第二季度后，受乌克兰危机影响，国内成品油消费量增速放缓至 1.77%；第三季度的成品油消费量增速持续降低，7、8 月的单月成品油消费量甚至低于 2021 年同期水平，单月销量呈现负增长；进入第三季度后，国内疫情反弹，第四季度的成品油消费量依旧下降（图 20）。

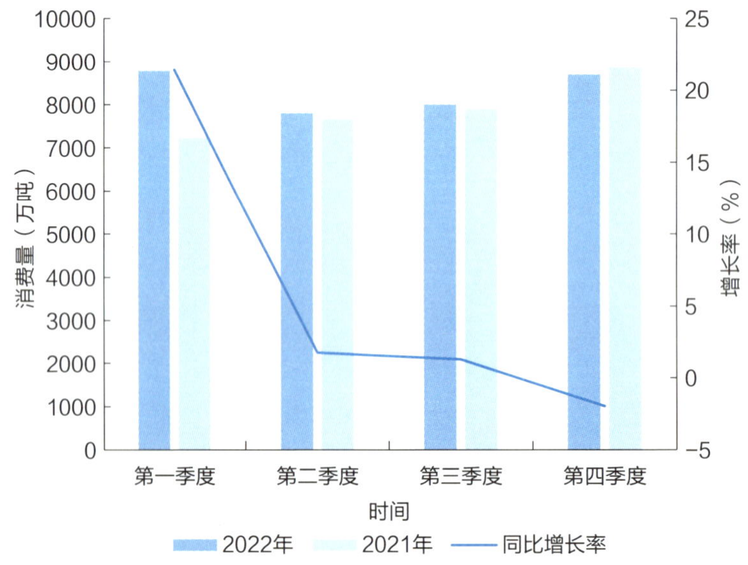

图 20 2021—2022 年中国成品油表观消费量及增长率

数据来源：国家统计局、海关总署

（2）汽油需求水平分析。

2022 年新冠疫情反复，国民长途出行频次减少，汽车的使用量显著下降，严重影响了汽油的需求量。全年汽油表观消费量为 13272.4 万吨，同比减少 624.62 万吨，下降 4.5%。

2022 年第一季度，汽油表观消费量增长态势良好，消费量同比增长率超过 15%；但由于乌克兰危机，地缘政治紧张，国际上部分石油出口大国的原油贸易受到不同程度的制裁，国际油价持续走高，第二季度以来，汽油的消费量锐减，同比下降 4.9%；第三季度成品油价格有所回落，但汽油的需求量依旧低迷，同比 2021 年的消费水平，呈现出明显的下降趋势；进入第四季度后，由于国内疫情反弹，防控力度加大，人们出行意愿减少，汽油消费持续走低（图 21）。

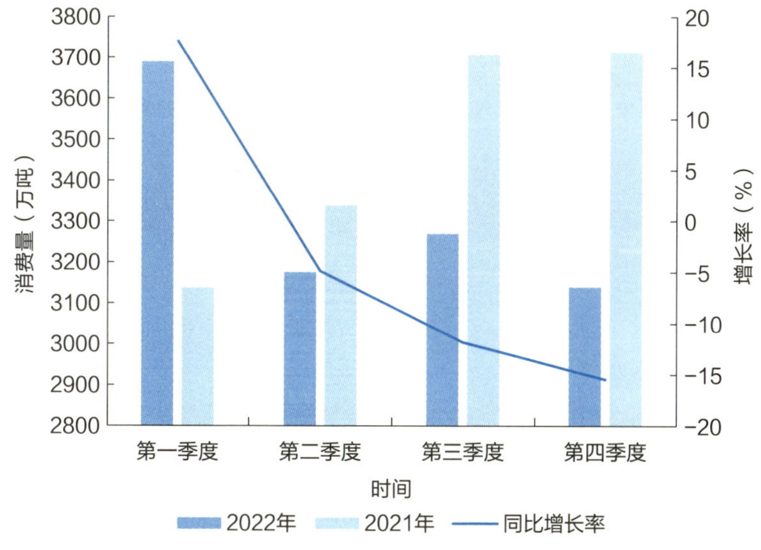

图 21　2021—2022 年中国汽油表观消费量及增长率

数据来源：国家统计局、海关总署

（3）柴油需求水平分析。

2022 年，中国工业发展态势良好，柴油的消费量整体呈上升趋势，全年柴油的表观消费量为 18076.1 万吨，同比增加 3498.36 万吨，增长 24%。

上半年，柴油的需求水平较为平稳，月度消费量相差较小且消费量同比呈大幅度增长趋势，第一季度的柴油消费同比上涨 39.9%，第二季度依旧保持大幅度走高。进入第三、四季度，柴油销售量增速开始放缓，第三季度放缓至 19.8%，第四季度继续放缓至 11.2%（图 22）。

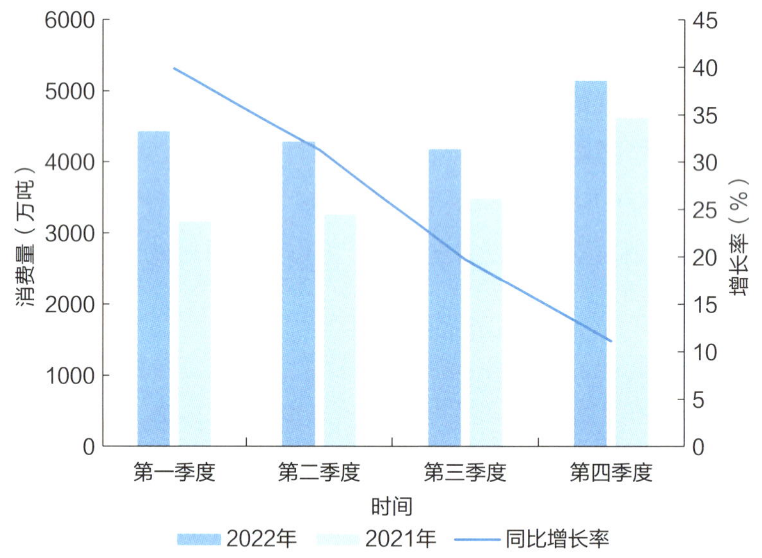

图 22　2021—2022 年中国柴油表观消费量及增长率

数据来源：国家统计局、海关总署

（4）煤油需求水平分析。

中国的煤油主要用于航空运输，在经济发展和消费升级拉动下，中国航空出行渗透度提升空间较大；随着国内新建机场陆续投入运营，航空通达性、便利度持续提高；但受到疫情影响，航空运输周转量近年来有所下降。

2022 年，全年的煤油表观消费量仅 1969.2 万吨，同比减少 1257.48 万吨，下降了 39%。第一季度，航空出行的频次相比 2021 年同期大大降低，煤油消费量仅 660 万吨，同比下降 28.7%。第二季度的煤油需求依旧低迷，相比于 2021 年同期下降超过 60 个百分点。第三季度以来，居民出行频次有所上升，航空运输周转量增加，8 月煤油表观消费量相比于上半年呈现出小幅度回升的态势，甚至略高于2021年同期水平；9月，煤油需求量又呈现回落的态势。进入第四季度后，煤油的消费量仍表现低迷，同比下降21.9%（图23）。

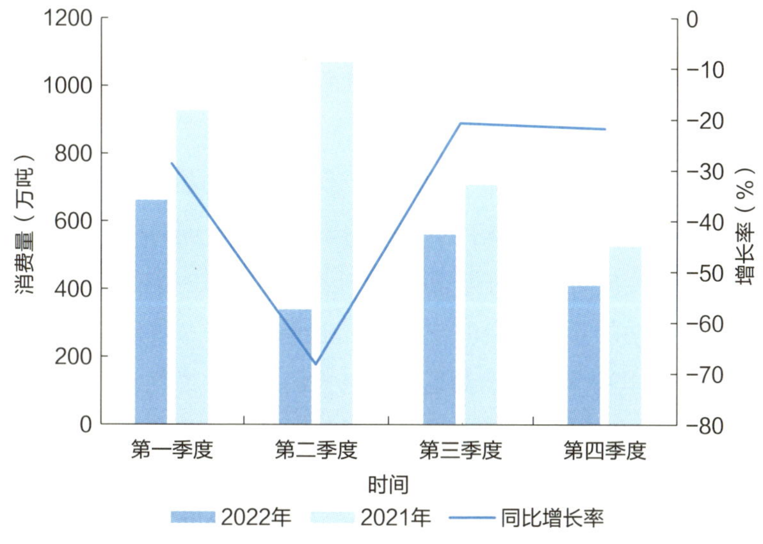

图23　2021—2022年中国煤油表观消费量及增长率

数据来源：国家统计局、海关总署

3. 分行业成品油需求分析

2022年以来，国际原油市场情况复杂，原油价格居高不下且处于大幅度波动态势，加之国内疫情反复，一定程度上抑制了社会生产。2022年中国的GDP在重重压力之下，缓步增长，全年的GDP达到1210207亿元，增长率仅为3%。在成品油需求方面，从社会三大生产业分别来看，包括农、林、牧、渔等在内的第一产业经济增长保持稳定增长态势，其成品油的使用以柴油为主，增长较为稳定；工业的增长则显著提高，柴油作为工业主要使用的成品油种类，需求也呈现显著增加的态势；交通运输业增长速率有所减缓，但依然作为成品油的主要消耗产业，对成品油的需求量缓步增长；第三产业主要包括餐饮、住宿等服务业，所使用的成品油种类主要为汽油与柴油，随着第三产业的逐步发展，成品油的需求量也是稳中有增。

2022 年，交通运输与仓储邮政行业依然是耗能量最大的行业，对成品油的消费做出主要贡献。上半年，交通运输业和仓储物流业的景气程度都有所下降，汽车销量同比下降 6.6%，以汽油为代表的成品油表观消费量也较为低迷。下半年，在国务院物流保通保畅机制的引导下，中国的邮政快递行业逐步回温，物流的业务量也触底反弹；交通运输也加快恢复，公路运输的体量有所回升，提高了汽油的消费水平，成品油需求相比上半年呈现小幅度回温，但同比仍显示出下降的趋势。

2022 年，其他行业对成品油的需求也呈现下降的趋势。农林牧渔产业作为关系到国计民生的基础产业，受疫情的影响较小；同时中国仍将实行第三个农机三年补贴实施方案，补贴范围进一步扩大。第一产业发展形势整体较为稳定，对成品油的需求量变动较小。工业迅速发展，规模以上工业增加值同比增长 3.6%，其中采矿业、制造业和电力、热力、燃气及水生产和供应业分别增长 7.3%、3% 和 5%，工业所消耗的柴油量同比增长。建筑行业整体呈增长态势，随着中国基础设施建设增速持续回升，在建工程以及新建工程的机械施工数量同比大幅度上升，行业成品油消费量也将呈增加趋势。批发零售与住宿餐饮行业自 2018 年以来就呈现缓步增长的趋势，行业的 GDP 逐年上升，但每年的增速都有所放缓。

（三）成品油进出口年度变化分析

2022 年，国际成品油进出口均价呈大幅上涨趋势。从进出口的总量来看，中国的成品油贸易表现为净出口，出口量远高于进口量；出口总额同比上升，进口总额同比下降，且出口额高于进口额，成品油贸易整体为贸易顺差。

1. 进出口的整体特点

2022 年，中国成品油的进出口总量与进出口总额相比 2021 年均有所下降。成品油出口配额为 3725 万吨，同比下降 1%。截至 2022 年末，成品油的进口总量同比下降 40.5%，出口总量同比下降 14.4%。中国的成品油贸易出口量远高于进口量，表现为净出口，2022 年的净出口总量达到 3292.7 万吨，同期下降 12.52%（图 24）。

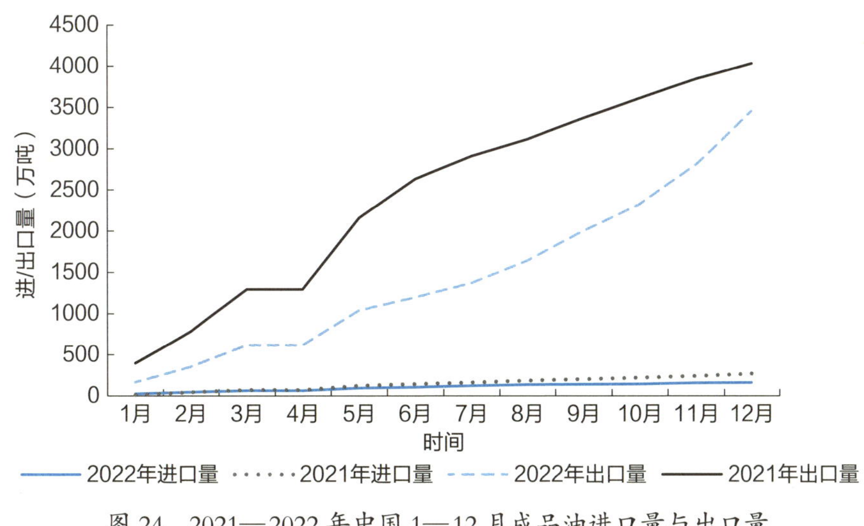

图 24　2021—2022 年中国 1—12 月成品油进口量与出口量

数据来源：中国石油与化学工业联合会

2. 进口

2022 年，中国成品油的进口量减少，进口均价同比大幅上涨，进口总额小幅下降。

（1）进口量。

2022 年，在国际成品油市场需求低迷以及国内成品油过剩的双重影响之下，成品油进口量仅达到 160.2 万吨，同比下降 40.5%。其中汽油进口减少幅度最大，进口量仅为 2 万吨，同比下降 94.41%；柴油进口量为 4.9 万吨，同比下降 42.39%；煤油进口量达到 1720.4 万吨，同比下降 27.29%。在进口成品油的品类中，煤油所占份额最大，柴油次之，汽油最少。成品油进口量如图 25 所示。

成品油进口量中，汽油占比最少，同比下降幅度最大。在 5 月之前，2022 年的汽油进口量为零，只有 5—7 月存在汽油进口交易，5 月进口量为 0.7 万吨，6 月进口量为 0.6 万吨，7 月进口量仅为 0.1 万吨，与 2021 年同期的进口量相比，呈大幅度下降趋势，同比下降率超过 90%。进入第四季度以来，汽油进口量依旧保持较低水平。

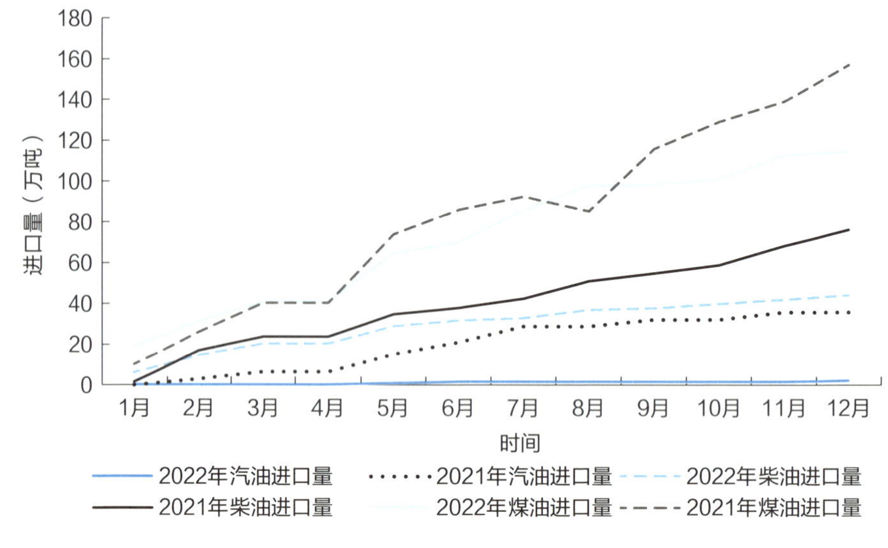

图 25　2021—2022 年 1—12 月成品油进口量

数据来源：中国石油与化学工业联合会

2022 年，煤油的进口量在成品油中超过 50%，所占份额最大，进口量的增长幅度也较大，但受国际航班班次减少的影响，相比 2021 年增长幅度有所下降。第一季度，煤油进口量缓步增长，略高于 2021 年同期水平；5 月之后，煤油的进口量照前四个月的平均水平有所增长，但同比仍呈现下降的趋势。进入第四季度之后，煤油的进出口总额增长速率逐步放缓，与 2021 年同期的差距也逐步拉大。

柴油从 2022 年 2 月开始，进口量缓步上升，由于 2022 年 2 月的柴油进口量低于 2021 年同期水平，且 2022 年的柴油进口量增长速率均低于 2021 年同期增长速率，故 2022 年柴油进口量与 2021 年的差距逐渐加大。

（2）进口价格。

2022 年，国际原油市场的原油供给量大幅度下降，原油与成品油的价格随之走高。从成品油的进口价格来看，相比 2021 年显示出上涨的趋势，汽油进口均价达到 1015.8 美元 / 吨，同比上涨 49.3%；煤油进口均价达到 974.4 美元 / 吨，同比上涨 66.2%；柴油进口均价达到 965.9 美元 / 吨，同比上涨 68.1%（图 26）。

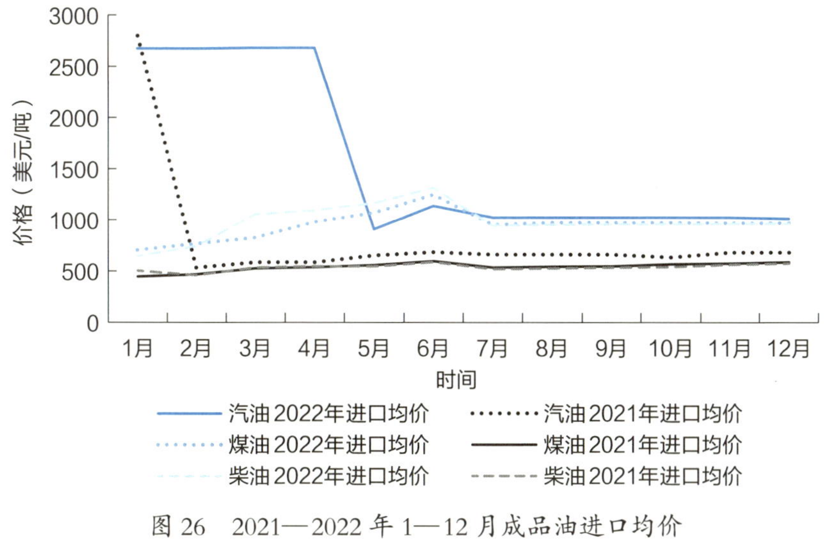

图 26　2021—2022 年 1—12 月成品油进口均价

数据来源：中国石油与化学工业联合会

汽油的进口价格上升最为明显，2022 年 3 月汽油进口平均价格达到 12692.3 美元 / 吨，同比上涨幅度高达 1906.5 个百分点，而 5、6 月价格则恢复到约 1000 美元 / 吨，回落到正常的价格范围。柴油与煤油的价格在 2022 年也表现出大幅度走高趋势，同比上涨率超过 50%，随着时间的推移，其增长率呈上升趋势，有的月份上涨率甚至达到 100%，价格比去年同期翻了一番。7 月份之后，三种成品油的进口均价与第二季度相比有所回落，稳定在 950 美元 / 吨的水平，但同比仍然上涨了近 50%。进入下半年后，三种成品油的价格水平趋于平稳，每个月的变动相对较小。

（3）进口总额。

2022 年全年成品油进口总额为 155209.85 万美元。成品油进口量下降幅度虽低于价格上涨幅度，但进口量绝对数减少相对较多。因此，进口总额较 2021 年的 159349.59 万美元下降了 2.6%。其中汽油的进口总额下降幅度最大，进口总额为 2031.64 万美元，同比减少 91.66%；煤油进口总额呈小幅度的下降趋势，进口总额为 42778 万美元，同比回落 4.25%；由于柴油的进口价格上升幅度较大，在柴油进口量同比下降的情况下，柴油的进口总额呈现出上升趋势，进口总额达到 110400.22 万美元，同比增长 22.24%（图 27）。

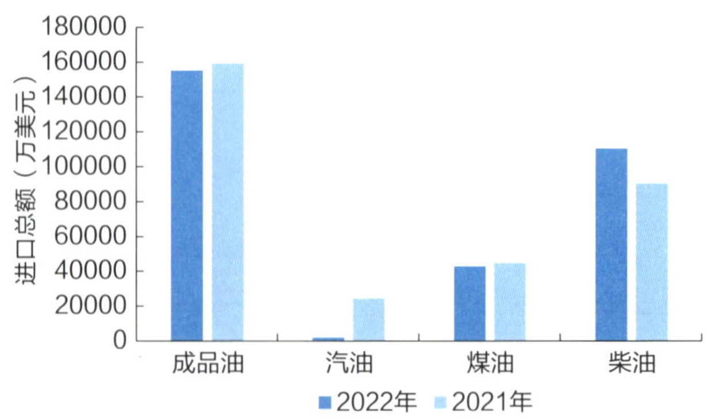

图 27　2021—2022 年成品油进口总额

数据来源：中国石油与化学工业联合会

3. 出口

2022 年，中国成品油出口量有所回落，其中汽油与柴油出口量大幅度下降，煤油出口量小幅度上升。出口均价同比大幅度上涨，由于出口价格的上涨幅度远高于出口量的下降幅度，2022 年出口总额同比呈上升趋势。

（1）出口量。

自 2022 年 2 月以来，国际油价一路上涨，国际成品油需求低迷，全球的节能减排意识普遍增加，同时成品油出口配额下降 1%，导致成品油出口量相比 2021 年大幅度回落，仅达到 3452.9 万吨，同比下降 14.4%。其中汽油出口量为 1265.3 万吨，同比下降 13.07%；柴油出口量为 1093.5 万吨，同比下降 36.44%；煤油出口量达到 1720.4 万吨，同比增长 27.62%。上半年，每月的出口量波动幅度较大；下半年，出口量趋于稳定（图 28）。

2022 年汽油的出口量逐月缓步增长，相比 2021 年同期水平有所回落。上半年，汽油出口量同比逐月降低，1 月同比下降 54%，2—6 月的下降率也超过了 40%，上半年汽油出口量同比下降 41.58%。下半年，每月出口量趋于稳定，月出口水平在 80 万吨左右，但同比下降将近 30%。

2022 年，在汽、柴、煤三种成品油中，柴油的出口量占比最小，同比下降最多。1 月出口下降幅度达到了 40%；2 月下降幅度甚至超过了 80%；上半年柴油出口量尚不足 200 万吨；但从下半年开始，柴油的出口量逐月提高，呈缓步上升的趋势，出口量增速持续升高，与 2021 年出口水平的差距也不断缩小。

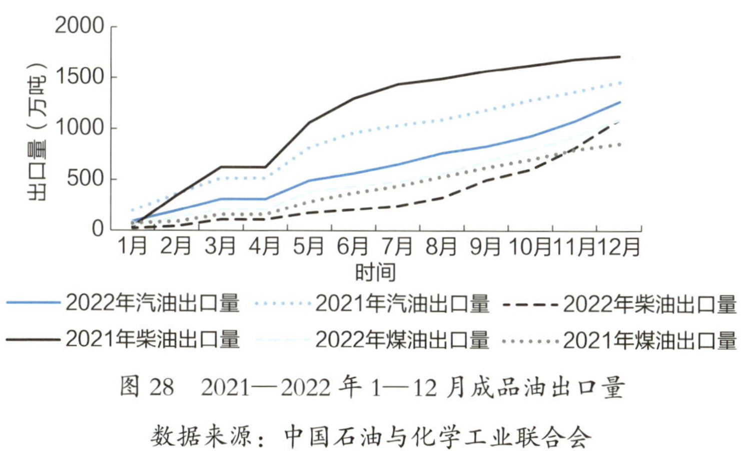

图 28　2021—2022 年 1—12 月成品油出口量

数据来源：中国石油与化学工业联合会

相比汽油与柴油，煤油的出口状况较好，在成品油出口量下降的大环境下，煤油的出口量同比呈小幅上升趋势。2 月开始，煤油的出口量一直增长，上半年煤油累计出口量同比增加 14.72%；5 月之后，煤油的出口量增速放缓，但同比依然表现为上升趋势；进入下半年，煤油出口量呈现小幅度的上涨趋势，与 2021 年同期水平差距逐步收窄。

（2）出口价格。

2022 年成品油出口价格相比 2021 年呈现出大幅度走高。2021 年上半年的汽油、柴油、煤油出口均价最高不超过 600 美元 / 吨，而 2022 年的成品油平均出口价格甚至超过 1000 美元 / 吨，同比增长超过 50%。其中汽油出口均价达到 903.6 美元 / 吨，同比上涨 58.8%；煤油出口均价达到 942.5 美元 / 吨，同比上涨 67.9%；柴油出口均价达到 966.2 美元 / 吨，同比上涨 94.6%。

从汽油、煤油与柴油的价格变化趋势来看，2022 年三种成品油的价格都呈现大幅度增长，且三者的价格水平与增长趋势大体相同，汽油的出口价格变动最为平稳，煤油出口价格波动最大。在前 4 个月，汽油的出口价格最高，价格同比增长 70% ~ 80%；4 月，柴油出口价格大幅升高，4 月之后，柴油与汽油的出口价格水平相差无几，出口价格同比上涨超过 80%。煤油的价格在 5 月之前一直略低于汽油与柴油，6 月，煤油的价格超过了汽油和柴油的价格，同比增长 101%，达到 1072.8 美元 / 吨。此后，汽油、柴油、煤油三种成品油的出口价格水平接近。7 月，三种成品油的价格都呈现出回落态势。进入下半年后，成品油价格趋于平稳，但价格水平依然偏高，与 2021 年同期相比，上升超过 70%。2021—2022 年中国成品油出口价格如图 29 所示。

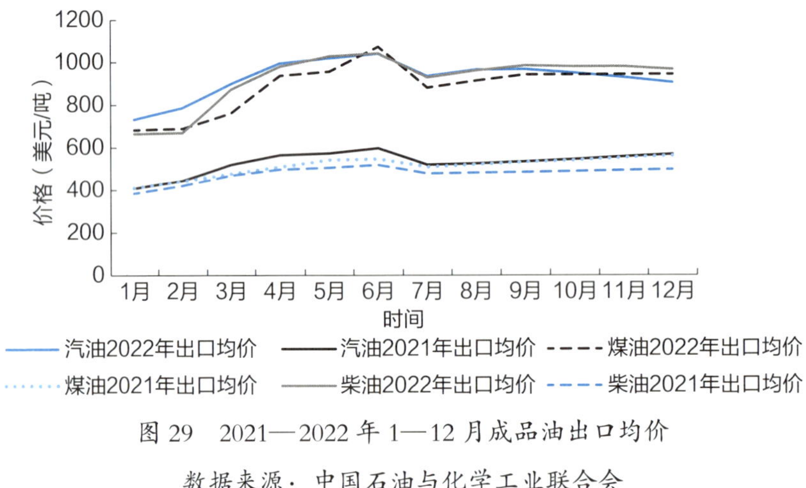

图 29　2021—2022 年 1—12 月成品油出口均价

数据来源：中国石油与化学工业联合会

（3）出口总额。

2022 年的成品油出口情况如图 30 所示，成品油总出口量同比下降 14.4%，但由于出口均价大幅上涨，出口总额呈上涨趋势。2022 全年的成品油出口总额为 3231073.57 万美元，同比增长了 45.57%。其中汽油的出口总额

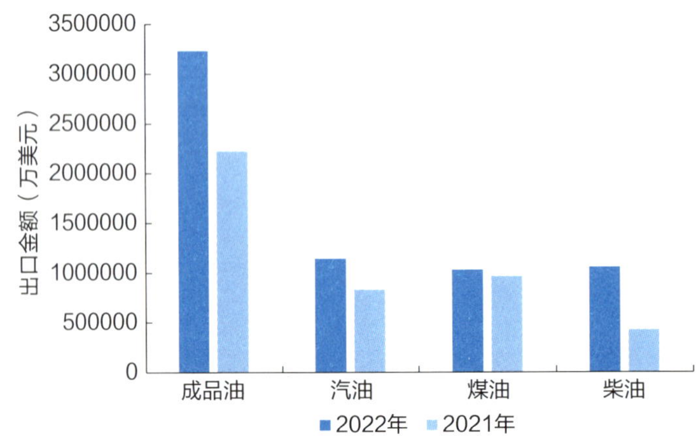

图 30　2021—2022 年成品油出口金额

数据来源：中国石油与化学工业联合会

为 1143272.07 万美元，同比上涨 45.57%；煤油的出口总额呈小幅度上涨，出口总额为 1030614.55 万美元，增长率达到 6.69%；柴油的出口总额上涨幅度最大，其出口总额高达 1057186.96 万美元，同比上涨 148.38%。

二、成品油零售与加油站业务发展特点分析

因新冠疫情等影响，成品油市场需求低迷，成品油零售规模下降。加油站投资建设支出减少，重点拓展新能源项目；加油站业务不断丰富，管理模式推陈出新，经营模式多元化，去加油站化趋势明显；加油站不断向智慧化、低碳化发展。

（一）中国成品油零售特点分析

2022 年，中国成品油零售业务水平下降，加油站数量略减，单站加油量及销售利润增减不一。在国内油价上涨、成品油需求低迷的情况下，国有石油企业的零售利润变化趋势存在差异。

1. 成品油市场需求低迷，加油站数量略减

成品油的零售业务以加油站为载体，加油站的数量可在一定程度上反映成品油零售业务的情况。2022 年，全球新冠疫情继续蔓延，油价维持在高位，国内成品油需求减少，成品油供应同步下降。新能源汽车在相关政策的推动下快速发展，带动综合能源服务站的投资建设和数量增长。考虑到传统加油站总量趋于饱和，且国有石油公司逐渐淘汰经营不善的加油站，以中国石油、中国石化和中国海油等代表性国有石油公司加油站总量变化的增速来预估国内加油站总量变化，2022 年全国加油站总量约为 10.76 万座，相比 2021 年减少 110 余座，降低约 0.11%；较 2020 年和 2021 年的平均数量增加约 10 座。

2021 年之前，中国石油的加油站数量呈缓步上升趋势；2022 年，在疫情反复以及国际油价剧增的双重压力之下，国内成品油市场持续低迷，截至第三季度，加油站的数量相比 2021 年末减少了 181 座（图 31）。

自从 2020 年新冠疫情暴发以来，中国石化的加油站数量仍表现出上升趋势，但增速逐步放缓（图 32）。2019 年加油站增长量为 41 座，而 2020 年以后，

每年的增长数量下降，2019 年加油站数量增长率达到 1.13%，而 2020 年后的增长率仅维持在 0.04% 左右，增速明显放缓。2022 年上半年，中国石化加油站数量为 20740 座，相比 2021 年底增加 15 座，增速为 0.05%。

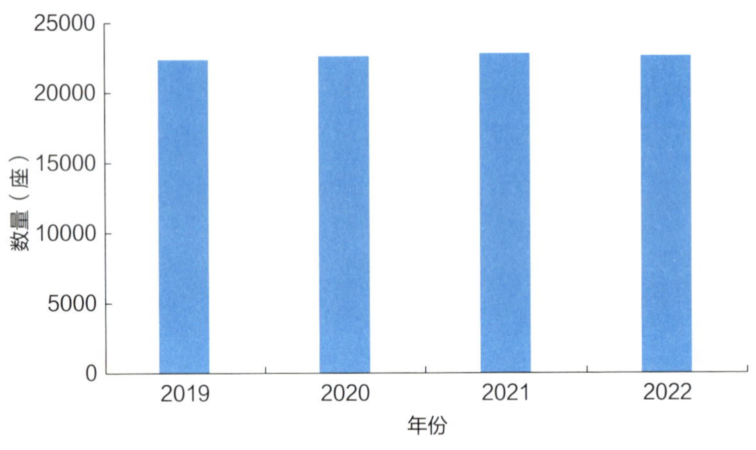

图 31　中国石油加油站数量

数据来源：中国石油公司年度报告和季度报告

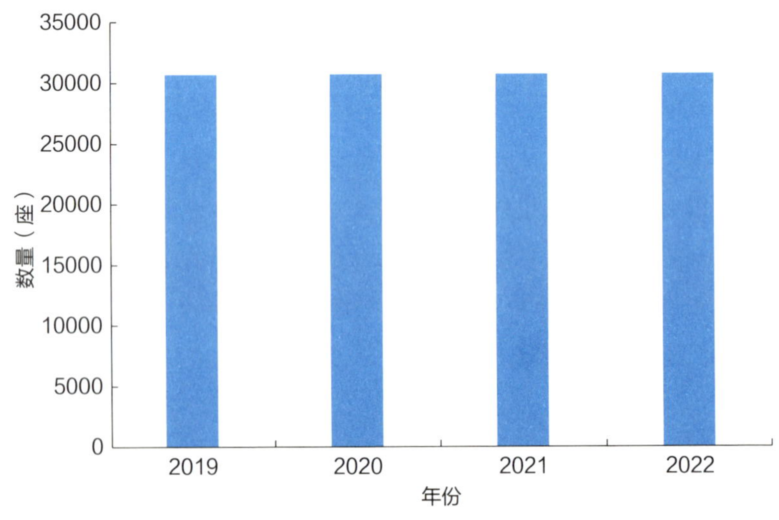

图 32　中国石化加油站数量

数据来源：中国石化公司年度报告和季度报告

2. 零售规模下降，零售利润增减不一

受新冠疫情反复和地缘政治风险的影响，成品油需求量减少，石油公司成品油销量下降。以中国石化为例，2022 年第一季度的零售量同比略有上升；进入第二季度后，在国内疫情反复与国际油价上涨的双重压力之下，与 2021 年同期的差距逐步拉大，2022 年全年的成品油零售量同比下降 6.5%。加油站单站日销量也相应减少。中国石化的单站日销量相比 2021 年同期略有回落，下降约 1.86%（图 33）。

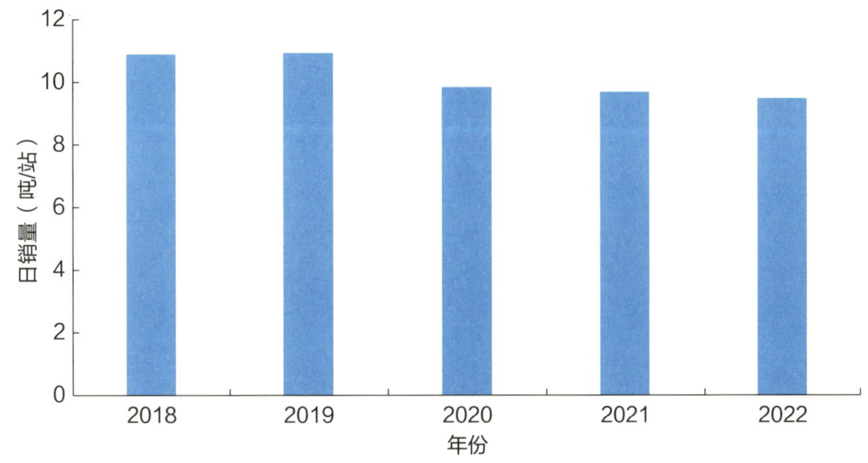

图 33　中国石化单站日销量

数据来源：中国石化公司年度报告和季度报告

中国石油与中国石化公司近三年的销售利润如图 34、图 35 所示。2021 年，疫情得到较好的控制，成品油市场回暖，销售利润对比疫情暴发的 2020 年显著上升。2022 年中国石油销售利润 242.56 亿元，同比增长 33.1%；中国石化销售利润 96.41 亿元，同比下降 14.2%。分季度看，2022 年第一季度开局良好，中国石油的销售利润同比增长 30.5%；第二季度，国内部分地区疫情反复，加上成品油价格大幅走高，国内成品油的零售量显著下降，中国石油的销售利润小幅度回落，中国石化的销售利润小幅度增加，与 2021 年同期的利润水平相当；到了第三季度，中国石油与中国石化的销售利润水平拉开差距，中国石油第三季度的盈利超过 100 亿元，前三季度累计净利润达到 186.11 亿元，同比增长超过 160%；而中国石化第三季度的销售利润仅为 14.58 亿元，前三

季度累计净利润仅 78.78 亿元，同比下降 52.1%；第四季度，中国石油销售利润 56.45 亿元，中国石化销售利润 17.63 亿元。

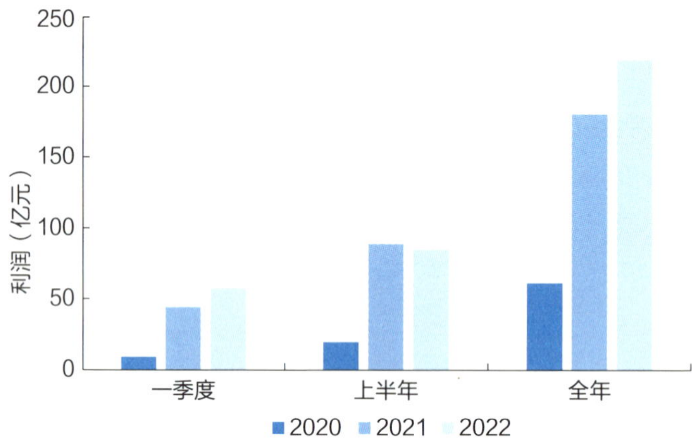

图 34　中国石油季度销售利润

数据来源：中国石油季度报告

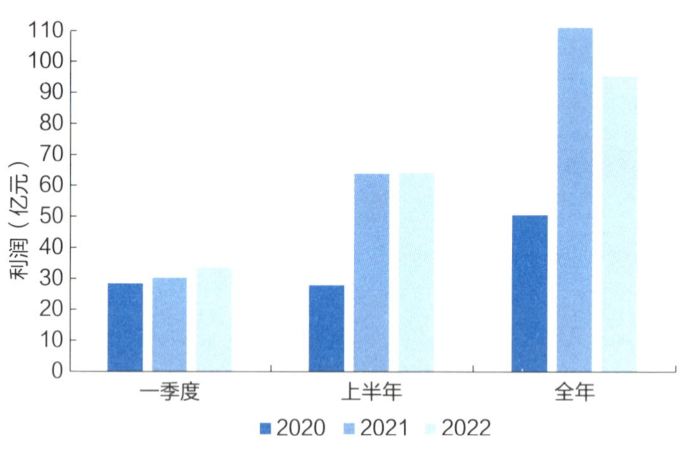

图 35　中国石化季度销售利润

数据来源：中国石化季度报告

（二）加油站业务特点分析

1. 投资建设支出减少，重点拓展新能源项目

2022 年，加油站市场化进程进一步加快；但由于疫情反复，加油站经营压力依然较大，投资支出有所下降。石油公司响应绿色低碳号召，资本支出主要用于国内成品油市场终端销售网络、拓展加氢站等新能源项目。新能源

汽车在相关政策的推动下快速发展，带动综合能源服务站的投资建设和数量增长，资本性支出有所增加。

2022 年，中国石油销售板块的资本性支出预计为 75 亿元，较 2021 年的 109.82 亿元减少 31.71%；上半年销售板块的资本性支出为 8.32 亿元，同比下降 24.29%，主要用于国内加油加气站终端销售网络建设，拓展加氢站等新能源项目。中国石化预计资本支出有所减少，2022 年营销及分销板块预计资本支出 237 亿元，同比减少 10.57%；上半年支出 30.7 亿元，主要用于加油（气）站、油气氢电服综合加能站和物流设施等项目建设。中国海油资本支出预算为 900 亿～1000 亿元，将有 13 个新项目投产。政策的不断放开加快了加油站审批进程，深化石油成品油流通“放管服”改革，发挥市场作用，推动主体多元化，加速了民营加油站的布局，民营加油站发展连锁化、规模化。独立炼厂通过扩大加油站投资建设规模，解决油品产量增加带来的油品销售问题。外资企业在中国成品油零售市场投资建设加油站态度审慎，增速较缓。

2. 业务不断丰富，管理模式推陈出新

国有石油公司致力于通过加油站的改扩建达到提质增效的目的，新增加油站数量极少；随着中国新能源汽车保有量持续增加，为响应国家“双碳”目标，国有石油公司加速推进加氢站、储能站、分布式光伏电站和数据中心多站合一的综合能源服务网络建设。随着人工智能的不断发展，国有石油公司也逐渐将数字化的管理方式与自动控制技术应用于加油站，推出智慧加油站。

中国石油依靠科技进步助力零售业务数字化转型发展升级，加强加油站管理系统 3.0 与零售会员体系建设；将人工智能功能与视频分析相融合，监测违规行为，加强智慧加油站的安保工作；完善线上无接触支付、线上充值、自主开票等服务。中国石化将智能加油站推广到各个环节，提高集团上下游协作效率的同时，增强了人民币的数字化应用，同时积极推进“一键加油”“POS 扫码付”“易捷到车”等无接触业务，积极运用数据分析、人工智能分析与物联网等技术，促进站级一体化、智慧油站与线上业务等建设。民营加油站也通过数字化升级、品牌赋能升级、供应链服务支撑、新能源新业态引入等方面对加油站进行赋能，实现加油站的智慧升级。

3. 经营模式多元化

随着互联网技术的成熟、政策的放开以及对海外加油站商业模式的借鉴和探索不断深入，各经营主体进入市场的审批流程加快，经营模式发展多元化。目前，加油站行业同时存在重资产模式（自建、收购等方式）和轻资产模式（租赁、加盟）。规模化品牌经营成为加油站发展新趋势。部分加油站经营企业利用其体系化的管理能力和品牌连锁优势，在重资产模式无法施行的情况下，积极向轻资产的商业模式转型，开拓连锁加油站的创新运营模式。

中国石油重视轻资产开发方式，运用合资合作、特许经营、受托经营、延期租赁等轻资产方式开发加油加气站，加快完善“零售 + 批直”“销售 + 服务”等一体化运作机制，控制常规站特别是区外高价站开发，抢占高效市场；加快开发加油加气和光伏、充换电、氢能等新能源站点一体化布局。中国海油通过与投资平台、城投公司、地方交通企业等多方合作，低成本拓展终端网络，通过合作经营和租赁等方式实现区域快速布局。因高额投入将带来资金紧张，部分民营企业的加油站经营以特许经营和短期租赁模式为主。中国国际能源、中国油联、冠德石化等一批民营加油站以连锁联盟的方式参与市场竞争。同时，民营加油站也意识到服务品质和品牌的重要性，主动寻求与国有企业合作。政策不断放开，炼化企业产能增加，在油价维持高位、成品油批零价差收窄以及占领销售终端渠道想法的驱动下，部分炼油厂选择合作或自建加油站。加油站初步形成规模的独立炼厂有陕西延长、京博石化、万通石化、东明石化、富海集团、汇丰石化等。外资企业的加油站经营主要采用轻资产模式。壳牌主要推广资产站、租赁站及轻资产的品牌特许加盟；bp 以收购、租赁为主；道达尔主要以加盟和租赁的方式开展加油站业务。

4. 去加油站化趋势明显

在社会经济快速发展和新能源汽车大力推广的背景下，传统加油站已不能满足多元化服务需求，因此加油站逐渐由单一燃料补给向多元化服务转型，实施去加油站化。多功能综合能源服务站以最大化满足客户综合需求为核心，通过智能化管理和多元化经营，将传统加油业务与成品油、天然气、氢气、充电桩、便利店、餐饮等非油品业务进行融合，实现综合能源服务一站供应。

2022 年，各石油公司加快新能源发展战略部署，继续落实充换电、光伏项目等布局，积极培育新动能，大力推进新能源产业规模化。中国石油以“油气氢电非综合服务商”为目标，加快新开发加油加气和光伏、充换电、氢能等新能源站点一体化布局，积极推动加氢站等综合能源服务站的建设和运营。中国石化推动加气、加氢、充换电业务进一步发展，打造“油气氢电服”综合能源服务商，加快碳中和加油站建设，建设新能源服务网络。中国海油积极拓展新能源业务，综合能源站建设提速。壳牌将多个站点改装为充电站，增加综合能源站点，同时将与比亚迪合作运营充电终端。道达尔、bp、埃克森美孚等加油站也纷纷发展综合能源，推进去石油化。同时，各加油站主体不断延长服务链，加大综合服务平台建设力度，围绕高品质的“人·车·生活”生态圈建设，持续拓展汽服、餐饮、保险、出行等新业态，建立一站式解决车友用车需求的综合汽服平台。

5. 智慧化、低碳化发展

石油公司不断跟踪和研究新零售解决方案发展趋势，借助物联网、大数据、人工智能等技术，持续推进成品油零售业务的转型升级，打造数字智能加油站，有效发展销售网络，加快数字化建设。

中国石油运用物联网、云平台、大数据、人工智能等数字技术，积极探索开展“油、气、氢、电、非”综合能源服务平台建设，进一步加快加油站管理系统 3.0 和零售会员体系建设，深入推进试点加油机器人项目；推出刷脸办卡免到站、线上支付免接触、自主开票免排队等服务。中国石化将单一的智能加油站拓展至各地理区域和销售环节，打通了数字人民币与加油、购物等十多种业务的使用通道，大力推进站级一体化、智慧油站、线上业务等建设。民营加油站也通过数字化升级对加油站进行赋能。

“双碳”目标下，加油站行业正在有意识地构建多元、高效、绿色的可持续发展模式。目前，国内已有多个以实现“碳中和”为目标的新型加油站面世，如中国石油北京亦庄加油站、中国石化江苏常州嘉泽加油站等，对加油站的低碳化发展起到了引领和示范作用。

中国石油深化细化绿色低碳发展战略的实施，建成投产 39 个新能源项目，推进实施绿色产业布局，打造化石能源与新能源融合发展的“低碳能源生态圈”。中国石化致力于打造中国第一氢能公司，成为全球建设和运营加氢站最多的企业，2 万吨 / 年的绿电制绿氢项目正在快速建设中。中国海油把打造“零碳”油气产业链作为现实路径抓紧抓实，着力推动能源绿色低碳转型发展“再提速”，把推动新能源新产业发展作为转型方向抓紧抓实，推动公司绿色低碳转型。

三、非油品业务发展及特点分析

中国加油站非油业务规模持续扩大，便利店数量增速放缓，非油业务销售规模继续上升，经营效益增长较快。石油企业进一步强化油非互动，业务圈层不断延伸；注重线上线下全渠道的覆盖，发展“社区 + 社群 + 社交”新模式；打造自有强势品牌，不断提升品牌声誉。

（一）中国加油站非油业务发展现状

中国加油站便利店数量持续增加但增速放缓，中国石化与中国石油的便利店数量仍位居连锁行业便利店门店总数前列。尽管受新冠疫情的持续影响，石油公司通过非油业务的多元化开展和融合线上线下服务的新模式的推广，非油业务销售规模仍继续上升，经营效益增长较快。

1. 便利店发展规模

石油公司尤其是国有石油公司加油站便利店的开发工作已基本完成，因此，加油站便利店数量整体持续增加但增速放缓。以中国石化和中国石油等具有大规模效益的加油站为例，中国石化开发建设便利店继续增速，便利店占加油站总数的比例也在同步提高。截至 2022 年第二季度，中国石化便利店数量为 27950 座，相比 2021 年底增加了 332 座，增幅为 1.2%，便利店占其加油站数量的比例由 89.89% 增加为 90.9%。中国石油淘汰部分效益不佳的加油站及便利店，因而便利店数量呈减少趋势，便利店占加油站总数的比例也在降低。截至 2022 年末，中国石油便利店数量达到 20600 座，相比 2021 年底增加了 422 座，同比增长 2.1%。

2. 非油业务盈利能力

石油公司通过非油业务的多元化开展和融合线上线下服务的新模式的推广，非油业务销售规模继续上升，非油店销收入、毛利等指标同比均实现增长，经营效益增长较快。

2022年中国石油加大非油业务营销力度，深挖重点品类潜力，加强线上营销，全力提升非油创效水平。截至2022年底，中国石油加油站非油品销售收入达到245.25亿元，相比2021年增长26.87亿元，增幅为12.3%；非油业务店销收入、毛利逆势创历史新高，同比增长分别超过12%和10%。可以预见，2022年非油业务的销售规模和效益整体优于2021年。中国石化推进油气氢电非能源综合服务站建设，提升非油业务综合服务能力和协同创效水平，增强非油业务经营质量和效益，非油业务经营质量和效益持续提升。截至2022年底，中国石化营销及分销事业部利润为251.97亿元，同比增长20.95亿元，增幅为9.1%；非油业务收入为381亿元，同比增加27亿元；非油业务利润为43亿元，同比增加2亿元。

（二）中国加油站非油业务发展特点分析

石油企业进一步强化油非互促、非非联动；为打造“人·车·生活”生态圈，加油站业务逐渐从能源补给服务向便利店、餐饮、车后服务等多种商业业态延伸；注重线上线下全渠道的覆盖，发展“社区+社群+社交”新模式；打造自有强势品牌，提升品牌声誉。

1. 油非互动，业务圈层不断延伸

2022年，石油企业进一步强化油非互促、非非联动。加油站创建协同油品专业线，组合油非商品大礼包，大力开展油非互促营销促销活动，策划开展全国性主题营销，带动油品纯枪和非油商品销量明显增长，有力促进了“双循环”。中国石油抓住营销节点实施差异化营销，突出北京冬奥会等特殊时段主题营销；选取重点商品，大力推广“油品+商品+服务”的“昆仑好客大礼包”营销模式，与美团等平台方实行联合营销。中国石化精准开展营销策略，实现线下门店网点和线上平台功能的深度融合；举办“易享节”，发放20亿元优惠券，让消费者享受到“人·车·生活”综合服务优惠；搭建加油站生活圈“油媒体”，采用充值赠送、组合礼包、加油换购等方式，实现油非互动，带动重点商品销量增长。

为打造“人·车·生活”生态圈，加油站业务逐渐从能源补给服务向便

利店、餐饮、车后服务等多种商业业态延伸。中国石油加快汽服业务布局，积极开展汽车保养、小修、快修等综合服务，探索整车销售以及汽车金融、保险等业务；在乡村站创建“化肥 + 植保 + 金融 + 农产品”经营模式，一体化服务“三农”；加快布局站内快餐业务，品牌影响力也不断提高。同时在天猫、中油即时通信等平台建设网上商城，与京东、美团合作开展到家服务，常态化开展直播带货比赛。大力开展大客户团购业务，与知名商超以及铁路、高速公路等企业合作，自有品牌水已经进入火车站等优势渠道。中国石化积极带动广告、快餐、商业代理、旅游等多业态服务项目，丰富充值、缴费、ETC 等增值服务，精心打造站店一体化的综合服务体。同时，中国石化计划以“平台 + 实体服务”相结合的发展模式打造国内最大的洗车服务平台。

2. 注重线上线下全渠道

疫情给顾客的消费方式带来巨大的改变。非油业务坚持店内店外同步发力，线上线下协同推进，联合供应商资源在线上商城推出线上拼团、限时抢、限量购等营销活动，打通线上线下加油、购物、洗车电子券互促等，实现客户全覆盖。2022 年，国有石油企业非油业务推出多元服务项目，完善电商平台，线上线下全渠道营销，维护了加油站良好的品牌形象。线上线下的充分融合、跨界直播带动利益增长的跨界新零售举措，有力拓展了新营销渠道和宣传推广的影响力。

中国石化探索“互联网 + 加油站 + 便利店 + 第三方”的新商业模式，做强做优以便利店为主的多元化实体服务。中国石化持续拓展汽服、快餐、广告等新兴业态；推进会员体系建设，持续打造以会员运营为核心的数字化平台，逐步构建起线上线下深度融合的综合服务生态圈；创新营销模式，打造易享节、年货节、水饮节、养车节等多个促销活动；加强自有品牌商品开发和销售。中国石油积极创新非油业务运营模式，加强自有商品开发运营，布局跨界合作零售网点。中国石油在百货、零售、超市、平台等业态广泛开展异业合作，推出“中油海购”跨境商城；坚持内外部资源一体化，统筹利用好银行、保险等生态圈合作伙伴，引入异业资源，互利共赢。外资加油站继续发挥非油业务优势。比如壳牌通过与餐道合作试点外卖拓展全渠道经营，面向加油站周边的线上客群提供服务，从而贡献线上销售收入。

3. 发展“社区＋社群＋社交”社区团购新模式

疫情期间，消费者渴望形成社群、建立连接、进行沟通，为加油站非油业务“社区＋社群＋社交”的新模式提供了依据。同时，疫情期间发展起来的无接触配送进一步促进了“预售＋自提”的拼团模式发展。

加油站非油业务开展“社区＋社群＋社交”的社区新零售赋能消费新模式，积极创建细分会员社群，通过社群营销强化客群连接，通过聚焦目标顾客群的互动，产生拉动效应。充分运用微信群、APP 等发起社区团购，对会员的消费数据进行实时监控，建立更为精准的消费者数据库，从而整合优化订单，节省配送运力。“社区＋社群＋社交”的社区团购模式，使非油产品的受众不再局限于进站车辆车主，而是扩散到周边社区，在扩大市场份额的同时满足消费者的社交需求。

4. 打造强势品牌

以国有石油公司为代表，非油自有品牌的开发已经从单一的实体商品走向其他类别，在不同领域围绕“人·车·生活”生态圈深耕传统市场、开拓新兴市场。积极获取合作商、供应商、社会商户的第三方营销资源，引入知名品牌，深化与知名品牌的跨界合作，提升品牌声誉。

在构建品牌客户黏性时，加油站通常采取低价战略引流，并通过建立会员体系、提升站点服务能力来提升客户黏性。当站点数量达到一定规模时，企业会采取推广储值卡、建立会员体系等方式，培养用户使用习惯，从而形成品牌忠诚度。

2022 年，中国石化继续加强自有品牌商品建设，致力跨界品牌合作。易捷的非油自有品牌已经延伸扩展到产品、服务、平台以及活动四大类，已有实体商品自有品牌、服务品牌、平台品牌以及活动类品牌。中国石油昆仑好客积极强化自有商品开发，强化顶层设计，建立起“总部＋地区”的协同运营模式，统筹制订开发运营计划。同时还与头部企业建立制售同盟，持续丰富自有商品线，联合研发实验室，并推出自有商品，逐步向贴牌代工和自主设计研发双向转型，打造自有商品专营店。民营加油站的品牌认可度较低，规模扩张优势难以显现。壳牌由于宣传力度大、站点多等优势，在国内的外资加油站排名中居于首位。

四、成品油需求、加油站及非油业务发展展望

2023年全球成品油需求将继续增加，但因为全球经济增速放缓，成品油需求的增速相比2022年将有所回落。2023年中国国民经济和社会发展将加快恢复，GDP增长目标约为5%，原油价格将温和回落，传统燃油车购置税优惠政策及地方相关促进汽车消费政策等可能还将延续，这些将有利于传统燃油车的消费。同时，旅游消费的增长也将带动交通运输业成品油需求量增加。因此，中国成品油需求将逐渐回升。

中国加油站市场已几近饱和，加油站数量将呈超低速增长。石油公司主要通过传统加油站改造等实现综合能源服务规模化发展。同时，围绕“人·车·生活”，非油生态圈将不断扩展，加油站的智慧化建设深入推进。加油站的非油经营实力也不断增强，未来将逐渐与连锁超市开展竞争。

（一）成品油需求展望

2023年全球经济仍将继续增长，但受制于经济增速的放缓，全球成品油需求增速相比2022年有所回落。随着新冠疫情防控措施优化，全球航空出行市场继续恢复，航煤仍将是成品油消费增长的最大亮点。

随着新冠病毒感染调整为“乙类乙管”，国民出行限制逐渐减少，中国成品油需求量将呈现缓步上升态势。在“双碳”目标的推动之下，新能源汽车保有量不断增加，制造业也在进行能源结构的转型，这将对成品油的需求量造成一定冲击。中国工业体量庞大，传统燃油车仍有较大的需求量，航空运输逐步回温将促进成品油需求量上升。

1. 整体需求将提升

新冠疫情防控十条新举措的出台，标志着中国国民经济和社会发展将加快恢复，进入反弹期。经济增长是成品油需求量维持稳定增长的基础。2023年中国GDP预期增长目标约为5%，并且原油价格在2023年将温和回落，对新能源汽车的购买使用有一定的抑制作用。部分计划首购新能源车的车主可能会转而购买传统燃油车。2023年传统燃油车购置税优惠政策及地方相关促进汽车消费政策等可能还将延续，汽车消费市场也将一改2022年的疲软表现。

同时，旅游消费的复苏也将带动交通运输业成品油需求量增加。因此，成品油需求将结束 2022 年的下跌趋势，逐渐回升。

2. 汽油需求保持缓步增长态势

新能源汽车作为传统燃油型汽车的替代品，随着其渗透率的提高，传统燃油汽车保有量的增速放缓。新能源汽车的技术水平不断迭代升级，消费者对该产品的接受程度不断提高，在这些有利因素的推动之下，新能源汽车在国内的销售量将逐年上升。

尽管如此，传统燃油车在国内仍有巨大的需求量，且随着国民的出行限制减少，驾驶机动车出行的频次将会增加，预计汽油的需求量将有所回升，呈缓步增长态势。

3. 柴油需求量保持稳定

在中国工业发展推进能源结构转型的大环境之下，各个制造企业纷纷发展清洁能源，柴油需求量增速放缓；但中国工业体量庞大，对柴油仍有大量的需求。从整体上来看，中国柴油的需求量将保持稳定。

4. 航煤需求量大幅度回升

航空作为长途运输与跨国出行的主要交通方式，受疫情的影响最大。而随着疫情防控逐步放开，航班的熔断机制取消，国际航线以及航班的数量将大幅度提升，航煤的需求量将随之大幅度增长。

（二）中国加油站发展展望

传统加油站发展将进入高质量增长阶段，数量呈超低速增长；经营模式和非油结合，将与超市业态展开竞争；综合能源服务规模化发展，向充换电、天然气、氢、光伏等多种能源品类拓展；不断深入智慧化建设，为加油站发展迎来新契机。

1. 传统加油站数量低速增长

纵观国际市场，加油站数量不断减少，原因有自助加油和现代技术的普及、环保法规的影响、油品利润下降、非油业务的发展以及跨国公司的退出等。许多发达国家呈现出加油站数量减少而单站销量上升，非油品业务快速发展的态势。中国的加油站总数量整体呈上升趋势，但由于加油站市场已趋于饱和，增长率将不断降低。传统加油站发展将进入高质量增长阶段，不再以量取胜。各加油站主体将实施精细管理，淘汰效益不佳的站点。新能源汽车的快速增长，将在一定程度上抑制加油站投资。得益于轻资产加油站数量的快速增长，预计中国石油加油站将快速扩张。中国石化增量预计多为自营加油站。

2. 经营模式和非油结合，将与超市业态展开竞争

在国际市场上，油品利润呈现稀薄化的趋势。因此，在严控加油站成本的同时，非油品业务的开展显得非常重要，便利店加油站成为加油站发展的趋势。国外的大型超市加油站由于低价成品油销售吸引了许多顾客，“低价格、高销量 + 非油业务”的经营模式给传统的加油站行业带来了强烈的冲击。轻资产开发模式将成为国内加油站建设的重要渠道。分散运营的小规模加油站将逐渐集中为中大型品牌加油站，从而形成全国性和地区性的民营加油站品牌。通过服务提升和油源保障，民营加油站的品牌优势和规模化扩张将迎来快速发展。同时，标准化的流程是加油站连锁扩张的关键因素。要对加油站运营模式按不同模块进行提炼，形成加油站建设标准，最终达到模板化输出，实现加油站品牌连锁的模式。

3. 综合能源服务站将形成规模化发展

当下能源零售端仍以加油站为主体，但国家综合能源政策利好，势必对传统加油站的利润空间造成持续性压缩。因此，传统加油站必须向更高阶的数字化、综合能源方向发展。从单一油品供给向充换电、天然气、氢、光伏等多种能源品类拓展。各主体可将传统加油站改造升级为现代化综合能源补给站，建设“碳中和”模式加油站，进行分布式能源项目建设，实现传统能源与新能源互补发展。同时，不同类型的加油站应量力而行，小规模加油站可持相对保守的态度，着眼当下，维持现状，专注做好成品油销售，对其他的能源形态保持观望状态。

4. 智慧化建设将不断深入

随着全球经济下行和石油价格不断降低，打造数字化智能化平台成为油气企业应对低油价挑战、实现高质量发展的重要手段。以 5G、大数据、云计算、物联网和人工智能等为代表的新兴技术带来了新的经济增长点。加油站可以强化数字技术与实际场景的融合与应用力度，满足消费者个性化需求，打造数字化场景体验。尤其是在后疫情时代，满足消费过程健康无接触的商业模式更需要数字技术的驱动。通过推进智慧加油站建设，推行自助结算、扫码支付、刷脸支付、ETC 支付等支付方式，实现降本增效、技术赋能。同时，在智能化数字系统基础上，加油站可推出“共享员工”计划等共享经济模式，将闲置资源优化利用，带动扩大就业。

（三）中国加油站非油业务发展展望分析

综合能源服务要求加油站业务实现一站式供应，促进能非互动；围绕“人·车·生活”打造非油生态圈，不断延长服务链；建立一体化的品牌生态，实现全渠道覆盖；全方位建设智慧化非油业务。

1. 将实现能源供给与非油业务互动

在“双碳”与能源转型背景下，加油站、加气站、充电站等新型功能站对非油业务的多元需求与日俱增。综合能源服务要求传统的加油站业务与天然气、氢气、充电桩等非油品业务进行融合，实现一站式供应。例如，由于充电在速度上没有加油快，新能源汽车充电时间相对较长，进站车辆停留时间增加，这就对商业模式提出了新的要求和挑战，可衍生一系列服务生态，比如为车主提供办公场地、免费上网、制作咖啡、干洗、阅读、健身、按摩等服务，推动能源供给与非油业务互动。

2. 围绕“人·车·生活”，延长服务链

各加油站非油业务可围绕“人·车·生活”打造非油生态圈，叠加多重消费场景，不断推进加油站快餐、休闲、广告、金融、保险、专卖、车辅产品、便民服务等业务。还可借鉴国外加油站提供咖啡角、烘焙、鲜花、彩票、生鲜等多样的商品与服务，积极与银行、保险等企业开展跨界合作和交叉营销；与淘宝、天猫、高德、饿了么等平台联动，使消费者可以便利地搜索到附近加油站的便利店及其他非油业务，给消费者带来一体化、一站式消费和服务体验。除了为客户提供基本、便捷、增值的物质层面的服务外，加油站非油业务的服务升级还应体现在精神层面上，实现差异化运营。

3. 将建立一体化的品牌生态，实现全渠道覆盖

当前，消费者的需求存在重体验感趋势，自我关怀、产品定制成为潮流。因此，应建立一体化的品牌生态，在渠道中注入品牌优势。加油站非油业务应持续培育自有品牌，结合时下热点把牢消费的痛点与热点，形成产品特色，设计极致单品、爆款产品。强化品质承诺，建立市场化运营机制，利用口碑宣传强化品牌定位。非油业务品牌架构要适应零售企业的运营管理能力，建立一个设计定位明晰、管理完善的品牌架构。

加油站应实现品牌全渠道覆盖。对于线上平台：利用微信平台引流；通过 APP 搭建统一的会员体系，提供线上加油卡充值、查询、积分兑换、商城、违章代办等增值服务项目；通过微商城业务推进 O2O 业务模式；整合微商城、APP 和电商网站入口，丰富线上支付方式，建立电商销售模式；通过新媒体平台进行内容投放，推广直播带货、社群营销以及云购物等在线场景。对于线下门店：明晰自我定位，进行差异化定位和门店设计，提升店面形象，构建线下的沉浸式场景体验。

4. 非油业务的全方位智慧化将快速推广

疫情促进了互联网、物联网、综合智慧能源管理等新技术、新产品的快速推广应用，未来石油公司将探索建立“互联网 + 加油站 + 便利店”线上线下共进互促的跨境商品销售商业模式，实现非油业务对油品销售业务的反哺。随着商品服务与流通数字化、消费者信息管理数字化、物流终端配送数字化、营销模式数字化的全面提升，未来石油公司将继续深化精准营销，定制产品和服务；继续通过智能补货、可视化陈列等方式提高商品更新和淘汰速度；将深化设备设施智能化，推进试点机器人项目，全方位建设智慧化非油业务。通过 APP 或小程序购买商品并选择购物到车、购物到家等配送方式将成为非油业务未来的发展方向。

新能源篇

本篇将从全球和中国两个层面对光伏、风能、生物质能、氢能、新能源成本、价格、新能源汽车、储能发展进行分析与展望。一是全球新能源发展分析与展望方面。2022 年，全球可再生能源消费量不断增长，占一次能源消费比重不断上升。光伏累计装机容量和发电量均同比增长 20% 左右；风能累计装机容量同比增长 11.7%，发电量同比增长 15.2%；生物质能累计装机容量和发电量均保持增长趋势；氢能产业呈现高速扩张态势，全球氢燃料电池汽车保有量快速增长，加氢站数量翻倍增长；新能源汽车发展势头强劲，销量突破 1000 万辆，渗透率首次突破 10%，增速持续提升；全球电力储能项目累计装机规模快速增加。分区域看，亚洲、欧洲、北美地区的装机量和发电量位列全球前三，其中，中国可再生能源装机量和发电量贡献最大，可再生能源在价格和成本上的竞争力不断提高。展望 2023 年，新能源成本将高于全球新冠疫情前水平，全球可再生能源装机容量将进一步增长，新能源汽车产销量将保持较快增长，储能规模将继续保持高速增长。二是中国新能源发展分析与展望方面。2022 年，中国光伏、风能、生物质能、氢能的装机容量以及发电量均大幅提升。其中，光伏发电量大幅增长，装机容量稳居世界榜首；风电机组装机容量增速放缓，发电量持续增长；生物质能产业发展效果显著，生物质发电量不断增加，装机容量快速增长，产业化节奏加快；中国氢燃料电池汽车数量保持稳步增长，加氢站数量高速增长；新能源汽车呈现出多元化特征，中国已成为全球最主要的储能市场之一。2023 年，可再生能源预计将占中国能源供应的更大份额。

全球新能源发展分析与展望

随着国际社会对保障能源安全、保护生态环境、应对气候变化等问题日益重视，加快开发利用新能源已成为世界各国的普遍共识和一致行动，这也是全球能源转型及实现应对气候变化目标的重大战略举措。乌克兰危机引发了进口化石燃料价格的大幅飙升，促使长期依赖传统能源的国家向以太阳能和风能为主的新能源转型。2022 年，全球可再生能源消费量不断增长，占一次能源消费比重不断上升。全球光伏累计装机容量和发电量均同比增长 20% 左右；风能累计装机容量同比增长 11.7%，发电量同比增长 15.2%；生物质能累计装机容量和发电量均保持增长趋势；氢能产业呈现高速扩张态势，全球氢燃料电池汽车保有量快速增长，加氢站数量翻倍增长；新能源汽车发展势头强劲，销量突破 1000 万辆，渗透率首次突破 10%，增速持续提升；全球电力储能项目累计装机规模快速增加。分区域看，亚洲、欧洲、北美地区的装机量和发电量位列全球前三，其中中国可再生能源装机量和发电量贡献最大。中东、南美、亚欧等地区是可再生能源发展的新兴市场，成长速度加快。随着材料与制造技术的不断突破，可再生能源在价格与成本上的竞争力不断提高。2022 年，新投产的光伏、陆上和海上风电项目的全球加权平均成本下降。随着异质结等新型电池技术和风机大型化的快速发展，光伏、风电等新能源的平准化度电成本（LCOE）有持续下降的趋势。

展望 2023 年，由于大宗商品价格的上涨，预计全球新能源成本将高于新冠疫情前水平，石油、天然气和煤炭的价格高涨也会导致新能源发电的生产成本增加，但技术性成本的降低抵消了生产成本的增加，新能源的竞争力基本不受影响，预计到 2023 年全球可再生能源装机容量将进一步增长。随着消费者对新能源乘用车接受程度的提高，新能源乘用车的性价比将逐步提升，全球新能源汽车的产销量将保持较快增长，增长率和市场渗透率持续提升；储能规模将继续保持高速增长。

一、全球新能源发展分析

在全球变暖、气候变化的大背景下，推进绿色低碳技术创新、发展以可再生能源为主的现代能源体系已成为国际社会的共识，能源清洁低碳转型加速已经成为全球发展趋势。可再生能源作为全球能源体系的重要组成部分，对保障世界各国能源安全、改善环境保护、增加各国就业发挥了重要作用，在世界能源消费中占据重要地位，在发电、供热及交通等领域得到了广泛应用。根据国际可再生能源署（IRENA）发布的《可再生能源统计数据 2022》显示，在过去 20 年里，全球可再生能源在电力中的份额逐年提升，由 2012 年的 26.1% 上升至 2021 年的 38.4%。2022 年，得益于中国、欧盟和拉丁美洲的强有力政策支持，全球光伏、风能、生物质能装机容量和发电量均保持快速增长趋势，可再生能源发电量达到 4099.7 亿千瓦时，同比增长 15.9%；累计装机容量达到 2195.1 吉瓦，同比增长 16.9%；氢能产业呈现高速扩张态势。

（一）全球光伏发展

光伏产业的快速发展源于经济社会对清洁能源日益增长的需求，能源危机和生态环境问题促使全球积极寻求可替代化石能源的绿色可再生能源，而太阳能因资源量巨大、清洁安全、易于获得等优点，被普遍认为是最有发展前途的绿色可再生能源之一。2022 年，世界各国为了促进光伏产业的发展，密集出台了相应的产业支持政策，扶持本国光伏产业的发展，产业政策支持力度较大，全球光伏行业总体呈快速向上发展态势。

1. 全球光伏装机容量稳定增长，增速继续提升

2022 年，全球光伏市场再次强势增长，全球累计装机容量 1100.9 吉瓦，同比增长 23.5%；全球新增装机容量 209.6 吉瓦，同比增长 38.8%（图 36）。

2022 年，中国光伏累计装机容量 399.7 吉瓦，稳居世界第一，其后分别是美国 146.7 吉瓦、日本 86.2 吉瓦、印度 65.4 吉瓦、德国 64.7 吉瓦。2022 年光伏累计装机容量前 10 名的国家保持相对稳定，越南在年度装机方面已离开前 10 名，取而代之的是意大利（图 37）。

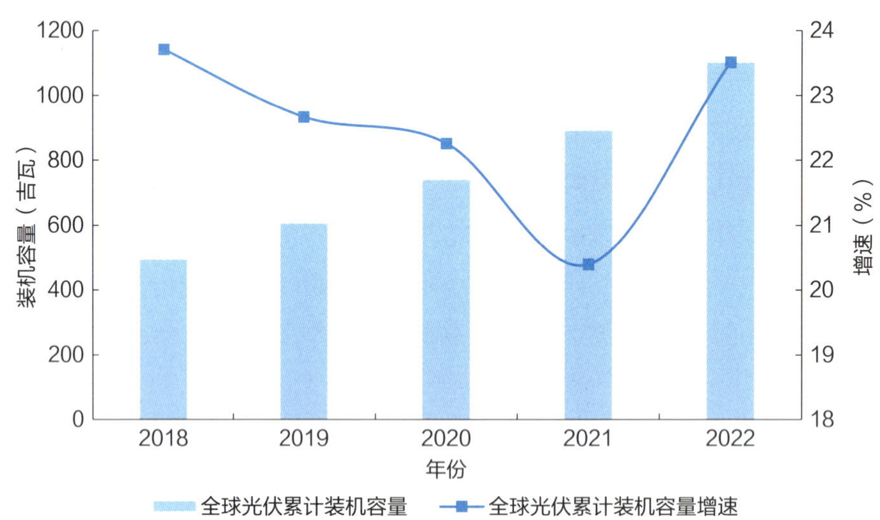

图 36　2018—2022 年全球光伏累计装机容量及增速

数据来源：国际能源署

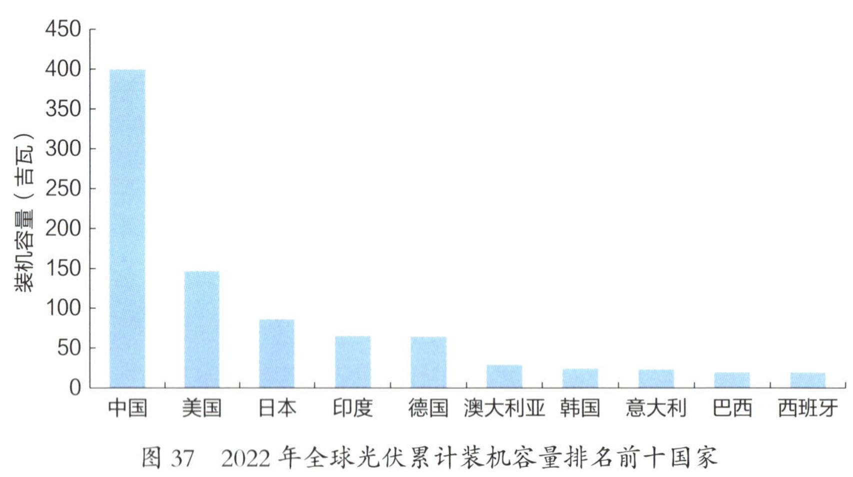

图 37　2022 年全球光伏累计装机容量排名前十国家

数据来源：国际能源署

2. 全球光伏发电量表现亮眼，亚洲是全球光伏发电量的主要贡献者

2022 年，全球光伏发电量仍保持稳定增长趋势，全年光伏发电量达 1249.8 亿千瓦时，同比增长 23.1%，增速较 2021 年的 23.3% 减少了 0.2 个百分点（图 38）。尽管受到新冠疫情影响，2022 年全球光伏累计装机容量仍超过 1000 吉瓦，光伏发电成为继水电之后排名第二的可再生能源。

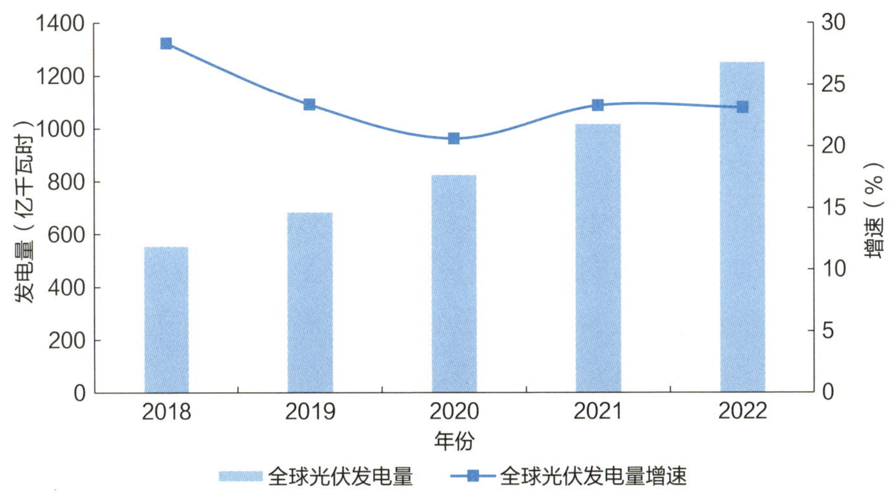

图 38　2018—2022 年全球光伏发电量及增速

数据来源：国际能源署

2022 年，中国、美国、印度、日本和德国光伏装机容量超 50 亿千瓦时，中国凭借 411.5 亿千瓦时的发电量再次成为世界第一，美国以 184.9 亿千瓦时的发电量位居第二，排名第三的印度和排名第四的日本的发电量分别为 95.3 亿千瓦时、95 亿千瓦时。全球光伏发电量的主要贡献来源于亚洲、美国以及欧洲地区（图 39）。

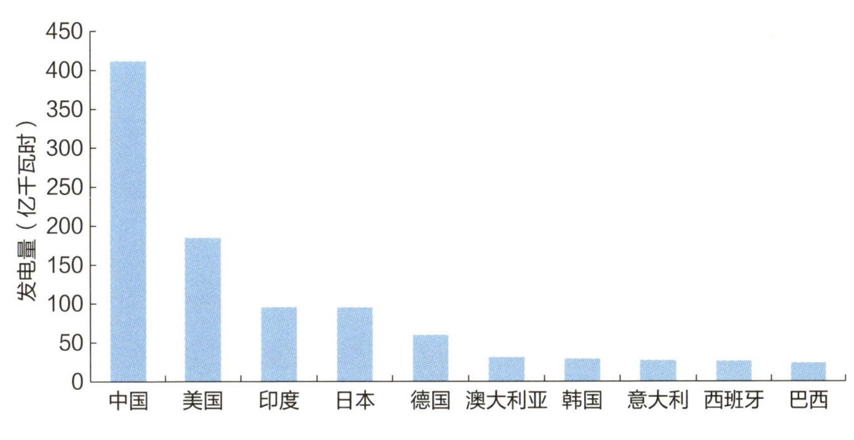

图 39　2022 年全球光伏发电量排名前十国家

数据来源：国际能源署

（二）全球风能发展

风能是一种清洁的可再生能源，具有环保、蕴量大等特点，因此日益受到世界各国的重视。得益于技术进步和商业模式创新，风能行业正在快速发展。发展风电不仅有助于能源低碳转型，还将加强能源供应安全。当前，越来越多的国家把目光投向海上风电，海上风电行业正迎来大规模快速发展的新时代，发展潜力巨大。2022 年，全球风能装机容量增速放缓，发电量继续稳定增长，中国风能装机容量继续放缓，发电量持续增长。

1. 全球风能装机容量持续增长，增速有所放缓

2022 年，全球风电市场发展较为平稳，新增装机容量 97.2 吉瓦，累计装机容量 925.6 吉瓦，同比增长 11.7%，较 2021 年的增速 12.7% 减少了 1 个百分点（图 40）。

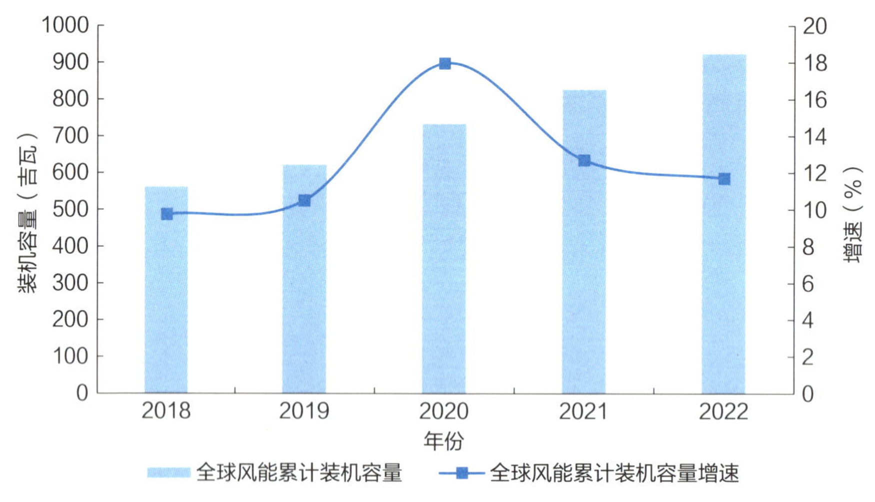

图 40　2018—2022 年全球风能累计装机容量及增速

数据来源：国际能源署

截至 2022 年，全球风能累计装机容量排名前五的国家依次是中国 381.8 吉瓦、美国 143 吉瓦、德国 68.9 吉瓦、印度 44.4 吉瓦、西班牙 29 吉瓦，其中，中国风能累计装机容量约占全球的 41.2%（图 41）。

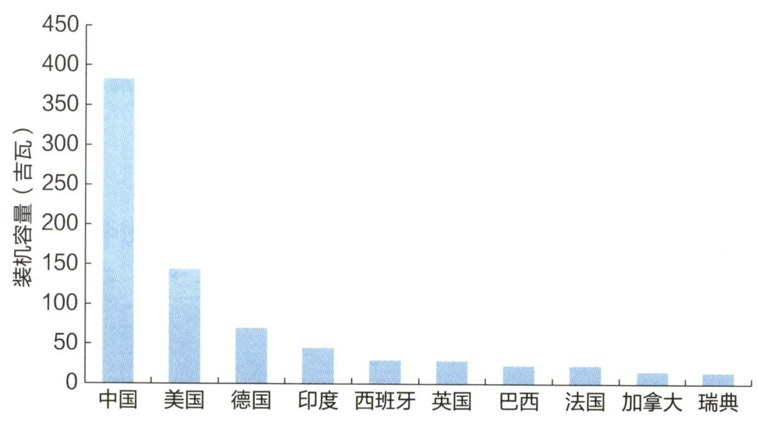

图 41　2022 年全球风能累计装机容量排名前十国家

数据来源：国际能源署

2. 全球风能发电量稳定增长，增速有所放缓

2022 年，全球风能总发电量首次突破 2000 亿千瓦时，达到 2148.7 亿千瓦时，同比增长 15.2%，增速较 2021 年的 16.7% 减少了 1.5 个百分点（图 42），占全球发电量的比例较十年前的不到 1% 有了非常大的进步。

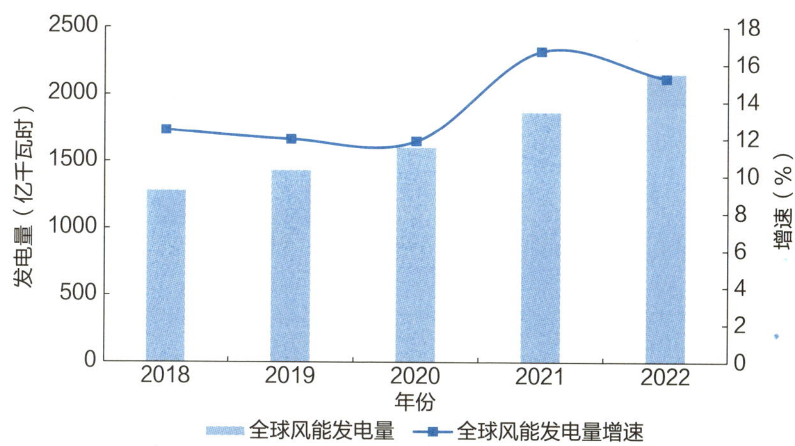

图 42　2018—2022 年全球风能发电量及增速

数据来源：国际能源署

分国家来看，2022 年全球风能发电量排名前五的国家分别是：中国 770.9 亿千瓦时、美国 423.9 亿千瓦时、德国 141.9 亿千瓦时、印度 79.4 亿千瓦时、

英国78.2亿千瓦时。2022年全球前十个国家风力发电量总和占全球风力总发电量的81.5%（图43）。

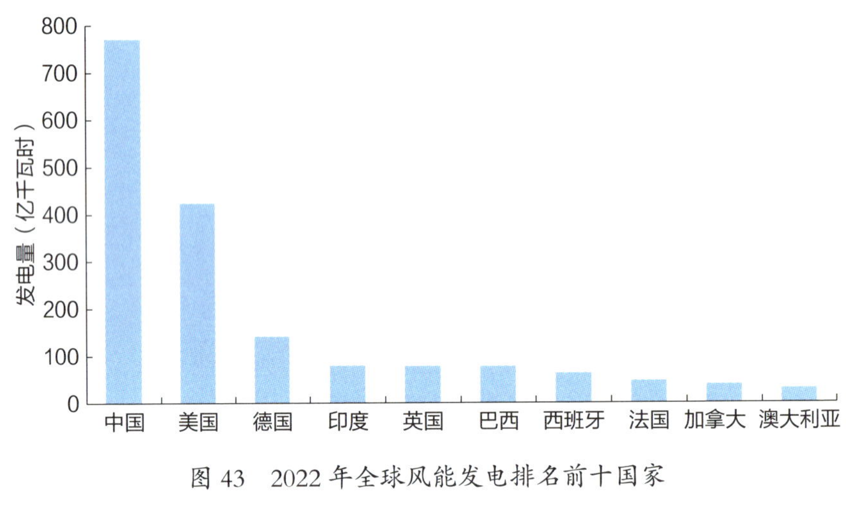

图43　2022年全球风能发电排名前十国家

数据来源：国际能源署

（三）全球生物质能发展

为保证能源安全，世界各国积极采取一系列行动，大力发展生物质能源。生物质能源的发展主要受原油价格、农业原料价格和各国政策的推动。各国推进生物能源发展的主要政策目标是缓解气候变化、提高自给率、保障本国能源安全以及实现农业和农村社区的发展。2022年，全球生物质能快速发展，装机容量和发电量均保持稳步增长趋势，中国装机容量和发电量增速均大幅下降。

1. 全球生物质能装机容量保持稳定增长，增速减少1.2个百分点

2022年，迫于能源短缺与环境恶化的双重压力，各国政府高度重视生物质资源的开发和利用，全球生物质能快速发展，其装机容量达到168.6吉瓦，同比增长6.8%，增速较2021年的8.0%减少了1.2个百分点（图44）。

中国、巴西、美国是全球生物质能发电装机容量排名前三的国家。中国生物质能装机容量达44.1吉瓦，占全球生物质能装机容量的26.2%，连续5年位列世界第一；巴西以15.9吉瓦的生物质能发电装机容量占比全球生物质

能装机容量的 9.4%，居第二位；美国以 13.6 吉瓦的生物质能发电装机容量占比全球生物质能装机容量的 8.1%，居第三位（图 45）。

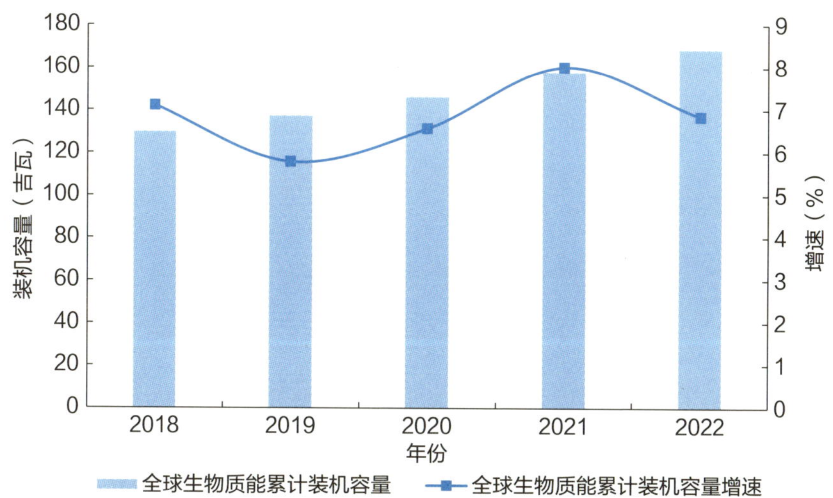

图 44　2018—2022 年全球生物质能累计装机容量及增速

数据来源：国际能源署

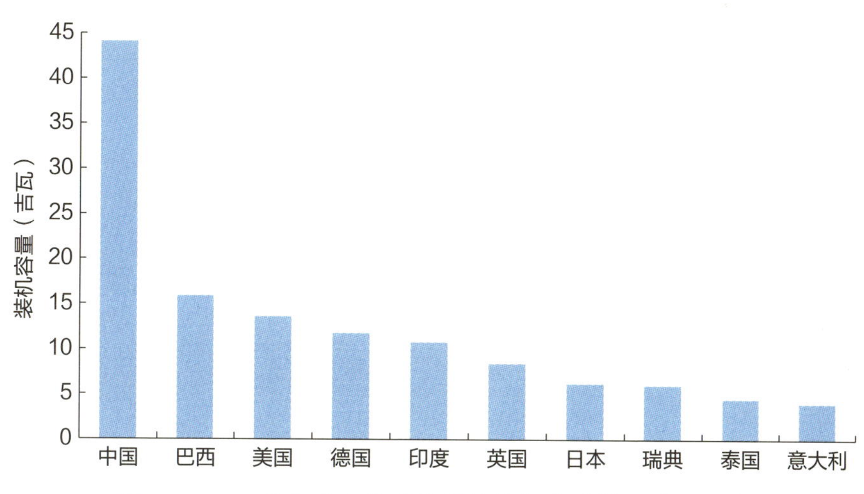

图 45　2022 年全球生物质能累计装机容量排名前十国家

数据来源：国际能源署

2. 全球生物质能发电量稳步增长，增速减少 1 个百分点

2022 年，全球生物质能发电量为 701.2 亿千瓦时，同比增长 6.8%，增速比 2021 年的 7.8% 减少了 1 个百分点（图 46）。

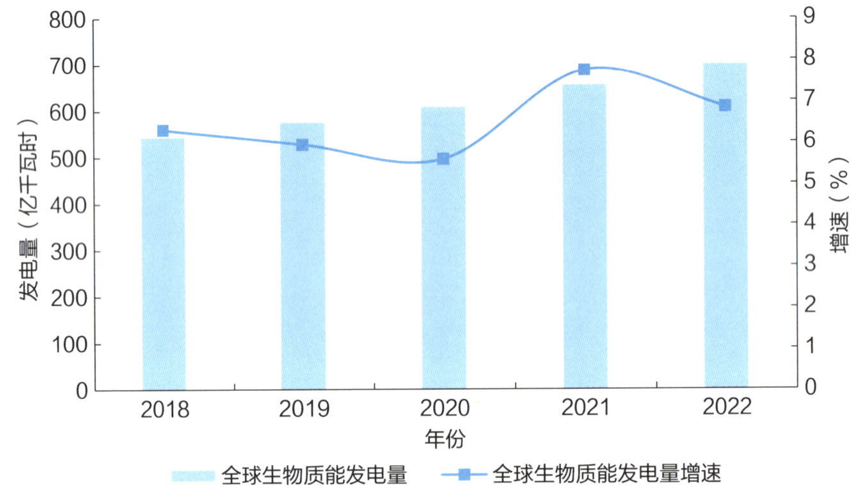

图 46　2018—2022 年全球生物质能发电量及增速

数据来源：国际能源署

2022 年，全球生物质能发电量排名前五位的国家分别是中国、美国、巴西、德国和英国，分别为 169.2 亿千瓦时、65.2 亿千瓦时、60.7 亿千瓦时、54.2 亿千瓦时和 42.8 亿千瓦时（图 47）。

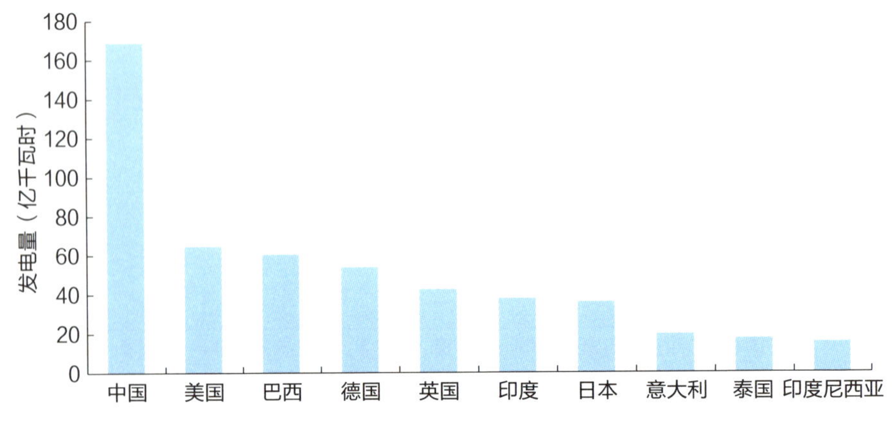

图 47　2022 年全球生物质能发电量排名前十国家

数据来源：国际能源署

（四）全球氢能发展

氢能作为燃料，具有清洁、高效、绿色、零碳、储能等优点，其经济价值和战略意义已引起世界各国的高度关注。应对气候变化的脱碳愿景逐步成为氢能大规模部署的最重要驱动力。作为应对气候变化和加快能源转型的重要举措，越来越多的经济体重视发展氢能产业。2022 年，全球氢能产业呈现高速扩张态势，氢能迎来新的发展机遇，应用场景不断拓宽。随着各国积极出台氢能支持政策，可再生能源制氢等低碳来源的氢气正获得前所未有的发展动力。

1. 多国制订氢能规划，全球氢能迎来新的发展机遇

截至 2022 年底，已有 30 多个国家和地区计划开展氢能商业活动，近 30 个国家将其作为能源部门的支柱之一。在 2022 年，为更好地发展本国氢能，多国纷纷制订氢能规划（表 2），全球氢能迎来了新的发展机遇。

表 2　2022 年主要国家和地区氢能规划汇总表

国家和地区	时间	规划	具体目标
中国	3 月	氢能产业发展中长期规划（2021—2035 年）	到 2025 年，基本掌握核心技术和制造工艺，燃料电池车辆保有量约 5 万辆，部署建设一批加氢站，可再生能源制氢量达到 10 万~20 万吨 / 年，实现二氧化碳减排 100 万~200 万吨 / 年； 到 2030 年，形成较为完备的氢能产业技术创新体系、清洁能源制氢及供应体系，有力支撑碳达峰目标实现； 到 2035 年，形成氢能多元应用生态，可再生能源制氢在终端能源消费中的比例明显提升
欧盟	3 月	REPower EU 能源计划	到 2030 年欧盟绿氢产量达到 1000 万吨，绿氢进口量达到 1000 万吨。欧盟计划在欧洲地平线项目资助框架下为可再生氢气项目提供价值 2 亿欧元的新融资，并在欧洲共同利益的重要项目框架下迅速批准项目
英国	4 月	新版能源安全战略	到 2030 年低碳氢产能将翻一番，达到 10 吉瓦，其中至少一半来自绿氢，由过剩的海上风电制取
美国	9 月	国家清洁氢战略与路线图	2030 年将清洁氢的产能增加到 1000 万吨 / 年； 到 2040 年增加到 2000 万吨 / 年； 到 2050 年增加到 3000 万吨 / 年

资料来源：公开资料整理。

2. 全球氢燃料电池汽车保有量持续增长，增速有所放缓

氢能下游应用场景的拓宽对提振氢气需求起到了重要作用。截至2022年底，全球氢燃料电池汽车保有量为67315辆，同比增长35.8%，增速放缓（图48）。

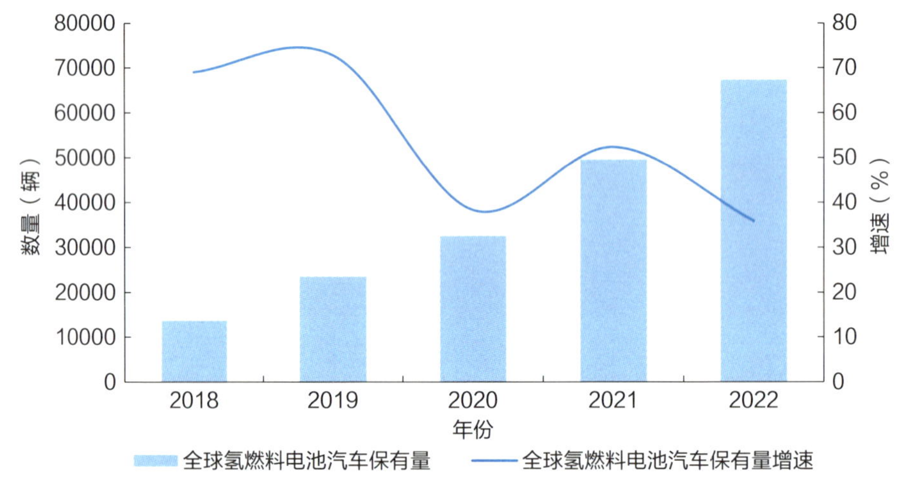

图48　2017—2022年全球和中国氢燃料电池汽车保有量及增速

数据来源：观研天下

2022年，全球主要国家（中国、韩国、日本、美国、德国）燃料电池汽车总销量达到17921辆，同比增长9.9%。中国、韩国与德国的燃料电池汽车销量均有增长。其中，中国燃料电池汽车销量达到3367辆，同比增长112.3%；韩国燃料电池汽车销量达到10164辆，同比增长19.6%；德国燃料电池汽车销量达到835辆，同比增长80%。日本、美国燃料电池汽车同比下滑。日本燃料电池汽车销量仅848辆，同比下降65.6%；美国燃料电池汽车销量2707辆，同比下降19%（图49）。

3. 全球加氢站建设加速推进，亚洲加氢站数量占比最大

全球主要经济体纷纷加快针对氢能产业布局，多国已明确将氢能规划上升到国家能源战略高度，纷纷制定了较为明确的时间表和路线图，加氢站作为氢能和氢燃料汽车广泛应用所必需的重要基础设施，其建设正在加速推进。截至2022年底，全球部署的加氢站数量已超过800座，分布在37个国家和地区，较2021年新增了哥伦比亚、塞浦路斯和以色列3个国家（图50）。

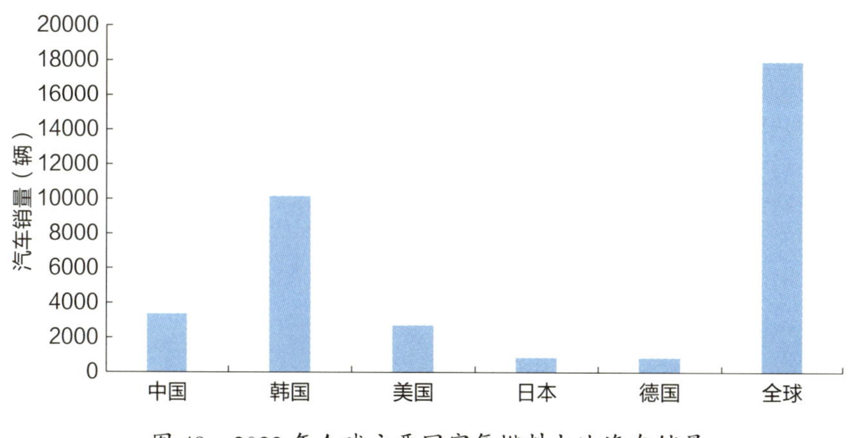

图 49　2022 年全球主要国家氢燃料电池汽车销量

数据来源：中国氢能联盟

2017—2022 年，全球加氢站保有量从 328 座增长到 814 座，增加了 148.1%。此外，2022 年全球范围内已公布 315 座加氢站的新建计划，显示出全球氢能产业建设进入了快速发展时期。

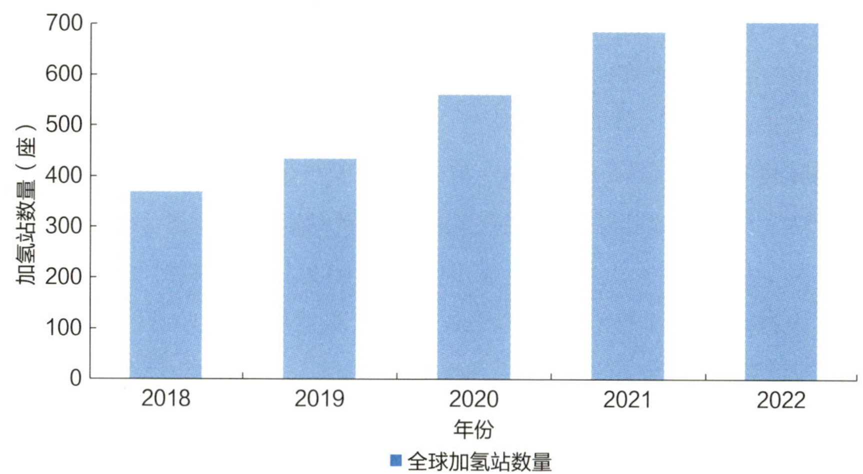

图 50　2012—2022 年全球加氢站数量

数据来源：中国氢能联盟、H2stations.org by LBST

从全球加氢站分布情况来看，2022 年，亚洲加氢站数量占比达到 55.9%，欧洲与北美地区加氢站数量占比分别为 31.2% 与 11.9%，其他国家或地区占比 1%（图 51）。

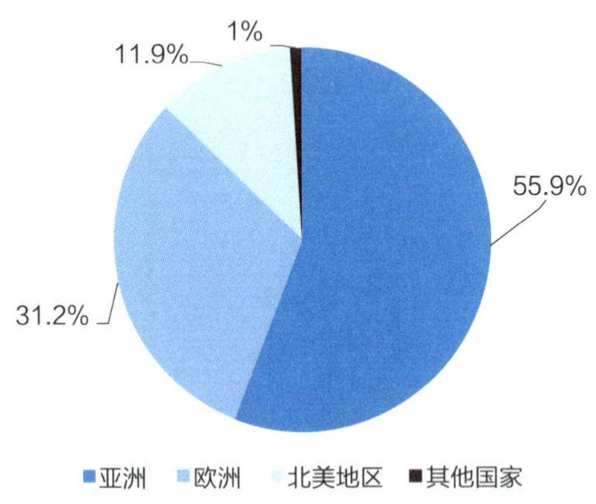

图 51 2022 年全球加氢站地区分布

数据来源：H2stations.org by LBST

二、分区域新能源装机容量、发电量现状分析与对比

应对气候变化、推动能源转型已成为国际社会的普遍共识和一致行动，世界各国纷纷制定能源绿色低碳发展战略，并将发展可再生能源作为应对气候变化和推动能源转型的重要抓手。全球各区域已加快可再生能源发展步伐，国际可再生能源署（IRENA）发布的《可再生能源统计数据 2022》显示，全球光伏、风能、生物质能及氢能的装机量和发电量逐年增长，亚洲、欧洲、北美地区位列全球前三，其中中国可再生能源装机量和发电量贡献最大。中东、南美、亚欧等地区是可再生能源发展的新兴市场，成长速度加快。

（一）分区域光伏装机容量、发电量现状分析

2017—2021 年，全球各区域光伏累计装机容量均呈现逐年增长趋势，其中亚洲仍然是全球最大的光伏市场。截至 2021 年，全球光伏装机量 848.4 吉瓦，同比增长 19.37%，亚洲光伏累计装机容量占全球总量的 57%，显著高于其他区域，中国为主要贡献者，光伏装机容量为 306.97 吉瓦，领先于全球其他国家。欧洲为全球第二大光伏装机市场，同比增长 15%，德国、意

大利、西班牙为欧洲主要光伏市场，光伏装机容量分别为 52.73 吉瓦、22.7 吉瓦、15.95 吉瓦。北美洲光伏装机量位居全球第三位，增速高于其他区域，年均增长率为 36%，美国占据北美洲光伏装机量市场的主导地位，光伏装机容量为 95.21 吉瓦。其他区域作为新兴光伏市场，加快布局光伏产业，市场成长较快（图 52）。

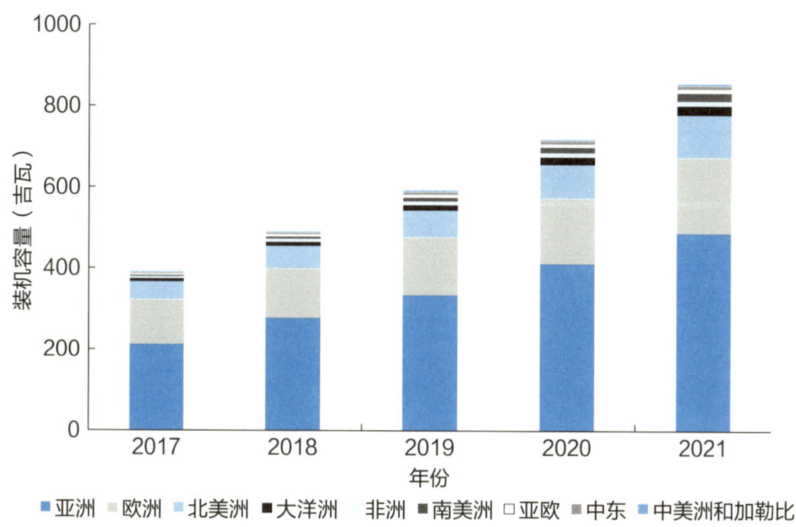

图 52　2017—2021 年全球分区域光伏发电装机容量

数据来源：国际可再生能源署

2020 年，全球光伏发电量 830.74 亿千瓦时，同比增长 22.85%，各区域光伏发电量均呈现上涨走势，亚洲仍然是光伏发电量最大的地区，达 447.99 亿千瓦时，同比增长 21%，其中中国光伏发电量为 261.66 亿千瓦时，位居全球首位；欧洲光伏发电量仅次于亚洲，达 167.61 亿千瓦时，同比增长 17%，其中发电量主要贡献来源于德国、意大利和西班牙；北美洲光伏发电量为 137.7 亿千瓦时，同比增长 26%，美国为主要发电量贡献国家，达 119.33 亿千瓦时，光伏发电量位居全球第二位；中东和南美地区光伏发电量年均增长率分别为 57%、47%，远高于全球其他地区（图 53）。

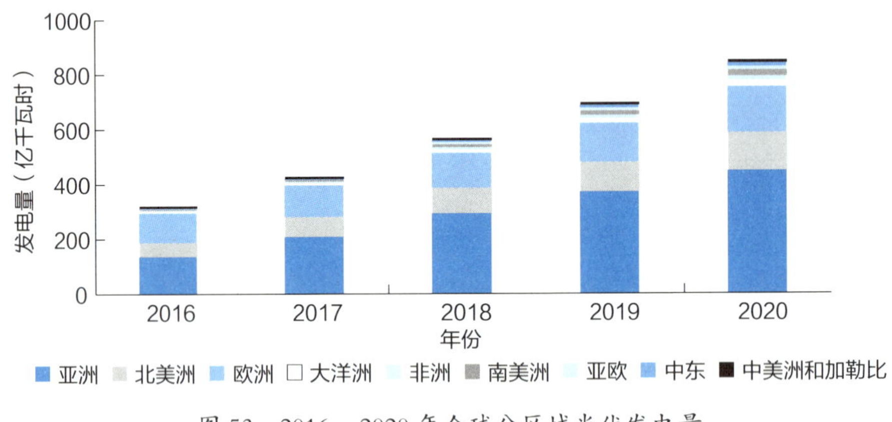

图 53 2016—2020 年全球分区域光伏发电量

数据来源：国际可再生能源署

（二）分区域风能装机容量、发电量现状分析

2017—2021 年，得益于技术进步和商业模式创新，风能行业正在快速发展，全球风能累计装机量呈现逐年递增走势，且风电产业已形成亚洲、欧洲、北美洲三大市场，超过全球累计装机量的 98%。截至 2021 年末，全球风能装机量 823.49 吉瓦，同比增长 12.56%，中国、美国、德国、印度、英国为全球风能累计装机容量排名前五的国家，分别占全球风能累计装机容量的 40.4%、16.05%、7.71%、4.79% 和 3.17%，合计占比约为 72.11%（图 54）。

截至 2020 年末，全球风能发电量 1588.59 亿千瓦时，同比增长 12.38%，全球分地区风能发电量呈逐步递增态势，其中亚洲以 555.82 亿千瓦时领先于其他地区，中国在政策推动下，风能产业发展迅速，发电量达 467.04 亿千瓦时，位居全球首位；欧洲风能发电量为 488.41 亿千瓦时，德国、英国和西班牙为主要贡献国家，风能发电量分别为 132.1 亿千瓦时、75.37 亿千瓦时、56.44 亿千瓦时；北美洲风能发电量为 397.16 亿千瓦时，同比增长 14%，风能发电市场仍然以美国为主（图 55）。

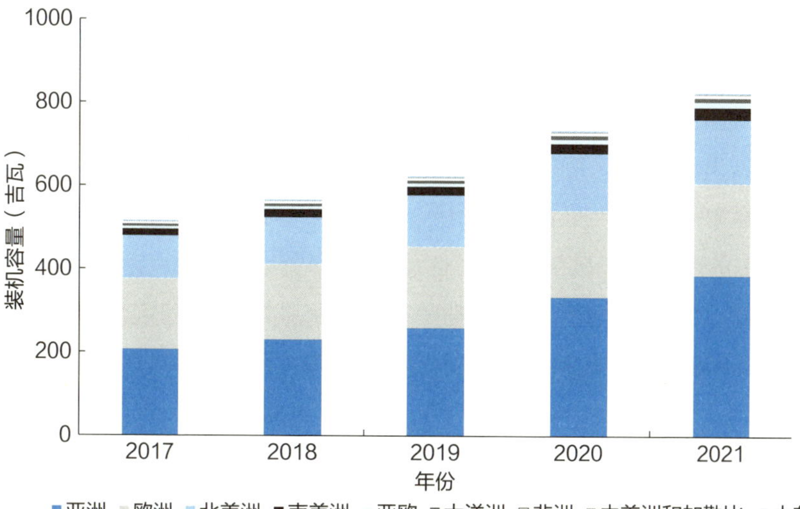

图 54　2017—2021 年全球分区域风能装机容量

数据来源：国际可再生能源署

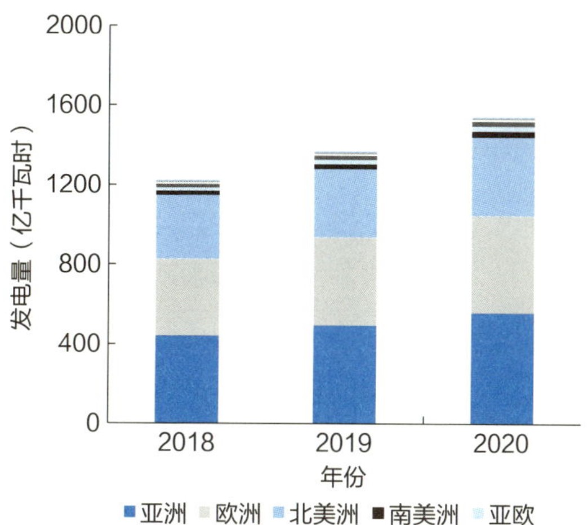

图 55　2018—2020 年全球分区域风能发电量

数据来源：国际可再生能源署

（三）分区域生物质能装机容量、发电量现状分析

2017—2021 年，全球生物质能装机量稳步攀升，由 110.811 吉瓦增长至 143.195 吉瓦，复合增速达 8.23%，其中亚洲、欧洲、南北美洲贡献最为突出。近年来中国出台大量扶持生物质的政策，2021 年生物质装机容量以 29.75 吉瓦位居世界第一，占全球总量的 21%；其次是全球最早开发和利用生物燃料的国家之一的巴西，装机量达 16.3 吉瓦，占全球比重 11%；美国 2020 年受政治动荡和新冠疫情影响生物质装机量有所下降，2021 年稳定后以 10.62% 的增速回升，以 13.57 吉瓦的装机量位居世界第三（图 56）。

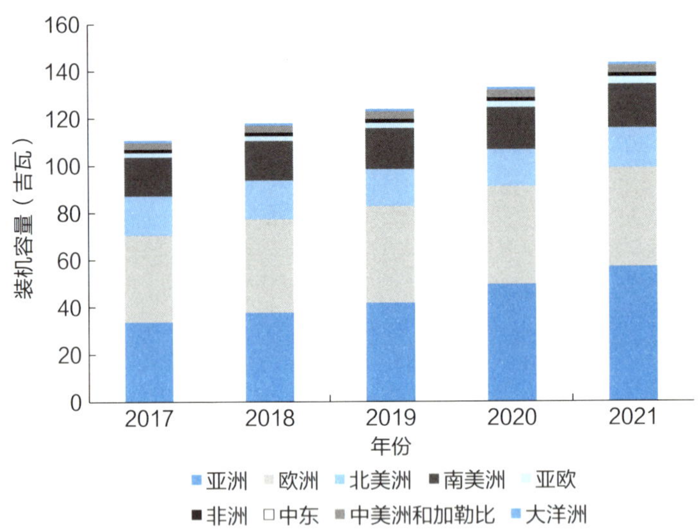

图 56　2017—2021 年全球分区域生物质发电装机容量

数据来源：国际可再生能源署

截至 2020 年，全球生物质能发电量达 583.775 亿千瓦时，亚洲生物质发电量增速迅猛，达 211.827 亿千瓦时，同比增长 26.74%，其中中国生物质发电量为 98.987 亿千瓦时，稳居世界第一；欧洲作为全球最大的生物质能源市场，发电量持续增加至 206.76 亿千瓦时，其中德国和英国生物质能发电量分别为 50.858 亿千瓦时和 40.186 亿千瓦时；南美洲生物质发电量逐年增长，达 71.88 亿千瓦时，贡献最大的巴西生物质能发电量为 16.3 亿千瓦时，而北美洲

生物质发电量逐年降低，其中占比最大的美国，由于无明确统一的经济政策激励，生物质产业链纷纷将目标转向欧洲市场，生物质发电量减少至 60.269 亿千瓦时（图 57）。

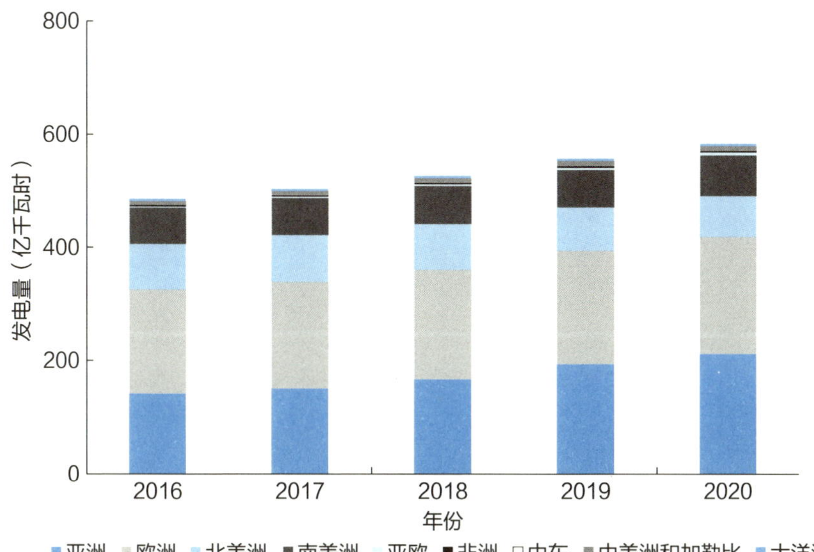

图 57　2016—2020 年全球分区域生物质发电量

数据来源：国际可再生能源署

（四）分区域氢能装机容量、发电量现状分析

2017—2021 年，全球氢能装机量逐年增加，亚洲的装机容量逐渐稳步上升，占据全球氢能装机容量的 42% ~ 44%。欧洲和南美以稳定的速度逐年增长，占全球的 17% 和 14%。北美洲氢能装机量在经历连续三年增长后，于 2021 年下降至 200.56 吉瓦。亚欧、非洲、中东、中美洲和加勒比、大洋洲共同占据全球氢能装机容量的 12% ~ 12.4%，且分别保持稳定、低速增长（图 58）。

2020 年，全球氢能发电量 4476.23 亿千瓦时，同比增长 3.71%。2016—2020 年，亚洲始终占据着 41% ~ 44% 的最大全球占比，且发电量逐年稳步增长。北美洲在 2019 年经历了大幅下降后，于 2020 年有所回升，涨至 722.078 亿千瓦时，但其全球氢能发电量占比从 17.22% 持续下降至 16.13%。

欧洲和南美洲在 2019 年都经历了下降，并于 2020 年回升，两者发电量的全球占比保持下降。亚洲、非洲、中美洲和加勒比、中东、大洋洲的氢能发电量之和的全球占比从 11.48% 增长至 12.18%（图 59）。

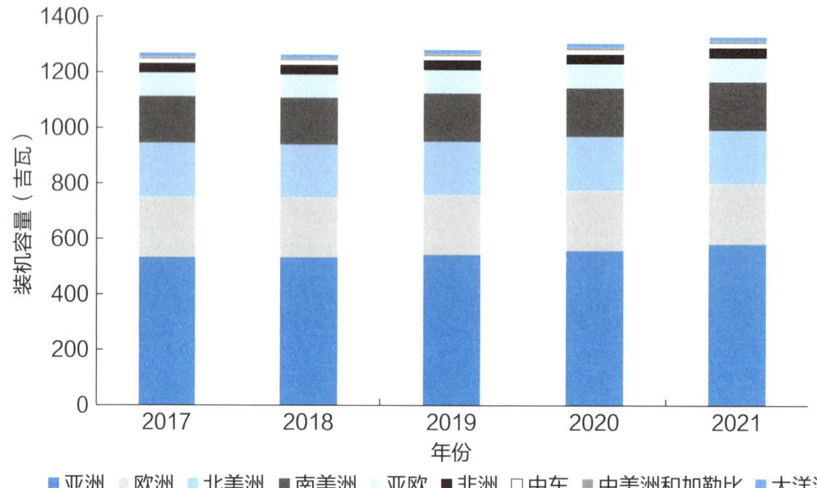

图 58　2017—2021 年全球分区域氢能装机容量

数据来源：国际可再生能源署

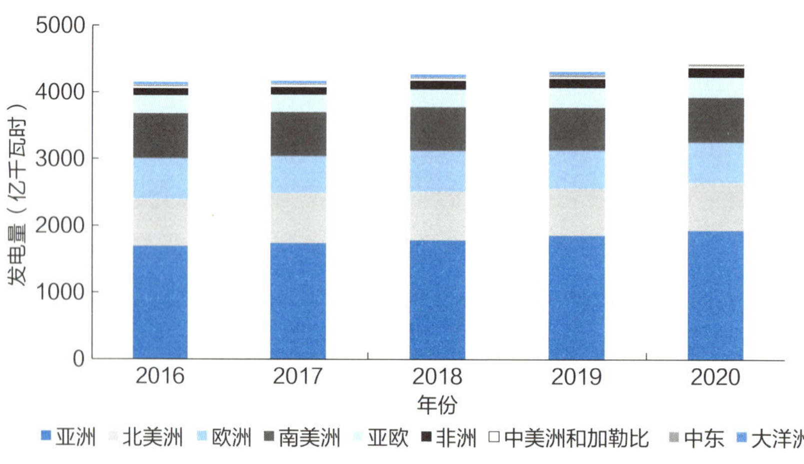

图 59　2016—2020 年全球分区域氢能发电量

数据来源：国际可再生能源署

三、分区域新能源成本、价格现状分析与对比

截至 2022 年，全球共有 137 个国家和地区提出了“零碳”或“碳中和”目标，超过 100 个国家制定了可再生能源扶持政策，146 个国家树立了可再生能源电力目标。

随着材料与制造技术的不断突破，可再生能源竞争力不断提高。2022 年，在光伏领域中，规模化生产的单晶电池平均转换效率已达 22.8%，比 2016 年提高 3%；全球新建光伏发电平准化度电成本（LCOE）降至 0.057 美元 / 千瓦时，较 2010 年下降 85%。在风电领域中，全球陆上和海上新建风场 LCOE 分别降至 0.039 美元 / 千瓦时和 0.084 美元 / 千瓦时，较 2010 年下降 56% 和 48%。随着异质结等新型电池技术和风机大型化的快速发展，未来光伏、风电等新能源发电 LCOE 有持续下降的趋势。

2022 年 IRENA 发布的《2021 年可再生能源发电成本》表明，在价格方面，可再生能源仍比化石燃料更具有吸引力。

（一）分区域光伏成本、价格现状分析

2021 年，全球光伏发电项目的总装机加权平均成本为 857 美元 / 千瓦，同比 2020 年下降 6%，较 2010 年下降 82%。全球集中式光伏发电项目加权平均 LCOE 从 0.417 美元 / 千瓦时降至 0.048 美元 / 千瓦时，同比 2020 年下降 13%，较 2010 年下降 88%。经对比，全球新建集中式光伏发电项目加权平均 LCOE 比最便宜的新建化石燃料发电项目的低 11%。

虽然光伏发电技术愈加成熟，但不同区域的成本差异仍然存在（图 60）。这些差异不仅体现在成本组件上，也体现在光伏平衡系统（BOS，Balance of System）上。例如，2010—2021 年，全球光伏模块和逆变器成本下降值，占全球加权平均安装成本下降值的 61%。此外，BOS 成本下降也是全球加权平均安装成本下降的另一个重要因素，其原因在于业内竞争加剧，安装经验提升与占地面积下降。总的来说，过去 10 年间所减少的成本中，安装成本占 14%，机架成本占 7%，BOS 硬件成本占 3%，其余 16% 来自一些细小类别。

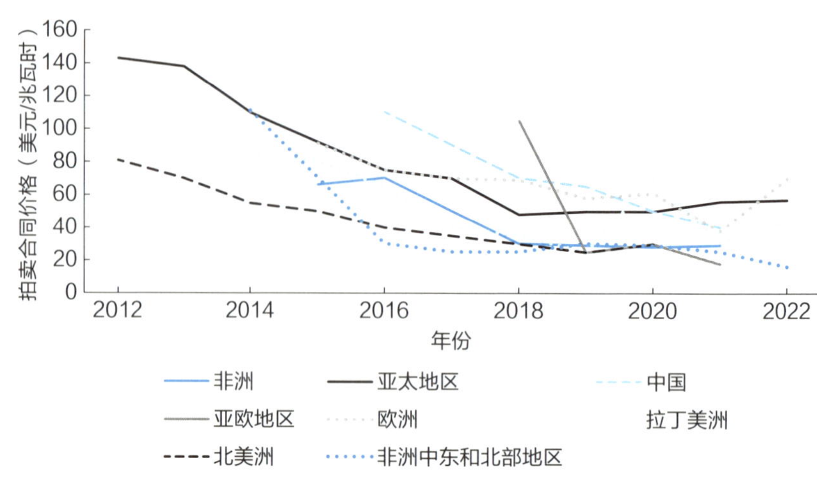

图 60　2012—2022 年公用事业级太阳能光伏的拍卖合同价格

数据来源：国际能源署

由于商品价格上涨、运费提高和供应链中断等因素，2022 年太阳能光伏成本较 2021 年增加 10% ~ 20%。全球太阳能光伏发电的拍卖价格上升，扭转了该领域长达 10 年的价格下降趋势。导致拍卖合同价格上涨的因素有两个：一是开发商在其投标策略中反映了价格上涨；二是一些政府提高了参考投标价格，以提供更高的报酬。投资成本的上升具体表现为，光伏级多晶硅的价格翻倍，铝的价格翻倍，铜的价格上涨 90%，钢的价格上涨 40%，运费上涨 400%。自新冠疫情以来，许多原材料价格打破了以往的价格纪录。

对于欧洲地区来说，其电力交易所现货价格于 2022 年 6 月一度突破 400 欧元 / 兆瓦时，逼近历史新高，相当于人民币 3 ~ 5 元 / 度。一方面，乌克兰危机爆发引发的能源危机，导致能源价格持续上涨。另一方面，太阳能组件价格上涨也推动欧洲地区太阳能发电成本上升。

对于美国地区来说，其太阳能价格上涨幅度尽管没有欧洲夸张，但同样形势严峻。其价格上涨更多是受到政策因素影响。在苛刻的政策影响下，2022 年第二季度美国可再生能源成本连续 10 年下降的情况甚至出现了扭转。2022 年第二季度美国太阳能价格飙升超过了 8.1%，根据 Level Ten Energy 跟踪可再生能源交易的季度指数，2022 年上半年美国太阳能电力购买协议（PPA）价格比去年高出 25.7%，太阳能和风能的 PPA 价格合计增长了 29.7%，P25 指数太阳能和风能 PPA 达到 41.92 美元 / 兆瓦时，较上一季度增长 5.3%，同比增长超过 30%。

对于如智利等其他国家来说，其跟踪式光伏发电项目的 LCOE 为 21 美元，储能电池行业对大宗商品价格波动特别敏感。2022 年上半年储能电池 LCOE 基准为 153 美元/兆瓦时，比 2021 上半年上涨 8.4%。碳酸锂是磷酸铁锂（LFP）电池系统的关键投入之一，其价格在过去一年上涨了 379%。

随着材料价格继续上涨，2022 年全球集中式光伏发电项目的 LCOE 将上涨约 2% ~ 4%。国际能源署（IEA）2022 年 4 月发布的《2022 年世界能源投资》中的数据显示，考虑到成本压力，预计 2022 年全球范围内不同类型可再生能源的 LCOE 将上涨 20% ~ 30%。相较于传统的煤炭、燃气等化石燃料，全球不同地区的集中式光伏发电项目的 LOCE 仍具有竞争优势。

（二）分区域风能成本、价格变化现状分析

2022 年上半年新建陆上风电的成本同比上涨 7%，固定支架太阳能光伏的成本上涨 14%。风电、光伏平准化度电成本（LCOE）已回到 2019 年的水平，成本上涨与材料、运费、能源和劳动力成本的上涨有关。

在 2022 年上半年，公用事业规模光伏和陆上风电的全球 LCOE 分别上升至 45 美元 / 兆瓦时和 46 美元 / 兆瓦时。尽管回到 2019 年的水平，但相比 2010 年，光伏、风电成本分别下降了 86% 和 46%。

根据各国市场成熟度、资源可用性、项目特征、当地融资条件和劳动力成本，各国风电光伏 LCOE 有所不同。2022 年上半年，巴西最便宜的风电项目 LCOE 能够达到 19 美元 / 兆瓦时，丹麦海上风电场的 LCOE 则为 57 美元 / 兆瓦时。如果不包括海上输电成本，丹麦海上风电的 LCOE 降至 43 美元 / 兆瓦时。新建陆上风电和太阳能项目现在比新建燃煤和燃气发电 LCOE 低 40% 左右，后者的成本分别为 74 美元 / 兆瓦时和 81 美元 / 兆瓦时。

越来越多的海上风电项目的 LCOE 实现了低于 0.04 美元 / 千瓦时，在某些情况下甚至低至 0.03 美元 / 千瓦时。0.05 美元 / 千瓦时以下最具竞争力的加权平均 LCOE 分布在不同地区：亚洲（印度和中国）、欧洲（芬兰和瑞典）、非洲（埃及）、北美（美国）和南美洲（阿根廷和巴西）。考虑到区域的 LCOE 范围，在 2021 年，全球加权平均 LCOE 的第 5 和第 95 个百分位范围在巴西

的 0.018 美元 / 千瓦时和其他南美地区的 0.084 美元 / 千瓦时之间（表 3）。

表 3　2010 年和 2021 年陆上风力的区域加权平均 LCOE

单位：美元 / 千瓦时

国家和地区	2010 年			2021 年		
	第 5 百分位数	加权平均数	第 95 百分位数	第 5 百分位数	加权平均数	第 95 百分位数
非洲	0.070	0.097	0.111	0.041	0.049	0.079
中美洲和加勒比地区	0.091	0.091	0.091	—	—	—
欧亚大陆	0.128	0.128	0.128	0.029	0.045	0.071
欧洲	0.086	0.130	0.195	0.026	0.042	0.059
北美洲	0.066	0.103	0.140	0.024	0.031	0.055
大洋洲	0.114	0.129	0.140	0.026	0.032	0.040
亚洲其他地区	0.107	0.148	0.160	0.038	0.048	0.074
南美洲其他地区	0.090	0.105	0.136	0.034	0.050	0.084
巴西	0.109	0.109	0.109	0.018	0.024	0.036
中国	0.067	0.083	0.104	0.020	0.028	0.038
印度	0.055	0.090	0.113	0.023	0.030	0.034

数据来源：国际可再生能源署。

2010 年至 2021 年期间，海上风力发电的全球加权平均均衡成本（LCOE）下降了 60%，从 0.188 美元 / 千瓦时下降到 0.075 美元 / 千瓦时。仅在 2021 年，同比下降了 13%。在欧洲，新开工项目的加权平均 LCOE 在 2020—2021 年下降了 29%，从 0.092 美元 / 千瓦时下降到 0.065 美元 / 千瓦时。在项目规模经济的推动下，2021 年新项目的总安装成本同比下降 25%，加权平均容量因子从 42% 增加到 48%。2010—2020 年，比利时的加权平均总安装成本下降幅度最大（约 44%），从 6334 美元 / 千瓦降至 3545 美元 / 千瓦。2010—2021 年，全球累计风电部署最多的国家——中国（约 9 吉瓦）的加权平均总安装成本下降了约 38%，从 4638 美元 / 千瓦下降到 2857 美元 / 千瓦。在中国，电网连接资产由公共实体或输电网所有者开发和拥有，从而降低了特定项目的安装成本。丹麦也有类似的系统，因此，其 2021 年项目加权平均总安装成本为 2289 美元 / 千瓦。在 2021 年海上风电装机容量排名第二的英国（2.3 吉瓦），具体项目加权平均总安装成本为 3057 美元 / 千瓦。这一年，表 4 所列所有国家和地区的加权平均总安装费用都有所下降。

表 4　2010 年和 2021 年海上风电的地区和国家加权平均总安装成本

单位：美元 / 千瓦

国家和地区	2010 年			2021 年		
	第 5 百分位数	加权平均数	第 95 百分位数	第 5 百分位数	加权平均数	第 95 百分位数
亚洲	2981	4680	5240	1859	2876	6917
中国	2912	4638	5152	2406	2857	3474
日本	5113	5113	5113	5201	5550	6030
韩国	—	—	—	5238	6278	7317
欧洲	3683	4883	6739	1859	2775	6917
比利时	6334	6334	6334	3371	3545	3876
丹麦	3422	3422	3422	2289	2289	2289
德国	6739	6739	6739	3603	3739	4452
荷兰	4299	4299	4299	1695	2449	6424
英国	4225	4753	5072	2363	3057	6495

数据来源：国际可再生能源署。

（三）分区域生物质能成本、价格变化现状分析

2010—2021 年，生物能源发电项目的全球加权平均 LCOE 从 2010 年的 0.078 美元 / 千瓦时下降到 2021 年的 0.067 美元 / 千瓦时。这一数字仍处于新化石燃料发电项目发电成本的低端。生物能源涵盖广泛的原料，应用相关技术，能够为发电提供更多的选择，其优势在于可获得的原料成本更低。对于 2021 年新投产的生物能源项目，全球加权平均总安装成本为 2353 美元 / 千瓦，较 2020 年的 2634 美元 / 千瓦时有所下降。影响生物能源工厂的产能因素非常不同，取决于技术和原料的可用性。2010—2021 年，生物能源项目的全球加权平均产能因子在 2012 年的 64% 和 2017 年的 86% 之间变化，并在 2021 年下降到 68%。2021 年，印度加权平均 LCOE 从 0.057 美元 / 千瓦时的低点开始波动，中国最高为 0.06 美元 / 千瓦时，欧洲最高为 0.088 美元 / 千瓦时，北美最高为 0.097 美元 / 千瓦时（图 61）。

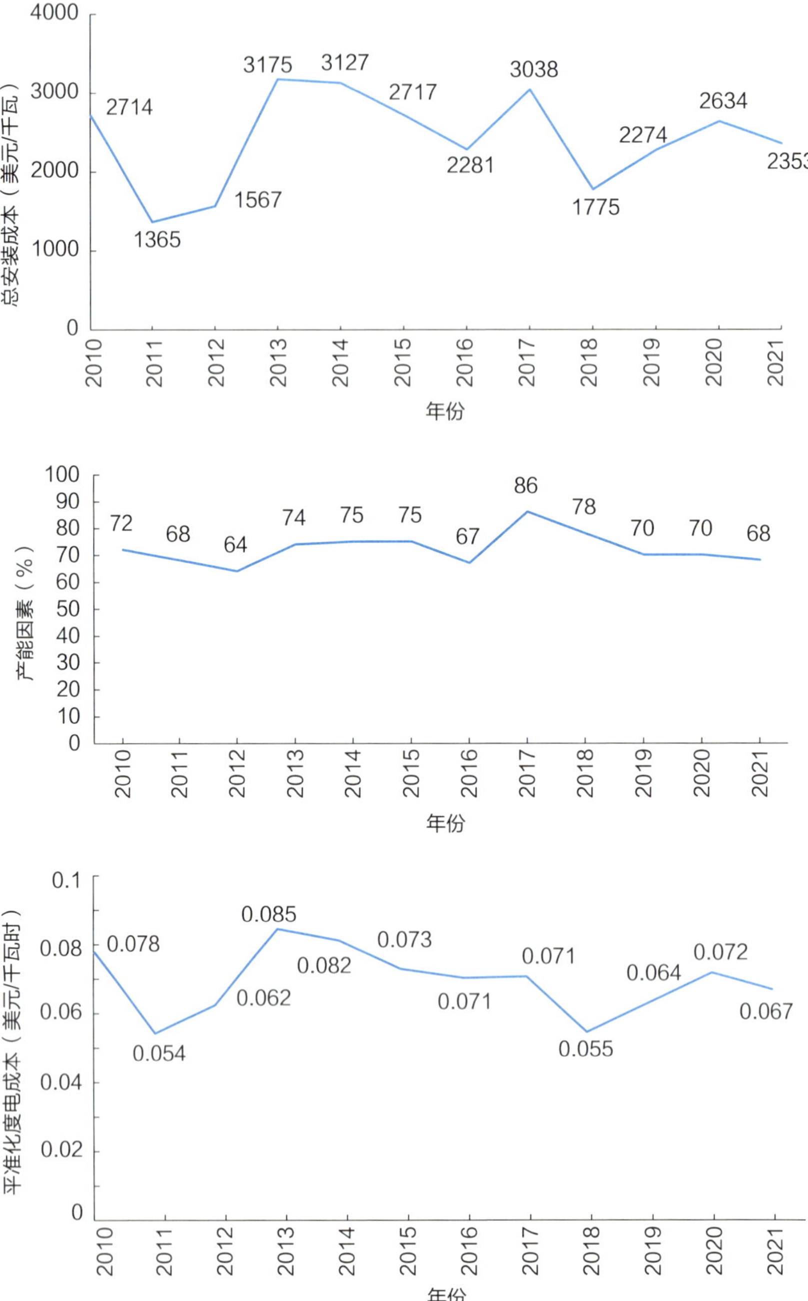

图 61　2010—2021 年全球生物能源加权平均总安装成本、产能因素和平准化度电成本

数据来源：国际可再生能源署

不同地区的生物质发电成本不同，总成本中既有技术部分，也有当地成本部分。与 OECD 国家的项目相比，新兴经济体的项目投资成本往往较低。这是因为新兴经济体有较低的劳动力成本和大宗商品成本。

生物质发电厂总投资成本主要包括：规划、工程和建设成本；燃料处理和制备机械成本；其他设备（例如原动机和燃料转换系统）成本。此外，电网连接和基础设施（如土建工程和道路）将产生额外成本。其中，设备成本往往占比较大，但特定项目的基础设施和物流成本可能较高，位于偏远地区的项目的电网连接成本和热电联产生物质装置的资本成本也较高。生物质发电厂总体效率更高（80% ~ 85%），能够为其他工业过程提供热量或蒸汽，同时可以通过区域供热网络提供商业或者民用取暖，因而具有较高的经济性。

虽然生物质能发电所用原料因国家和地区而异，但很明显不同原料的项目安装成本在欧洲和北美较高，而在亚洲和南美洲较低。这是因为 OECD 国家的生物质能源项目所采用原料往往是木材废弃物、可再生的城市或工业废弃物，废弃物管理是其中的主要成本。2000—2021 年，中国生物质能源项目中总安装成本最低的是以稻壳等为原料的项目，为 656 美元 / 千瓦；最高的是以可再生城市垃圾等为原料的项目，为 5497 美元 / 千瓦。在印度，总安装成本最低的是以甘蔗渣为原料的项目，价格为 533 美元 / 千瓦；垃圾填埋气体项目则高达 4593 美元 / 千瓦。在欧洲和北美，总安装成本最低的是北美的垃圾填埋气体项目，为 619 美元 / 千瓦；最高的是欧洲的木材废弃物项目，为 7694 美元 / 千瓦。这些地区使用的技术更加多样化，但平均而言也更加昂贵。世界范围内，木材废弃物项目的总安装成本为 600 ~ 5062 美元 / 千瓦，在此区间内，项目的加权平均总安装成本通常介于中国和印度较低的数值与欧洲和北美普遍较高的数值之间。

（四）氢能成本、价格变化现状分析

氢是净零能量系统的重要组成部分。它为重工业和长途运输等难以电气化的低碳行业提供了一种替代方案。通过可再生能源生产的电解氢（绿氢）是最可持续的制氢技术。它允许能源部门与电力部门耦合，为集成可变可再生能源提供了额外的灵活性，并为能源的季节性存储和提供充足产能提供了

一种替代方案。与化石燃料和其他低碳替代技术相比，绿氢气今天面临的主要挑战之一是其成本更高。随着提高性能的技术创新、扩大全球规模的部署、更大的电解槽厂以及作为主要成本驱动因素的可再生能源成本的持续下降，绿氢有望在未来十年内实现与化石源氢的成本平价。

在各类制氢技术路线中，化石燃料制氢技术具有技术成熟、成本较低等优点，但也面临碳排放量高、气体杂质含量高等问题。中国煤制氢技术成熟，已实现商业化且具有明显成本优势（0.8 ~ 1.2 元 / 米 ^{3}），适合大规模制氢，且中国煤炭资源丰富，煤制氢是中国当前主要的制氢方式。天然气制氢成本受原料价格影响较大，综合成本略高于煤制氢（0.8 ~ 1.5 元 / 米 ^{3}），主要适用于大规模制氢，但也存在碳排放问题，同时中国天然气大量依赖进口，原料相对较难以保证。虽然未来碳捕捉技术有望解决 CO_2 排放问题，但也会增加制氢成本。此外，化石燃料制氢技术生产的气体杂质成分多，如果要应用于燃料电池还需要进一步的提纯，增加纯化成本。

工业副产氢制氢尽管提纯工艺相对复杂，但具有技术成熟、成本低、环境相对友好等优点，有望成为近期高纯氢气的重要来源。工业副产氢制氢指利用含氢工业尾气为原料制氢的生产方式。工业含氢尾气主要包括焦炉煤气、氯碱副产气、炼厂干气、合成甲醇及合成氨弛放气等，一般用于回炉助燃或化工生产等用途，利用效率低，有较高比例的富余。目前采用变压吸附技术（PSA）的焦炉煤气制氢、氯碱尾气制氢等装置已经得到推广应用，氢气提纯成本仅 0.2 元 / 米 ^{3}，计入综合成本后仍具有明显的经济性优势。

电解水制氢技术成熟、氢气纯度高且环境友好，但是制氢成本高。电解水制氢技术主要包括碱性电解水制氢、固体质子交换膜电解水（SPE）制氢和固态氧化物电解水（SOEC）制氢。中国碱性电解水制氢技术早已成熟，是较为成熟的电解水制氢方法，但成本仍然偏高。目前生产 1 立方米氢气需要消耗 5 ~ 5.5 千瓦时电能，即使采用低谷电制氢（电价取 0.25 元 / 千瓦时），加上电费以外的固定成本（0.5 元 / 米 ^{3}），则制氢综合成本至少在 1.7 元 / 米 ^{3}。SPE 制氢技术在国外已进入市场导入阶段，但与 SOEC 技术一样，在国内还都处于研发阶段。与碱性电解水制氢技术相比，SPE 制氢设备价格高出数倍，但具有对负荷变化响应速度快的特点，更适应可再生能源发电间歇性、波动性、随机性的特点，有望在装备成本降低后，成为未来更具市场前景的电解水制氢技术。总体而言，电解水制氢的高灵活性和高成本的特点决定了它更适合在分布式场景进行现场制氢。

水作为电解制氢的主要原料，被认为是绿色制氢的关键参数之一。在缺水地区，可以采用海水淡化技术获取制氢用水。在远离海岸线的地区，则可以考虑陆路运输获取，虽然这将增加供水成本，但运水成本占总制氢成本的比例仍然相对较小，达到 0.05 美元 / 千瓦时的水平，并占电解槽能源消耗的 1% ~ 2%。受此限制最大的地区是沙特阿拉伯（减少 92%）、中东地区（减少 83%）、摩洛哥（减少 63%）以及亚洲其他地区（减少 61%）。即便如此，电解水制氢潜力仍然相对巨大。

海上风能制氢面临的一个挑战是电力的高成本。拍卖和电力购买协议数据显示，欧洲市场海上的电力成本可以达到 50 美元 / 兆瓦时到 100 美元 / 兆瓦时；到 2023 年，一些最具竞争力的项目将达到 30 美元 / 兆瓦时。即使是下限值也将是目前太阳能光伏最低报价（10 美元 / 兆瓦时）的 3 倍。对于具有巨大海上潜力的国家来说，需要权衡的是更高的供应成本和更高的成本能源独立。因此，较高的生产成本可能是一些国家的首选。2021 年底和 2022 年初欧洲和亚洲市场的天然气和大宗商品价格上涨使得各国重新开始重视能源安全，使国内生产更具吸引力。

非洲面临的一个挑战是缺水，而绿氢有助于解决这一问题。如果采用电解水制氢，那么即便使用造价最高的海水淡化技术，其成本也仅占 LCOH 总量的不到 4%，也就是说，与直接购买氢气相比，这种方式相对便宜。为降低电解水制氢的成本，非洲绿氢制备的供水方式可以尝试扩展更多途径，例如回收利用卫生用水等。乐观来看，埃及和毛里塔尼亚的制氢成本将低于 1.1 美元 / 千克，潜力为 40 艾焦 / 年（埃及）和 60 艾焦 / 年（毛里塔尼亚），这足以满足 2019 年非洲大陆的主要电力供应。大多数非洲国家与欧盟建立了伙伴关系。例如，2020 年，摩洛哥与德国签署了合作开发 Power-to-X 项目的协议。Power-to-X 项目是非洲第一座绿氢工厂，计划在 2024—2025 年运营，将通过太阳能光伏和风力发电的混合动力以供应绿氢，产生的剩余能量可以用于电解来将水分离成氢气和氧气。随着氢气生产成本的降低，发电的电解槽效率将在未来几年有所提高。

美国能源部针对地下管道储氢、内衬岩洞储氢、地下盐穴储氢的成本进行了分析。在 500 吨储氢规模条件下，地下管道储氢投资成本为 516 ~ 817 美元 / 千克，其中管道成本占比超过 60%，剩余近 40% 为管道安装及工程建设成本，平准化储氢成本为 1.87 ~ 2.39 美元 / 千克；内衬岩洞储氢投资成本为 56 ~ 116 美元 / 千克，其中岩洞挖掘、内衬、压缩机及管道成本占比约 80%，平准化储氢成本（LCOHs）为 0.31 ~ 0.43 美元 / 千克；地下盐穴储氢投资成本为 35 ~ 38 美元 / 千克，其中地下工程成本占比约 50%，平准化氢储能成本为 0.19 ~ 0.27 美元 / 千克。随着各类地质储氢压力增加，单位储氢空间需求及平准化储氢成本也随之下降。另据彭博新能源财经分析，目前盐穴、废弃气田、岩洞及人工容器平准化储氢成本在 0.19 ~ 1.9 美元 / 千克，未来可能降至 0.11 ~ 1.07 美元 / 千克。

四、全球新能源汽车发展现状分析与对比

世界各国对于发展绿色经济、迈向低碳社会愈发重视，已有接近 150 个国家做出了碳中和承诺，推动绿色低碳发展成了不可逆转的全球大趋势。新能源汽车是汽车产业应对气候变化、环境保护和产业结构升级的重要突破口，也是推动世界经济可持续发展的重要战略新兴产业。为实现“双碳”目标，世界各国大力发展新能源汽车，各种利好政策支持力度持续加大，为新能源汽车的发展营造了良好的发展环境。2022 年，全球宏观经济增速放缓，但各国相继出台的碳排放和燃油车禁售政策，继续推动全球新能源汽车发展环境不断向好。全球新能源汽车销量突破 1082.4 万辆，同比增长 61.6%；渗透率首次达到 10%，渗透率持续提升。

（一）全球新能源汽车发展环境分析

2022 年，新冠疫情持续不退、乌克兰危机搅乱了脆弱的经济复苏，全球经济增速放缓，但对新能源汽车的发展影响较小。在全球各国提出碳中和目标后，汽车产业逐步走上绿色发展转型之路，电动化成为行业发展的主要趋势，各国纷纷发布“禁燃”令。截至 2022 年，荷兰、法国、英国、瑞士、日

本等多个国家宣布在 2025—2040 年间停售燃油车，中国海南到 2030 年不再销售燃油车。此外，各车企为顺应政府和汽车产业发展的要求，明确了禁售或生产燃油车的具体规划。在各国持续推进绿色转型以及各车企纷纷绿色转型的背景下，全球新能源汽车迅速发展。

1. 全球经济增速放缓，新能源汽车发展势头强劲

2022 年，随着全球主要经济体财政救助政策逐步退出，商品消费需求增长失去重要支撑，同时乌克兰危机导致全球供应链再度紧张，全球通胀压力大幅上升，全球经济增长势头放缓。2022 年，全球 GDP 总量达 99.18 万亿美元，同比增长 3.2%，增速较 2021 年的 5.8% 放缓了 2.6 个百分点（图 62）。

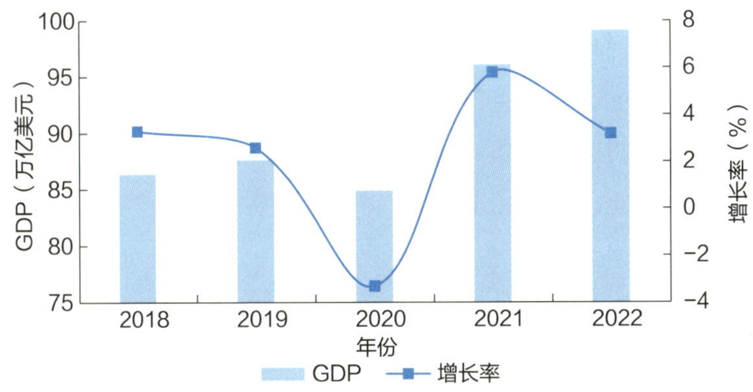

图 62　2018—2022 年全球 GDP 及增长率

数据来源：国际货币基金组织

2. 各国政策支持力度持续加强，加速新能源汽车发展

在碳中和目标持续推动下，世界各国持续加大新能源汽车发展政策支持力度。2021 年 5 月，第 26 届联合国气候变化大会提出“到 2035 年，全球新车和货车销售市场中零排放车辆份额在主要市场中将达到 100%”。2022 年 1 月，印度在《昌迪加尔电动汽车政策草案（2022 年）》中提出“5 年内销售 50% 的纯电动乘用车和 100% 的纯电动商用车”。2022 年 3 月，英国提出“到 2030 年，公共充电站达到 30 万个”。2022 年 5 月，美国环境保护署要求美国第二阶段拖拉机、职业车辆和火花点火发动机二氧化碳排放标准下降至 432 ~ 627 克二氧化碳 / 马力 – 小时。2022 年 6 月，欧盟宣布在 2035 年欧盟

全境内停止销售燃油新车，以实现2050年欧洲碳中和目标。2022年7月，加拿大在《2030年减排计划：加拿大清洁空气和强劲经济的下一步行动》中提出“2030年，零碳车辆销量占重型车辆销量的35%”。此外，意大利罗马、荷兰和挪威、美国加州和中国海南省分别宣布于2024年、2025年、2030年全面禁售燃油车。

3. 补贴政策持续加大，新能源汽车消费逐渐由政策驱动向需求驱动转变

在全球大力发展新能源汽车的同时，各国也面向这一细分市场提供了各种补贴、减税政策，以推动新能源汽车消费趋势实现由政策驱动向购买需求驱动的转变。2022年，美国开始实施新能源汽车税收抵免；德国每辆纯电动汽车平均补贴金额提升至5万～5.8万元人民币，每辆插电式混合动力汽车平均补贴金额也增加了0.5万～1.1万元人民币；法国对每辆纯电动汽车的补贴最高可达约8.6万元人民币；荷兰则为每辆价格低于约32.4万元人民币的电动车补贴3.2万元人民币；日本政府对新购电动汽车的民众予以加倍补助，最高补助额可达4.5万元人民币；瑞典政府为新能源车补贴拨款23亿元人民币。

（二）全球新能源汽车市场运行分析

2022年，全球新能源汽车市场运行状况持续利好，销量持续快速增长。纯电动汽车作为新能源汽车的主流车型，销量远超插电式混合动力汽车，全球纯电动汽车市场份额约为75%。燃油车禁售政策和碳中和目标利好新能源汽车发展，使得全球新能源汽车渗透率不断上升，2022年首次升至10%。

1. 全球新能源汽车销量持续增长，中国新能源汽车销量位居全球榜首

随着各国法规的引导和公众环保意识的不断加强，传统燃油车和新能源汽车的销量继续此消彼长，全球新能源汽车销量继续增加。如图63所示，2022年全球新能源汽车销量突破1082.4万辆，同比增长为61.6%，增速有所放缓。2018—2022年全球新能源汽车销量持续增长，五年平均增长57%。全球新能源汽车快速发展，新能源汽车销量持续上涨，主要消费市场仍然是中国、欧洲和美国。如图64所示，2022年中国新能源汽车销量占比63.6%，达到688.7万辆，销量位居全球榜首。

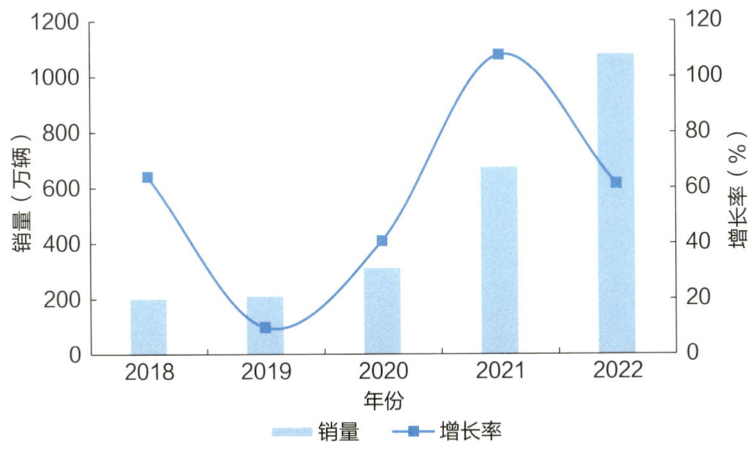

图 63　2018—2022 年全球新能源汽车销量及增长率

数据来源：EV sales

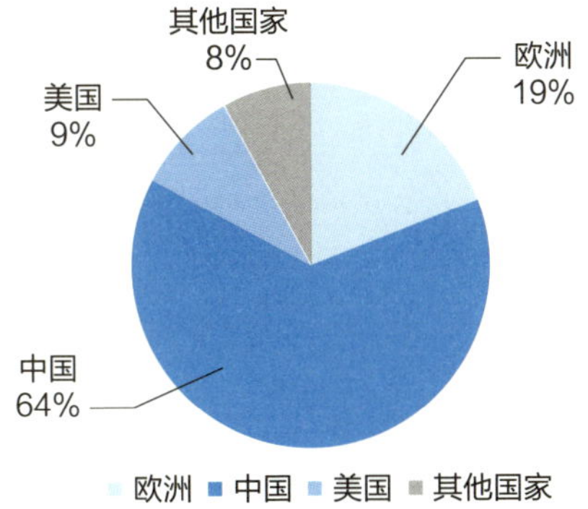

图 64　2022 年全球新能源汽车主要销量市场占比

数据来源：EV sales

2. 全球纯电动汽车市场份额达到 3/4，份额持续提升

2022 年，全球纯电动汽车和插电式混合动力汽车分别销售 800 万和 260 万辆，纯电动汽车市场份额从 2021 年的 71% 提升到 2022 年的 74%（图 65）。2022 年纯电动汽车和插电式混合动力汽车主要市场销量分布在中国、美国和欧洲，分别达到 536.5 万辆和 151.8 万辆、80.9 万辆和 18.3 万辆、182.6 万辆和 89.9 万辆（图 66）。

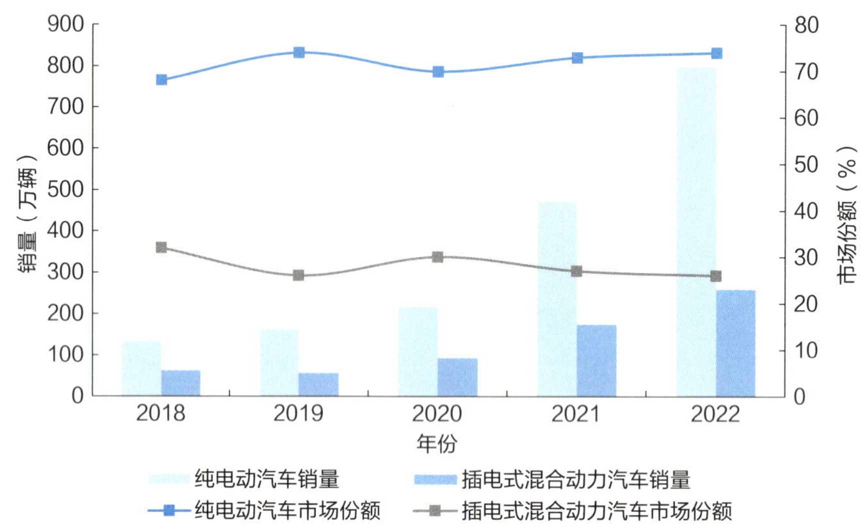

图 65　2018—2022 年全球纯电动汽车和插电式混合动力汽车销量及市场份额

数据来源：国际能源署，EV sales，CleanTechnica

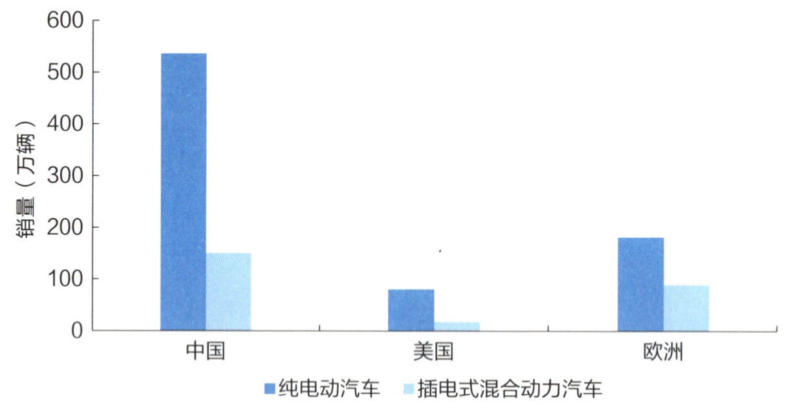

图 66　2022 年纯电动汽车和插电式混合动力汽车主要市场销量

数据来源：国际能源署，EV sales，CleanTechnica

3. 全球新能源汽车渗透率持续上升，首次达到 10%

在碳中和目标和燃油车禁售政策推动下，2022 年全球新能源汽车渗透率首次达到 10%，渗透率持续提升（图 67）。虽然 2018—2022 年全球新能源汽车渗透率不断提升，但与传统汽车相比提升空间仍然较大。中国新能源汽车渗透率最高，远超欧洲、美国。据中汽协（中国）、ACEA（欧盟）、Markline

（美国）等机构统计，2022 年中国、欧洲、美国新能源汽车渗透率分别为 25.6%、21%、6.9%（图 68）。

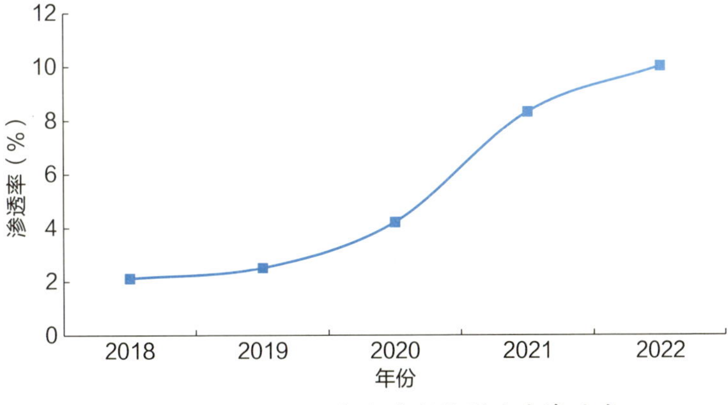

图 67　2018—2022 年全球新能源汽车渗透率

数据来源：EV sales

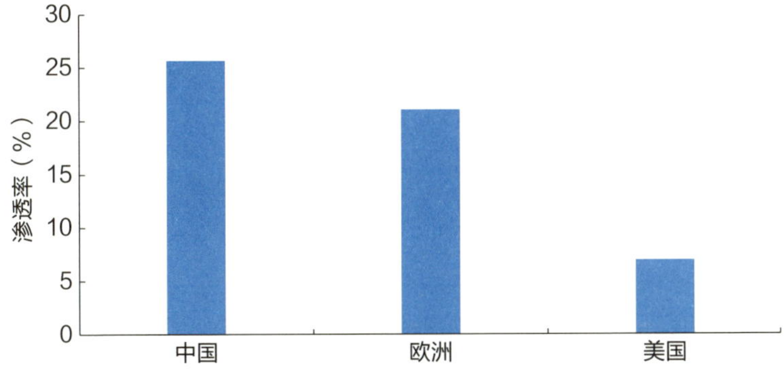

图 68　2022 年全球主要新能源汽车市场渗透率

数据来源：中汽协（中国）、ACEA（欧盟）、Markline（美国）

五、全球储能发展现状分析与对比

风电和光伏发电不稳定，存在并网消纳问题，无法做到随用随发，于是“储能”应运而生。储能的出现，将解决发电侧存在的弊端，可以针对风能及光伏发电的随机性、波动性和间接性进行调节，实现风、光、储多方面的出力互补，提高新能源发电的可预测性、可控制性、可调度性，使之达到或接近常规电源，解决新能源安全稳定运行和有效消纳问题。在新能源替代化石能源的进程中，储能技术可以说是新能源产业革命的核心，储能市场也迎来了爆发式增长，必将导致新能源市场的激烈竞争。2022 年全球储能市场高速增长，新增储能装机 20.5 吉瓦或 42.1 亿瓦时，同比增长 86% 或 80%，美国和中国依然引领全球储能市场的发展。

（一）全球储能总装机规模分析

全球“碳中和”持续推进，欧美国家能源结构加速转型，风电光伏等绿电装机量持续增长，2022 年全球储能市场迎来高速增长。从区域分布看，美国和中国仍是全球最大的储能市场。

1. 全球储能市场累计装机规模持续快速增长，增速持续提升

储能正在成为当今许多国家用于推进碳中和目标进程的关键技术之一，即使面临新冠疫情和供应链短缺的双重压力，仍在推动支持储能的政策体系不断完善，储能技术取得重大突破，全球市场需求旺盛，各类商业模式持续改善，储能标准加快创制，为产业高速发展提供了强劲支撑。2022 年全球储能市场依然保持快速增长态势，预计全球已投运电力储能项目累计装机规模将达到 232.8 吉瓦，同比增长 11.2%，其中，新增投运电力储能项目装机规模 23.4 吉瓦，同比增长 28%（图 69）。

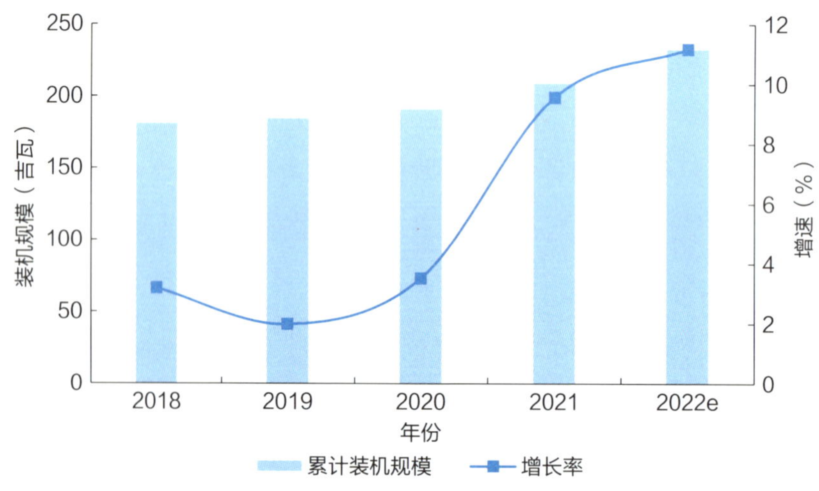

图 69　2018—2022 年全球电力储能累计装机规模及增速

数据来源：中关村储能产业技术联盟

2. 全球储能分布呈现三足鼎立局面，美国为主要驱动力

2022 年，美国和中国依然引领全球储能市场的发展，仍是全球最大的储能市场，新增储能装机容量大约分别占全球的 34% 和 24%。欧洲是仅次于美国和中国的全球第三大储能市场（图 70）。

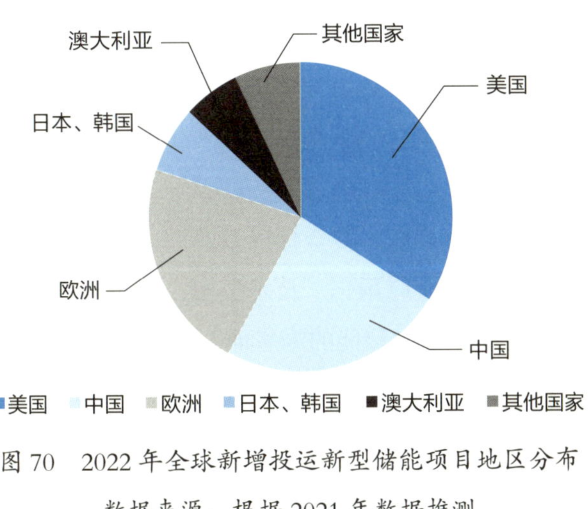

图 70　2022 年全球新增投运新型储能项目地区分布

数据来源：根据 2021 年数据推测

（二）全球主要储能技术分析

储能是指通过介质或设备把能量存储起来，在需要时再释放出来的过程。一般讲到储能，主要是指电能的储存。其实储能本身不是新兴技术，但从产业角度来说正处在起步、发展阶段。储能技术是未来能源系统具备柔性、包容性和平衡功能的关键。储能技术按照储存介质进行分类，可以分为物理储能（机械类储能）、电气类储能、电化学类储能、热储能和化学类储能。物理储能作为最成熟并已商业化的储能方式，其应用形式有抽水蓄能、压缩空气储能和飞轮储能。

1. 抽水蓄能

根据中关村储能产业技术联盟（CNESA）数据统计，截至 2022 年底全球储能装机规模中，抽水蓄能占比达到九成左右，处于绝对的主导地位，是当前装机量最大、应用最成熟的储能技术。抽水蓄能电站是在电力负荷低谷时，

利用多余的电能抽水至上方水库，将电能转化成水的势能，在电力负荷高峰期再放水至下方水库发电的水电站，将势能转化回电能。

2. 电化学储能

电化学储能作为近几年增长最迅猛的储能方式，增长速度由 2018 年的 3.7% 迅速提升。据统计，2022 年全球电化学储能装机容量预计约 65 亿瓦时，其中来自发电侧的需求高达七成，是最主要支持电化学储能装机的动力来源。受益于储能技术的快速进步，其单位成本逐渐降低，具备了良好的商业化运用条件。电化学储能主要包括以下几种方式：锂离子电池储能、铅蓄电池储能和液流电池储能。

电化学储能需要考虑寿命、安全性以及经济成本的问题，而锂离子电池储能具有能量密度高、商业应用广、技术成熟、单位成本不断下降，由此锂离子电池储能占据全球电化学储能的霸主地位。截至 2022 年底，锂离子电池占电化学储能装机量的九成左右，钠硫电池和铅蓄电池共占比 7% 左右。锂离子储能主要采用磷酸铁锂电池技术，储能市场巨大。随着技术进步，储能方式也会产生缓慢变化，未来代表性的储能技术包括超导储能和超级电容器储能等。

3. 压缩空气储能和飞轮储能

压缩空气储能，是指在电网负荷低谷期将电能用于压缩空气，在电网负荷高峰期释放压缩空气推动汽轮机发电的储能方式。形式主要有传统压缩空气储能系统、带储热装置的压缩空气储能系统、液气压缩储能系统。据 CNESA 统计，截至 2022 年底，压缩空气储能在全球新型储能装机规模中的占比为 2% 左右，在中国累计装机占比为 3% 左右。当前，压缩空气储能整体产业规模仍较小，行业具备广阔的发展空间。

飞轮储能是指利用电动机带动飞轮高速旋转，在需要的时候再用飞轮带动发电机发电的储能方式。技术特点是高功率密度、长寿命。根据《2022 储能产业应用研究报告》预计，2022 年全球储能市场装机功率超过 200 吉瓦，其中飞轮储能装机仅占比不到 1%，中国飞轮储能装机占比也不到 1%。当前飞轮储能的市场规模较小，仍属于非主流储能方式。

六、全球新能源发展展望

展望2023年，由于大宗商品价格的上涨，预计新能源成本将高于全球新冠疫情前水平，石油、天然气和煤炭的价格高涨也会导致新能源发电所用材料的生产成本增加，但随着技术性成本的降低，综合成本的增加不会影响新能源的竞争力，预计到2023年全球可再生能源装机容量将进一步增长。燃油车禁售政策与“双碳”目标继续推动新能源汽车产业发展。在新一代信息技术革命及汽车消费升级背景下，新能源汽车将呈现电气化、集成化、智能化趋势，全球新能源汽车产销量将持续增加，市场渗透率将稳步提升，储能规模将继续保持高速增长。

（一）全球光伏发展展望

展望2023年，在碳中和大背景下，全球各区域陆续颁布光伏利好政策，政策驱动促使产业需求增加，中国、欧洲、美国、印度将是主要增量市场，产业重心将持续向中国转移，光伏新增装机量将继续增长，制造端规模将持续扩大，分布式光伏发电发展将呈现强劲趋势，产业链技术迭代将加快步伐，光伏装机容量预计将达到约1320吉瓦，光伏发电量预计达到1530亿千瓦时。从新能源电站建设成本来看，随着技术的更迭与突破，技术性成本会进一步下降，但原料成本会进一步上升，同时土地费用在初始全投资中的占比不降反升，用地贵仍是降本路上的一大难题。

（二）全球风能发展展望

展望2023年，全球低碳化发展进度持续加快，能源领域低碳化步伐进一步加速，风电将继续大幅增长。陆上风电领域，随着平价大基地项目、分散式风电项目的需求增加，对机组的风资源利用率要求提高，陆上风机功率已经逐步由2兆瓦、3兆瓦时代迈入4兆瓦时代，海上风电领域大兆瓦机型发展将更加迅速。2023年，风电装机容量预计将达到约1028吉瓦，发电量预计为2410亿千瓦时。2010—2020年，陆上风电的风力发电机相关技术取得了显著的发展和提高。随着技术发展，规模效益、竞争加剧以及板块愈发成熟等原因，陆上风电项目的建设成本、运维成本及 LCOE 均在逐步下降。随着中国取消陆上风电项目的补贴，风机制造商也会相应受到市场价格下降的压力，风机价格预期会再次下降，风电设备的成本随着风电市场日趋成熟也有望进一步下降。

（三）全球生物质能发展展望

展望 2023 年，生物质能装机容量和发电量将继续保持增长趋势，生物质能成本或将增加，生物质直燃发电的技术成本在 2025—2030 年可与燃煤发电持平。生物质液体燃料和生物质燃气将继续大规模替代化石能源。美国计划到 2025 年以生物质燃料替代中东进口原油的 75%，2030 年替代车用燃料的 30%。预计到 2035 年，生物质燃料将替代世界约一半以上的汽、柴油，经济环境效益显著，生物燃料需求预计将同比增长 3%。预计 2023 年，生物质能装机容量预计将达到约 177 吉瓦，生物质能发电量预计达到 748 亿千瓦时。展望 2023 年，原料运输成本的上涨将导致生物质能价格的小幅上涨，以非粮淀粉类和糖类为原料的生物乙醇成本可与同时期汽油成本相当；到 2025—2030 年，纤维素乙醇的成本与同时期汽油成本相当。

（四）全球氢能发展展望

展望 2023 年，氢能产业将继续蓬勃发展，在政策有效落地、产业链降本以及需求进一步释放的背景下，看好氢能产业的高速发展，氢能交通领域的应用边界有望不断拓展。各国政府对氢能的定位将变得更加明确，政策支持力度将进一步加强，氢燃料电池汽车推广将加速，氢燃料电池汽车保有量将继续维持增长态势，加氢站数量将继续增加。随着氢能市场规模的不断扩大，绿氢、绿氨等原料的国际贸易将快速涌现。2015—2020 年，绿色氢气的生产成本下降了 40%。埃信华迈（IHS Markit）预计，未来五年的降幅也将达到同样水平。自 2015 年以来的绿色氢气成本降幅中，三分之二源自可再生能源电力价格降低，三分之一源自下降的电解设备成本。

（五）全球新能源汽车发展展望

展望 2023 年，全球宏观经济增长或将放缓，燃油车禁售政策与“双碳”目标继续推动新能源汽车产业发展。在新一代信息技术革命及汽车消费升级背景下，新能源汽车电气化、集成化、智能化趋势将愈发显著。美国通胀削减法案将于 2023 年生效，中国免征购置税延续实施至 2023 年底，有望刺激全球市场销量加速增长。车企、电池厂商正加速布局快充技术，快充的实现将进一步助力新能源汽车推广。随着消费者对新能源乘用车接受程度的提高，新能源乘用车的性价比将逐步提升，全球新能源汽车产销量将持续增加，市场渗透率将稳步提升，纯电动汽车发展前景将持续向好。

（六）全球储能发展展望

展望 2023 年，全球清洁能源转型目标的积极进展奠定了储能规模化发展的趋势，全球储能市场将迎来高速发展的机遇期。除了政策、补贴等利好因素外，在光伏产业链利润重新分配的背景下，之前因放受限积压的大型地面光伏项目安装将有望重新启动。基于此，中美欧等主要市场的需求将陆续放量，储能企业将迎来布局良机。随着锂电池价格的加速下行，叠加原材料成本下降，储能系统的经济性有望进一步提升，储能项目的装机成本以及经济性有望明显改善，从而充分刺激终端需求快速启动，2023 年全球储能新增装机容量将继续增长。集邦咨询（TrendForce）预测数据显示，预计 2023 年全球储能新增装机有望达到 34.9 吉瓦或 77.9 亿千瓦时，整体装机需求强劲。

中国新能源发展分析与展望

在全球变暖、气候变化的大背景下，推进绿色低碳技术创新、发展可再生能源现代能源体系成为中国的重要目标。党的二十大报告为中国新能源发展指明了方向，指出要积极稳妥推进碳达峰碳中和，立足中国能源资源禀赋的基础，坚持先立后破，有计划分步骤实施碳达峰行动，深入推进能源革命，加强煤炭清洁高效利用，加快规划建设新型能源体系，积极参与应对气候变化治理。2022 年，中国光伏、风能、生物质能、氢能的装机容量以及发电量均大幅提升。其中，光伏发电量大幅增长，装机容量稳居世界榜首；风电机组装机容量增速放缓，发电量持续增长；生物质能产业发展效果显著，生物质发电量不断增加，装机容量快速增长，产业化节奏加快；中国氢燃料电池汽车数量保持稳步增长，加氢站数量高速增长；新能源汽车呈现出多元化的特征，且中国已成为全球最主要的储能市场之一。

一、中国新能源发展及对比分析

能源清洁低碳转型已经成为中国能源发展的重点。可再生能源作为新能源体系的重要组成部分，对保障中国能源安全、改善环境、增加就业机会发挥了重要作用。在中国能源消费中，可再生新能源已逐渐占据重要地位，在发电、供热及交通等领域得到了广泛应用。国家能源局发布的《2021 年度全国可再生能源电力发展监测评价报告》显示，2021 年全国可再生能源电力实际消纳量为 24446 亿千瓦时，占全社会用电量比重的 29.4%，同比提高 0.6 个百分点。2021 年 10 月，国家发展改革委、国家能源局等九部门联合印发《“十四五”可再生能源发展规划》，明确要瞄定碳达峰、碳中和与 2035 年远景目标，按照 2025 年非化石能源消费占比 20% 左右的任务要求，大力推动可再生能源发电开发利用；到 2025 年，可再生能源发电量达到 3.3 万亿千瓦时左右。“十四五”期间，可再生能源发电量增量在全社会用电量增量中的占比超过 50%，风电和太阳能发电量实现翻倍。

（一）光伏发展

气候变化已经成为全球性的非传统安全问题，实现碳中和是全球大势、时代命题，关乎全人类未来发展。目前，全球超过 137 个国家已提出碳中和目标或愿景，中国也在 2020 年 9 月做出力争实现 2030 年前碳达峰、2060 年前碳中和的庄严承诺，并于 2021 年开启“双碳”元年。自 21 世纪初至今，中国的光伏行业共经历了起步、发展、衰退、回暖四个阶段，进入了稳步增长期，目前已成为光伏发电新增装机容量世界排名第一的国家，实现从无到有、从有到强的跨越式发展。中国光伏发电发展迅速，光伏产业规模持续扩大，行业发展总体趋好。政策方面，自进入“双碳”元年后，光伏行业的利好政策便密集出台：仅 2021—2022 年，中国就出台了十余项扶持政策鼓励光伏产业发展创新。同时，国家对可再生能源方面的资金扶持力度也进一步加大。2022 年 5 月 11 日召开的国务院常务会议宣布，为确保能源供应，在前期支持基础上，再向中央发电企业拨付可再生能源补贴 500 亿元。国内首批 500 亿元可再生能源补贴资金的发放将极大缓解光伏企业的资金周转压力，光伏产业将迎来新一轮发展契机。

1. 中国光伏装机容量和发电量持续增长

2021 年，中国光伏新增装机容量 53 吉瓦，累计装机容量达 306.7 吉瓦，同比增长 20.9%，累计装机容量占全球总装机容量的 35.8%；2022 年光伏新增装机 87.41 吉瓦，同比增长 59.3%。其中，集中式光伏新增 36.3 吉瓦，同比增长 41.8%；分布式光伏新增 51.1 吉瓦，同比增长 74.5%。累计装机达 392.04 吉瓦，同比增长 27.9%，连续 10 年稳居全球榜首。

2. 中国分布式光伏不断发展

中国分布式光伏有可开发资源丰富、开发建设难度小、节能环保效益显著等优势，是光伏开发利用的重要方式之一。2022 年，中国分布式光伏累计装机容量为 15762 万千瓦，同比增长 47%；新增装机容量为 5111.4 万千瓦，同比增长 76%（图 71）。

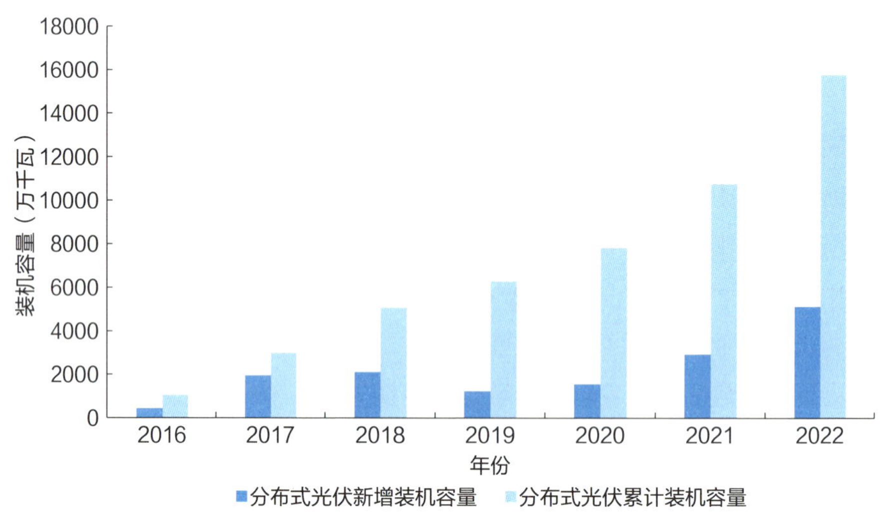

图 71　2016—2022 年中国分布式光伏发电装机容量

数据来源：中国能源网

其中，2022 年分布式光伏新增装机量最多的地区是河南，为 774.5 万千瓦；其次是山东，为 751.4 万千瓦（图 72）。

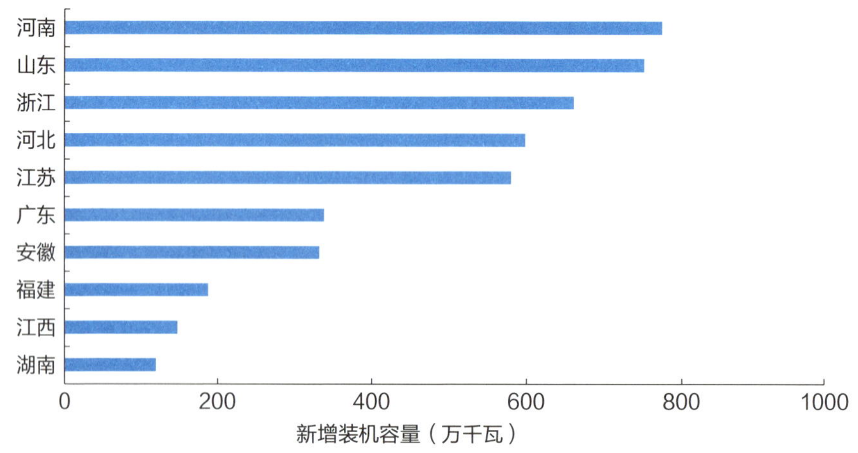

图 72　2022 年中国分布式光伏发电新增装机容量前十的地区

数据来源：国家能源局

（二）风能发展

国际上认为大规模利用风力发电（简称风电）是减少空气污染、缓解能源短缺的有效措施之一。中国三北地区（西北、华北、东北）及东南沿海地区有丰富的风能资源，而这些地区又都存在能源短缺和环境污染问题，因此利用风电来改变能源结构并改善环境，不失为能源开发领域中重要的策略之一。2022 年，中国风能装机容量虽然增速放缓，但发电量持续增长。

1. 中国风能装机容量增速放缓

从累计装机量来看，截至 2021 年末，中国陆上风电累计装机容量 320 吉瓦，占全球陆上总装机量达 40%；海上风电累计装机容量 25.35 吉瓦，占全球海上总装机量达 48%。无论从陆上还是从海上累计装机容量来看，中国都已成为累计装机量第一大国家。从新增装机来看，2021 年中国风电新增装机容量 55.92 吉瓦，其中陆上风电新增装机 41.44 吉瓦，海上风电新增装机 14.48 吉瓦，均为第一大新增装机国家。2022 年，全国累计风能装机容量 365 吉瓦，同比增长 11.2%；风电新增装机容量 37.63 吉瓦，同比减少 21%，且主要为陆上风电。无论是从累计还是新增装机容量来看，中国都已成为全球规模最大的风电市场。

2. 中国风能发电量持续增长

在政策推动下，中国风电发电量占总发电量的比重逐年上升。2022 年全年风电发电量达到 6526 亿千瓦，同比增长 40.5%，占全部发电量的比例达到 8.04%。2021 年，非化石能源发电量占总发电量比重为 34.6%，这一数据距离 2030 年非化石能源发电占比达到 50% 的目标仍有较大差距，风电作为重要的非化石能源发电方式，未来仍有很大的增长空间。

3. 中国风能发电装机区域分布

中国风力发电设备主要集中在地势平坦且开阔、风力资源丰富且远离城市的区域，并且持续向北方转移。主要划分为华北、东北、西北、华南、华东和华中 6 个区域，其风电新增装机容量占比分别为 40%、20%、17%、15%、5%、3%（图 73）。

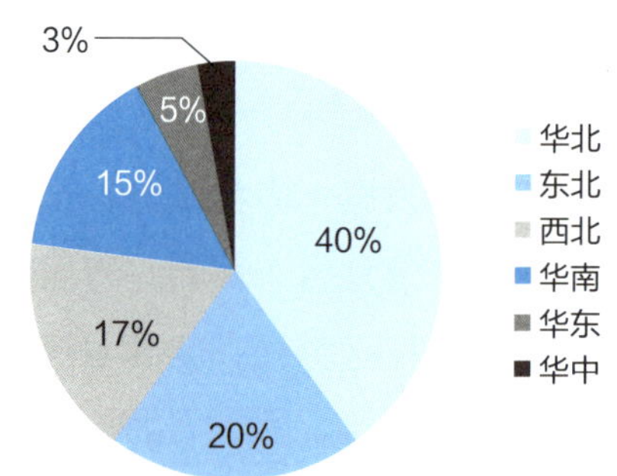

图 73　2022 年中国各区域风能新增装机容量占比

数据来源：观研报告网

内蒙古、河北和新疆等地具备海拔较高、风能密度高等优势，是中国发展风能产业的优势区域，叠加地方政策鼓励，已成为中国风电装机容量主要省份。2022 年，中国有 13 个省市风电装机容量超 1000 万千瓦，其中内蒙古风电装机最大为 4548 万千瓦，河北、新疆排名第二和第三，风电装机容量分别为 2797 万千瓦和 2614 万千瓦。山西、山东和江苏风电装机容量超 2000 万千瓦。随着陆上风电平价时代来临，海上风电政策推进，作为海上风电政策重点省份的江苏、广东和浙江装机容量有望快速提升（图 74）。

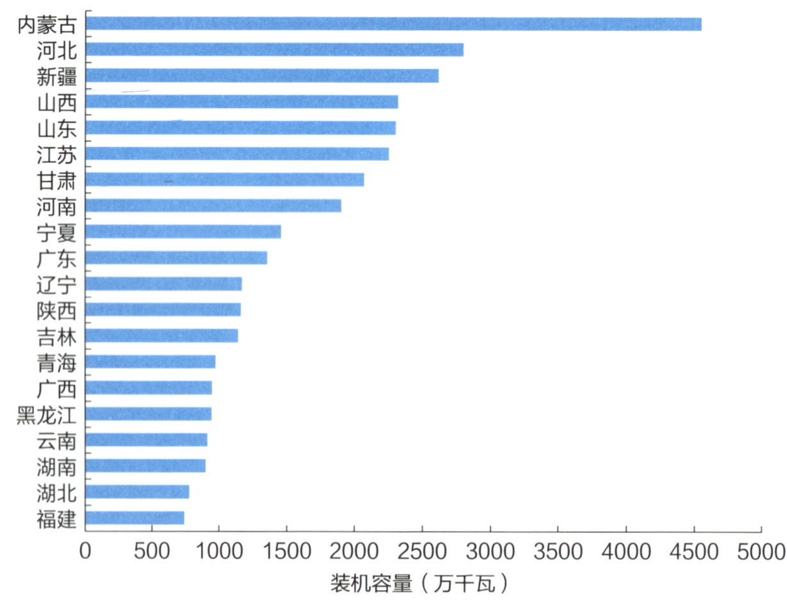

图 74　2022 年中国风能装机容量省级分布图

数据来源：中国电力企业联合会

（三）生物质能发展

生物质能可以缓解气候变化、提高自给率、保障本国能源安全和实现农业和农村社区的发展。2022 年，中国生物质能装机容量和发电量保持稳定增长趋势，但增速均有放缓。

1. 中国生物质能装机容量增速下降

在国家的大力支持和推广下，中国生物质能发电装机容量快速增长，2022 年达到 4132 万千瓦，较 2015 年增加了 3101 万千瓦，生物质能新增装机容量 334 万千瓦，累计装机容量 4132 万千瓦。其中，生活垃圾焚烧发电新增装机容量 257 万千瓦，累计装机容量达到 2386 万千瓦；农林生物质发电新增装机容量 65 万千瓦，累计装机容量达到 1623 万千瓦；沼气发电新增装机容量 12 万千瓦，累计装机容量达到 122 万千瓦。从各类生物质能源装机数量看，生活垃圾焚烧的装机数量最多，占总装机数量的 69.6%；农林生物质装机数量占总数量的 28.3%；沼气发电装机数量占总数量的 2.1%（图 75）。随着中国城市化进程不断推进、人民生活水平不断提高，预计垃圾产生量也会逐年提升。

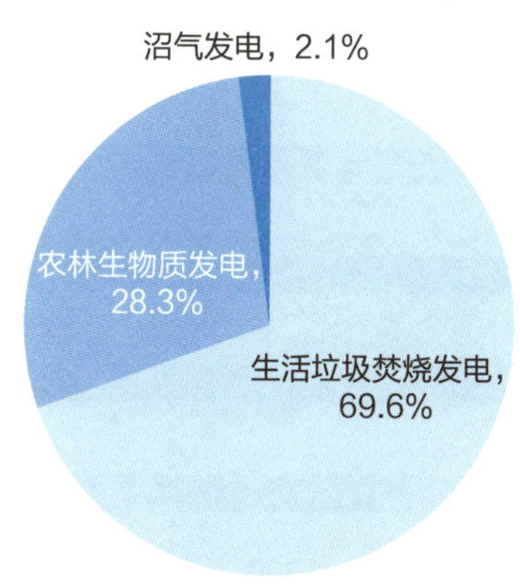

图 75　2022 年中国生物质能发电结构

数据来源：中国产业发展促进会生物质能产业分会

2. 中国生物质能发电量增速放缓

随着装机量增加，中国生物质发电量也在逐年增长，从 2015 年的 527 亿千瓦时增加到 2022 年的 1824 亿千瓦时。生物质发电量占总发电量比重从 2015 年的 0.92% 上升到 2022 年的 2.3%，7 年扩大 1.38 个百分点。由于生物质发电相较风电、太阳能发电等其他可再生能源更符合国家清洁低碳的发展战略，在国家政策的支持和引导下，未来生物质发电量仍将保持较快增长。

3. 中国生物质能发电装机区域分布

生物质能产业链主要由上游原材料及生产设备、中游生物质能转化以及下游应用构成。上游原材料主要包括秸秆、生活垃圾、畜禽粪污等。中国秸秆资源主要分布在黑龙江、河南、江苏、四川等产粮大省。随着居民生活消费水平的提高，生活垃圾生产量也在持续增加。中国生活垃圾资源集中在东部人口稠密地区，资源总量前五位分别是广东、山东、江苏、浙江、河南。因此，累计装机容量排名前五位的省份是广东、山东、江苏、浙江和黑龙江，分别为 422 万千瓦、411 万千瓦、297 万千瓦、284 万千瓦和 259 万千瓦（图 76）。

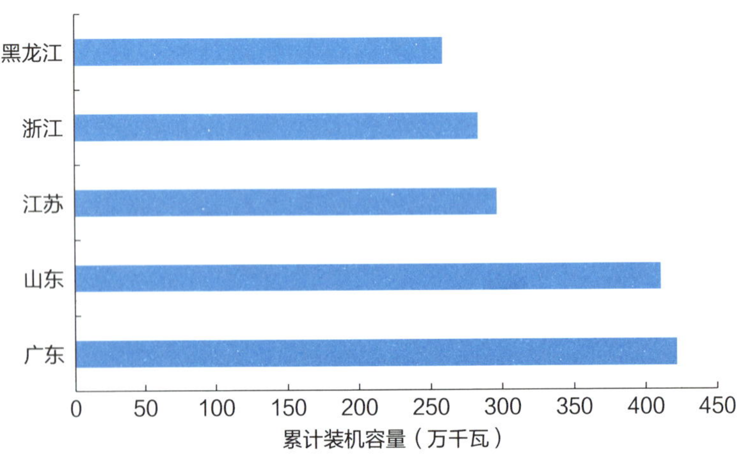

图 76　2022 年中国生物质能累计装机容量排名前五的省份

数据来源：中研网

（四）氢能发展

在全球应对气候变化、加快能源转型的大背景下，氢能作为一种低碳、高热值、来源广泛的清洁能源已受到广泛关注。在碳达峰碳中和目标下，中国氢能产业已进入快速发展的窗口期。《氢能产业发展中长期规划（2021—2035）》的出台将对中国氢能产业持续健康发展起到关键引领作用。中国已具备一定的氢能工业基础，但生产方面主要依赖化石能源，消费方面主要作为工业原料，清洁能源制氢和氢能的能源化利用规模较小。国内由煤、天然气、石油等化石燃料生产的氢气占将近 70%，工业副产气体制得的氢气约占 30%，电解水制氢占比不到 1%。总体而言，中国已经成为世界上最大的制氢国，2022 年氢气产能约为 4000 万吨，产量约为 3300 万吨。

1. 中国氢燃料电池汽车增速保持稳定

虽然目前氢能以工业原料消费为主，但未来交通部门应用潜力巨大。氢燃料电池在重型交通领域相比锂电池具有更强的技术适应性。相比燃料电池乘用车，中国在氢燃料电池商用车领域初步形成装备制造业基础。近年来中国燃料电池汽车产销量保持在每年千辆左右，2022 年，氢燃料电池汽车产量为 3626 辆，销量为 3367 辆（图 77）。

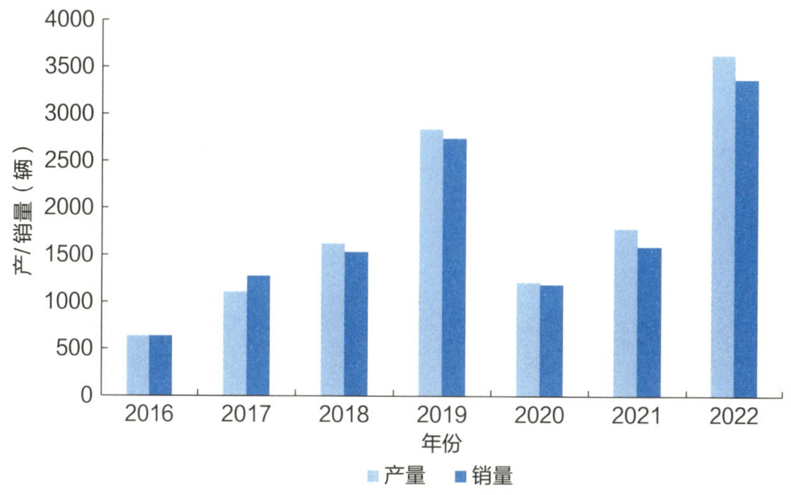

图 77　2016—2022 年中国氢燃料电池汽车产量及销量

数据来源：中国汽车工业协会

2. 中国加氢站数量高速增长

加氢站作为向氢能燃料电池汽车提供氢气的基础设施，是联系产业链上游制氢和下游应用的重要枢纽，是燃料电池汽车产业中十分关键的环节。在氢能加注方面，2021 年国内已建成加氢站 218 座，较上年增加 100 座，截至 2022 年 8 月 15 日加氢站建成 289 座，约占全球加氢站总数的 40%，加氢站数量居世界第一。其中广东和上海占据数量优势，走在全国氢能加注领域的前列。在加氢技术领域，中国也不甘落后，目前 35 兆帕智能快速加氢机和 70 兆帕一体式移动加氢站技术已经取得重大突破。

从国内各省加氢站分布情况来看，目前运行的 289 座加氢站分布在 29 个省级行政区，其中广东、山东、江苏分别以 51 座、29 座、24 座的建成量位列前三，前十省份加氢站建成数量合计达到 215 座，占总量的 74.4%（图 78）。从各省、市建站总加注能力来看，前三名分别是广东、山东和上海。加氢站的建设分布以及运营情况与各地方的氢源分布、氢能企业技术实力、地方财政实力、政策支持等是紧密相关的，珠三角、长三角、京津冀、环渤海等区域的氢能产业发展集聚程度相对较高。

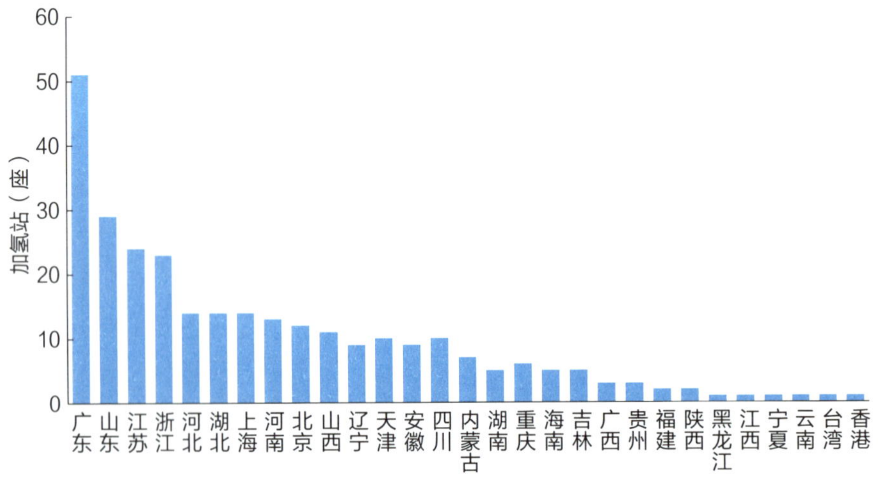

图 78　2022 年中国加氢站区域分布

数据来源：中国氢能联盟

（五）新能源发展与国际对比分析

随着应对气候变化和落实“双碳”目标的加速推进，各国纷纷出台相关政策措施推动能源的绿色低碳转型。随着产业政策体系的不断健全、装备制造和产业链的日趋完备以及技术创新推动的持续成本降低，全球新能源发展迎来了“黄金时代”。与此同时，在各项政策支持下，中国新能源行业也大放异彩，充分释放市场活力，在市场规模、制造能力及产业链完整性等方面保持高速发展的态势。

1. 新能源装机容量稳定增长，增速继续提升

2022 年，中国新能源装机总量突破 12 亿千瓦大关，达到 12.13 亿千瓦，较 2021 年提高 2.5 个百分点；其中，风电 3.65 亿千瓦，太阳能发电 3.93 亿千瓦，生物质发电 0.41 亿千瓦，常规水电 3.68 亿千瓦，抽水蓄能 0.45 亿千瓦。全年新能源新增装机 1.52 亿千瓦；其中风电新增 3763 万千瓦，太阳能发电新增 8741 万千瓦，生物质发电新增 334 万千瓦，常规水电新增 1507 万千瓦，抽水蓄能新增 880 万千瓦。

全球新能源市场同样强势增长，全球可再生能源发电装机规模不断扩大，新增电源中的比重从 60% 左右攀升至 80% 以上，成为新增电源的主力。截至 2022 年底，全球新能源累计装机容量突破 3600 吉瓦；其中光伏累计装机容量 1100.9 吉瓦，风电累计装机容量 925.6 吉瓦，生物质能装机容量 168.6 吉瓦。全球新能源新增装机容量达 352.1 吉瓦，其中光伏新增装机容量 209.6 吉瓦，风能新增装机容量 97.2 吉瓦。

2. 新能源发电量保持快速增长

2022 年新能源发电量对中国电力供应的贡献不断提升，清洁能源发电总量为 29599 亿千瓦时。可再生能源发电量达到 2.7 万亿千瓦时，占全社会用电量的 31.6%，较 2021 年提高 1.7%，其中风电和光伏发电量突破 1 万亿千瓦时，达到 1.19 万亿千瓦时，较 2021 年增加 2073 亿千瓦时，同比增长 21%，占全社会用电量的 13.8%。运行核电机组累计发电量为 4177.86 亿千瓦时，同比上升了 2.45%，占全国累计发电量的 4.98%。

推动能源转型、发展新能源已成为全球共识，世界各国将发展新能源

作为应对气候变化和推动能源转型的重要抓手。2022 年，在全球总发电量 8566.7 亿千瓦时中，新能源发电量持稳定增长趋势，持续提升占比；全球光伏发电量达 1249.8 亿千瓦时，全球风能发电量首次突破 2000 亿千瓦时，达到 2148.7 亿千瓦时，生物质能发电量为 701.2 亿千瓦时。

二、新能源装机容量、发电量现状及对比分析

2022 年，全国风电、光伏发电新增装机容量达到 1.25 亿千瓦。全年可再生能源新增装机 1.52 亿千瓦，占全国新增发电装机的 76.2%，已成为中国电力新增装机的主体。截至 2022 年底，可再生能源装机容量达到 12.13 亿千瓦，占全国发电总装机的 47.3%，较 2021 年提高 2.5 个百分点。与此同时，可再生能源在保障能源供应方面发挥的作用越来越明显。2022 年，中国风电、光伏发电量达到 1.19 万亿千瓦时，较 2021 年增加 2073 亿千瓦时，同比增长 21%，占全社会用电量的 13.8%，同比提高 2 个百分点。2022 年，可再生能源发电量达到 2.7 万亿千瓦时，占全社会用电量的 31.6%。

（一）光伏装机容量、发电量现状及对比

“十四五”首年，光伏发电建设实现新突破，呈现新特点。一是分布式光伏装机容量达到 1.075 亿千瓦，约占全部光伏发电并网装机容量的三分之一。二是新增光伏发电并网装机中，分布式光伏新增约 2900 万千瓦，约占全部新增光伏发电装机的 55%，历史上首次突破 50%，光伏发电集中式与分布式并举的发展趋势明显。三是户用光伏已经成为中国如期实现碳达峰碳中和目标和落实乡村振兴战略的重要力量。2022 年光伏累计装机同比增速，超越了水电、火电、核电、风电，成为当年增速最快的发电形式。

如图 79 所示，2018—2022 年中国光伏发电装机容量逐步上升，从 2018 年的 17446 万千瓦增加到 2022 年的 39044 万千瓦，在这期间 2022 年光伏发电装机容量增长率最高，达到 27%。风电光伏已成为中国新增装机的主体，未来，随着风电光伏发电装机规模不断扩大，在能源保供中发挥的作用也越来越明显。在能源转型和地缘局势背景下，太阳能发电等可再生能源产业得到了前所未有的重视和产能需求。预计 2023 年将会是集中式地面电站建设、

并网爆发的一年，整体增长率甚至可能会超过 50%。

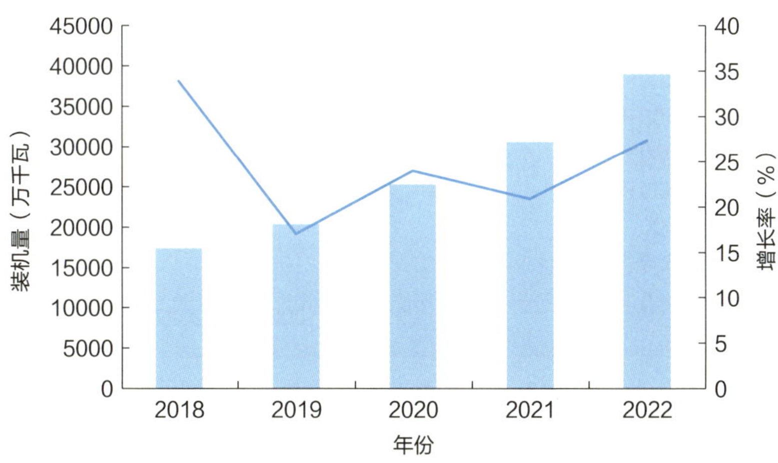

图 79 2018—2022 年中国光伏发电装机容量及增长率

数据来源：国家能源局

2022 年，中国光伏行业持续深化供给侧结构性改革，加快推进产业智能制造和现代化水平，全年整体保持平稳向好的发展势头，有力支撑碳达峰碳中和顺利推进。2022 年全年光伏产业链各环节产量再创历史新高，全国多晶硅、硅片、电池、组件产量分别达到 82.7 万吨、357 吉瓦、318 吉瓦、288.7 吉瓦，同比增长均超过 55%。行业总产值突破 1.4 万亿元人民币。如图 80 所示，2018 年到 2022 年中国光伏发电量逐步上升，从 2018 年的 1775 千瓦时增加到 2022 年的 3944 万千瓦，在这期间 2021 年光伏发电装机容量增长率最高，达到 25%。光伏成为中国新增发电量的主体，2022 年新增风电光伏发电量占全国新增发电量的 55% 以上，风电光伏发电保供作用越来越明显。在多国碳达峰碳中和目标、清洁能源转型及光伏平价上网等有利因素的推动下，光伏发电将加速取代传统化石能源，未来发展潜力巨大，具有广阔的市场空间。2022 年 12 月，全国光伏利用率达 98.8%，北京、天津、黑龙江、上海、江苏、浙江、安徽、福建、江西等 17 个省市光伏利用率达 100%；2022 年，全国光伏利用率达 98.3%，北京、天津、上海、江苏、浙江、福建、江西、湖北、湖南等 15 省市光伏利用率达 100%。

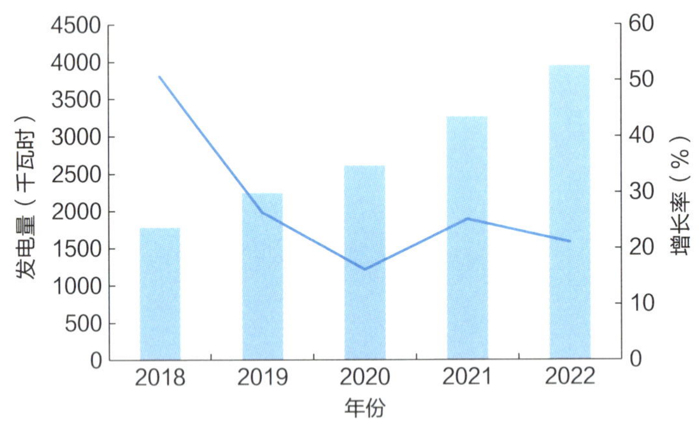

图 80　2018—2022 年中国光伏发电量及增长率

数据来源：国家能源局

（二）风能装机容量、发电量现状及对比

2022 年，中国风电行业运行平稳。截至 12 月底，全国风电装机容量 36544 万千瓦，同比增长 11.2%（图 81）；风电新增装机容量 3763 万千瓦，同比减少 21%。中国风力发电主要以陆上风电为主，2022 年累计装机量占比达 92.2%。受限于成本问题，整体规模较小，整体和地方政策相继出台推动海上风电渗透率持续走高，2022 年达到 7.8% 左右，整体装机量仍较低。利用风力发电非常环保，且风能蕴量巨大，因此日益受到世界各国的重视。2023 年风电行业装机或将迎来爆发式增长。2022 年高招标量为 2023 年风电装机快速增长打下坚实基础，风电即将开启新的高增长周期。中国风电的规模越来越大，同时随着中国技术能力的提升，风电装机容量也在不断上涨，未来很可能将成为中国主要的能量供应来源之一。近年来，中国风力发电行业受到各级政府的高度重视和国家产业政策的重点支持。国家陆续出台了多项政策，鼓励风力发电行业发展与创新，《“十四五”可再生能源发展规划》《“十四五”现代能源体系规划》《关于完善能源绿色低碳转型体制机制和政策措施的意见》等产业政策为风力发电行业的发展提供了明确、广阔的市场前景，为企业提供了良好的生产经营环境。

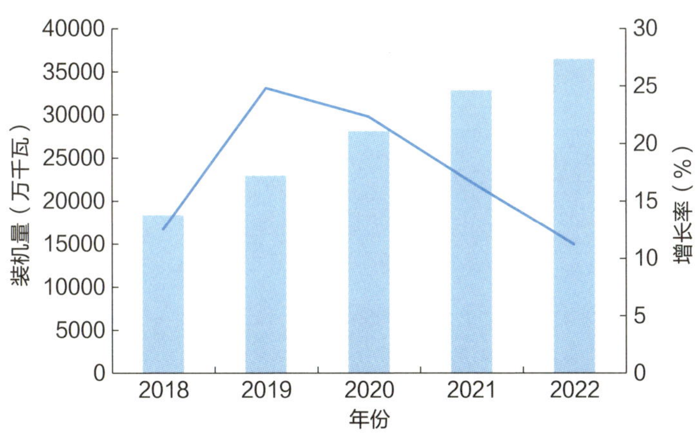

图 81　2018—2022 年中国风电装机容量及增长率

数据来源：国家能源局

风电按照安装地点可分为陆上风电和海上风电，海上风电覆盖面积广、资源禀赋好、输送成本低，发展潜力巨大，随着陆上风电平价时代来临和海上政策推进，装机规模有望持续超预期。在“双碳”目标和能源低碳转型背景下，海上风电成本下降、风机大型化等因素将驱动装机量持续提升，海上风电迎来快速增长时期。中国沿海地区多个省份海上风电规划及支持政策陆续出台，其中广东、山东、浙江、江苏、广西等地已给出相应海上风电发展规划。随着海上风机价格及建设成本的逐步降低，中国“十四五”期间海上风电产业有望迎来爆发式发展。

如图 82 所示，中国海上风电装机量从 2018 年的 453 万千瓦增加到 2022 年的 2666 万千瓦，其中 2021 年增长率最高达到 167%。随着陆上风电政策补贴转向海上补贴，加之海上风电大叶片等趋势推进，预计中国海上风电渗透率将持续提升。虽然海上相较于陆地情况整体风力更强，但受限于成本问题，中国海上风电装机整体规模较小。全球海上风电发展潜力巨大，可用的海上风电资源超过 7.1 万吉瓦。海上风电具有发电利用效率高、不占用土地资源、适宜大规模开发、风机水路运输方便、靠近沿海电力负荷中心等优势。中国海上风能资源丰富，大部分近海海域 90 米高度年平均风速在 7 ~ 8.5 米 / 秒，具备较好的风能资源条件，适合大规模开发建设海上风电场。

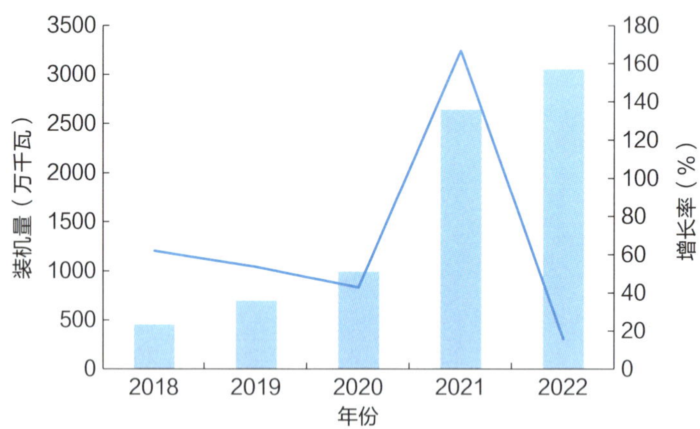

图 82　2018—2022 年中国海上风电新增装机量及增长率

数据来源：国家能源局

如图 83 所示，中国风能发电量从 2018 年的 3660 万千瓦增加到 2022 年的 6867 万千瓦，其中 2021 年增长率最高达到 40%。2022 年，风电发电量排名前五的地方分别是：内蒙古（1019.9 亿千瓦时）、新疆（558.4 亿千瓦时）、河北（551.6 亿千瓦时）、江苏（438.3 亿千瓦时）、山西（408.3 亿千瓦时）。

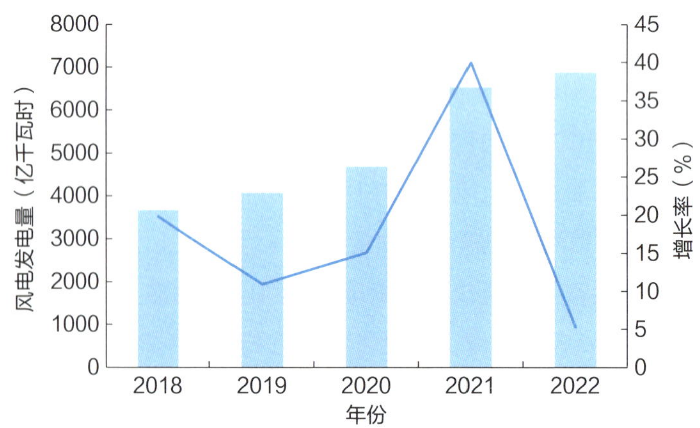

图 83　2018—2022 年中国风能发电量及增长率

数据来源：国家能源局

2022年6月1日，《“十四五”可再生能源发展规划》正式发布，要求积极推进风电分布式就近开发，创新风电投资建设模式和土地利用机制，实施“千乡万村驭风行动”，以县域为单位大力推动乡村风电建设，推动100个左右的县、10000个左右的新行政村乡村风电开发。

2022年12月，全国风电利用率97.6%。北京、天津、黑龙江、上海、江苏、浙江、安徽、福建、江西等18个省市风电利用率达100%。2022年，风电利用率达96.8%，北京、天津、上海、江苏、浙江、安徽、广西、海南等13个省市风电利用率达100%。中国海上风能资源丰富，根据国家发展改革委能源研究所发布的《中国风电发展路线图2050》报告，中国水深5 ~ 50米海域，100米高度的海上风能资源开放量为500吉瓦，总面积为39.4万平方千米。中国海上风电行业发展空间巨大，为海上风电专业工程服务行业提供了市场空间。风力发电的发展对于中国实现能源结构优化也具有十分重要的意义。各地规划布局清洁能源建设，积极推进风电等新能源的开发利用，助推经济发展。未来发展风力发电是重要方向，既有广阔空间，也有利于助推中国能源结构优化。

（三）生物质能装机容量、发电量现状及对比

1. 生物质能装机容量对比分析

为尽快实现在2050年前控制气温升高幅度低于1.5℃的目标，需要加快电力行业脱碳进程。可再生能源的开发利用则是发电脱碳的重要途径。未来，可再生能源发电将以风电以及太阳能发电为主导，生物质能等可再生能源发电起到辅助作用。为尽快实现电力行业脱碳，全球生物质能装机容量逐年增长，2022年全球生物质能装机容量达到168.6吉瓦。

如图84所示，2022年，生物质发电新增装机容量334万千瓦，累计装机达4132万千瓦。其中，生活垃圾焚烧发电新增装机257万千瓦，累计装机达到2386万千瓦；农林生物质发电新增装机65万千瓦，累计装机达到1623万千瓦；沼气发电新增装机12万千瓦，累计装机达到122万千瓦（图85）。累计装机容量排名前五的省份是广东、山东、江苏、浙江、黑龙江，分别是422万千瓦、411万千瓦、297万千瓦、284万千瓦、259万千瓦；新增装机容

量排名前五的省份是广东、黑龙江、辽宁、广西、河南，分别是 45 万千瓦、37 万千瓦、33 万千瓦、26 万千瓦、24 万千瓦。

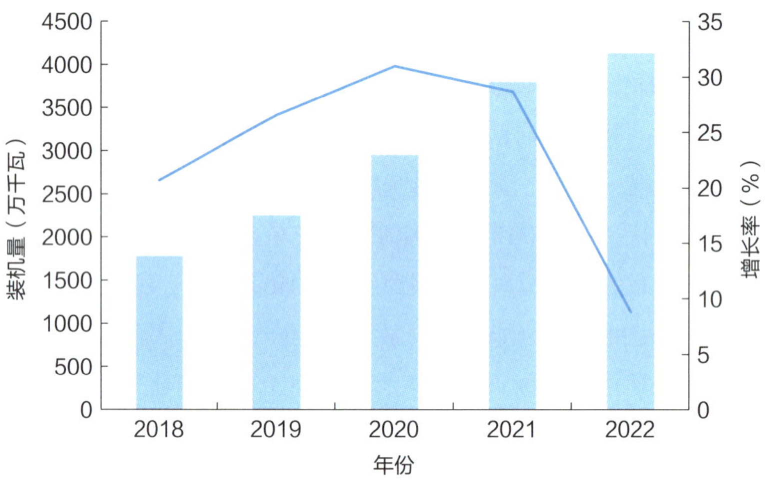

图 84　2018—2022 年中国生物质能装机容量及增长率

数据来源：国家能源局

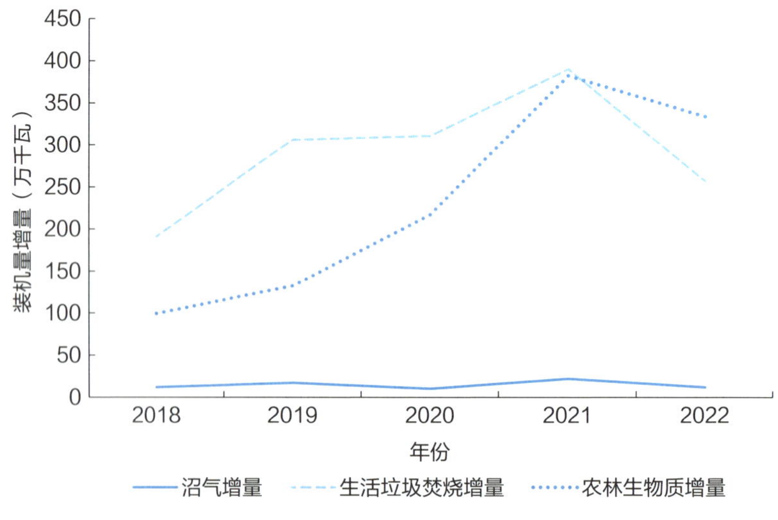

图 85　中国生物质能分类别装机量增量

数据来源：国际可再生能源署

2. 生物质能发电量对比分析

全球生物质能年发电量保持增长趋势。2022 年，全球生物质能发电量为 701.2 亿千瓦时，中国生物质能发电量 169.2 亿千瓦时，居全球第一。中国生物质能发电中，可再生城市垃圾发电和固体生物燃料发电占生物质能总体发电量较大（图 86）。

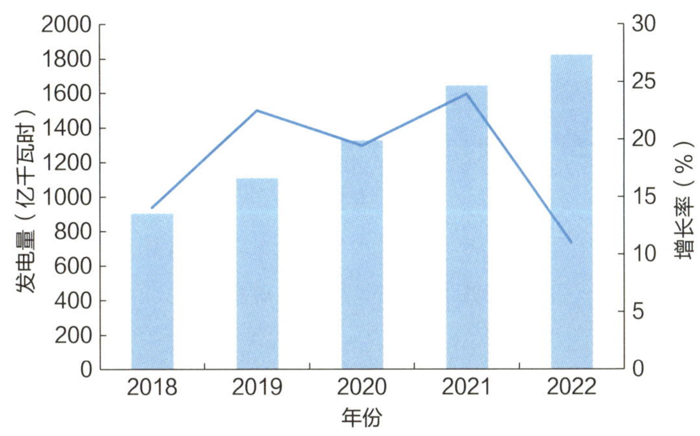

图 86　2018—2022 年中国生物质能发电量及增长率

数据来源：国际可再生能源署

2022 年全国生物质发电量达 1824 亿千瓦时，同比增长 11%。年发电量排名前五的省份是广东、山东、浙江、江苏、安徽，分别是 217 亿千瓦时、185 亿千瓦时、145 亿千瓦时、136 亿千瓦时、124 亿千瓦时。2022 年全国生活垃圾焚烧发电累计装机达到 2386 万千瓦，同比增长 11%；累计发电量 1268 亿千瓦时，同比增长 17%；新增装机量较多的省份为广东、广西、河南、贵州、湖南等，发电量较多的省份为广东、浙江、山东、江苏、河北。2022 年，全国农林生物质发电累计装机规模 1623 万千瓦，同比增长 4%；累计发电量 517 亿千瓦时，同比增长 0.2%。其中，新增装机容量较多的省份为黑龙江、辽宁、浙江、内蒙古、山西，发电量较多的省份为黑龙江、山东、安徽、河南、广西。在国家政策和财政补贴的大力推动下，中国生物质能发电投资持续增长。数据显示，2022 全国已投产生物质能发电项目 1794 个，较 2021 年增长 17%（图 87）。

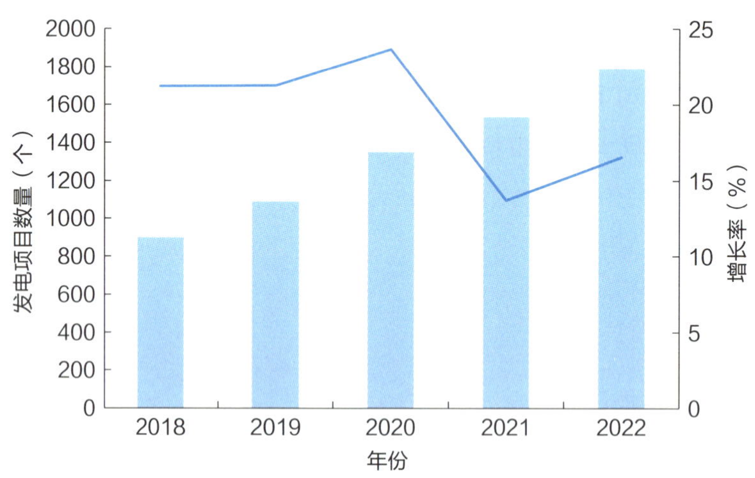

图 87 2018—2022 年中国已投产生物质能发电项目数量及增长率

数据来源：中商产业研究院

（四）氢能装机容量、发电量现状及对比

实现 1.5℃目标的关键手段之一为电气化，氢能的应用可作为首要辅助手段实现深度脱碳，实现氢能与电力的协同互补。氢能用途广泛，可用于电力、钢铁、化学、运输等众多部门，应用于电气化难以实现的领域。除直接利用外，氢能通过电解，将可再生能源电力转化为更便于运输的气体或液体形式，降低运输成本。中国未来在氢工业中将占据重要地位，从氢气的供、需以及电解槽供应三个角度助力氢能源发展。但目前，中国的电解槽效率低、寿命短，仍需要技术创新以实现更高的氢能制取效率。

氢能源发电为氢能的主要应用领域之一，主要转换途径为燃料电池与氢燃料燃气轮机。目前来看，中国氢能源发电技术尚不成熟，氢能源产业仍处于发展初期。截至 2022 年，中国在营加氢站共 287 家。氢能产业布局不均，东部及北部地区氢能产业发展较快，中部、南部和西部地区则相对较慢。

氢能的局限在于其较高的成本，氢能制取、储运以及发电系统的成本降低了氢能的竞争力。但随着可再生能源发电成本降低，可再生能源发电制取的绿氢在未来会有更高的竞争力。根据预测，2050 年全球约有三分之二的氢能将产自可再生能源发电。中国未来氢能的技术发展路线将以降低氢能成本为主，要积极推动可再生能源制氢，因地制宜降低制氢成本。但在中国电力系统中，煤炭等化石能源发电占比较大，过快地扩大绿氢生产很可能加大对电力行业脱碳的压力。目前中国的部分制氢项目成本已低于欧洲的一些项目，在氢气电解槽方面的技术研发可能带来技术溢出，为燃料电池的应用开辟路径。

氢能发电因当前成本方面的局限性，将主要用于低碳电力系统的灵活发电、帮助平衡电力以及作为备用发电机。随着太阳能发电、风电等可再生能源发电占比的增高，如何保证电力系统的稳定越发重要。氢能发电主要为“电－氢－电”模式，可将过剩的电力转化为便于储存的能源载体——氢气，随后在需要电力时通过燃料电池或氢燃料燃气轮机补充发电。但此发电模式的高能源损耗问题亟待解决。

氢能是未来产业发展的重要方向，中国将有序推进氢能多元化应用。除氢能发电外，将氢的衍生物应用于难以电气化的钢铁等部门，同样是未来氢能的重点应用领域，较利用电气化技术脱碳具有更低的成本。未来中国氢能源的利用将从供需两个方面推动，供给方面降低氢能成本、扩大制氢规模，需求方面创造氢能源需求。在中长期发展规划中，氢能将从交通领域找到突破口，同时拓展在工业、建筑等领域的规模应用。预计到 2050 年，氢能将与电力协同互补，成为中国能源体系中的主要消费能源。

（五）新能源装机容量、发电量与国际对比分析

2018—2022 年，中国新能源装机容量逐年增加，增速在 9% ~ 17% 间波动；2018 年中国新能源装机容量为 7.28 亿千瓦，2022 年到达 11.72 亿千瓦（图 88）。2018—2022 年，中国新能源发电量逐年增加，增速在 7% ~ 12% 间波动；2018 年中国新能源发电量为 1.7 万亿千瓦时，2022 年到达 2.7 万亿千瓦时（图 89）。中国新能源发展进入新阶段，中国风电、光伏年新增装机容量 1 亿千瓦以上、年发电量 1 万亿千瓦时以上已成为新常态。

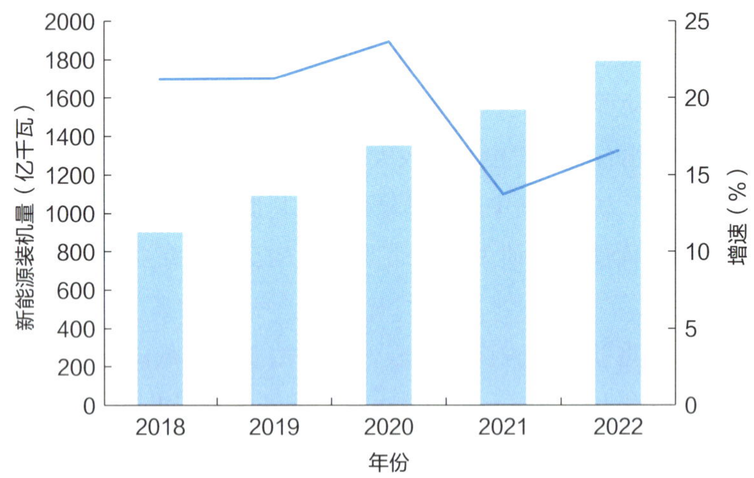

图 88　2018—2022 年中国新能源装机容量及增速

数据来源：国际可再生能源署

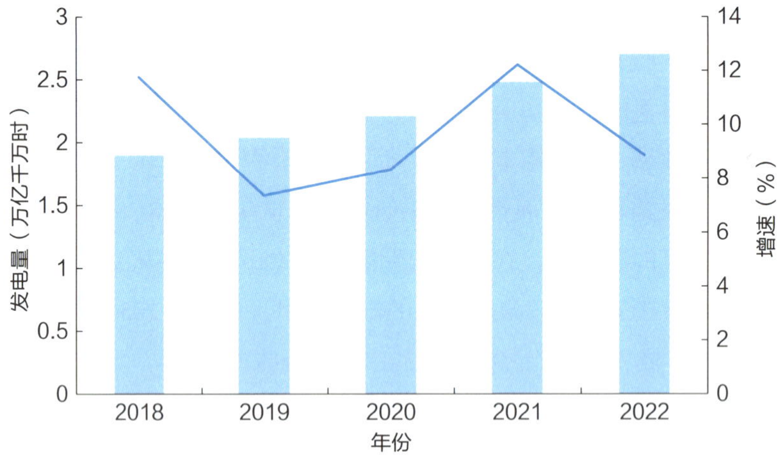

图 89　2018—2022 年中国新能源发电量及增速

数据来源：国际可再生能源署

全球新能源装机容量持续增长，2022 年全球新能源装机容量为 32.48 亿千瓦，比 2017 年增长了 10.64 亿千瓦，增速较为稳定。2018 年、2019 年、2021 年和 2022 年均较上年有小幅下降，2020 年全球新能源装机容量增速为 10.5%，为近 5 年最高，2021 年和 2022 年增速再次下降，分别为 9.26% 和 5.87%（图 90）。

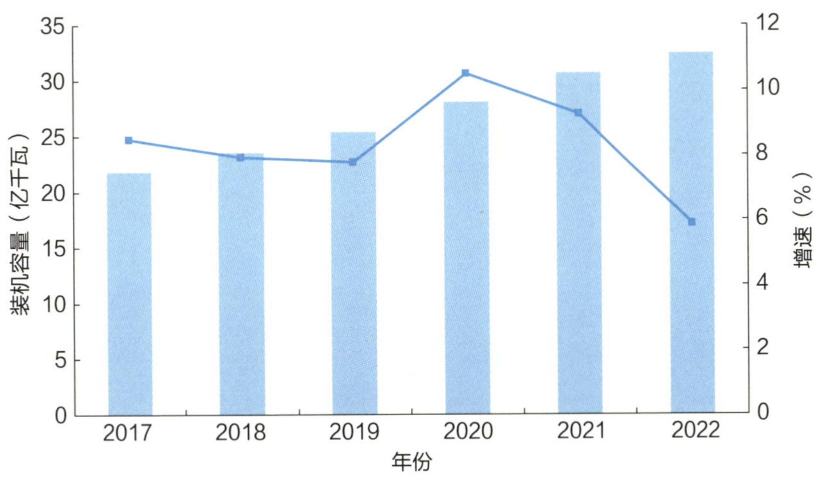

图 90　2017—2022 年世界新能源装机容量及增速

数据来源：国际可再生能源署

2016—2022 年全球新能源发电量平稳上升，其增速波动明显（图 91）。2016 年增速为 10.21%，2017 年小幅下降至 8.29%，2018 年升回 9.85%。2019—2020 年增速波动下降，至 2022 年的 8.55%。

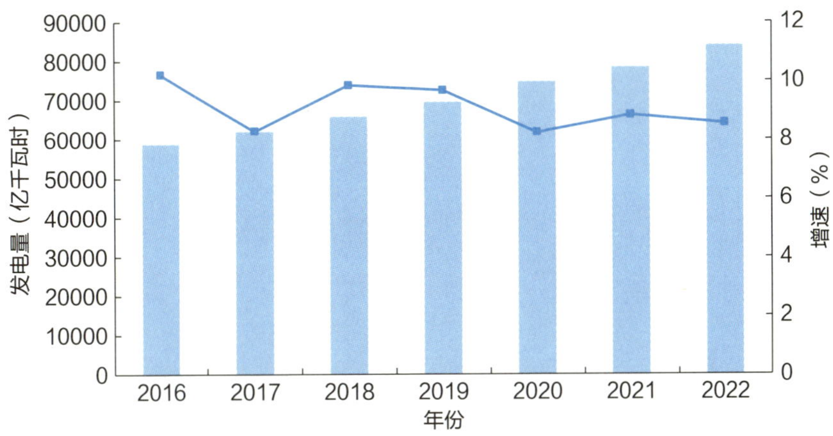

图 91　2016—2022 年世界新能源发电量及增速

数据来源：国际可再生能源署

整体来看，中国与全球新能源装机容量、发电量均呈稳定增长的趋势（图 92、图 93）。中国新能源装机容量与发电量占全球比例也在不断上升。

2017 年，中国新能源装机容量占全球比例为 28.42%，此后逐年增长，于 2022 年达到 26.07%。相较于新能源装机容量，中国新能源发电量占全球比例增长更为平稳，从 2017 年的 27.36% 增长到 2022 年的 32.16%。

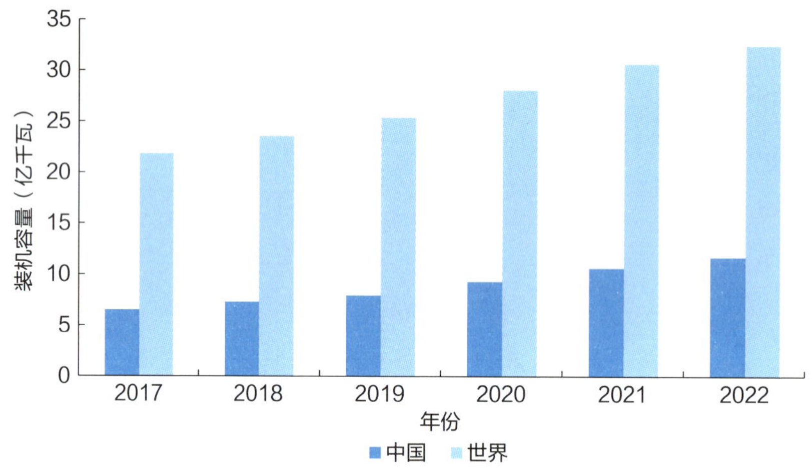

图 92　2017—2022 年中国和世界新能源装机容量对比

数据来源：国际可再生能源署

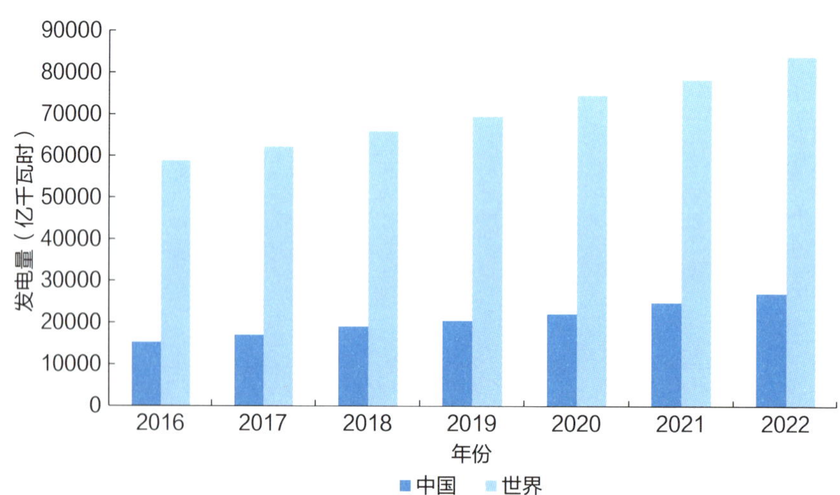

图 93　2016—2022 年中国与世界新能源发电量对比

数据来源：国际可再生能源署

三、新能源成本、价格现状及对比

随着中国对实现“双碳”目标进程部署、能源转型不断推进，中国新能源产业持续发展。《“十四五”可再生能源发展规划》出台，要求优化发展方式，大力开发可再生能源。中国 2021 年光伏发电 LCOE 为 0.221 元 / 千瓦时，陆上风电 LCOE 为 0.018 元 / 千瓦时，海上风电 LCOE 为 19.219 元 / 千瓦时，生物质能发电 LCOE 为 0.404 元 / 千瓦时，2022 年相比 2021 年略有降低。中国光伏发电、陆上风电成本处于世界领先水平，海上风电项目在“十四五”期间将会积极部署，其成本也将不断下降；生物质能、氢能由于技术水平的限制，成本下降不明显。价格方面，中国新能源价格处在逐步调整中，光伏发电、风电市场化进程加快，价格逐渐进入平价上网阶段。2022 年，中国度电均价为 0.449 元，相比欧洲、美国处于较低水平。2022 年，中国氢能价格处于 33 ~ 36 元 / 千克，受成本影响还处于较高水平。

（一）光伏成本、价格现状及对比

1. 光伏成本变化分析

光伏电站成本主要包括光伏场区（88%）、升压站（5%）、其他费用（5%）和接入系统（2%），其中光伏场区是光伏电站最主要成本来源，包括组件、逆变器、箱变、支架、电联及设备安装费用等。《中国可再生能源发展报告 2021》数据显示，2021 年中广国服发电项目单位千瓦造价为 4150 元，相比 2011 年的 14845 元，下降幅度高达 70%；中国光伏行业协会调查报告显示 2022 年相比 2021 年略有降低。

2. 光伏价格变化分析

光伏电价的变化经历了政府定价和政府指导价、全国统一标杆电价、光伏电站分区域上网标杆电价和分布式光伏电量补贴、光伏电站指导价和分布式光伏电量补贴、平价上网和低价上网五个阶段。

（1）政府定价和政府指导价。

1999 年 1 月 12 日发布的《关于进一步支持可再生能源发展有关问题的通知》，首次专门对可再生能源并网发电项目的电价进行规定。2006 年 1

月4日印发的《可再生能源发电价格和费用分摊管理试行办法》规定，可再生能源发电价格实行政府定价和政府指导价两种形式，政府指导价即通过招标确定的中标价格；太阳能发电项目上网电价实行政府定价。2007年11月22日印发的《关于开展大型并网光伏示范电站建设有关要求的通知》规定，并网光伏示范电站投资者通过公开招标方式，以上网电价为主要条件进行选择，高出当地平均上网电价的部分通过可再生能源电价附加收入在全国进行分摊。2008年3月3日印发的《可再生能源发展“十一五”规划》规定，对于列入国家无电地区电力建设、光伏发电屋顶计划、标志性建筑和并网光伏电站试点示范工程的项目，中央财政给予补助，并由政府核定电价，超出当地燃煤发电标杆电价部分，纳入可再生能源发电费用分摊机制。

（2）全国统一标杆电价。

2011年7月24日印发的《关于完善太阳能光伏发电上网电价政策的通知》首次针对光伏项目提出了“标杆上网电价”的概念，并建立了电价退坡机制。该通知规定，通过特许权招标确定业主的太阳能光伏发电项目，其上网电价按中标价格执行，中标价格不得高于太阳能光伏发电标杆电价；对非招标太阳能光伏发电项目实行全国统一的标杆上网电价，其中在2011年7月1日以前核准建设、2011年12月31日建成投产、国家发展改革委尚未核定价格的太阳能光伏发电项目，上网电价统一核定为每千瓦时1.15元；2011年7月1日及以后核准的太阳能光伏发电项目，以及2011年7月1日之前核准但截至2011年12月31日仍未建成投产的太阳能光伏发电项目，除西藏仍执行每千瓦时1.15元的上网电价外，其余省（区、市）上网电价均按每千瓦时1元执行。

（3）光伏电站分区域上网标杆电价和分布式光伏电量补贴。

2013年7月4日印发《关于促进光伏产业健康发展的若干意见》，规定对分布式光伏发电实行按照电量补贴的政策，要求根据资源条件和建设成本，制定光伏电站分区域上网标杆电价，通过招标等竞争方式发现价格和补贴标准，并明确上网电价及补贴的执行期限原则上为20年。根据上述要求，2013年8月26日印发的《关于发挥价格杠杆作用促进光伏产业健康发展的通知》，首次提出将全国分为三类太阳能资源区并相应制定光伏电站标杆上网电价。

2015年底至2018年期间，国家发展改革委陆续发布多份文件对光伏电站上网标杆电价标准或分布式光伏电量补贴标准进行调整，包括《关于完善陆上风电光伏发电上网标杆电价政策的通知》《关于调整光伏发电陆上风电标杆上网电价的通知》《关于2018年光伏发电项目价格政策的通知》《关于2018年光伏发电有关事项的通知》《关于2018年光伏发电有关事项说明的通知》等。

（4）光伏电站指导价和分布式光伏电量补贴。

2019年4月28日，国家发展改革委发布《关于完善光伏发电上网电价机制有关问题的通知》（简称“2019年通知”），将集中式光伏电站标杆上网电价改为指导价。综合考虑技术进步等多方面因素，将纳入国家财政补贴范围的Ⅰ、Ⅱ、Ⅲ类资源区新增集中式光伏电站指导价分别确定为每千瓦时0.4元、0.45元、0.55元。新增集中式光伏电站上网电价原则上通过市场竞争方式确定，不得超过所在资源区指导价。

针对分布式光伏发电项目，2019年通知规定，纳入当年财政补贴规模，采用“自发自用、余量上网”模式的工商业分布式光伏发电项目，全发电量补贴标准调整为每千瓦时0.1元；采用“全额上网”模式的工商业分布式光伏发电项目，按所在资源区集中式光伏电站指导价执行；能源主管部门统一实行市场竞争方式配置的工商业分布式项目，市场竞争形成的价格不得超过所在资源区指导价，且补贴标准不得超过每千瓦时0.1元。纳入当年财政补贴规模，采用“自发自用、余量上网”模式和“全额上网”模式的户用分布式光伏全发电量补贴标准调整为每千瓦时0.18元。

在2019年首次将集中式光伏电站标杆上网电价改为指导价后，国家发展改革委在2020年继续沿用该政策，根据2020年3月31日发布的《关于2020年光伏发电上网电价政策有关事项的通知》（简称“2020年通知”），对集中式光伏发电继续制定指导价，将纳入国家财政补贴范围的Ⅰ、Ⅱ、Ⅲ类资源区新增集中式光伏电站指导价分别确定为每千瓦时0.35元、0.4元、0.49元；若指导价低于项目所在地燃煤发电基准价，则指导价按当地燃煤发电基准价执行；新增集中式光伏电站上网电价原则上通过市场竞争方式确定，不得超过所在资源区指导价。2020 年通知继续降低工商业分布式和户用分布式光伏发电补贴标准。

（5）平价上网和低价上网阶段。

2019 年 1 月 7 日，国家发展改革委、国家能源局印发《关于积极推进风电、光伏发电无补贴平价上网有关工作的通知》，要求开展平价上网项目和低价上网试点项目建设，推进建设不需要国家补贴执行燃煤标杆上网电价的风电、光伏发电平价上网试点项目，引导建设一批上网电价低于燃煤标杆上网电价的低价上网试点项目。据此，平价上网项目执行的电价标准为燃煤标杆上网电价，低价上网试点项目执行的上网电价低于燃煤标杆上网电价。

2021 年 6 月 7 日，国家发展改革委印发《关于 2021 年新能源上网电价政策有关事项的通知》，开启了集中式光伏电站和工商业分布式光伏项目的全面平价时代。文件规定，2021 年起，对新备案集中式光伏电站、工商业分布式光伏项目，中央财政不再补贴，实行平价上网。2021 年新建项目上网电价，按当地燃煤发电基准价执行；新建项目可自愿通过参与市场化交易形成上网电价，以更好体现光伏发电、风电的绿色电力价值。

（二）风能成本、价格现状及对比

风能的利用方式包括风力发电、风帆助航、风力提水、风力致热等，最主要的还是风力发电。在中国，风力发电主要有陆上风电和海上风电两种形式，在成本和价格方面各有不同。

1. 陆上风电成本、价格变化分析

（1）成本。

风电项目投资造价主要包括设备及安装工程、建筑工程、施工辅助工程、其他费用、预备费和建设期利息。《中国可再生能源发展报告 2020》数据显示，2020 年陆上典型风电项目单位千瓦造价构成包括设备及安装工程（78%）、建筑工程（11%）、其他费用（7%）、建设期利息（1.8%）、预备费（1.6%）、施

工辅助工程（0.6%）。设备及安装工程费用在项目总体造价中占最大比重，陆上风电项目中占比达到78%，是项目整体造价指标的主导因素。近十年，风电产业迅猛发展，陆上风电项目单位造价水平下降了约36%。2020年，受补贴退坡及存量项目建设时限的影响，设备及施工资源紧张，2020年陆上集中式平原、山地风电项目平均造价有短暂的回升，分别约6500元/千瓦、7800元/千瓦。此后，随着设备全产业链推动降本以及安装、施工等费用继续压缩，中国陆上风电平均建设成本还将继续下降。

（2）价格。

陆上风电价格随着风电成本的下降，由上网标杆电价改为指导价。

2009年7月20日，国家发展改革委发布《关于完善风力发电上网电价政策的通知》，按照风能资源状况和工程建设条件，把全国分为四类资源区，并核定了对应的标杆上网电价。

2014—2016年，国家发展改革委根据风电行业发展情况，接连出台多份政策文件，对陆上风电的标杆上网电价进行了3次降价调整；鼓励通过招标等竞争方式确定陆上风电项目的业主和上网电价；同时规定，通过竞争方式形成的上网电价不得高于国家规定的当地风电标杆上网电价水平。

2018年5月18日，国家能源局印发《关于2018年度风电建设管理有关要求的通知》，规定从2019年起，新增核准的集中式陆上风电项目和海上风电项目应全部通过竞争方式配置和确定上网电价。以竞争方式配置风电项目和竞价上网成为风电行业新趋势。

2019年5月21日，国家发展改革委发布《关于完善风电上网电价政策的通知》，规定集中式项目标杆上网电价改为指导价，新核准上网电价通过竞争方式确定，不得高于项目所在资源区指导价；对于分布式项目，参与市场化交易的由发电企业与电力用户直接协商形成上网电价，不享受国家补贴，不参与市场化交易的执行项目所在资源区指导价。风电指导价低于当地燃煤机组标杆上网电价的，以燃煤机组标杆上网电价作为指导价；2021年1月1日起，新核准的陆上风电项目全面实现平价上网，国家不再补贴。中国陆上风电电价近几年变化情况如表5所示。

表5　陆上风电电价变化

单位：元/千瓦时

政策文件	主要内容	Ⅰ类	Ⅱ类	Ⅲ类	Ⅳ类
关于完善风力发电上网电价政策的通知	2009年8月—2014年标杆电价	0.51	0.54	0.58	0.61
关于适当调整陆上风电标杆上网电价的通知	2015年标杆电价	0.49	0.52	0.56	0.61
关于完善陆上风电光伏发电上网标杆电价政策的通知	2016—2017年标杆电价	0.47	0.5	0.54	0.6
关于调整光伏发电陆上风电标杆上网电价的通知	2018年标杆电价	0.40	0.45	0.49	0.57
关于完善风电上网电价政策的通知	2019年指导价	0.34	0.39	0.43	0.52
	2020年指导价	0.29	0.34	0.38	0.47

数据来源：公开数据整理。

（3）补贴政策。

随着风电价格政策的不断完善，政府在风电项目的补贴小时数、补贴年限和补贴标准等方面都做出了明确的规定。为减少风电行业对国家补贴的依赖，优先发展补贴强度低、退坡力度大、技术水平高的项目，逐步实施风电竞价机制。现阶段中国风电行业同时存在参与竞争方式配置以享受国家补贴与无补贴平价上网两种模式。

2011年和2012年，财政部会同有关部门发布《可再生能源发展基金征收使用管理暂行办法》及《可再生能源电价附加补助资金管理暂行办法》，规定风电项目的电价补贴按照文件进行申请与享受。

2020年1月20日，财政部、国家发展改革委、国家能源局联合出台《可再生能源电价附加资金管理办法》。文件基于火电电价机制转轨，将“燃煤标杆上网电价”修改为“燃煤发电上网基准价”，电网企业按照上网电价和风力发电量给予补助。同年9月29日，财政部同有关部门联合印发《关于〈关于促进非水可再生能源发电健康发展的若干意见〉有关事项的补充通知》，首次以文件的形式，明确风电项目补贴的“全生命周期合理利用小时数”和补贴年限。

在补贴与无补贴模式并存方面，2019年5月21日，国家发展改革委印发《关于完善风电上网电价政策的通知》，充分考虑技术成本下降及项目合理收益水平，科学制定了补贴的退坡节奏和幅度，明确了享受补贴项目的核准日期和并网日期，同时明确了陆上风电项目的补贴期限。2019 年 5 月 28 日，国家能源局又下发了《关于 2019 年风电、光伏发电项目建设有关事项的通知》，明确要求积极推进并优先建设风电平价上网项目，严格规范风电补贴项目竞争配置，加大需国家补贴的风电项目竞争配置力度。

2. 海上风电成本、价格变化分析

中国海上风电已初步形成海上风电场开发、设备制造、工程设计、施工及运行维护的全产业链，且随着一些大规模海上风电场项目的开发建设，中国海上风电投资成本将会进一步下降。

（1）成本。

海上风电成本构成包括设备购置费、建筑安装工程费用（建安费用）、其他费用、利息等。现阶段设备购置费（不含集电线路海缆）约占工程成本的 50%，对成本的影响较大。其中，风电机组及塔筒成本约占设备费用的 85%，为 7500 ~ 8500 元 / 千瓦，对整体设备费用影响较大。建安费用约占总成本的 35%，为 6000 ~ 7000 元 / 千瓦。现阶段海上风电已竣工的风电场项目相对数量少、规模小，相应船机设备不成熟，施工队伍较为单一，施工经验不足，造成建设成本较高；加上海上施工条件复杂、施工难度大，施工所需的关键装备（如海上风电机组基础打桩、风电机组吊装等）专业可用的大型船机设备较少，船班费用高昂，因此，相对陆上风电，海上风电的建安费用占总成本的比重大。其他费用包括项目用海用地费、项目建管费、生产准备费等，占总成本约 10%，为 1600 ~ 1900 元 / 千瓦。由于海洋资源的紧缺、人工工资提高、前期工作周期加长等原因，其他费用总体将略有上涨，特别是用海养殖补偿、海域生态修复等费用上涨较为明显。利息与风电场建设周期及利率相关，占总成本约 5%。

中国海上风电项目占全球海上风电项目的 80%，全球海上风电 LCOE 一定程度上可以体现中国海上风电项目的 LCOE 变化（图 94）。2010—2020 年，海上风电 LCOE 经过小幅上升后，进入逐步下降趋势。2020 年海上风电 LCOE 相比 2010 年减少近 50%。

（2）价格。

海上风电价格历经标杆电价、指导价两个阶段。

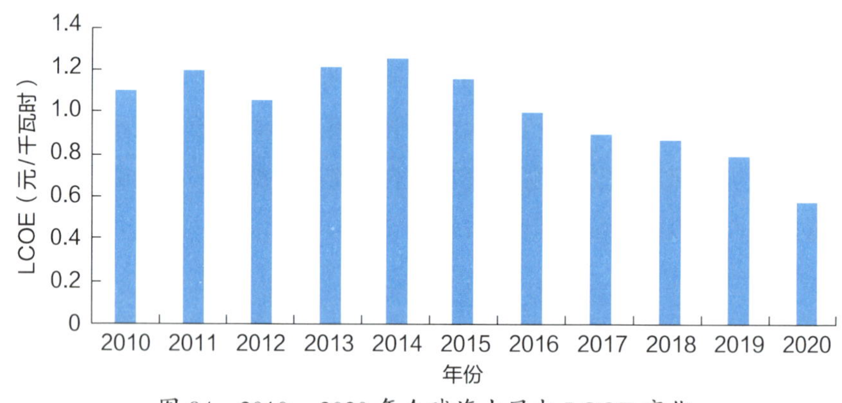

图 94　2010—2020 年全球海上风电 LCOE 变化

数据来源：国际可再生能源署

2014 年 6 月 5 日，国家发展改革委发布《关于海上风电上网电价政策的通知》，旨在促进海上风电产业健康发展，鼓励优先开发优质资源，首次规定了对于非招标的海上风电项目标杆上网电价，区分近海风电和潮间带风电两种类型。2017 年以前（不含 2017 年）投运的近海风电项目和潮间带风电项目的标杆上网电价分别为每千瓦时 0.85 元、0.75 元。

2019 年 5 月 21 日，国家发展改革委印发《关于完善风电上网电价政策的通知》，规定海上风电标杆上网电价改为指导价，新核准海上风电项目全部通过竞争方式确定上网电价，不得高于上述指导价。考虑到中国海上风电资源条件有限，现阶段开发成本相对较高，为保障产业平稳发展，海上风电上网电价调整幅度相对较小。海上风电补贴政策参考陆上风电。中国近几年海上风电价格变化情况如表 6 所示。

表 6　海上风电电价变化

单位：元 / 千瓦时

政策文件	近海	潮间带
关于海上风电上网电价政策的通知	0.85	0.75
关于调整光伏发电陆上风电标杆上网电价的通知	0.85	0.75
关于完善风电上网电价政策的通知	0.8（2019 年）	不得高于陆上指导价
	0.75（2020 年）	

数据来源：公开数据整理。

（三）生物质能成本、价格现状及对比

生物质能的利用方式包括直接燃烧、碳化形成燃料、制取沼气、制取酒精、发电等，不同利用方式的成本、价格间可比性较低，此处只对生物质能的总体成本与价格进行分析。

1. 生物质能成本变化分析

通过一个具有 4 台 12 吨 / 小时生物质气化燃气过滤、18 兆瓦低温余热凝汽式汽轮机的生物质发电项目对生物质发电成本进行分析：原料价格按 420 元 / 吨计算，年变动成本为 5316.96 万元；固定成本包括管理成本、人工费、卸给料费用、维保费、环保费等，年总固定成本为 638 万元，年变动成本和年固定成本合计为年总成本，为 5954.96 万元。此项目年收入包括发电收入和生物炭收入，按收入比例分配到发电这一营收类型中，得到生物质发电成本约为 0.535 元 / 千瓦时。

2. 生物质能价格变化分析

自 2006 年《中华人民共和国可再生能源法》颁布以来，生物质发电上网电价及补贴也经历了几次重大变化。

2006 年 1 月 4 日，国家发展改革委印发《可再生能源发电价格和费用分摊管理试行办法》，旨在促进可再生能源开发利用，支持生物质发电产业发展。按照生物质发电的社会平均成本及合理利润率，制定了生物质发电上网电价，并以政府定价和政府指导价两种形式执行。2006 年，《可再生能源发电价格和费用分摊管理试行办法》印发，规定生物质发电项目的补贴电价标准为 0.25 元 / 千瓦时，发电项目自投产之日起 15 年内享受补贴电价；运行满 15 年后，取消补贴电价。

2010 年 7 月 18 日，国家发展改革委印发《关于完善农林生物质发电价格政策的通知》，单独提高了农林生物质发电上网标杆电价。2012 年 3 月 28 日，国家发展改革委发布《关于完善垃圾焚烧发电价格政策的通知》，规定以生活垃圾为原料的垃圾焚烧发电项目，均先按其入厂垃圾处理量折算成上网电量进行结算，每吨生活垃圾折算上网电量暂定为 280 千瓦时，并执行全国统一垃圾发电标杆电价每千瓦时 0.65 元。2012 年，《关于完善垃圾焚烧发电价格

政策的通知》要求对垃圾焚烧发电上网电价高出当地脱硫燃煤机组标杆上网电价的部分实行两级分摊。

2020 年 9 月 14 日，国家发展改革委财政部、国家能源局联合印发《完善生物质发电项目建设运行的实施方案》，提出 2021 年 1 月 1 日以后完全执行新补贴政策，即规划内已核准未开工、新核准的生物质发电项目全部通过竞争方式配置并确定上网电价。中国生物质发电电价变化如表 7 所示。

表 7　生物质发电电价变化

<table>
<tr><th>政策文件</th><th>农林生物质发电（农林废弃物直接燃烧和气化发电）</th><th>生物垃圾焚烧发电</th><th>垃圾填埋气发电</th><th>沼气发电</th></tr>
<tr><td rowspan="2">可再生能源发电价格和费用分摊管理试行办法</td><td colspan="4">各省（自治区、直辖市）2005 年脱硫燃煤机组标杆上网电价加补贴电价</td></tr>
<tr><td colspan="4">补贴：0.25 元 / 千瓦时，15 年补贴年限</td></tr>
<tr><td rowspan="3">关于完善农林生物质发电价格政策的通知</td><td>0.75 元 / 千瓦时</td><td colspan="3">沿用《可再生能源发电价格和费用分摊管理试行办法》</td></tr>
<tr><td>补贴：0.75 元 / 千瓦时</td><td colspan="3" rowspan="2">补贴：沿用《可再生能源发电价格和费用分摊管理试行办法》</td></tr>
<tr><td>当地现行燃煤发电基准价</td></tr>
<tr><td rowspan="2">关于完善垃圾焚烧发电价格政策的通知</td><td>0.75 元 / 千瓦时</td><td>0.65 元 / 千瓦时</td><td colspan="2">沿用《可再生能源发电价格和费用分摊管理试行办法》</td></tr>
<tr><td>补贴：沿用《关于完善农林生物质发电价格政策的通知》</td><td>补贴：当地省级电网负担 0.1 元 / 千瓦时、以垃圾处理量折算上网电量</td><td colspan="2">补贴：沿用《可再生能源发电价格和费用分摊管理试行办法》</td></tr>
<tr><td rowspan="2">完善生物质发电项目建设运行的实施方案</td><td colspan="4">竞价上网</td></tr>
<tr><td colspan="4">项目补贴资金由中央、地方共同承担（《关于〈关于促进非水可再生能源发电健康发展的若干意见〉有关事项的补充通知》确定生物质发电项目全生命周期合理利用小时数为 82500 小时）</td></tr>
</table>

数据来源：公开数据整理。

（四）氢能成本、价格现状及对比

从能源运用角度出发，氢能是实现各类能源转换的"枢纽"，是未来实现"碳中和"的关键。氢能通过氢燃料电池技术既可应用于汽车、轨道交通、船舶等领域，也可应用于分布式发电和储能领域，还可以通过直接燃烧为炼化、钢铁、冶金等行业提供高效原料、还原剂和高品质热源。现行的制氢方法主要包括化石能源制氢（煤气化、天然气重整）、工业副产氢提纯、电解水制氢等。电解水制取的氢气俗称“绿氢”，成本最高；通过煤炭、天然气制取的氢气俗称“灰氢”，成本相对较低。各制氢方式的成本与价格对比如表 8 所示。

表 8　不同制氢方式成本与价格对比

制氢方式		优势	劣势	技术阶段	成本（元 / 标方氢气）
化石能源制氢	煤气化	廉价	碳排放高 设备复杂 氢纯度低	成熟	1.1
	天然气重整				1.3
副产氢提纯	焦炉煤气	廉价	区域限制 设备复杂 氢纯度低	成熟	1.2
	氯碱尾气				1.3
	烷烃脱氢尾气				1.3
	合成氨尾气				1.4
电解水	碱性电解	清洁、设备简单	能耗高	成熟	3.8
	质子交换膜电解	清洁、快速响应	能耗高	推广	4.4
	高温固体聚合物电解	设备简单	启动慢、设备复杂	开发	—
生物质发酵		廉价	较高碳排放	开发	—
			设备复杂		
			效率低		
			氢纯度低		
光催化		清洁	效率低	研究	—

数据来源：公开数据整理。

价格方面，上海环境能源交易所、上海期货交易所、上海长三角氢能科技研究院于 2022 年 9 月 22 日联合发布的中国氢价指数体系显示，长三角氢价格为 33.69 元 / 千克，长三角清洁氢价格为 34.15 元 / 千克，唐山氢价格为 35.75 元 / 千克。2022 年，中国高纯氢价格震荡下跌，预计全年均价为 3.03 元 / 米 ^{3}，同比降幅达到 5%。年度市场价格变化主要受供应、需求共同作用。其中供应是影响全年价格变化的第一要素。受中国强大的工业副产气产能支撑，2022 年中国商品氢供应继续增加，但受全球不确定因素影响，无论是工业需求还是氢能需求增速均不及供应增速，抑制商品氢产能释放。虽然厂商采取以销定产模式，氢气整体处于供需动态平衡状态，但由于部分地区产能过剩凸显，竞争加剧下，仍导致价格出现震荡回落。山东地区氢气价格同比下跌 10.3%；广东则由供需紧平衡转变为供过于求，价格承压同比下降 21.8%。

（五）新能源成本、价格与国际对比

平准化度电成本（Levelized Cost of Energy，LCOE）是指将项目生命周期内的成本和发电量按照一定折现率进行折现后，计算得到的发电成本，即项目生命周期内的总成本现值 / 总发电量现值。这一指标最早被外国机构用于火电、水电、气电等传统能源项目的发电成本计算，之后拓展到可再生能源行业。

1. 光伏发电 LCOE 对比分析

光伏材料成本和组件价格在 2010 年以来大幅下降，尽管在 2021 年时出现了上涨，但供应链挑战和商品价格上涨对项目成本的影响还未完全显现，光伏发电的 LCOE 仍在下降。中国光伏发电 LCOE 较低，处于世界领先水平，优于澳大利亚、日本、德国、英国、日本，近几年与印度水平相当（图 95）。

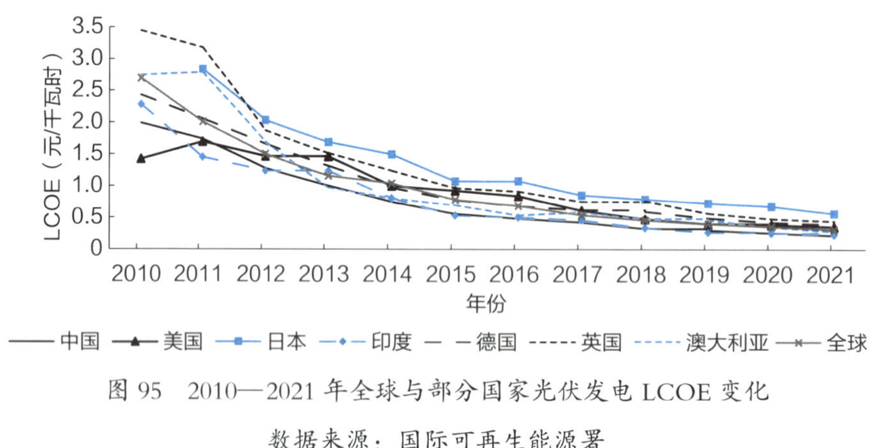

图 95　2010—2021 年全球与部分国家光伏发电 LCOE 变化

数据来源：国际可再生能源署

2. 风电 LCOE 对比分析

2021 年，中国陆上风电 LCOE 相比 2010 年下降 50% 以上。2010—2021 年中国陆上风电 LCOE 变化如图 96 所示，与全球陆上风电平均 LCOE 相比，中国陆上风电 LCOE 在 2013 年以前基本处于全球首位，2013 年后巴西陆上风电快速发展，其 LCOE 开始低于中国。总体来看，中国陆上风电 LCOE 基本处于世界领先位置。

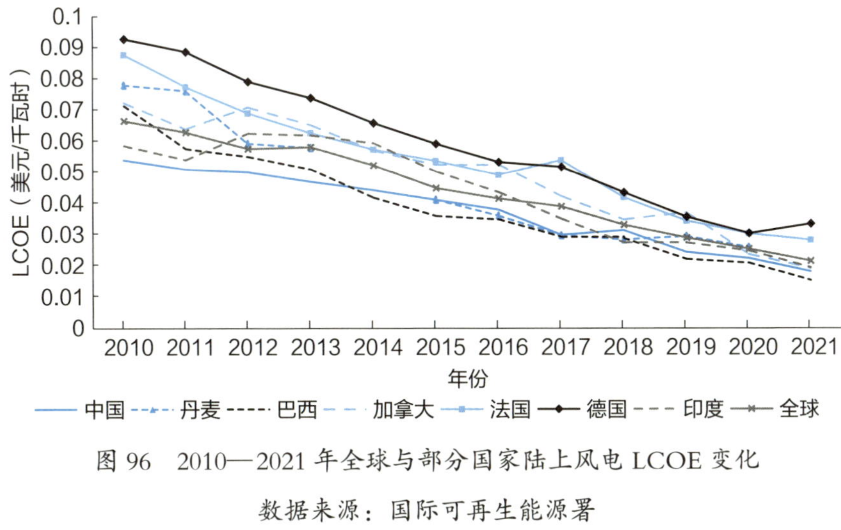

图 96　2010—2021 年全球与部分国家陆上风电 LCOE 变化

数据来源：国际可再生能源署

2021 年中国海上风电加权平均成本比 2010 年降低 30% 以上，在亚洲地区是成本最低的国家之一，但略高于欧洲的均值。欧洲国家中丹麦、荷兰具有较大的成本优势。

3. 生物发电 LCOE 对比

中国生物发电 LCOE 在全球范围内具有一定优势，成本略高于印度，但相比北美地区、欧洲地区较低。2000—2021 年部分国家和地区按项目划分的生物发电加权平均 LCOE 见表 9。

表 9　2000—2021 年部分国家和地区按项目划分的生物发电加权平均平准化度电成本

单位：美元 / 千瓦

国家和地区	第 5 百分位数	加权平均数	第 95 百分位数
中国	0.045	0.060	0.118
欧洲	0.051	0.088	0.240
印度	0.039	0.058	0.104
北美	0.048	0.097	0.183
其他	0.038	0.070	0.146

数据来源：国际可再生能源署。

4. 可再生能源电价

受乌克兰事件、能源短缺等多重因素影响，2022 年欧洲电价大幅提高，在第三季度最高达到 0.7 欧元 / 千瓦时，约合 5 元 / 千瓦时。8 月，英国电价达到 4 元 / 千瓦时，德国、意大利电价达到 5 元 / 千瓦时，法国电价达到近 8 元 / 千瓦时，经欧盟干预后下降。

2022 年，美国住宅电价达到 15.12 美分 / 千瓦时，约合 1 元 / 千瓦时，相较于 2021 年涨幅约为 10%。美国能源信息署数据显示美国化石能源发电占主体，约为 80%，2022 年天然气、石油等化石燃料价格的提升使得美国电价有所提升。

2022 年，中国重点省份现货电价平均值最高出现在内蒙古包西，为 0.451 元 / 千瓦时；最低出现在甘肃河西，为 0.351 元 / 千瓦时。结算电价中，内蒙古风电结算价为 0.173 元 / 千瓦时，山西 0.274 元 / 千瓦时，甘肃 283.36 元 / 千瓦时。根据公开的绿电成交记录，2022 年各重点省市平均成交价约为：广东 0.496 元 / 千瓦时，浙江 0.492 元 / 千瓦时，江苏 0.465 元 / 千瓦时，安徽 0.455 元 / 千瓦时。从平均电价、结算电价和绿电交易价格来看，中国电价相比欧洲、美国处于较低水平。

5. 氢能成本与价格

2022 年，ICIS（Independent Commodity Intelligence Services，安迅思，全球独立大宗商品市场信息服务商）的一项调查显示，由于天然气价格持续上涨，在欧洲生产绿氢的成本已经低于灰氢。据 ICIS 计算，从 2022 年 9 月中旬开始，英国生产灰氢的成本已经超过了绿氢。10 月初，英国灰氢的生产成本达到 8 美元 / 千克，而 4 月时则是 1.34 美元 / 千克。相比较而言，根据可再生能源采购协议，绿氢的制造成本维持在 4.55 美元 / 千克。来自 ICIS 的数据还表明，欧洲灰氢的生产成本在 11 月初达到了 5.59 美元 / 千克，比绿氢多了 20%。同时，也有数据表明，从天然气中提取氢气需花费 0.5 ~ 1.7 美元，这主要是因为碳捕捉和储存成本以及碳价的上涨。

2021 年，美国能源部一项调查报告显示，轻型应用的制氢成本在 5 ~ 6 美元 / 千克，重型应用成本为 3.5 ~ 4.5 美元 / 千克，最终的目标为 2 美元 / 千克。在高温电解水制氢过程中，电能成本（53%）占比最高，其次为固定成本（26%）、热能（11%）和运营与维护成本（10%）。根据不同机构的预测，太阳能制氢和海上制氢的成本相差不大，均在 2.8 ~ 3.8 美元 / 千克。太阳能制氢产能约为 35%，海上制氢产能稍高一些，约为 40% ~ 50%，而电网电制氢产能在三者中最高，可达 90%。在生物质能和废水制氢技术中，目前已经通过纤维素技术将废料制氢的产量提高了 33%。而利用含载量 60 克 / 升的晶体纤维素技术使制氢量增长了一倍。

中国灰氢成本约为 12.236 元 / 千克，蓝氢成本约为 15 元 / 千克，绿氢成本约为 48 元 / 千克。相比欧洲、美国，中国灰氢、蓝氢成本差距不大，但欧洲地区在绿氢方面具有较大的成本优势。价格方面，在中国，长三角氢价格为 33.69 元 / 千克，长三角清洁氢价格为 34.15 元 / 千克，唐山氢价格为 35.75 元 / 千克。2022 年，欧洲灰色氢的价格约为 6.55 欧元 / 千克，蓝色氢的价格为 6.21 欧元 / 千克，换算人民币后分别为 48.4 元 / 千克、45.89 元 / 千克，均高于中国氢价。

四、新能源汽车发展现状及对比

在经济新常态背景下，去产能及生态环保观念成为经济发展的主题。新能源的发展因其有助于减少温室气体排放、应对气候变化挑战、改善全球生态环境，而得到国家高度重视。与传统汽车相比，中国新能源汽车起步较晚，但是其内在类别划分已经相对成熟，呈现出多元化的特征。中国新能源汽车发展已呈现出从政策驱动转向市场拉动的新发展阶段。

（一）新能源汽车市场发展环境分析

2022 年，中国新能源汽车市场发展仍处于上行周期，保持着蓬勃的发展势头。对比 2021 年，中国当前汽车千人保有量约 220 辆的水平仍然具备提升空间。随着疫情放开，中国的经济韧性与居民财富累积将会逐步恢复增长。

1. 新能源汽车市场采购成本逐步下降，刺激需求增长

在成本价格方面，2021 年以来碳酸锂、硫酸钴、六氟磷酸锂等上游关键材料由于供需失衡引起价格不断上涨，新能源汽车在汽车芯片方面议价能力

极弱，电池企业成本压力逐步增大。2022 年电池企业已经陆续发布涨价公告，传导原材料涨价压力加大。2022 年 2 月 28 日，工信部提出加快国内锂和镍等资源开采力度，打击囤积居奇现象，锂电池上游成本提升态势有望逐步缓解。2022 年产业在技术降本层面将加大投入力度，CTP 和刀片电池等电池模组等层面创新将加速普及，长期看新能源汽车采购电池成本有望下降，一定程度上刺激了新能源汽车需求增长。

2. 支持充电基础设施建设，完善新能源汽车保障体系

截至 2022 年底，全国充电基础设施累计数量约为 520 万台，同比增长 98.7%。从 2022 年 1 月到 2022 年 12 月，月均新增公共类充电桩约 5.4 万台。预计到 2025 年新能源汽车保有量将会大幅提升增加至 3224 万辆，充电桩保有量将增加至 1466 万台。近三年新增充电桩数量年均复合增长率将达 44%。2022 年 1 月，国家发展改革委、国家能源局等出台《关于进一步提升电动汽车充电基础设施服务保障能力的实施意见》，提出到“十四五”末中国电动汽车充电保障能力进一步提升，形成适度超前、布局均衡、智能高效的充电基础设施体系，能够满足超过 2000 万辆电动汽车充电需求。多项政策落地，使得中国新能源充电桩行业的发展方向和发展目标逐渐清晰，为新能源汽车行业需求大幅提升提供了有力保障。截至 2022 年 12 月，中国新能源汽车销量为 688.7 万辆，同比增长 93.4%，新能源汽车需求呈爆发式增长。电动汽车充电需求不断增大，完善充电基础设施建设有助于缓解消费者对新能源汽车的里程焦虑，支持扩大新能源汽车消费。

3. 购车补贴即将退坡，各方因素推动新能源汽车需求增大

2022 年底购置税减半及新能源汽车补贴的退坡，将带来终端新能源汽车的冲量，透支部分 2023 年需求，导致 2023 年乘用车实际增速低于潜在增速。随着疫情的缓解、经济复苏，2024—2025 年乘用车需求有望再次回到潜在增速之上。从后疫情时代的表现来看，出行持续复苏带来新能源汽车需求的增大。随着电动化的持续推进，纯燃油车将逐步被新能源汽车取代。

4. 新能源汽车市场竞争激烈，呈现多元化发展

目前中国新能源汽车市场主流为纯电动汽车，如特斯拉、比亚迪等。

由于新能源汽车发展与中国“双碳”目标一致，众多传统车企和互联网企业向新能源汽车市场转型，如蔚来汽车、理想汽车、哪吒汽车等。各个车企都在针对新能源的电池等领域进行研发，以达到抢占市场的目的，新能源汽车的现有竞争者竞争较为激烈，新能源汽车行业潜在进入者威胁较大。

5. 新能源汽车市场需求多元化，消费者心理转变

从“新奇”到“拥有”，新能源汽车多元化趋势凸显，当新能源市场从供应主导向消费者需求主导演变之后，更多车辆使用需求涌现，对于车辆的“实用”偏好与要求越来越重要。这部分新能源车消费者对高科技、新体验抱有好奇心，愿意支付一定溢价，同时也具备更强的时代责任感，认同新能源车的环保理念，有利于中国新能源汽车发展环境塑造。

（二）新能源汽车销量及对比分析

2022 年，中国新能源汽车市场蓬勃发展，产销量持续增长；新能源汽车产销量领先全球，出口量保持较高水平，全年共出口 67.9 万辆，同比增长 1.3%。中国新能源汽车市场渗透率位列全球第一，全年累计渗透率达到 26.3%，远超欧洲、美国。受“十四五”规划的影响，中国新能源汽车基础设施建设不断完善，2022 年中国累计建成投运加氢站 274 座，加氢站数量占世界加氢站总量的近四分之一，位居全球第一。

1. 中国新能源汽车月产量整体增长，销量与产量增长趋势相同

2022 年新能源汽车产量 704.1 万辆，与 2021 年相比增加 350.8 万辆，增长率为 99.29%。2022 年，新冠疫情形势缓和，新能源乘用车需求恢复上涨。中国新能源汽车产销量同步增长，达到 688.7 万辆（图 97）。2022 年中国新能源汽车销量变化与产量基本一致，而下半年增速受经济下行压力加大、疫情对汽车消费市场冲击的影响，呈逐月降低的趋势（图 98）。

受海外疫情影响，欧美缺少芯片和电池等资源，导致 2022 年整体产销量增速放缓，而中国电池和芯片供给充足，实现了产销量的双增长。与全球新能源汽车市场相比，中国新能源汽车市场的增长率更高，2022 年中国新能源汽车销量增长率约为全球增长率的两倍。

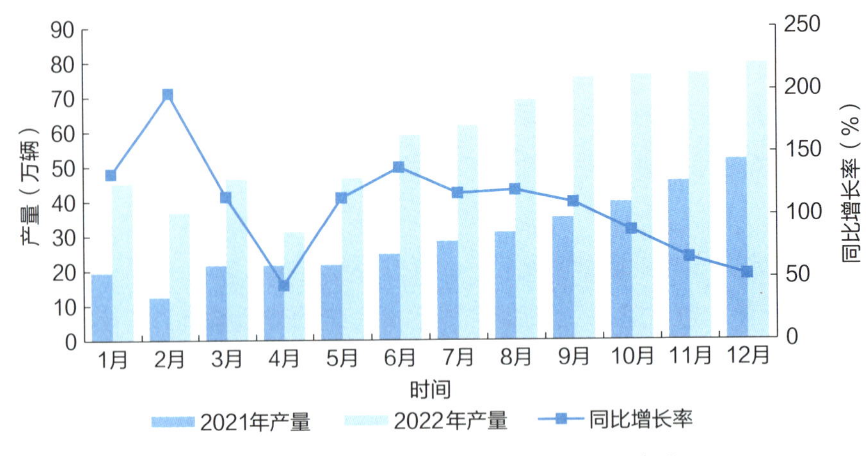

图 97　2022 年中国新能源汽车月度生产量

数据来源：中国汽车工业协会

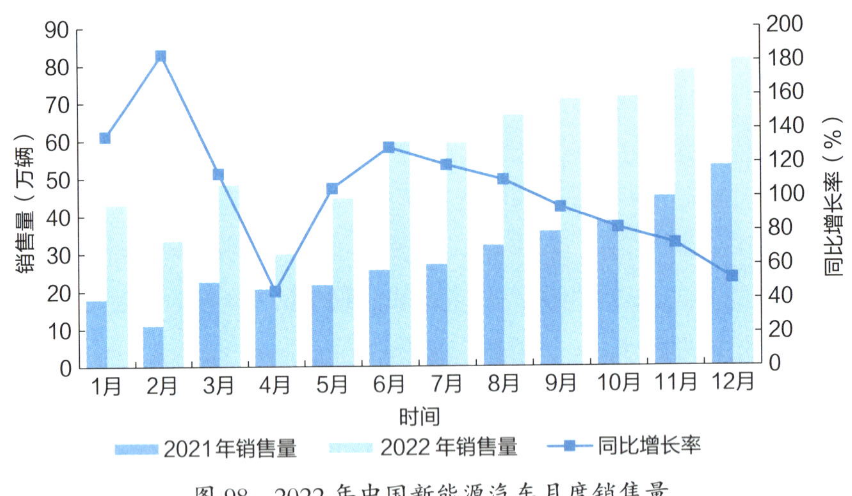

图 98　2022 年中国新能源汽车月度销售量

数据来源：中国汽车工业协会

2. 中国新能源汽车出口量波动上升，亚欧市场为新能源汽车出口主力地区

随着汽车独资企业的出口，相关制造业需求平稳恢复，中国新能源汽车出口取得巨大突破。2022 年，中国新能源汽车出口量波动上升，10 月出口量为同年最高，达到 10.9 万辆；4 月新能源汽车出口量达到 1.1 万辆，为同年最

低（图 99）。从纯电动汽车市场来看，亚欧地区是新能源汽车出口的主力地区，分别占比 34.61% 和 50.96%（图 100）。

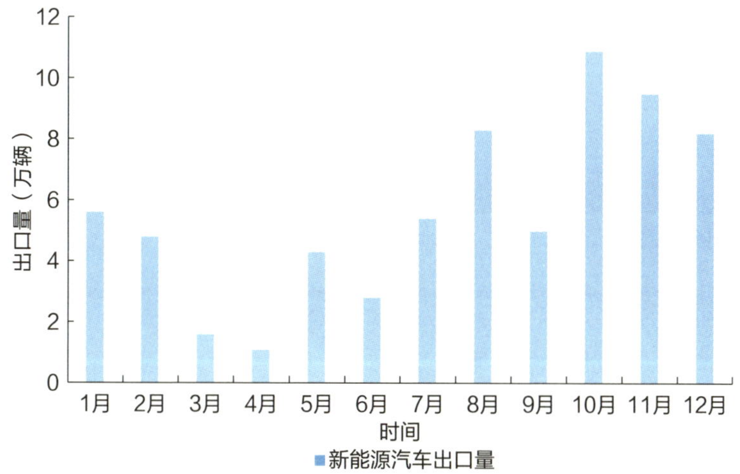

图 99　2022 年新能源汽车月度出口量

数据来源：中国汽车工业协会

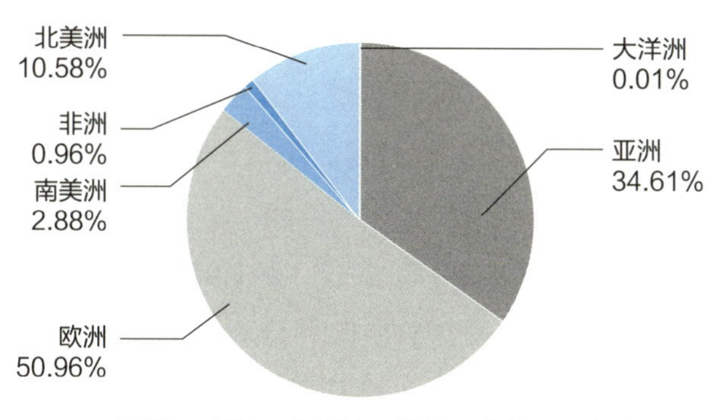

图 100　2022 年纯电动汽车出口州市场占比

数据来源：中国汽车工业协会

中国新能源汽车主要出口西欧和东南亚市场，随着汽车独资企业的出口，中国新能源汽车出口欧洲以及北美洲发达国家市场取得巨大突破。自 2018 年以来，中国纯电动汽车出口欧洲以及北美洲市场份额持续上升，而出口南美洲及非洲地区不发达国家市场的市场增长则没有明显变化。

3. 中国新能源汽车渗透率增速提升，领跑全球市场

随着碳中和目标和燃油车禁售政策推动，新能源汽车渗透率持续增长。2022 年，中国新能源汽车累计渗透率达到 27.6%，增速明显提升（图 101）。

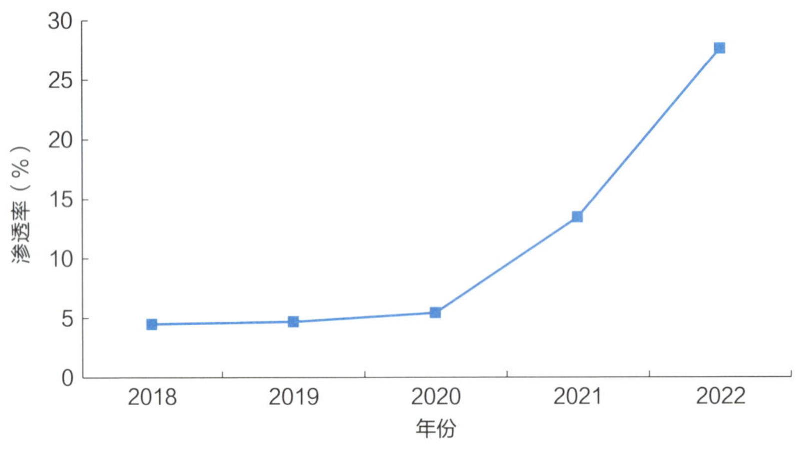

图 101　2018—2022 年中国新能源汽车渗透率

数据来源：中国汽车工业协会

与全球新能源汽车市场相比，中国新能源汽车市场渗透率涨幅更大，增速更快。2022 年全球新能源汽车渗透率达到 12%，仅为中国新能源汽车渗透率的一半。与欧洲国家相比，挪威新能源汽车渗透率达到 70%，瑞典达到 46%，中国新能源汽车发展仍有较大提升空间。

4. 中国新能源汽车基础设施不断完善，充电桩和加氢站数量不断增加

2022 年，中国新能源汽车充电桩保有量为 521 万台，与 2021 年相比增加了 259.3 万台，增长率为 99.1%；加氢站保有量为 274 座，与 2021 年相比增加了 56 座，增长率为 25.69%。在政策与市场的双重影响下，中国新能源汽车基础设施不断完善，促进新能源汽车产业发展。如图 102 所示，2018—2022 年中国充电桩保有量持续增长。2019—2020 年受新冠疫情影响，充电桩保有量增速下降，2020 年中国充电桩保有量仅为 38%。2021 年充电桩市场开始恢复，2022 年中国充电桩保有量达到 521 万台，增速 99.7%。在“十四五”规划的支持下，中国加氢站数量持续增长，2022 年中国加氢站累计建成投运 274 座（图 103）。

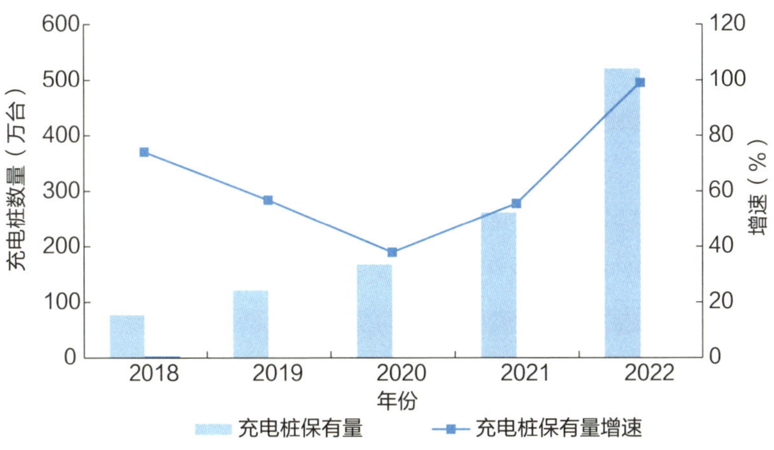

图 102　2018—2022 年中国充电桩保有量

数据来源：中国电动汽车充电基础设施促进联盟

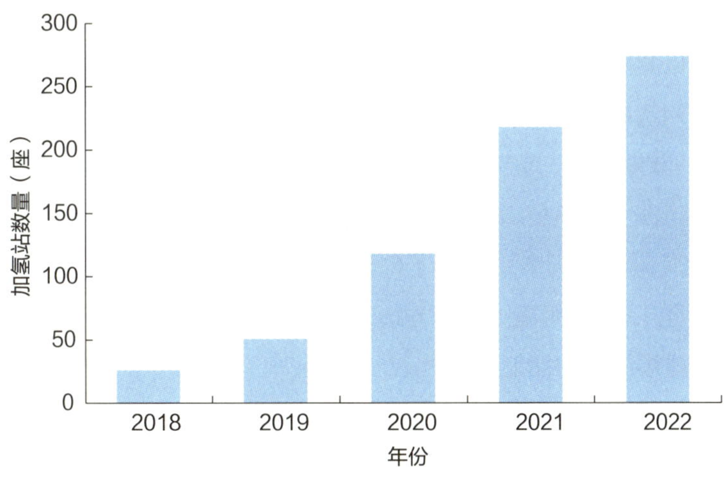

图 103　2018—2022 年中国加氢站数量

数据来源：国家能源局

与世界其他国家相比，中国新能源基础设施建设相关政策支持力度更大，相关法规更完善，建设规模在全球占据优势地位。中国电动汽车技术虽起步晚，但发展速度快，且充电桩等基础设施更受重视，中国现已成为全球最大充电桩市场。此外，在政府的高度重视以及政策支持下，中国加氢站建设快速发展，截至 2022 年底，中国加氢站共建成 274 座，比欧洲在运营加氢站多 20 座，占亚洲加氢站总数的 60%。

五、储能发展现状及对比

储能是通过特定的装置或物理介质将不同形式的能量通过不同方式储存起来，以便以后再需要时利用的技术。全球主要经济体实现碳中和的时间仅剩 30 ~ 40 年，但可再生能源消费仅占全球能源消费的 10%，而西方国家要在 2050 年实现碳中和，可再生能源消费占比必须达到 30% 以上，由此可见，在短时间内进行能源结构的变革，时间上并不充裕，未来碳中和的脚步将逐步加快。风能、光能作为未来实现碳中和的重要手段，因其不稳定性、易冲击电网，商业化应用步伐较慢，储能的出现，将解决发电侧这些问题。2021 年 4 月，国家发展改革委和国家能源局发布《关于加快推动新型储能发展的指导意见（征求意见稿）》，这是国家层面首次明确提出量化的储能发展目标。2022 年，国内新增投运新型储能项目装机规模达 6.9 吉瓦 /15.3 吉瓦时，单个项目规模与以往相比大幅提升，百兆瓦级项目成为常态，20 余个百兆瓦级项目实现了并网运行，5 倍于 2021 年同期数量，而规划在建中的百兆瓦级项目数更是达到 400 余个，其中包括 7 个吉瓦级项目。从储能结构来看，锂离子电池装机占比占主导地位，新型储能技术多元化发展态势明显，截至 2022 年底，全国新型储能装机中，锂离子电池储能占比 94.5%、压缩空气储能 2%、液流电池储能 1.6%、铅酸（炭）电池储能 1.7%、其他技术路线 0.2%。中国已经成为全球最主要的储能市场之一。

（一）储能政策分析

2022 年，国家及地方出台储能直接相关政策 600 余项，主要集中在储能规划、实施方案、市场机制、技术研发、安全规范等领域。2022 年初，国家能源局正式发布《“十四五”新型储能发展实施方案》，对新型储能发展的重点任务、目标和实施路径进行部署。2022 年 4 月，国家发展改革委发布了《关于进一步推动新型储能参与电力市场和调度运用的通知》，从市场机制、调用机制、价格机制等方面对储能发展方向进行了指导，并首次定义了独立储能的概念，同时明确向电网送电的独立储能电站其相应充电电量不承担输配电价和政府性基金及附加。该项政策发布后，加快了各地推动储能参与现货市场、中长期市场、辅助服务市场的进程，拓展了储能商业模式，推动了储能市场化进程。

2022 年，国家和各地方共发布储能市场规则相关的政策 85 项，市场机制改革步入深水区，为新型储能参与电力市场开启了新的篇章。山东省新型储能首次参与现货市场，独立储能可以通过现货套利、容量租赁和容量电价补偿获得收益；甘肃省建立了首个新型储能参与的调峰容量市场，通过容量补偿实现灵活性调节资源固定成本的有效疏导，独立储能可以通过参与现货市场、调峰容量市场、调频市场获得多重收益；南方、西北、华北、华东等区域修订了新版“两个细则”，再次明确新型储能的市场主体地位，并推动新型储能参与多项品种的交易。虽然在现有市场环境下，储能仍未建立起稳定的商业模式，但是随着可再生能源的高速发展，中国电力市场不断完善，逐步构建能够有效激活各市场要素活力的市场机制，将有利于储能在电力市场中获得与其价值相匹配的合理收益，形成可持续的商业模式。

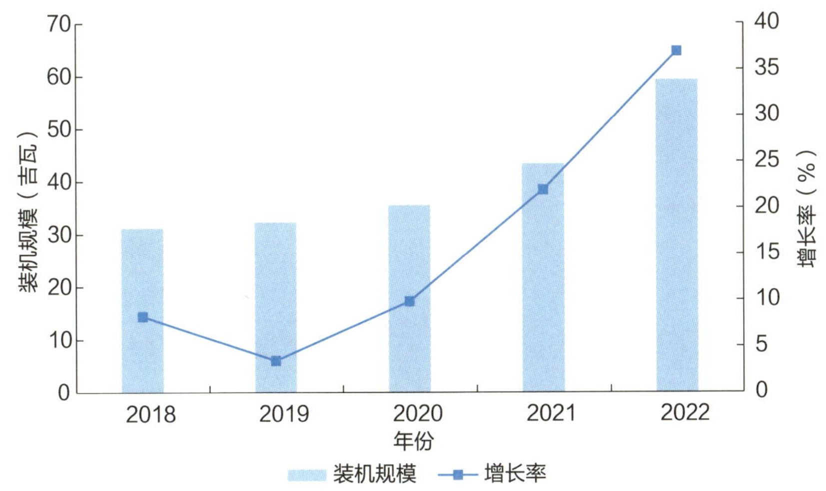

图 104　2018—2022 年中国储能市场累计装机规模

数据来源：中关村储能产业技术联盟全球储能项目库

2022 年，国内新增投运新型储能项目装机规模达 6.9 吉瓦 /15.3 吉瓦时，功率规模首次突破 6 吉瓦，能量规模首次突破 15 吉瓦时，与 2021 年同期相比，增长率均超过 180%。单个项目规模与以往相比大幅提升，百兆瓦级项目成为常态，20 余个百兆瓦级项目实现了并网运行，5 倍于去年同期数量，而规划在建中的百兆瓦级项目数更是达到 400 余个，其中包括 7 个吉瓦级项目，规模最大的是青海格尔木东出口共享储能项目，储能规模 2.7 吉瓦 /5.4 吉瓦时。

（二）储能示范项目分析

为贯彻落实《“十四五”新型储能发展实施方案》，陕西、山东、浙江、河北、四川成都、安徽、广西、湖南、青海、河南等十省市先后布局新型储能示范项目 216 个，规模合计 22.2 吉瓦 /53.8 吉瓦时。各省市储能示范项目情况如表 10 所示，其中安徽规划新型储能功率规模居各省市之首，达 5.1 吉瓦；河北储能容量规模最大，达 15.1 吉瓦时。

表 10　重点省份储能示范项目情况

省份	项目数量	储能功率（兆瓦）	储能容量（兆瓦时）	应用场景
安徽	42	5132	9513	独立储能、新能源配储、工业
河北	31	5060	15090	独立储能
山东	28	3065	8144	独立储能
湖南	21	2151	4302	独立储能
陕西	17	2000	4000	集中共享储能
广西	12	1617	3634	集中共享储能
浙江	34	1453	4156	独立储能、变电站、火储 AGC 调频、工业
河南	11	1100	2200	独立共享储能
青海	7	640	2760	独立储能、储热发电
四川	13	5.5	8.6	工业、工业园
总计	216	22223	53808	

数据来源：中关村储能产业技术联盟。

已发布的储能示范项目呈现三大特点。一是项目以独立储能或集中共享储能项目为主，功率规模占比高达 92%，百兆瓦级以上项目达 148 个，总规模达 20 吉瓦 /47.4 吉瓦时。二是技术路线丰富，涵盖锂离子电池、铅蓄电池、液流电池、钠离子电池、压缩空气、飞轮、熔盐储热、氢能，以及两种以上用于满足电网多重需求的混合技术组合也得到探索示范。三是投资建设主体多元化，项目投资建设主体既包括国家电投、国家电网、中合新能源、三峡新能源、中广核等央国企，也包括特变电工、远景能源等民营企业。

（三）储能技术分析

从技术分布上看，2022 年新型储能项目仍以锂离子电池为主（图 105），规模达 9.66 吉瓦 /19.84 吉瓦时，功率规模占比 91%。从技术应用上看，锂离子电池仍然在新型储能中占主导地位，新增投运装机规模首次突破 6 吉瓦，时长仍以 1 ~ 2 小时为主，4 小时以上的项目开始增多，例如新疆、河北、青海、西藏等省已经布局了超过 10 吉瓦的项目。其他技术路线“多点开花”，规模实现突破，应用逐渐增多：压缩空气储能，正在由 100 兆瓦向 300 兆瓦功率等级方向加速发展，2022 年新增压缩空气储能项目（含规划、在建和投运）接近 10 吉瓦，单次储能时长最高达 12 小时；首个百兆瓦级全钒液流电池项目并网运行，首个吉瓦时级全钒液流电池项目正式开工；国内

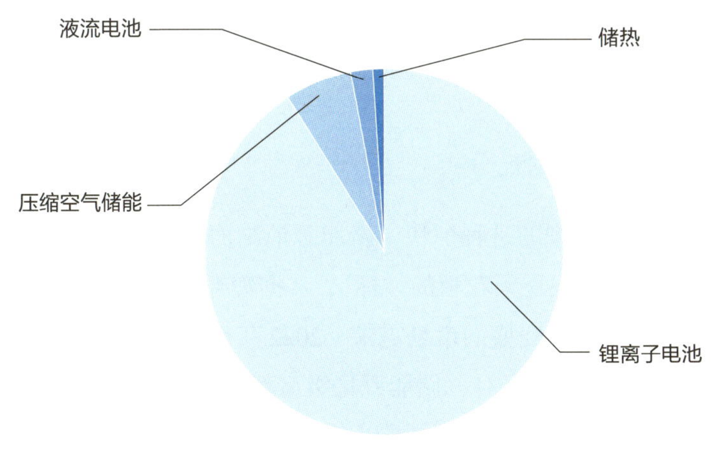

图 105　2022 年新增新型储能项目技术分布

数据来源：中关村储能产业技术联盟全球储能项目库

最大规模钠离子电池项目落地安徽阜阳，规模 30 兆瓦 /60 兆瓦时；飞轮等短时高频技术，需求开始慢慢增大，已有超过 300 兆瓦的项目处于规划在建中。

（四）储能应用分布分析

从应用分布上看，2022 年，电网侧储能规模最大，功率规模占比接近 47%，全部为独立储能的应用形式；电源侧占比 45%，电源侧储能中，继续以新能源配置储能应用为主，光储、风储基本各占一半；用户侧占比 8%，用户侧储能几乎全部为工业应用（图 106）。

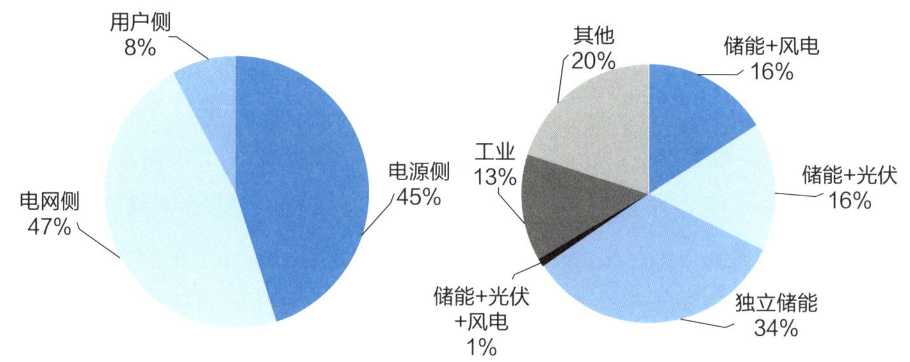

图 106　2022 年新型储能应用场景功率规模占比

数据来源：中关村储能产业技术联盟全球储能项目库

（五）储能与国际对比分析

随着全球能源转型的进程加快，新能源消纳面临着严峻的考验，因此储能成了决定清洁能源发展天花板的“标尺”。据集邦咨询数据显示，在众多利好政策的加持下，叠加旺盛的市场需求，2022 年全球储能新增装机规模创新高，达 20.5 吉瓦 /42.1 吉瓦时，储能万亿级市场大门已然敞开。从政策来看，目前各主要区域市场的储能政策主要以财政补贴及可再生能源配套政策为主，注重光伏与储能协同发展。在政策的推动下，光储产业未来成长空间巨大。

2021 年以来，中国密集出台了多项储能相关政策，从储能技术、建设规模、经济性、安全性等方面入手，以政策驱动储能行业的实际发展。从海外市场来看，美国、德国、印度等地区相继出台相关政策加强对储能的支持，进一步推动储能市场高速增长。

1. 中国、德国和美国是主要增量市场

经历了原材料涨价、安全性问题、新冠疫情等多重冲击，2022 年中国储能市场奋力前行，迎来了行业发展的新周期。事实上，从 2021 年起，全球储能行业进入高速发展阶段，并保持着逐年增长的高景气态势。作为主要的增量市场，中国、美国和欧洲引领全球储能市场的发展，三个地区的储能新增装机量保持着优势地位。据集邦咨询数据显示，2022 年中国新增装机 6.83 吉瓦 /14.92 吉瓦时，同比增长 214%/210%，增速强劲，实现了两番的增长；德国新增装机 1.28 吉瓦 /2.02 吉瓦时，同比增长 64%/52%；美国新增装机 4.99 吉瓦 /13.58 吉瓦时，同比增长 40%/28%。

2. 大储是当前储能装机的主力

从装机规模来看，大型储能是当前全球储能新增装机的主力。从中国来看，2022 年大型储能新增装机占总新增装机的 92%。当前，中国“双碳”目标正有序推进，在新能源项目刚性配套储能、各地制定硬性发展目标等政策的引导下，大型储能的商业模式发展向好，在经济性打通后将快速放量。此外，中国风光大基地规划总规模为 450 吉瓦，第一批大型风电光伏基地项目（规模 95 吉瓦）已于 2021 年 7 月全面开工建设，预计于 2023 年全面并网。

美国是全球储能产业发展较早的国家。据集邦咨询数据显示，2022 年美国大储新增装机约 4 吉瓦，约占总装机规模的 80%，进一步验证了美国大型储能的景气度。2022 年，美国部分储能项目由于原材料和运输成本的上涨等其他因素被延迟或取消。

欧洲方面，在能源价格暴涨、供应链不稳定的情况下，欧洲需求呈现井喷式增长，光储市场一度火爆。以欧洲主要的增量市场德国为例，2022 年德国户储新增装机约 1.03 吉瓦，占比超新增装机的 80%。2022 年 2 月，德国经济部提出，将在 2035 年放弃使用化石燃料（此前原定为 2040 年），实现 100% 可再生能源供给，不难看出德国在加速能源转型上的决心。2022 年 5 月，欧盟推行 REPowerEU 计划，拟加速其绿色转型的推进，也在一定程度上刺激了储能需求的增长。

六、新能源发展展望

2023 年，新能源将延续蓬勃发展趋势。从太阳能和风能到地热和水力发电，随着政府大力投资清洁能源，中国新能源将迅速发展。2023 年，可再生能源预计将占中国能源供应的更大份额。

（一）光伏发展展望

平价时代开启，2022 年中国国内光伏需求 90 吉瓦，同比增长 64% 左右，2023 年预计可达约 150 吉瓦，同比增长约 63%。分布式光伏开发成本低，收益率高，预计 2022 年户用装机有望达 25 吉瓦，同比增长 16%；工商业需求 25 吉瓦，同比增长 221%；地面电站需求 40 吉瓦，同比增长 57%。2023 年，硅料降价带动 2021—2022 年组件高价下积压的地面电站需求爆发，预计积压需求将于 2023—2024 年陆续释放，预计 2023 年地面电站需求 80 吉瓦，同比增长约 100%；分布式 70 吉瓦，同比增长约 35%；国内整体需求 150 吉瓦以上，同比增长约 67%。

（二）风电发展展望

随着风机大型化降本迎来平价新周期，带来需求旺盛，陆上风机从 2 ~ 3 兆瓦迭代至 5 ~ 6 兆瓦，价格快速下降。因此，在高收益率驱动下，2022 年陆上风电累计招标超 85 吉瓦，招标放量。2023 年陆上风电装机将迎来高增长，预计吊装 65 吉瓦，同比增长约 30%，并网容量超过 75 吉瓦，同比增长约 88%。随着大型化降本带来陆上风电场收益率高企，一、二期大基地风电项目将加速推进，叠加老旧机组改造、风电制氢带来增量空间，陆上风电需求有望保持稳定增长。

海风具备资源丰富、发电小时数高、发电稳定、靠近负荷中心利于消纳等优势。在“双碳”目标和能源低碳转型背景下，2023—2025 年海上风电将迎来高增长，年均复合增长率超 50%。2022 年已招标 12 吉瓦，2023 年预计招标 18 ~ 20 吉瓦。根据各省海上风电装机规划，“十四五”预计新增投产超过 64 吉瓦，其中 2022—2025 年分别新增装机 5 吉瓦、10 吉瓦、15 吉瓦、20

吉瓦，年均复合增速 59%。能源转型叠加能源危机，海外海上风电规划持续加码，预计在 2025 年迎来快速增长，2025 年新增 15.4 吉瓦，同比增长超过 150%，2022—2025 年年均复合增长率约 45%，预计 2025 年全球海风装机将增长至 35.4 吉瓦，年均复合增长率约 52%。

（三）生物质发展展望

中国生物质能源的生产设备及生化转化技术不高，相关的配套产业尚未形成产业化，导致生物质能行业成本较高，企业利润较低，不利于行业规模化发展。《“十四五”生物经济发展规划》强调要开展新型生物质能技术研发与培育，提高生物质厌氧处理工艺及厌氧发酵成套装备研制水平，加快生物天然气、纤维素乙醇、藻类生物燃料等关键技术研发和设备制造。提高生产转化技术，降低行业生产成本。

未来，在生活垃圾焚烧发电、农林生物质发电和沼气发电的基础上，中国将积极开展生物质能清洁供暖、生物天然气及非粮生物质液体燃烧等多元化发展。此外，《“十四五”可再生能源发展规划》提出，要开展生物天然气示范、生物质发电市场化示范和生物质能清洁供暖示范。《“十四五”生物经济发展规划》强调建设以生物质热电联产、生物质成型燃料及其他可再生能源为主要能源的产业园区；建立农林生物质原料生产基地，加快生物质能相关基础设施建设，有效整合各项资源，从而提高资源利用率。中国生物质能资源丰富，但行业整体上还处于低层次、小规模的发展局面。未来，在国家政策红利持续释放下，中国生物质能产业链将逐步完善，生物质能下游应用更加广泛，行业机械化生产、收集、产后处理、储运等环节联系将越发紧密且逐步向着规模化、规范化发展。

（四）氢能发展展望

随着全国各地政府政策出台步伐加快，氢能产业未来发展目标清晰。在氢能五大示范城市群的推广效应下，2022 年氢能各产业链条的规模持续扩大，产业化进程不断深入。根据国家和各地方政府出台的政策指引，下游整车应用场景的市场规模到 2025 年底存在约 3 倍的增量空间，预计 2023—2025 年整车产销规模的增长速度将继续加快。下游整车规模的不断扩大将有力带动中游燃料电池动力系统装机规模的提升，在规模效应的带动下燃料电池动力系统的成本将不断下降，进而刺激整车和零部件的商业化落地进程加快，形成良性闭环。在氢能产业的上游领域，从成本角度出发，化石能源制氢和工业副产氢在中短期内具有较为明显的经济优势，受益于氢作为能源载体带来的市场空间；随着技术迭代升级、规模的不断扩大以及并网电价降低，可再生能源电解水制氢的经济性和环境友好性逐步凸显，将逐步替代现有的化石能源制氢和工业副产制氢。

（五）新能源汽车发展展望

“双碳”政策实施、国内经济转型、绿色能源快速发展和能源供给侧结构性改革持续深化，加之“十四五”规划的实施，为国内储能发展打造了更有利的市场环境，储能产业将迎来更广阔的发展空间。随着中国新能源汽车产业链与供应链体系的完善，新能源汽车竞争力的提升，新能源汽车供给侧的供给水平将进一步提升，需求侧的接受程度也会进一步提高。传统车企在新能源汽车领域呈现出较强的开拓能力，造车新势力作为新锐势力也表现不俗。新能源汽车产业快速发展的同时，伴随着竞争加剧，市场的集中度可能会进一步提升。

新能源汽车保有量的进一步增长，将会给能源补给基础设施带来重大改变，对于充换电等基础设施的建设提出更高的要求。这种要求既体现在基础设施的数量要求，又体现在更为先进的技术创新和技术标准的完善。此外，新能源汽车渗透率较低的中心城市与乡村地区，可能会成为新能源汽车新的市场空间。国家深入开展新能源汽车下乡活动，鼓励汽车企业研发推广适合农村居民出行需要、质优价廉、先进适用的新能源汽车，将推动健全农村运维服务体系。新能源汽车下乡将成为未来新能源汽车产业发展的一个重要趋势。

（六）储能发展展望

电网每年参考自身调节能力，设置保障性并网项目规模，超出保障性并网规模的项目进入市场化并网项目，需要自建更多的储能项目，因此保障性并网项目将会贡献国内储能需求；市场化并网项目配储要求更高，后续储能装机增速预计将高于新能源装机增速。

CNESA 在《储能产业研究白皮书 2022》中预测，未来中国新型储能市场，在保守情况下，2023 年新增装机规模为 5.7 吉瓦，2026 年累计装机规模将达到 48.5 吉瓦，2023—2026 年新增装机量年均复合增长率为 39.7%；在理想情况下，2023 年新增装机规模为 7 吉瓦，2026 年可达 79.5 吉瓦，2023—2026 年新增装机量年均复合增长率为 57.4%。

共享储能电站具备成本低、调用优先级高以及租金收入等多重优势，在获得辅助服务收入的同时，还能够满足发电侧配储要求，降低建设成本。共享储能项目可在日常获得稳定租金收入，提高收益率。随着各省份关于共享储能的盈利模式细化政策逐步出台落实，共享储能或是国内需求落地的主体。

国内储能市场关注产业链话语权较高的电池环节、具备渠道和成本优势的储能变流器（PCS）企业以及价值量有望提升的 EPC、温控和消防环节。从竞争话语权看，电池环节对于储能 IRR 影响更为明显，话语权维持高位，支撑公司盈利水平，电池龙头企业宁德时代和液相法铁锂正极龙头公司直接受益。随着储能行业景气度高涨，集中式 PCS 需求高增。此外，随着储能建设规范有望逐步落地，政策趋于加严，EPC、温控和消防环节将直接受益。

专题篇

战略性氦气资源的利用及建议

刘贵洲[1]，窦立荣[2]，李鹏宇[3]，周天航[1]，赵　勋[1]

（1. 中国石油国际勘探开发有限公司；2. 中国石油勘探开发研究院；

3. 中油国际管道有限公司）

氦气是无色、无味、不燃烧的惰性气体，是自然界沸点最低（–268.95℃）的物质，且是唯一一种在常压下即使达到绝对零度也不会转变为固体的物质。由于物理和化学性质特殊，氦气用途十分广泛，是关系国家安全和高新技术产业发展的不可替代的重要稀缺战略资源，在国防、航天、医疗、半导体、科研、超导实验、石化、制冷、管道检漏、金属制造、光电子产品生产、高精度焊接、深海潜水等方面被广泛利用。

氦气主要来源不是空气，而是天然气，主要从富氦天然气中提取。氦气在干燥空气中含量极微，平均只有百万分之五；而在天然气中含量最高可达 7.5%。一般认为，混合气中氦含量达到 0.05% ~ 0.1% 即具有工业提取价值。

蕴藏在地层中的氦气往往是矿物岩石中铀、钍等放射性元素衰变的生成物，其蕴藏量主要决定于放射性元素含量及衰变发生时间的长短。只有在天然气藏 / 氮气藏附近有铀矿时，氦气才能生成且混合在天然气 / 氮气中。据美国矿务局资料，含氦天然气藏有 66% 处于古生界。

含氦天然气田主要可分为壳源同源型、壳源异源型和壳幔复合型。氦气主要来自天然气储集层或下伏的盆地基底，世界上已发现富氦天然气田多属此类型。

如表 11 所示，氦气按应用所需的纯度不同可分为纯氦气（≥ 99.99%）、高纯氦气（≥ 99.999%）和超纯氦气（≥ 99.9999%）。

表 11 氦气的分类

类别	纯氦气		高纯氦气	超纯氦气
纯度	≥ 99.99%	≥ 99.995%	≥ 99.999%	≥ 99.9999%

一、氦气是战略资源，极其有用而又珍稀

（一）氦气用途广泛

氦气的作用和用途很广泛（表 12)。(1）利用其惰性，在卫星和飞船发射中用作液氢燃料的推进材料。航天发射中发动机输送燃料和氧化剂的系统都离不开氦，增压系统换热器中氦气升温到 400℃，大幅膨胀后为燃料和氧化剂增压，使燃料和氧化剂进入涡轮泵，在每分钟 1.2 万转的转速下，泵入燃烧室，喷出完美的雾化液滴，进行充分燃烧，产生巨大推力。在仪器分析中，氦气作为气相色谱的载体；在光纤生产中，氦气作为保护和冷却气体；在核电设施中，氦气作为传热介质；在液晶显示器制造中也往往使用氦气。高纯氦气跟高纯氩气一起用作单晶硅生产和特殊焊接的保护气体等。(2）利用其低温冷却特性，用作冷却低温超导体。医院的核磁共振成像仪所用超导磁体需要很大电流，以产生强磁场，但电流越大，发热也越严重，所用超导体需要液氦来降温，以保持扫描仪成像的稳定性。同理，在磁悬浮列车超导体应用中，液氦也是不可或缺的。很多高精尖设备需要极大的电流，比如对撞机部分组件需要的电流高达 1.2 万安培（220 伏特下，一匹空调的工作电流一般是 3 ~ 4 安培)。如此高电流下电线发热会很严重，必须使用超导体，必须用液氦保持其超导性。(3）用于高端加工。芯片所用单晶硅在制作时在 1400℃高温下容易发生各种化学反应，需要氦气来保护。(4）高纯氦气与医用氧气混合用于深海作业的呼吸气体。深潜所背的氧气瓶里不是纯氧，如果氧气含量超过 40%，就会造成人体中枢神经系统氧中毒；压缩空气也不行，因为水下气压可使空气中的氮气大量融入血液，造成氮麻醉。氦气在血液中的溶解度极低，很快就达到饱和，只要压力不变或变化不大，时间再久，血液里的气体含量也不会改变，能够保护深潜人员长时间作业。(5）用作气冷式核反应堆的工作流体。(6）利用氦气扩散性还可进行容器检漏，如用作空调领域

氦漏仪的检漏气体。（7）高纯氦气用作气质联用仪等仪器的载气。（8）高纯氦气与高纯二氧化碳和高纯氮气一起用作二氧化碳激光切割机的激光气体。（9）氦气还可用来充装气球和飞艇。

表 12　氦气的性质和用途

性质	用途
化学惰性	卫星和飞船发射中液氢推进材料
	载气——分析、半导体、液晶显示器
沸点最低（低于 22K），常压、绝对零度下不固化	低温超导体冷却
	冲洗液氢系统
电离势最高	金属弧焊——铝
	等离子弧熔化——铝
比热高，导热性好	气态冷却光纤生产
分子尺寸最小	检漏
声速高	金属涂层
溶解性极低	深海潜水气体
放射性惰性（无放射性同位素）	热核聚变反应堆的传输介质
仅次于氢的第二轻元素	气球或飞船中的充入气体

（二）氦气储量不高，分布集中

据美国地质调查局统计，全球氦资源量为 519 亿立方米，集中分布在美国、卡塔尔、阿尔及利亚、俄罗斯和加拿大等国（图 107），分布极其不均。其中美国是全球氦资源头号大国，资源量约 206 亿立方米，占全球的近 40%；卡塔尔氦资源约 101 亿立方米，阿尔及利亚 82 亿立方米，俄罗斯 68 亿立方米，资源量前四名的国家占比高达 88%。加拿大 20 亿立方米，中国 11 亿立方米。

全球氦气剩余探明储量也很有限，且分布极度不均。美国最多，达 39 亿立方米，阿尔及利亚、俄罗斯位列第二、第三，分别为 18 亿立方米、17 亿立方米，波兰有 0.23 亿立方米。

天然气田中的氦气含量各异。如表 13 所示，美国气田氦含量最高，平均约为 0.8%（摩尔百分数），个别气田高达 7.5%。中国氦含量最高的气田是威

远气田，氦含量只有 0.18% ～ 0.2%。

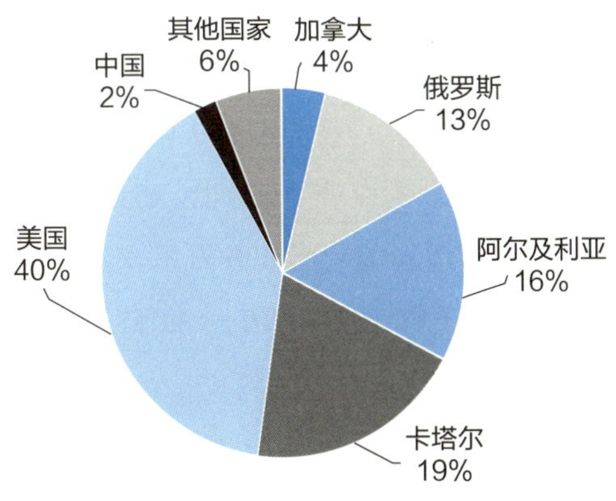

图 107 世界氦气资源分布

表 13 全球不同国家天然气田氦浓度

国家	氦浓度（摩尔百分数）
美国	0.024 ～ 7.5
俄罗斯	0.04 ～ 0.3
英国	0.05 ～ 0.12
墨西哥	0.05
阿尔及利亚	0.17
中国	0.2

近年来，新发现一些氦气资源。2016 年，在东非大裂谷坦桑尼亚境内发现世界级富氦气田。

（三）氦气产能产量有限，为少数几国垄断

全球氦气生产几乎集中在美国、卡塔尔、俄罗斯、加拿大、阿尔及利亚、澳大利亚和波兰等国。美国是全球氦产能和产量头号大国，氦产能占全球 70% 以上，共建成 22 套天然气提氦装置，其中 19 套在运行。拥有两大主力在产气田，南部有从堪萨斯西南到俄克拉何马、得克萨斯的 Hugoton 气田，北部有怀俄明西南的 Riley Ridge 气田，还有诸多进入开采中后期的富氦气田。

俄罗斯共建成5套天然气提氦装置，其中3套在产，均在奥伦堡。目前正在阿穆尔州为中俄天然气东线输送的天然气（科维克金气田气源、氦含量0.22% ~ 0.26%）建设新的提氦装置。阿尔及利亚2006年由林德公司建成1960万米^3/年的Skikda提氦装置。卡塔尔由法国液化空气公司和德国林德公司建成一期（2003年）2000万米^3/年、二期（2013年）3800万米^3/年提氦装置。澳大利亚2010年由林德公司建成430万米^3/年提氦装置。

近年来全球氦气产量呈下降趋势，2011、2012年产量均在1.7亿米^3/年以上，近年已经降到1.6亿~ 1.4亿米^3/年。

2016年，产量为1.54亿立方米，2017—2019年为1.6亿立方米。2020年，全球氦气产量为1.4亿立方米，其中，美国占52.8%，卡塔尔占32.1%，阿尔及利亚占10%，俄罗斯和澳大利亚分别占3.6%和2.9%（见表14）。

表14　全球各国氦气生产情况

单位：百万立方米

国家和地区	2016	2017	2018	2019	2020
美国（从天然气中提取）	63	63	64	68	61
美国（从氦气田生产）	22	28	26	21	13
卡塔尔	50	45	45	45	45
阿尔及利亚	10	14	14	14	14
俄罗斯	3	3	3	5	5
澳大利亚	4	4	4	4	4
波兰	2	2	2	1	1
加拿大		<1	<1	<1	<1
中国	—	—	—	—	—
全球总计	154	160	160	160	140

数据来源：美国地质调查局（USGS）。

二、氦气供应形势严峻

（一）全球氦气供需基本由美国主控

2020 年全球氦气需求量约为 2.266 亿立方米。在为数不多的氦气生产国中，最大生产国美国也是最大出口国，在国际氦气市场上拥有绝对的话语权。2016—2020 年，美国氦气出口量连年累增，出口量分别为 6200 万立方米、7400 万立方米、8400 万立方米、10600 万立方米、10000 万立方米（见表 15），占全球需求量的 45% 左右。主要出口到欧洲、美洲和亚洲市场。而美国国内的消费量却下降不少。

表 15　美国氦气国内消费和进出口情况

单位：百万立方米

项目	2016	2017	2018	2019	2020
从天然气中提取的氦气量	66	63	64	68	61
来自氦气储备库的氦气量	22	28	26	21	13
A 级氦气销售量	89	91	90	89	75
进口量	23	19	8	7	5
出口量	62	74	84	106	100
国内消费量	50	36	40	40	40

数据来源：美国地质调查局（USGS）。

注：国内消费量 =A 级氦气销售量 + 进口量 − 出口量。

目前卡塔尔氦气产能、产量和出口量都已超过阿尔及利亚，跃居世界第二，出口能力一度达到5000万立方米，近年来有所下降，主要出口亚太市场，但其经营主动权操控在美国公司手中。阿尔及利亚 1995 年开始出口氦，出口能力一度达到 2000 万立方米，近年来有所下降，主要出口欧洲市场，其经营主动权同样操控在美国公司手中。俄罗斯氦气产量曾达到 600 万立方米以上，出口能力曾达到400万 ~ 500万立方米，近年来出口维持在400万立方米左右，主要供应西欧市场，近年也少量供应亚洲市场。澳大利亚是新兴氦气生产国和出口国，其产量维持在 400 万立方米，大部分供出口，主要出口亚太市场。

波兰是老牌氦供应国，曾经每年出口氦气约300万立方米，近年来大幅度下降到不足100万立方米，主要供应欧洲市场。

（二）中国贫氦且进口单一

1. 资源少、品质差

中国贫氦。一是氦资源量少，约11亿立方米，占全球的2.1%，仅在四川盆地、渭河盆地、塔里木盆地、鄂尔多斯盆地、柴达木盆地及郯庐断裂带的含油气盆地中有氦气发现，但储量有限。二是品质差，天然气田贫氦，普遍含氦量低，四川威远天然气田含量最高，也仅为0.18%～0.2%。

近年来，汾渭盆地有新发现，从地热井采集的气体中含氦较高，最高达3.43%，不少样品氦含量大于1%。西安地热田的天然气含氦量也多处于0.8%～1.2%，最高1.51%，平均为0.94%。当然，这些仅仅是少量的初步发现，尚未证实可观的经济可采储量。2018年，陕西省在渭河盆地设立了中国第一个氦气探矿权。

2. 装置少、产量微

长期以来，中国仅有中国石油所属的西南油气田一套提氦装置在产。1970年由四川石油管理局在威远建成六零八二化工厂，为国内首套且为唯一一套天然气提氦装置。1989年在原厂址建成第二套提氦装置，设计规模10万米^3/日，年产氦4万立方米。现两套装置均已关闭。2011年西南油气田在四川荣县东兴场镇建成新的天然气提氦装置，日处理天然气40万立方米，氦收率大于96.5%，产品粗氦纯度80%左右。然后用气瓶拖车将粗氦运输到成都天然气化工总厂后进行进一步提纯，生产出纯度99.999%～99.9999%的产品，可年产纯氦约20万立方米，但由于气源等原因，难以达产。如此低的产量只能少量满足航天发射、国防军工氦气需求，保障战略需要。

五十年来，成都天然气化工总厂在一穷二白的基础上积极探索、勇攀科技高峰，曾在1978年获得“全国科学大会奖状”，并多次获得省部级科技进步奖项。由于对保障航天和军工需要连年做出突出贡献，中共中央、国务院、中央军委曾三次发来贺电。

2020年中国自产氦气约95吨，而市场需求量高达3803吨，自产率仅为

2.3%。中国氦气主要用于核磁共振、制冷、磁悬浮列车、焊接、检漏、科研等领域（图 108）。

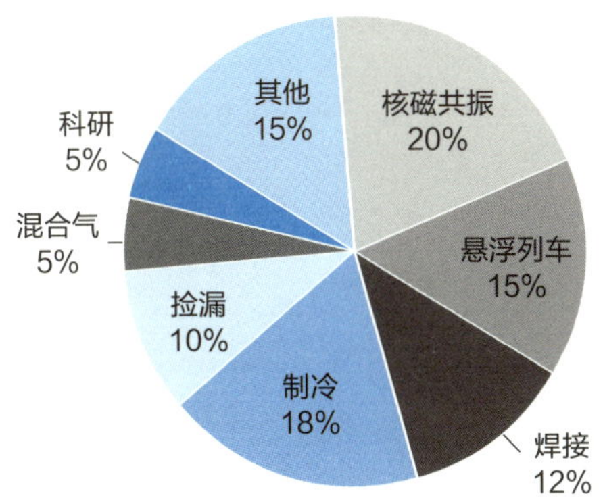

图 108　中国各领域利用氦气占比

近几年，中国也陆续有几家企业加入氦气生产领域，采用不同提氦方式和技术，建成几套提氦装置。目前共有 7 家，其中 3 家自天然气中提取，4 家通过空分提取，产能约 250 吨（表 16）。这些产能纵使满负荷生产，也只能满足国内市场需求量的 5.9%。

表 16　中国氦气产能情况

企业名称	产能（万立方米）	投产时间
成都天然气化工总厂	20	2011 年 11 月
武钢集团气体有限公司	2	2006、2018 年
河钢邯钢气体	3	2015、2017 年
上海启元空分技术发展公司	3	2015 年
宝钢气体	1.5	2019 年
内蒙古昊吉能源有限公司	100	2020 年 8 月
中能北气（宁夏盐池）	11.2	2020 年 8 月
合计	140.7（相当于 250 吨）	

3. 进口集中，渠道受控

2019 年全球氦气资源紧张，中国进口氦气 3974.9 吨，同比下降 3.7%；2020 年进口 3707.6 吨，同比下降 6.7%，但进口占需求的比例高达 97.7%；近

5年中国氦气进口呈先增后降趋势。进口来源地主要集中在卡塔尔（2764.6吨，74%）、美国（584.6吨，16%）、澳大利亚（320.2吨，9%）三国（图109）。另外，自俄罗斯、新加坡、乌克兰等地有少量进口。

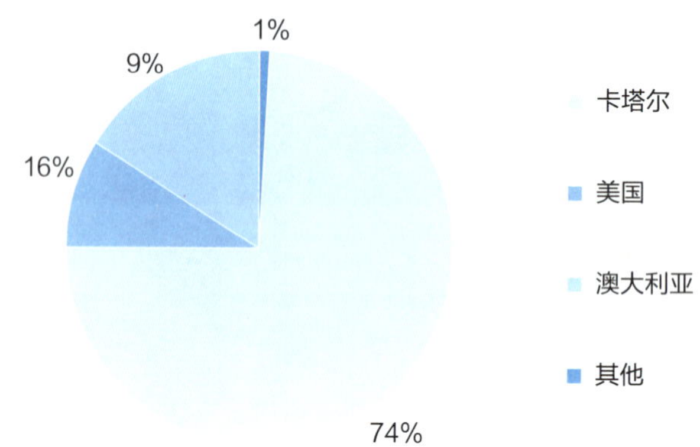

图109　中国氦气进口来源国分布

由于国际形势变化大、卡塔尔氦气产量上升快，中国氦气进口结构有所调整，近5年自卡塔尔进口氦气连年攀升，自美国进口则在递减（图110）。

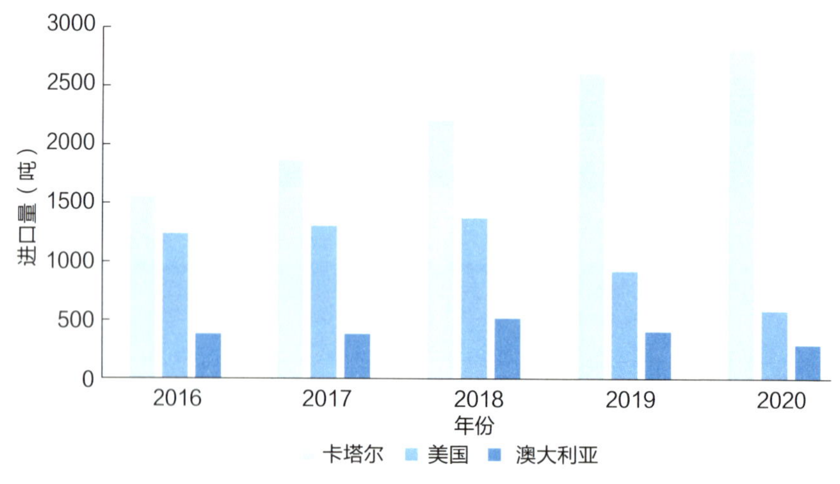

图110　中国自三国进口氦气变化趋势

中国氦气基本从普莱克斯公司、空气产品公司、法国液体空气公司、林德公司、岩谷气体公司等跨国公司进口，国内产量极低，进口氦气分销渠道以合资企业和外资企业为主。

（三）未来供应形势更加严峻

氦气属世界性稀缺资源，本身就存在供需缺口，在中国更显珍贵。在百年变局中未来不排除成为大国战略竞逐中一张有力的“牌”，显然中国更易受制于人，更易被“卡脖子”。

全球氦气生产国和出口国较少，一些出口国出口能力已开始下降。最大出口国美国氦资源也逐步迈向枯竭，氦气产量每年递减 5% ~ 6%。阿尔及利亚尽管氦资源量和探明储量都很高，但实际产量不足 2500 万米^3/年，氦气供应能力有限。还有一些国家因季节性停工或故障检修或工人罢工而影响生产，例如卡塔尔北方气田提氦、阿尔及利亚 Skikda，都曾因 CO_2 堵塞或厂内爆炸而出现大规模减产，引起相关区域氦气供应大幅波动。据俄罗斯相关机构预测，到2030年，如果没有新区块开发，世界氦产量将降至1.34亿立方米。而氦气需求量将达到 2.2 亿 ~ 3 亿立方米，其中欧洲市场占比将从 20% 降至 15%，美国市场将从 50% 降至 45%，而亚太国家将有所增长，从 25% 增至 30%。世界氦气供应缺口达 1.66 亿立方米，其中亚太短缺 6000 万立方米。

中国氦气产需结构更不乐观，2021 年国内市场需求或将达到 4100 吨，之后仍将延续上涨走势，2025 年可能达到 5800 吨，增速由 7% 逐步增长至 11%。未来 5 年，氦气需求增幅较大的可能在半导体、光纤、低温应用等领域。而国内自产仍非常有限，除表 5 列举的产能外，2021 年克拉玛依恒通能源、重庆瑞信（森泰、环达）项目有望投产，使国产氦气产能达到 367.5 吨，但仍不足市场需求的 9%。

未来中国氦气进口可能更受制于人，尤其是受制于美国。美国已将氦气列为战略资源，限制粗氦生产，加之美国国内提氦设施停产不少，未来供应将相应减少。卡塔尔和澳大利亚提氦装置也基本由美欧公司主导，一定程度上受美国操控。中国氦气进口基本垄断在普莱克斯公司、空气产品公司、法国液体空气公司、林德公司、岩谷气体公司这五家跨国公司手中，它们之间又存在权益结构和控制关系，因此，氦气供应缺乏安全保障。

三、结论与建议

（一）掌握氦气资源，保障供应安全

在中国，除四川盆地外，鄂尔多斯、渭河、柴达木、塔里木等盆地，以及郯庐断裂带上，有个别天然气藏或地热田含氦量可观，达到工业经济可采标准。为国家战略考量，应选择性予以开采和提氦。从经济效益评估，在目前全球氦气自由贸易背景下，由于储量和品质原因，加之不是与天然气液（LNG）生产配套，提氦生产成本无法与美国、卡塔尔等国相提并论，但一旦国际市场供应紧张，则经济性不言而喻。提氦装置投资量不大，正常情况下如采取以丰补歉、以肥补瘦等措施，基本可处于微利和微亏之间。

另外，邻国哈萨克斯坦拥有一些氦气资源，寻求合作意向。鉴于资源离中国西部边境不远，与塔里木同一方向，同样值得进一步论证。近年来，东非大裂谷发现巨型富氦天然气藏，其氦气资源应该成为促进中国更积极开展合作的重要因素。在全球其他氦气资源丰富地区，我们也应该积极寻求合作开发机会。

（二）重视氦气供应，确保渠道安全

资源握在少数几个国家手里，无法更改。生产掌握在少数几家西方公司手里，亦无法左右。但供应操控在少数几家西方公司手里，而坐等几大巨头行销，这样的局面就需要改变了。一要由被动坐等转变为主动寻求货源，争取产地直供，尽量减少中间环节；二要进一步改变贸易结构，努力降低地缘政治风险；三要寻求合资合作，与贸易供应商成立合资企业，避免关键时候被“卡脖子”。

全球新能源发展现状及展望

王海滨
（中化能源股份有限公司）

新能源的种类较多，包括风光电、核能、海洋能、天然气水合物（可燃冰）、氢能等。目前核能、风光电是新能源的主要品种，也是本文分析的重点。

一、世界新能源发展成绩显著

迄今为止，世界新能源发展规模已很可观，其中核能、风电和太阳能发电的发展尤其引人注目。

（一）核能已成为世界能源组合中不可或缺的一部分

1957 年，世界第一座商用核电站（美国希平港核电站）并网发电，其装机容量为 6 万千瓦。这标志着人类进入了商业化核能开发的时代。截至 2022 年 6 月，全球共有 440 个核反应堆，装机容量为 3.94 亿千瓦，装机规模居前三位的是美国、法国和中国。

2021 年，核能在世界一次能源消费量和发电量中分别占 4.3% 和 9.8%。核能已成为世界能源组合中不可或缺的一部分，因为它能为人类稳定地、不间断地提供大量零碳电力，这在人类社会竭力实现温室气体净零排放的奋斗征程中尤显珍贵。

（二）风光电：近年表现有起伏

1941 年，世界首个兆瓦级风电机组出现在美国佛蒙特州，并接入当地电网，其装机容量仅为 1500 千瓦。2022 年，全球风能总发电量首次突破 2000

太瓦时，达到2148.7太瓦时，同比增长15.2%。

世界光伏发电的商业化开发利用始于1973年。和风电相比，近年来全球光伏发电装机容量增长更快。从2010年到2021年，世界光伏发电装机容量年均增长31.8%，明显高于同期风电装机容量14.8%的增速。2021年全球光电装机容量增长了1.3亿千瓦，装机总容量升至8.4亿千瓦。在发电量方面，2021年世界风电发电量为1.9万亿千瓦时，与2020年相比增长了2655亿千瓦时，同比增长了17%。2021年世界光伏发电量为1.03万亿千瓦时，约为风电的一半。与2020年相比，光伏发电增长了1863亿千瓦时，同比增长了22.3%。

在风光电发展方面，欧洲走在世界的前列。但受到天气波动等因素的影响，近些年来欧洲风光电发电情况并不稳定。2020年，欧盟可再生电力发展势头喜人，风电和光电发电量分别增长了9%和16.2%。但2021年欧洲可再生电力出力情况总体上令人失望，且是欧洲出现能源短缺的重要原因。2021年欧盟风电发电量不升反降，发电量为3895亿千瓦时，和2020年相比下降了78亿千瓦时，降幅为1.7%，这是从20世纪70年代以来第一次出现同比下降。英国是欧盟外的一个重要欧洲国家。2021年英国风电发电量的降幅更大，当年发电量为645亿千瓦时，同比减少109亿千瓦时，降幅高达14.2%。

欧洲风电发电量之所以下降，主要是因为2021年夏季欧洲遭遇极端高压天气影响，海上风速大幅低于预期值，导致各国风力发电量显著下滑。比如，6月德国风力发电量同比下降30%，而7月英国风力发电量同比降幅更是高达48%以上。

针对2021年风电出力不佳导致欧洲出现“能源危机”的说法，国际能源署署长法提赫·比罗尔于2022年1月10日发表了一篇文章，辩解道：尽管欧洲风电发电量在2021年夏天的确低于平均值，但是到了四季度，风电和太阳能光伏发电对满足欧洲电力需求发挥了重要作用，发电量分别同比增长了3%和20%。2022年天气条件总体有利，欧盟风光电发电情况转好。2022年欧盟风电和光电发电量分别是4200亿千瓦时和2030亿千瓦时，同比增幅分别是8%和26%。

二、未来，世界新能源发展会加快

世界新能源近年来虽然发展较快，但是目前的节奏仍不能满足在2050年前后世界实现温室气体净零排放的要求。新能源事业需要快马加鞭、加速前行。

（一）全球核电继续发展，格局将发生重要变化

2011年日本福岛核事故发生后，世界核电一度遭受沉重打击。欧洲是世界核电传统重要生产地区。德国、西班牙等欧洲核电国家先后决定弃核。其中核电大国德国剩余的核电站计划将于2023年4月全部关闭。

法国、芬兰、捷克等国政府却支持发展核能。法国政府为了确保国家能源独立和实现碳中和的双重目标，于2021年宣布重新启动国内核反应堆建造。美国、日本对核电的态度也比较积极。在美国，有五个核反应堆在建和拟建；今后日本会有更多核电站陆续重启。综合判断，发达国家今后的核电装机容量很可能会增加。

和发达国家内部围绕核电的激烈争吵以及政策的左右摇摆不同，发展中国家对核电的态度总体上更积极。部分发展中国家发展核电的热情很高。2020年阿联酋建成其第一座核电站。孟加拉国、土耳其、埃及、沙特阿拉伯等国家正在建设或准备新建核电站。

根据国际原子能机构统计，截至2022年6月底，全球在建核电机组共53台，总装机容量约5438万千瓦。在建机组规模居前三位的分别是中国、印度、俄罗斯。世界在建装机容量中，约2/3在发展中国家。预计今后发展中国家核电增量会持续大于发达国家，世界核电发展的重心将逐渐转向发展中国家。

（二）风光电肩负全球碳中和厚望，需要加速再加速

风光电基本上是零碳能源，大力发展风光电并用它们来替代化石燃料，有利于2050年前后世界碳中和目标的达成；和核电不同，发展风光电不用担心会造成严重的污染问题；风光电的技术已经成熟，经济性较好。

虽然风光电有这些优点，但是迄今为止世界风光电的发展规模仍然远远

达不到升温控制在2℃的要求。2021年全球风光电发电量合计约2.9万亿千瓦时，在世界发电总量中占比仅为10%，与煤电（约10.2万亿千瓦时）、天然气电力（约6.5万亿千瓦时）仍然相差甚远。风光电发电量也不及同为非化石能源的水电，2021年世界水电发电量达4.3万亿千瓦时。

国际能源署提出，要在2050年实现全球温室气体净零排放的目标，太阳能和风能的发展是关键。到2050年风光电在全球发电总量中的占比需要达到70%左右，余下的主要是核电。要实现2050年净零排放，世界2/3的能源供应量需要来自风能、太阳能、生物质能、地热和水能等清洁能源。其中，太阳能应该成为最重要的能源品种，在能源供应总量中需要占20%。到2050年，太阳能光伏发电装机容量需在2020年的基础上增长20倍。风电的发展也很重要，到2050年世界风电装机容量需要在2020年的基础上增长11倍。

分地区和国家来看，中国、欧洲、美国和印度是今后全球新能源电力发展的“主战场”。中国迄今在风光电发展方面在世界各国中遥遥领先，装机容量和发电量均占世界总量的30%以上。尽管如此，今后中国继续发展的压力仍然很大。

2020年12月，习近平主席在联合国气候雄心峰会上提到，到2030年风电、太阳能发电总装机容量将达到12亿千瓦以上。而2020年中国风光电装机容量合计5.4亿千瓦左右。这就意味着从2020年到2030年的10年间，中国年均需要增加6600万千瓦以上的风光电装机容量。

国家能源局数据显示，2022年中国风电和光伏发电装机容量分别增加了3763万千瓦和8741万千瓦，总装机容量分别升至3.65亿千瓦和3.93亿千瓦。而根据国际能源署预测，到2026年，中国风能和太阳能总装机容量就将达到12亿千瓦。

即使中国的风光电装机容量提前达到12亿千瓦，仍然不足以保障中国能够按时实现碳中和。12亿千瓦风光电装机容量只是中国碳达峰碳中和征程上的一个阶段性目标而已，为确保实现2060年温室气体净零排放，中国还需要设立更有雄心的新能源电力发展目标，并且不折不扣地去完成。

2021年11月，印度总理莫迪在出席英国格拉斯哥气候变化大会（COP26）时宣布，到2030年底印度的非化石燃料发电装机容量将从目前的1亿千瓦提高到 5 亿千瓦。次月，国际能源署发布研究报告，预测今后五年，印度风光电装机容量的增长率将居全球第一。与 2015—2020 年相比，印度新增装机数量将翻一番，太阳能光伏发电产能的增长将尤为迅速。

在绿色新政的推动下，美国和欧洲都将加快清洁电力的建设。2021 年 1 月，拜登政府宣布将致力于让美国电力行业在 2035 年实现零碳污染。2021 年夏，欧盟委员会提出到 2030 年欧盟的温室气体排放量将在 1990 年的基础上减少 55%。在这些战略的推动下，美欧风电和光伏发电的发展速度将加快。

今后一段时期，中国、欧盟、美国、印度四个国家和地区将在全球新能源产能增量占据 80% 的份额，从而成为世界新能源发展的四个引擎。

基于多元回归 - 灰色模型的中国成品油需求预测

邓钰暄，冯晓丽

（中国石油大学（北京）经济管理学院）

成品油是原油经过加工所生成的以汽油、柴油、煤油为主的石油燃料。成品油作为支撑国家生产制造、交通运输以及大型工业发展的重要能源基础，其需求量的走势受到国家政策、油品供应、国际能源市场以及疫情的影响，预测其需求量对规划未来原油开采炼化、调整成品油进出口额度以及有效把控成品油市场都有着重要意义。

在 2022 年新冠疫情与“双碳”目标的双重影响之下，成品油供需增长量均低于预期。由于汽油乘用车保有量增长放缓、新能源替代效应日益显著，汽油消费增速逐年下降；煤炭、钢铁、建材等高耗能产业推进能源结构转型，柴油需求量继续下行；受疫情影响，航空运输周转量下降，煤油需求量下降显著。自 2020 年新冠疫情暴发以来，交通运输及旅游业受到冲击，工业企业开工波动，成品油需求量大幅回落；而 2022 年来疫情时有反复，严重阻碍了成品油需求量的回升。后疫情时代，各国的生产制造业受到重创，在全球各国纷纷追寻低碳生产的大环境下新能源相关产业迅速发展，长期来看成品油的需求量将先放缓，再逐步稳定，最后呈下降趋势。但由于新能源产业还有待完善，替代能源受到技术水平、基础设施、资金以及时间的限制，尚不具备竞争力，在短期内成品油需求仍将保持温和增长。

一、文献综述与数据来源

成品油需求的研究分为定量分析与定性分析两种。定性分析是基于对成品油市场以及国家经济、工业等方面的发展对产品与需求的走向做出推断；定量分析则通过建立预测模型，采用分析历史数据或需求量的影响因素的方式来得出预测结果。

（一）成品油需求文献综述

随着经济社会发展对能源的依赖程度逐渐加深，能源需求量越来越引起关注，学者对能源需求的预测十分重视，预测方法主要包括投入产出法、时间序列法、灰色预测法以及神经网络法。成品油作为重要的大宗商品，国内学者对这一主题进行了广泛深入的研究，早在 1982 年就有学者对成品油进行分析，迄今为止，国内关于成品油的文献数量超过 3200 篇。文献数量排名居于前三位的关键词分别是加油站、成品油价格与成品油市场，可见学界对成品油进行研究，主要集中于成品油具体销售业务的微观研究、宏观市场运行机制以及价格走势。从文献分析结果来看，学界对成品油需求的分析的研究较少，且主要集中于定性分析，所以本文在分析成品油需求时，不仅对成品油需求的趋势走向进行定性分析，还建立数学模型定量分析。

2018 年，王翀将协整分析、灰色关联分析以及指数平滑法这三种传统方法相结合，得到 Shapley 组合方法，基于 2000—2016 年能源消费总量与地区生产总值这两个指标，对 2025 年之前的中国能源需求量进行预测。2022 年，成润坤等人首先通过格兰杰因果检验来筛选出能源需求量的影响因素，再基于神经网络的思想，建立 BP 模型、LSTM 模型以及 GRU 模型，对中国电煤的月度需求量进行预测。方欢欢等人将线性回归与马尔科夫随机过程模型引入灰色预测模型，形成灰色线性回归 - 加权模糊马尔科夫链这一组合模型，对中国的电力需求变化趋势进行长期预测。在成品油需求量定量分析的研究中，郑玉华等人分析了经济增长、汽车保有量以及航空周转量等因素，使用协整模型以及修正误差模型对成品油的需求量进行预测。吴方卫等人分析了成品油的适用车辆类型，统计每种车辆的增长趋势以及运行的里程，进而测算成品油的需求量。贾珍等人以周期波动理论为基础，运用回归分析、HP 滤波统计分析等方法，对中国成品油消费需求波动规律进行了测度和分析。

本文基于成品油需求量的历史数据，并考虑到 GDP、成品油价格、居民收入水平以及汽车保有量等众多影响成品油需求的因素，故选用灰色预测与多元回归这两种模型对成品油的短期需求量进行预测。

（二）数据来源

本文建立模型所需的数据包括成品油表观消费量、GDP、汽车保有量、人均可支配收入、成品油价格以及固定资产投资等。其中，成品油价格、GDP、汽车保有量、固定资产投资额以及人均可支配收入的数据来源于国家统计局；成品油表观消费量的数据来源于隆众资讯。

二、成品油需求量变化趋势分析

2022 年以来，国际地缘政治紧张，乌克兰危机导致的国际经济制裁与反制裁造成国际油价大幅上涨，同时新冠疫情反复的复杂形势，使国内成品油市场需求侧变化较大，短期内国内成品油需求呈大幅度下降趋势。以下将通过定性分析，分别讨论成品油整体需求以及汽油、柴油和煤油需求量的中长期发展趋势。

（一）“双碳”目标驱动，成品油整体需求增速放缓

在“双碳”目标与“十四五”能源规划的双重约束之下，中国各行各业纷纷推进能源结构转型，降低生产制造过程中消耗化石能源的比重，加大可再生能源的使用比例，以减少碳排放、实现产业结构升级。同时，新能源相关产业蓬勃发展，替代效应的加速也减缓了成品油需求量的增加。成品油整体需求增速放缓，长期来看，当成品油需求量到达峰值后将呈下降趋势。

2022 年，新冠疫情多点暴发，国内疫情防控进入常态化，工业制造业已经大面积恢复生产，但在暴发疫情的地区仍然实行静默管理，交通运输量难以恢复到疫情前的水平。

2022 年，全球能源市场的格局发生大变局，中国的成品油市场也随之受到影响，俄乌两国发生冲突，国际贸易市场迅速分成两大阵营，俄罗斯能源出口受到巨大影响，国际油价创二十余年历史新高，国内的成品油价格则

随之上涨，极大影响了消费意愿，在这一阶段，国内的成品油消费需求显著下降。

（二）新能源汽车的替代效应加速，汽油需求缓步增长

随着新能源汽车渗透率的提高，传统燃油汽车保有量增速放缓。新能源汽车的技术水平不断迭代升级，消费者对该产品的接受程度不断提高，在这些有利因素的推动之下，新能源汽车销售量逐年上升，接近指数增长。新能源汽车正处于发展期，传统燃油汽车仍有巨大的需求量，汽油的需求量在短期内将呈缓步上涨趋势，但从长期来看，新能源汽车是大势所趋，汽油需求量到达峰值平台期后，最终呈现下降趋势。

2022 年，新冠疫情时有反复，对国内的成品油需求产生较大影响。2022 年，在吉林、上海及江苏等地，均暴发了新冠疫情，许多地区采取静默管理的措施来阻断疫情传播，居民驾车出行的机会减少，汽油的需求量锐减。

（三）国际航班熔断机制取消，航空煤油需求逐步回升

在全球疫情暴发的大环境下，国内居民远途旅行、跨国出行以及商务活动等长途出行的频次显著下降，航空作为长途运输与跨国出行的主要交通方式，受疫情的影响最大。2021 年国内疫情控制程度较好，航空运输在震荡中不断恢复，但航空煤油依然是汽、柴、煤油三大成品油种类中需求量回升最缓慢的品类。

2020 年 6 月，根据新冠疫情境外输入防控的需要，对国际航班采取熔断机制，而 2022 年 11 月 11 日，国家卫健委发布《关于进一步优化新冠肺炎疫情防控措施 科学精准做好防控工作的通知》，取消航班的熔断机制，这一政策的发布将大幅度提升国际航线以及航班的数量，航煤需求也会逐步回升。

（四）工业制造业推行能源结构转型，柴油需求稳中有降

柴油广泛应用于大型车辆、船舰以及发电机等大型机械设备的驱动，柴

油的消耗量与工业的发展紧密相关。从中国的工业化进程来看，“十二五”后期中国的柴油消费逐渐达到峰值，即将迎来下滑周期，所以未来数年，柴油的需求量将呈现缓慢下降趋势。

由于2020年新冠疫情暴发，国内许多产业被迫关停，市场需求低迷，整体经济环境受到重创，与柴油消费密切相关的第二产业发展也严重受阻。而从2021年起，国内疫情得到了较好的控制，第二产业生产情况有所好转，该产业的总值占GDP的比重有所上涨，这有助于推动柴油需求的提升。

“十四五”作为实现碳达峰的关键期，政府提出了更严格的碳排放控制目标，为了减少碳排放、积极响应国家的号召，国内交通运输、机械制造、房地产建筑等高耗能产业在“碳中和”目标与“十四五”能源规划的双重约束下，不断推进转型升级，在这种生产条件下，柴油需求量的回升会受到一定的限制。

三、模型构建与需求预测

在定量分析成品油需求时，本文基于过去20余年成品油的历史需求量，首先采用传统的灰色预测模型与多元回归模型，得出预测结果之后再将两种模型的预测结果相结合得到多元回归-灰色模型，在同时考虑到成品油需求量的历史序列以及影响因素的条件下，预测2025年之前的成品油需求量。

（一）模型理论

本文基于多元回归模型（Multiple Regression Analysis，MRA）与灰色预测迷行对成品油需求量进行预测。

多元回归是研究一个因变量与两个或两个以上自变量的回归，亦称为多元线性回归，该模型的优势在于可以综合分析多个影响因素对一个变量的影响。模型公式表示如（1）所示：

$$\boldsymbol{Y}=\boldsymbol{X}\boldsymbol{b}+\boldsymbol{\varepsilon} \qquad (1)$$

其中：$\boldsymbol{Y}$是因变量，$\boldsymbol{X}$是自变量，$\boldsymbol{b}$是自变量的系数，$\boldsymbol{\varepsilon}$为随机误差项，其向量表示如（2）所示：

$$\boldsymbol{Y}=\begin{bmatrix} y_1 \\ y_2 \\ \vdots \\ y_m \end{bmatrix}, \boldsymbol{X}=\begin{bmatrix} x_{11} & x_{12} & \cdots & x_{1n} \\ x_{21} & x_{22} & \cdots & x_{2n} \\ \vdots & \vdots & \ddots & \vdots \\ x_{m1} & x_{m2} & \cdots & x_{mn} \end{bmatrix}, \boldsymbol{b}=\begin{bmatrix} b_1 \\ b_2 \\ \vdots \\ b_n \end{bmatrix}, \boldsymbol{\varepsilon}=\begin{bmatrix} \varepsilon_1 \\ \varepsilon_2 \\ \vdots \\ \varepsilon_m \end{bmatrix} \tag{2}$$

灰色预测模型以灰色理论为思想，通过微分方程与差分方程之间的转化，采用离散的数据构建连续的微分方程。灰色模型中，GM（1，1）模型是最普遍的模型，其中“G”是灰色“gray”的缩写，“M”是模型“model”的缩写，第一个“1”表示微分方程的阶数是一，第二个“1”表示单一变量。灰色模型对原始数据进行一阶累加生成，再通过指数拟合的方式进行预测，最后进行累减还原出预测值。

本文采用后验差法进行误差检验，一般而言，相对误差 Δ_k、残差 $e(k)$、残差方差的均方差比值 c 的值越小，小误差概率 p 的值越大，模型的精确程度越高。若相对误差 Δ_k 与平均相对误差 $\overline{\Delta}$ 均小于 0.01，小误差概率 $p > 0.95$，残差方差的均方差比 $c < 0.35$，则模型的精度达到一级。若 $p > 0.8, c < 0.35$，则合格；若 $p > 0.7$，$c < 0.35$，则勉强合格；若 $p \leqslant 0.7$，则不合格。其中残差方差的均方差比值为，小误差概率为 $p=p\{|e^{(0)}(k)-\bar{e}| < 0.6745s_1\}$。

（二）影响因素与多元回归模型

成品油是影响国计民生的关键能源，也是影响社会经济的重要大宗商品，同时具有能源和商品这两个属性。影响成品油需求量的因素包括成品油价格、居民收入、GDP、汽车保有量以及固定资产投资等方面。

成品油价格对其需求量会造成较大程度的影响。居民人均可支配收入与 GDP 则是反映国家经济水平的两个重要指标，经济发展水平与商品的购买水平息息相关。交通运输是成品油消费的大户，汽车作为成品油的直接消耗对象，国内的新能源汽车保有量是成品油需求的重要影响因素。国内另一消耗成品油的主要领域是工业，工业固定资产的使用需要消耗大量的能源，固定资产投资额也可以一定程度上反映工业发展的水平，所以成品油需求的影响因素还包括固定资产投资额。成品油表观消费量与需求量影响因素如表 17 所示。

表 17 成品油需求量及其影响因素

年份	成品油零售价格（元/升）	居民人均可支配收入（万元）	GDP（万亿元）	汽车保有量（万辆）	固定资产投资额（亿元）	成品油总计消费量（万吨）
2000	3.06	0.37	9.91	0.16	3.29	11128.40
2001	2.40	0.41	10.93	0.18	3.72	11645.81
2002	2.94	0.45	12.17	0.21	4.35	12335.38
2003	3.02	0.50	13.74	0.24	5.38	13403.06
2004	3.66	0.57	16.18	0.27	6.62	15652.63
2005	4.26	0.64	18.73	0.32	8.10	16906.69
2006	5.09	0.72	21.94	0.37	9.76	18202.72
2007	5.34	0.86	27.01	0.44	11.83	19259.48
2008	6.37	1.00	31.92	0.51	14.46	20972.11
2009	6.32	1.10	34.85	0.63	18.18	21174.61
2010	6.82	1.25	41.21	0.78	21.88	23420.37
2011	7.45	1.46	48.79	0.94	23.88	25047.77
2012	7.81	1.65	53.86	1.09	28.17	27088.54
2013	7.86	1.83	59.30	1.27	32.93	28681.07
2014	6.21	2.02	64.36	1.46	37.36	29277.08
2015	5.67	2.20	68.89	1.63	40.59	31392.48
2016	6.49	2.38	74.64	0.19	43.44	31675.79
2017	6.84	2.60	83.20	2.09	46.13	32539.32
2018	6.44	2.82	91.93	2.32	48.85	33118.37
2019	6.99	3.07	98.65	2.54	51.36	32496.15
2020	5.88	3.22	101.36	2.73	52.73	30401.96
2021	7.03	3.51	114.37	2.94	55.29	34148.00

本文以影响成品油需求的成品油价格、GDP、居民可支配收入、汽车保有量以及固定成本等因素为自变量，成品油需求量为因变量，设成品油价格为 x_1、人均可支配收入为 x_2、GDP 为 x_3、汽车保有量为 x_4、固定资产投资总额为 x_5，成品油需求量为 y，设多元线性回归方程有如下形式：

$$y=\beta_0+\beta_1x_1+\beta_2x_2-\beta_3x_3+\beta_4x_4+\beta_5x_5 \quad (3)$$

基于 2000 年以来的历史数据，利用 MATLAB 编程软件，对成品油需求进行多元回归分析，经计算，拟合出的多元回归方程如（4），预测值与实际值的对比如图 111 所示：

$$y=1.0656+0.0791x_1-2.2266x_2+0.0333x_3-0.0086x_4+0.1016x_5 \quad (4)$$

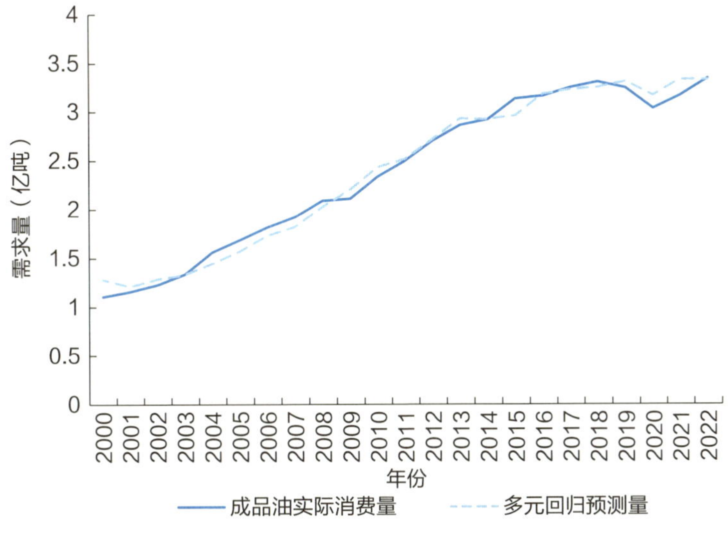

图 111　多元回归模型下成品油需求预测值

利用预测回归方程（4），将 2000 年以来成品油需求量影响因素的历史数据按照时间序列分析的思想，以三阶指数平滑的方法将自变量的数值进行外推，得到未来三年各个自变量的外推值，再将外推值代入预测模型，拟合出的函数值即为成品油需求的预测值。

其中回归方程的置信度 R^2=0.9706；检验 P 值为 0.0051，小于 0.01；回归模型均方误差 MSE=0.0016，从上述数据可知多元回归模型可信度高。

按照多元回归模型的方式预测，成品油需求量在未来三年呈小幅度波动趋势，相比于过去 20 余年的增长幅度，未来成品油的增速将有所下降，表现为缓步上升的趋势。预计到 2025 年，成品油预计需求量为 3.26 亿吨，年增长率仅达到 0.7%。2023—2025 年的成品油需求量如表 18 所示：

表 18　基于多元回归的成品油需求预测

年份	成品油需求量（亿吨）
2023	3.26
2024	3.34
2025	3.26

（三）灰色模型预测结果

本文基于 2000 年以来的成品油销售量历史数据，建立 DGM（2，1）模型，并进行误差分析。首先以 2000—2008 年这 9 年的数据为训练集，以 2009—2021 年这 12 年的数据为测试集，用 2000—2008 年的数据建立灰色模型，对 2009—2021 年的成品油需求量进行预测。将成品油需求实际值与预测值对比，通过后验差法计算得到残差方差的均方差比值 c=0.0544，小于 0.35；p=0.7692，大于 0.7，即灰色预测模型在预测成品油需求量误差的情况下，虽然没有达到一级精度，但也满足合格的要求，DGM（2，1）模型可以用于成品油需求量中短期内的预测。

接下来，基于 2000—2021 年这 22 年来的成品油需求数据，建立灰色 DGM（2，1）模型，预测未来 3 年的成品油需求量，预测结果如图 112 所示。未来 3 年，成品油需求总体呈上升趋势，到 2025 年，成品油的需求量可达到 3.668 亿吨，年均增长率可达到 2.39%。

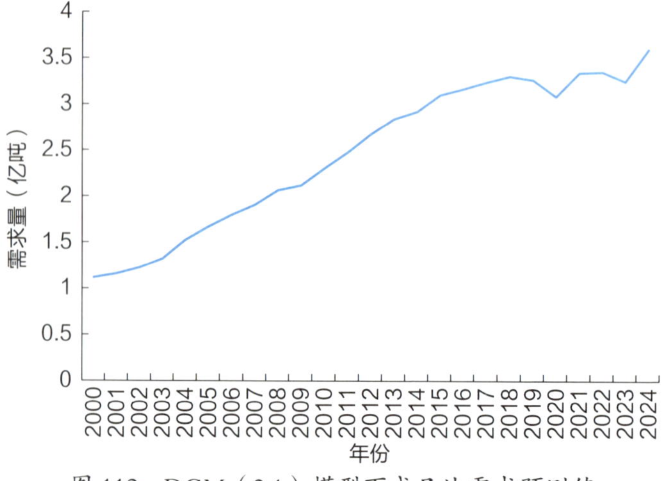

图 112　DGM（2,1）模型下成品油需求预测值

（四）多元回归 – 灰色模型预测结果

灰色预测与多元回归作为两种不同数学思想的数学模型，在数值预测方面各有优势。灰色系统模型充分考虑了历史数据的走向和发展趋势，其预测结果的发展趋势与历史数据的趋势相同；而多元回归则充分考虑了成品油需求的影响因素，基于影响因素的变化，对需求量进行回归。

鉴于两种模型在预测时各有优势，本文将两个模型的预测结果进行加权组合，以提高预测结果的准确度，减小预测误差。构建组合模型时，将多元线性回归模型的权值设为 0.5，将灰色 DGM（2，1）模型的权重设为 0.5，则成品油需求量的预测公式如（5）所示：

$$Y=0.5\times Y_1+0.5\times Y_2 \tag{5}$$

其中 Y_1 表示多元回归的预测模型，Y_2 表示灰色 DGM（2，1）模型。组合模型的成品油需求量预测结果数值如表 19 所示：

表 19　多元回归 – 灰色模型的成品油需求预测

年份	基于多元回归预测的成品油需求量（亿吨）	基于灰色模型预测的成品油需求量（亿吨）	多元回归 – 灰色模型预测的成品油需求量（亿吨）
2023	3.26	3.57	3.25
2024	3.34	3.31	3.47
2025	3.26	3.59	3.46

如表 3 所示，短期内国内成品油的需求量呈缓步增长趋势。随着工业与经济的发展，成品油仍有较大的消费需求，但在能源转型的大环境下，成品油需求的增速将逐步放缓，其需求量到 2025 年预计达到 3.46 亿吨，年增长率达到 2.15%。

四、结论与建议

针对上文对成品油需求趋势走向的探究以及预测结果的分析，本文得出以下结论，并针对成品油市场的现状提出相应的发展建议。

（一）结论

通过对国内未来成品油需求的定性分析和定量分析，本文得出如下结论：

（1）在“双碳”目标的推动之下，中国成品油需求增速放缓。在国家实施碳达峰碳中和方案，并推行“十四五”能源规划的大环境下，各个行业纷纷寻求能源结构转型，加快规划新型能源体系，对化石能源的利用将逐步减少。

（2）疫情得到有效控制，社会生产逐步恢复，成品油的需求量将有所恢复。2020 年新冠疫情暴发导致中国交通运输总量急剧下降，各个工业部门大面积停工停产，成品油的需求也大幅度下降。但随着疫情得到有效控制，各个工业部门复工复产，成品油的需求量也将缓步回升。

（3）国民的环保意识普遍提高，新能源对传统化石能源的替代效应显著。从国民的交通方式上来看，共享单车、公共交通以及城际高铁等低碳交通引导大众转变出行方式；汽车的限行与限购使得汽车的使用频率下降；新能源汽车的日益普及也促使传统燃油型汽车的保有量增速放缓。但由于新能源还处于发展阶段，面临成本过高、技术水平有待完善的问题，化石能源在短期内仍有大量需求。

（二）建议

针对上文对成品油需求量的研究分析以及预测结果，为了中国成品油市场的良好发展以及稳健运行，本文提出以下三点建议：

（1）立足中国能源资源禀赋，先立后破，计划分步骤推进“双碳”目标的实现，加强化石能源的清洁高效利用，并大力发展可再生能源，逐步建立新型能源体系，深入推进能源革命。

（2）提高人民币在成品油方面的结算水平，加强建设上海原油期货市场，发展中国能源金融期货，有效规避国际原油市场价格波动或供需关系失衡给中国原油市场带来的风险。

（3）扩大中国原油的储量，健全国家能源储备体系。政府可以实行相关补贴政策，鼓励石油增储上产，大力开发非常规低品位资源，加强重点油气圈闭的勘探开发力度，攻克核心技术难题，强化国内油气开发力度，有效抵御能源风险，提高中国能源生产保障能力。

航空煤油市场分析与趋势

周昕洁，孙仁金
（中国石油大学（北京）经济管理学院）

回顾2022年从乌克兰危机以来，国际原油价格大幅攀升，与新冠疫情叠加影响，国际航空业尚处于恢复之中，航空煤油消费除了亚太地区基本都处于小幅增长之中；国内航空恢复尚需时日，航空煤油消费自2020年4月后伴随着航空客运量下降而下降。2022年全国成品油总产量为36620.1万吨，同比增长2.5%。其中，航空煤油产量为2957.2万吨，同比下降25.03%；全国成品油消费量为3.45亿吨，同比增长0.9%，其中航空煤油消费量同比下降32.4%。针对航空煤油的发展状况，本文回顾了近几年航空煤油市场现状，并在现状的基础上对未来进行展望。

一、航空煤油市场现状分析

随着经济的不断发展，人们的消费能力和生活水平显著提升，良好的经济形势将为航空煤油行业及其相关联产业如航空运输业、旅游行业等提供稳定发展环境。而受疫情影响的经济衰退也将导致航空煤油行业的萎缩。航空煤油市场需求与民用航空行业的景气度存在着高度相关性，疫情下民航货运量及客运量减少导致了航空煤油消耗量的下降。

（一）航空煤油经济发展环境分析

疫情对世界经济打击巨大，航空客运几乎停滞，2020年全球航空煤油消费量同比下降39.6%，2021年航空煤油消费依然低迷。2022年全球主要发达国家疫情放开较早，国际航线恢复较快，航空煤油消费正处在上升通道之中，但是还无法完全恢复至2019年水平。

2022 年中国人均 GDP 达到 8.6 万元，同比增长 5.3%。2022 年中国居民人均可支配收入为 3.7 万元，同比增长 5%，相较 2018 年增长了 8655 元（图 113），给航空煤油产业的发展提供了较为良好的环境。但疫情以来，中国航空客运、货运受到巨大影响。2022 年开始中国局部地区疫情频发，影响了航空煤油消费，航线投入降至极低水平。

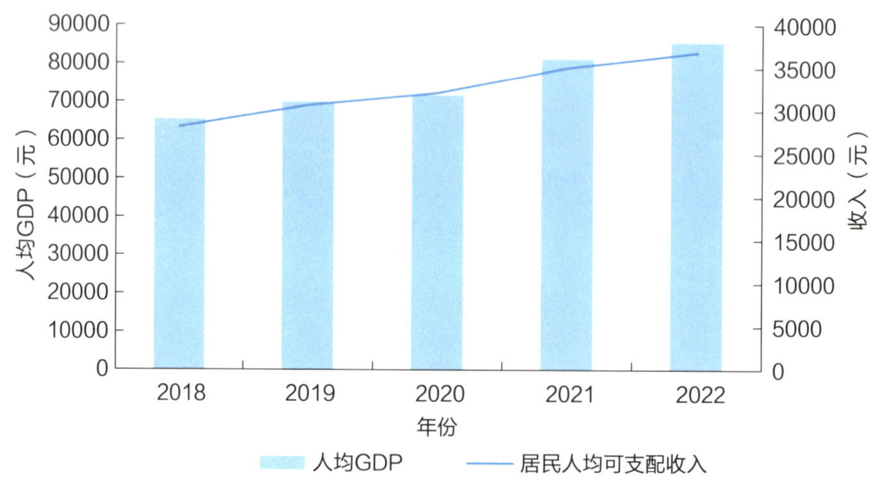

图 113　2018—2022 年中国人均 GDP 及居民人均可支配收入

数据来源：国家统计局

（二）航空煤油产业发展分析

航空煤油，别名无臭煤油，是根据飞机发动机的性能和飞机的安全特别研制的航空燃料，具有密度适宜、热值高、燃烧性能好、清洁度高、硫含量少、对机件腐蚀小的特点，能够迅速、稳定、完全燃烧，可满足寒冷地区和高空飞行对油品流动性的要求。

航空煤油主要由原油蒸馏的煤油馏分经精制加工而成，或由重质馏分油经加氢裂化后精馏获得，在生产过程中还需加入抗氧剂、抗静电剂等微量组分。上游主要为原油及添加剂的生产，中游为航空煤油的生产与供应，下游主要应用于民用航空和军用航空领域。以下主要按照产业链顺序对航空煤油进行产业分析。

1. 原油发展现状

原油是航空煤油生产最主要的原材料，中国作为原油的主要消费国，国内原油增产乏力，原油市场对外依存度较高，2022 年，中国原油对外依存度为 71.2%。2018 年以来，中国原油产量逐步增长，到 2022 年，中国原油产量为 2.05 亿吨，同比增长 2.9%（图 114）。进口原油为 50828 万吨，同比下降 0.9%。

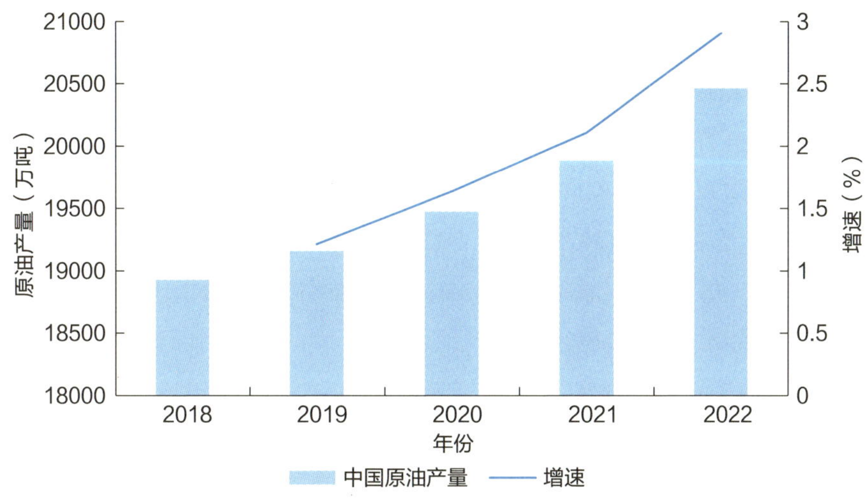

图 114　2018—2022 年中国原油产量及增速

数据来源：国家统计局

2. 航空煤油产量及市场格局

（1）航空煤油产量。

根据数据显示，2015—2019 年中国煤油产量保持较快速度增长。2019 年，中国煤油产量为 5272.6 万吨，同比增长 10.5%。2020 年和 2021 年受到疫情冲击，煤油产量有所下降，分别为 4049.4 万吨和 3943.9 万吨，增速分别为 –23.2% 和 –2.61%。国内所生产煤油中，航空煤油占了绝大比例。2019 年，中国航空煤油产量为 5252 万吨，同比增长 10.5%，约占煤油产量的 99.6%；而 2022 年中国航空煤油产量为 2957.2 万吨，同比下降 25.03%。

（2）航空煤油产业市场格局。

一直以来，中国石化、中国石油、中国海油、中化集团等中字头企业占据着中国航空煤油的主要市场，处于行业的主导地位。2019 年，全国航空煤油行业市场格局分布中，中国石化、中国石油、上海石化、中国海油的航空煤油产量分别达到 3104 万吨、1112 万吨、188 万吨和 359 万吨，其市场份额分别为 59%、21%、7% 和 4%，合计占全国航空煤油市场份额的 91%。中国航空煤油市场高度集中，龙头企业占据绝对领先地位。

3. 民用航空行业现状和航空煤油消费量

（1）全球民用航空现状。

2004—2019 年，随着旅游业的发展，全球旅客运输量总体呈现上升态势。2019 年，全球旅客运输量达到 45.4 亿人次。受疫情影响，全球航空公司在 2020 年和 2021 年遭受严重亏损，2020 年共 18 亿人次旅客搭乘飞机出行，同比 2019 年下跌 60.5%。2022 年，随着各国逐渐调整防疫政策，这一状况得以好转，按收入客公里（RPK）计算，2022 年，国际航空客运量同比 2021 年攀升了 152.7%，达 2019 年水平的 62.2%；国内航空客运量同比增长了 10.9%，相当于 2019 年水平的 79.6%。

（2）国内民用航空现状。

近年来中国航空运输总周转量整体呈增长态势。但 2020 年开始受新冠疫情影响，航空公司纷纷停飞或大幅削减航班计划，严重阻碍了航空运输特别是航空客运发展，周转量出现大幅下降。2021 年，运输周转量有所回升，增速触底反弹，实现由负转正，但整体仍处于较低水平，疫情对民航运输生产影响的深度和持续性超出预期。2022 年，运输总周转量再次下跌，为疫情前的 46.3%。2021 年，中国航空运输总周转量为 856.75 亿吨公里，同比增长 7.3%，仍低于疫情前增速；2022 年，中国航空运输总周转量为 599.3 亿吨公里，同比下降 30.1%。国内航线降低 39.5%，其中港澳台航线降低 23.6%，国际航线因疫情以来持续低位运行降幅较小。2023 年 1 月，运输总周转量达到 73.9 亿吨公里，比 2022 年同月增长 13.9%。国内航线增长 26.2%，其中港澳台航线增长 36.6%，国际航线基本稳定在较低水平。

疫情发展与客运航空市场表现高度相关。航空客运市场需求受疫情管控和航空淡旺季需求叠加影响，其中疫情管控占据主导地位，2020—2022 年期间多次低谷均因为人员跨区域流动的限制，航空公司大面积取消航班，客运航班量出现大幅下跌。但是疫情得到较好控制以后，随着对应需求旺季的到来，航空客运需求将迅速回暖，形成持续的需求高峰。2022 年，旅客运输量为 25171 万人，同比下降 42.9%；旅客周转量为 3913.7 亿人公里，同比下降 40.1%。2023 年 1 月放开管制后旅客运输量为 3977.5 万人，比 2022 年同月增长 34.8%，已实现 2022 年运输量的 15.8%；旅客周转量为 641.2 亿人公里，比 2022 年同月增长 40.5%，已实现 2022 年旅客周转量的 16.4%（图 115）。2023 年 1 月 8 日，中国入境政策全面开放。2022 年 12 月 7 日至 2023 年 1 月 5 日，国内客运航班量持续走高，1 月 5 日达 8303 架次，恢复至疫情暴发前同期七成水平。

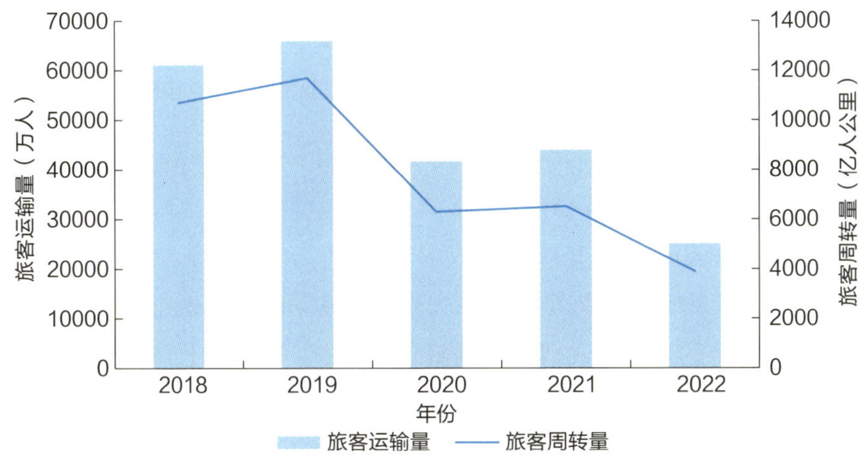

图 115　2018—2022 年中国民用航空旅客运输量及旅客周转量

数据来源：交通运输部

在货运航空方面，中国航空货运相比航空客运冲击较小，2020 年疫情暴发后，由于防疫相关物资的需求增加，同时中国使用了“客改货”的形式加强了中国与周边国家的货运联系，航空货运在短暂下滑后在 2021 年实现了增长，2021 年，货邮运输量为 731.8 万吨，同比增长 8.2%；货邮周转量为 278.2 亿吨公里，同比增长 15.8%。但随着海外多个国家和地区放宽疫情防控措施，防疫物资紧缺状况得到了缓解，因此货邮运输量和周转量有所下降。2022 年，货邮运输量为 607.6 万吨，同比下降 17%；货邮周转量为 254.1 亿吨公里，同比下降 8.7%（图 116）。

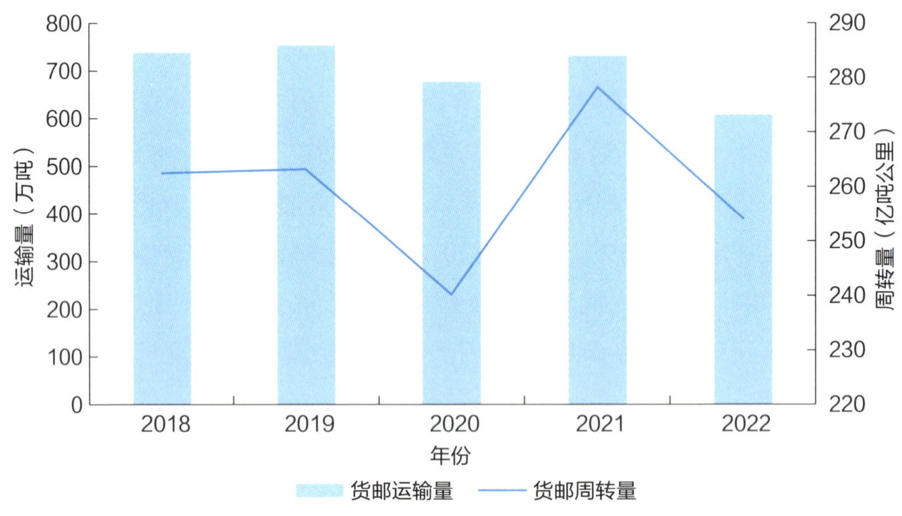

图 116　2018—2022 年中国民航货邮运输量及货邮周转量

数据来源：交通运输部

（3）航空煤油消费量。

与民航发展相适应，在改革开放的 40 年间，中国的航空煤油消费量增长了 140 多倍，中国已成为全球第二大航空煤油消费国，航空煤油消费也成为中国消费经济的重要组成部分。煤油产量整体保持稳定上升走势，但 2020 年起受疫情冲击，航空煤油发展受到重创，2022 年，中国煤油表观消费量为 1969.2 万吨，同比减少 1257.48 万吨，下降了 39%，航空煤油消费量同比下降 32.4%。

中国航空煤油市场整体呈现供过于求的状态，根据海关统计数据显示，2019 年，全国航空煤油出口数量达到 1761 万吨，相较 2014 年航空煤油出口量增长了 710 万吨，且航空煤油出口量占全国航空煤油总产量的 33.5%。2020—2021 年受疫情冲击，中国航空煤油进出口规模受到较大影响，随着各国疫情形势逐渐得到控制，经济逐渐复苏，全球航空煤油市场有所回暖，2022 年中国航空煤油出口数量为 1090 万吨，相比 2021 年同期增长了 234 万吨，同比增长 27.4%，恢复至疫情前 62% 左右水平。2022 年，中国航空煤油进口数量为 87 万吨，相比 2021 年同期减少了 50 万吨，同比下降 36.8%，出口规模进一步萎缩（图 117）。

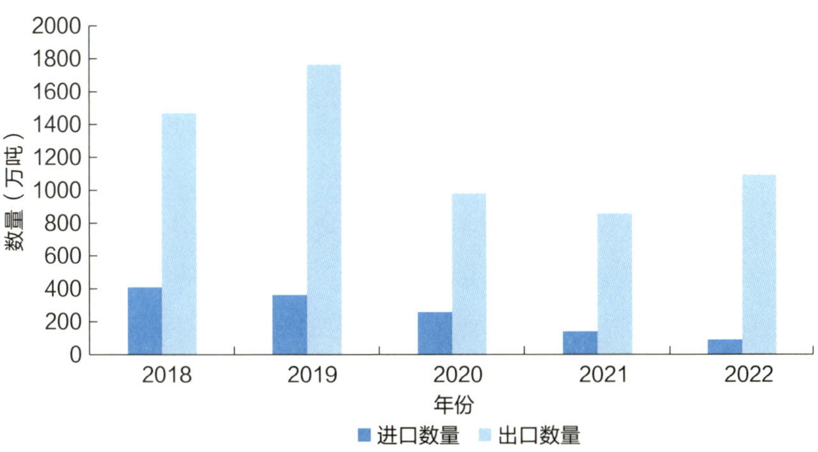

图 117　2018—2022 年中国航空煤油进出口数量

数据来源：海关总署

出口金额由 2021 年的 49.4 亿美元上升至 105.1 亿美元（图 118），同比增长 112.9%，这一差别主要由于出口均价的提升。从均价来看，进出口均价走势保持一致，且差距并不大。2021 年，中国航空煤油进口均价为 587.84 万美元 / 万吨，出口均价为 576.99 万美元 / 万吨；2022 年，中国航空煤油进口均价为 972.1 万美元 / 万吨，出口均价为 964.46 万美元 / 万吨。

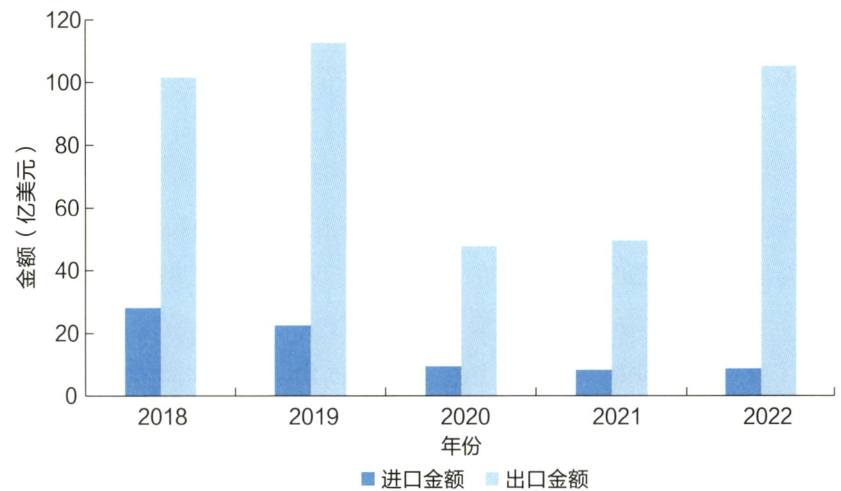

图 118　2018—2022 年中国航空煤油进出口金额

数据来源：海关总署

二、航空煤油市场发展趋势分析

随着疫情逐步放开，中国航空煤油市场将实现迅速回暖，在下游需求拉动下，航空煤油市场需求将日益旺盛，带动航空煤油产量将实现稳定上升。全球经济复苏对航空煤油产量和需求也有一定的拉动作用，国际航班也将实现增长。在大量的航空煤油需求量和“双碳”时代减排的压力下，生物航煤作为航空煤油新兴产品，受到了国家环保政策的支持，拥有广阔的市场前景。

（一）年内航空煤油产供销都将显著增长

1. 国际航班将逐步恢复

自 2023 年 3 月 15 日零时起，外国人来华签证及入境政策调整，恢复 2020 年 3 月 28 日前签发且仍在有效期内的签证入境功能，并恢复驻外签证机关审发外国人各类赴华签证。这一改变将进一步便利中外人员往来，预计 5—6 月国际航班数量会大量增加，提升航空煤油消费。

2023 年 3 月 10 日，文化和旅游部发布试点恢复第二批旅行社经营中国公民赴有关国家出境团队旅游业务名单，第二批名单包括 40 个国家。至此从 3 月 15 日起，中国公民出境游的目的地增至 60 个，为出境旅游进一步创造有利条件。随着进出境旅行的有序恢复，预计 2023 年中国国际航班将持续恢复，可能将在下半年恢复至疫情前水平，带动航空煤油需求的进一步释放。

2. 中国航空市场将恢复增长

2022 年 11 月 11 日，国家卫健委发布《关于进一步优化新冠肺炎疫情防控措施 科学精准做好防控工作的通知》，取消航班的熔断机制。这一政策的发布将大幅度提升航班的数量，进而推动航空煤油的需求量的增长。2023 年春运是全面落实疫情防控优化措施及“乙类乙管”各项措施以来的第一个春运，40 天里有 7 天国内航班量超 2019 年春运同期，春运期间旅客吞吐量恢复到 2019 年春运同期 90% 以上的有 66 个机场，其中，54 个机场恢复比例超过 100%。2023 年 1 月旅客吞吐量已达 8183.9 万人，比 2022 年同月增长 34%。民航货运量及客运量增长将会带动航空煤油消费量大量增加。

3. 航空燃油附加费将下降

燃油附加费是由于油价上涨，航运公司营运成本增加，为转嫁额外负担而加收的费用。航空燃油附加费是航空公司收取的反映燃料价格变化的附加费，根据国家标准征收，主要用于缓解油价大幅上涨给航空公司带来的成本增支压力，但燃油附加费也会增加旅客的出行成本。

2022 年 12 月，中国国航、首都航空、幸福航空等多家航空公司相继宣布将下调国内航线燃油附加费。具体上，自 2023 年 1 月 5 日（含）起销售的客票，800 公里（含）以下航线燃油附加费每航段为人民币 40 元；800 公里以上航线燃油附加费每航段为人民币 80 元。燃油附加费下调之后，成人旅客分别省 20 元和 40 元。减少燃油附加费降低了飞机票价，减轻了消费者负担，更多旅客将会选择航空出行。随着客流量的增加，航班数量将进一步增长，航空公司的营业收益也将得到提高，有助于改善经营状况，为民用航空业未来的发展注入新的活力。

（二）“双碳”目标对航空煤油的影响

1. 航空煤油产量将增长

随着疫情政策的变化和经济形势的向好，消费能力不断释放，民用航空将渐渐走出困境，航空煤油产量也将增长。由于中国航空煤油市场整体呈现供过于求的状态，生产企业将布局国际市场，预计航空煤油出口量将持续增长，推动供应量的增加。2023 年 2 月，欧洲议会正式通过了欧盟碳边境调节机制即碳边境税，并确定将于 2023 年 10 月 1 日起正式生效，生物航煤作为一种可持续航空燃料，比化石燃料减少碳排放 70% 甚至接近 100%。欧盟航空的碳边境税和节能减排的压力均会倒逼民航企业使用生物航煤，预计生物航煤的产量将会进一步增长。

2. 航空煤油价格将增长

进入 2022 年以来，航空煤油市场价格呈大幅上升态势，预计 2023 年国内航空煤油价格也将呈震荡走高态势。中国石油自 2022 年 12 月 1 日零时起，再次上调 12 月份航空煤油结算价格，涨幅 244 元 / 吨：各个炼化分公司供中国航油及由中国航油进行资源配置的各油料单位航空煤油（标准品）交销售分公司的含税出厂价格 7911 元 / 吨（进口到岸完税价格基础上减 60 元 / 吨）。航空煤油企业出厂价格从 2021 年起一路攀升，期间虽有小幅震荡但总体趋势不减。中国石油化工集团有限公司航空煤油每月出厂平均价格从 2021 年 1 月的 3242 元 / 吨涨到 2022 年 12 月的 7951 元 / 吨，同比增长 145.24%。伴随着中国优化防疫政策，重启经济，航空煤油需求量也将显著增长，带动炼厂产量增加，推动航空煤油价格的增长。

3. 生物航空煤油的使用将加速

在改革开放的 40 年间，中国航空煤油消耗量增长了 140 多倍，中国已成为全球第二大航空煤油消费国。在航空运输业碳排放的主要来源中，航油燃烧约占总排放量的 79%，是民用航空业碳排放的大户。因此，民用航空业减碳的关键之处就是发展以生物航煤为主的生物燃料。2022 年 1 月，国家发展改革委、国家能源局出台了《“十四五”现代能源体系规划》，明确提出大力发展生物航空煤油。

2022 年 12 月，航空煤油的龙头企业中国石化宣布成功完成中国大陆首个使用可持续航空燃料的商业货运航班首飞。该航班使用的生物航煤属于可持续航空燃料，是以可再生资源为原料生产的航空煤油，原料主要包括餐饮废油、动植物油脂、农林废弃物等。与传统石油基航空煤油相比，全生命周期二氧化碳排放最高可减排 50% 以上。该项技术的突破为中国航空行业推广可持续航空燃料奠定了基础。在国家政策指导和行业龙头企业的引领下，中国航空煤油行业向绿色低碳转型的步伐加快，生物航空煤油成为行业新发展趋势。预计中国生物航煤企业将持续扩产，享受行业红利。

绿色金融助推能源低碳转型

齐　明

（中国石油大学（北京）经济管理学院）

中国正处于实现经济高质量发展的新阶段，在“双碳”目标的推动下，金融在服务实体经济各领域高质量发展中的重要作用越发凸显。绿色金融作为一种针对环保节能、清洁能源、绿色消费等领域的项目投融资、风险管理等提供的金融服务，能够引导资金流向节约资源技术开发和生态保护产业，为碳减排相关产业和项目赋能，从而实现碳减排的目的。同时也能实现对企业生产注重绿色环保、消费者形成绿色消费理念的引导作用。

以信贷、保险、基金等金融工具为手段，以促进节能减排和经济资源环境协调发展为目的的绿色金融，已经成为各地推动经济发展的重要手段。“双碳”目标提出后，中国经济高质量发展的主线更清晰，也为绿色金融发展提出新的要求，基于转型金融等可持续金融体系的建设与发展，能够为高碳行业转型活动提供资金支持，在推动绿色发展的同时推动国内产业结构调整。《“十四五”可再生能源发展规划》进一步完善绿色金融标准体系，实施金融支持绿色低碳发展专项政策，把可再生能源领域融资按规定纳入地方政府贴息等激励计划，建立支持终端分布式可再生能源的资金扶持机制。

随着碳达峰碳中和“1+N”政策体系的建立，中国绿色金融“三大功能”“五大支柱”也日益完善，有效地支持了经济社会绿色低碳发展和转型。2022 年以来，中国人民银行通过碳减排支持工具和支持煤炭清洁高效利用专项再贷款发放低成本资金带动减排；绿色金融改革创新试验扩围至七省（区）十地，试验区内 200 多家金融机构完成环境信息披露报告试编制；此外，央行还提出绿色金融与转型金融有效衔接，开展环境风险防范和压力测试，推动金融机构和金融业务碳核算工作，为金融支持绿色低碳发展提供依据。

一、全球主要国家碳排放和可再生能源发展现状

IEA 数据显示，2021 年，全球碳排放量和煤炭使用量均反弹，分别同比上升了 6% 和 9%。IEA 认为，虽然能源供应紧张，煤炭消费不降反升，但是，与 2021 年相比，2022 年全球二氧化碳排放量的增幅将不到 1%，主要得益于中国可再生能源发展对世界做出的贡献。全球碳项目研究指出，与 2021 年相比，2022 年中国的碳排放量下降了 0.9%，而美国的碳排放量增加了 1.5%，印度增加了 6%，欧洲下降了 0.8%，世界其他地区碳污染平均增加了 1.7%。

自 2010 年后，全球碳排放总量出现了增速放缓的趋势，2020 年新冠疫情导致世界各国经济停摆，碳排放出现了负增长，但疫情后的经济反弹使得全球碳排放量在 2021 年又有所回升。在经历了两年能源使用和排放异常波动后，2022 年的增长速度远低于 2021 年的反弹速度，全球能源相关二氧化碳 2022 年排放量增长了 0.9%。受到可再生能源迅猛发展的影响，传统能源的反弹得到了有效的抑制。IEA《2022 年二氧化碳排放报告》指出，得益于 2022 年欧洲冬天温暖的气候、可再生能源的有效部署以及为应对地缘政治冲突采取的节能措施，2022 年欧盟的排放量下降了 2.5%；而美国受到极端温度的影响，碳排放量增长了 0.8%；除中国以外的亚洲新兴和发展中经济体的排放量增长了 4.2%，反映出亚洲经济和能源需求的快速增长。

根据 bp《世界能源统计年鉴 2022》提供的数据，中国二氧化碳排放量居世界首位，但是我们可以看到中国近六年的碳排放量基本持平，增长率有逐年下降的趋势（图 119）。一个国家的发展程度与人均累计碳排放量密切相关，中国人均累计碳排放量远不及世界平均水平。2021 年中国 GDP 总量约 114 万亿元，二氧化碳排放总量约 119 亿吨，即 1 万元 GDP 排放约 1 吨二氧化碳，相较于 20 世纪 90 年代，1 万元 GDP 排放约 12 吨二氧化碳，中国在节能减排方面取得巨大进步。

可再生能源是绿色低碳能源，是中国多轮驱动能源供应体系的重要组成部分，对改善能源结构、保护生态环境、应对气候变化、实现经济社会可持续发展具有重要意义。国际能源署在 12 月初发布的《2022 年可再生能源报

告》指出，受能源危机推动，各国可再生能源安装明显提速，未来五年全球装机增量有望接近此前五年增量的两倍，到 2025 年初，可再生能源将超过煤炭成为全球第一大电力来源。

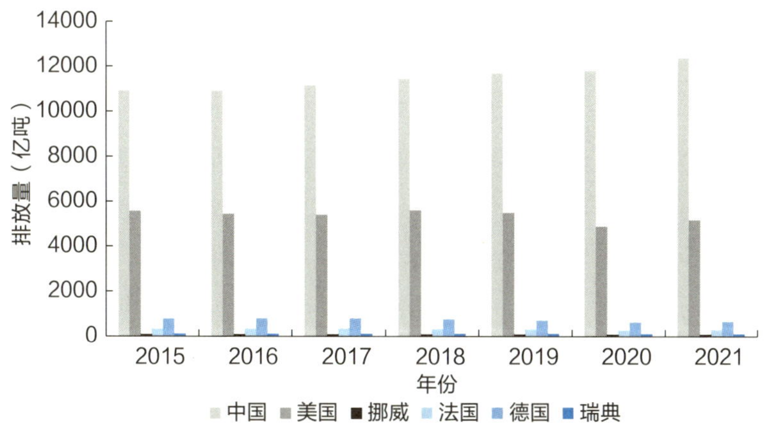

图 119　全球主要国家二氧化碳排放量

数据来源：bp《世界能源统计年鉴 2022》

据国家能源局最新数据，2022 年前三季度，中国可再生能源新增装机 9036 万千瓦，占全国新增发电装机的 78.8%，中国可再生能源发电量达 1.94 万亿千瓦时。根据 bp《世界能源统计年鉴 2022》提供的数据，中国可再生能源使用量居世界首位（图 120），且可再生能源使用量有逐年上升的趋势。中

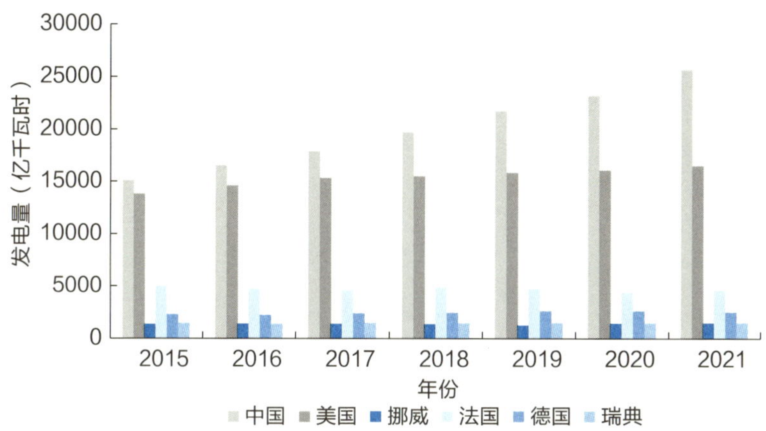

图 120　全球主要国家可再生能源发电量

数据来源：bp《世界能源统计年鉴 2022》

国可再生能源发展持续保持平稳快速增长，随着新能源开发利用规模逐步扩大，能源系统形态加速迭代演进，中国已逐步从新能源利用大国向新能源技术强国、新能源产业强国迈进。

二、全球主要国家绿色金融发展现状及问题

2021 年以来，全球推进碳中和目标步伐明显加快，绿色贷款、绿色债券、可持续投融资等绿色金融市场驶入快车道。可持续投资也在全球范围内持续盛行。根据全球可持续投资联盟（GSIA）发布的《全球可持续投资回顾（2020）》，截至 2020 年初，美国、加拿大、日本、澳大利亚和欧洲这五个主要市场的可持续投资总规模为 35.3 万亿美元，近两年内增长了 15%，相当于上述地区资产管理总规模的 35.9%。

全球绿色金融市场实现了跨越式发展，但总额依旧较小。过去十年（2012—2021 年），全球绿色金融的总额从 2012 年的 52 亿美元增长到 2021 的 5406 亿美元，实现了爆发式增长。然而，从总体规模上看，绿色金融仍然是整个金融业中非常小的一部分，在 2012—2021 年期间累计占总金融的 1.7%；绿色金融在总金融中的份额从 2012 年的 0.1% 左右稳步增长到 2021 的略超 4%。从全球范围看，绿色债券在整个绿色金融中占据主导地位，绿债规模占绿色金融总量的 93.1%，中美和西北欧是绿债的主导发行国家。过去十年，全球绿色债券发行量稳步增长，从 2012 年的 23 亿美元增加到 2021 年的 5115 亿美元。

《绿色金融蓝皮书：全球绿色金融发展报告（2022）》中指出，全球绿色金融发展在逆境中推进，新冠疫情、碳定价机制的区域差异及其后续的相关调节措施以及地缘政治冲突的影响，会制约未来几年绿色金融领域国家和区域之间的贸易往来。但是第 26 届联合国气候变化大会（COP26）发布的《可持续金融共同分类目录报告——减缓气候变化》、二十国集团（G20）发布的《G20 可持续金融路线图》文件为 2022 年全球绿色金融的继续发展奠定了坚实的基础，全球绿色金融的发展整体呈现良好、向上的趋势，全球绿色金融市场规模增加，市场机构建设进一步加强。

在“双碳”战略驱动下，中国绿色债券市场正在加速扩容。据中央财经

大学绿色金融国际研究院（IIGF）《2022年中国绿色债券年报》指出，2022年中国境内外绿色债券新增发行规模约9838.99亿元，发行数量为568只。其中，境内绿色债券新增发行规模为8746.58亿元，同比增长44.04%，发行数量为521只，同比增长7.46%；中资机构境外绿色债券新增发行规模约1092.41亿元，发行数量为47只。截至2022年底，中国境内外绿色债券存量规模约3万亿元。2022年中国境内外绿色债券创新品种不断丰富，发行规模持续扩大，拓宽了绿色项目的投融资渠道，有助于推动中国经济社会绿色低碳转型。根据彭博社提供的数据，我们得到了自2015年以来绿色债券发行量占全球总量靠前的六个国家，分别是中国、美国、挪威、法国、德国和瑞典。由图121可知，全球主要国家绿色债券的发行量在近两年实现了较大的增长，其中中国和德国绿色债券发行量增幅最大，超过2015年的两倍以上。在政府大力支持和一系列政策的保驾护航下，中国绿色金融取得长足的进步，绿色信贷、绿色债券等产品蓬勃发展。中国已成为全球最大的绿色金融市场之一。

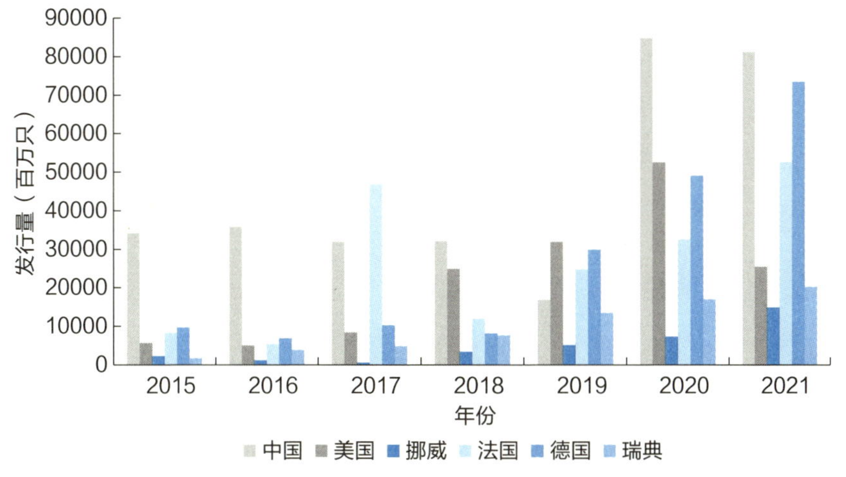

图121　全球主要国家绿色债券发行量

数据来源：彭博社

面对日益紧迫的气候变化和环境议题，绿色金融的国际合作仍然面临诸多挑战，主要表现在缺乏共同的标准、发展中国家的诉求难以达成、能力建设不能满足需求、受国际政治不确定因素影响等方面。尽管能源市场面临着广泛的不确定性，但各国政府（尤其是在欧洲）更加重视能源安全和可负担性，正在为加快部署能效解决方案和可再生能源技术的努力建立新动力。因此，2023 年及以后的可再生能源前景将在很大程度上取决于未来半年内是否会出台和实施新的、更强有力的相应政策。

三、强化绿色金融支持能源低碳转型的政策建议

（一）大力发展“新能源 + 绿色金融”创新模式

“新能源 + 绿色金融”创新模式，是指金融机构根据绿色企业或项目在各发展阶段的融资需求，组合运用股权、债权、资产证券化等多种金融工具，开展绿色市场化债转股、绿色基金、绿色信贷等多样化绿色金融业务，切实支持新能源行业降本增效，实现可持续发展。第一,一方面，要通过去杠杆来降低成本，缓解企业短期流动性压力，提升企业“硬实力”；另一方面，通过绿色债转股等股权融资，改善企业公司治理，切实提高企业长期健康发展能力，提升企业“软实力”。第二，补资本、增实力，改善企业融资结构，提升企业资本实力和中长期发展韧性；拓宽融资渠道，发挥资本市场融资功能，提升企业资产证券化率，促进企业转型发展。第三，创机制、重引导，助力高科技企业成长，要实现能源绿色低碳发展，关键在于绿色低碳领域重大技术突破和推广应用。

（二）加大碳减排融资支持力度

清洁能源作为资本投入与技术创新密集型的产业，具有重资产、投资规模大、资金回收期长、市场风险大等特点，尤其是光伏、风电、氢能等新能源项目在建设开发阶段对于资本金和开发贷款的需求量极大。在国家大力支持绿色金融的背景下，进一步健全融资体系，以更多元化的金融工具，更大力度地支持低碳产业发展，重点发展绿色产业基金、清洁能源资产证券化、银行投贷联动业务等。围绕实现碳达峰碳中和战略目标，设立碳减排支持工具，引导商业银行按照市场化原则加大对碳减排投融资活动的支持，撬动更多金融资源向绿色低碳产业倾斜。以投贷联动支持可再生能源核心技术创新突破，通过碳资产质押贷款拓宽融资渠道，通过“金融 + 科技 + 数据”打造

绿色普惠金融，支持低碳园区建设以助力能源转型，打造绿色金融产业链。

（三）加快完善激励约束机制

当前，绿色金融对于经济社会实现低碳发展的影响力已经显现出来。但若要促使绿色金融进一步推动低碳进程，还需要强化其市场机制的刚性和韧性，构建更加完善的激励约束机制。通过绿色金融业绩评价、贴息奖补等政策，引导金融机构增加绿色资产配置、强化环境风险管理，有利于提升金融业支持绿色低碳发展的能力。做好政策设计和规划，引导金融资源向绿色发展领域倾斜，增强金融体系管理气候变化相关风险的能力，推动建设碳排放交易市场为排碳合理定价。逐步健全绿色金融标准体系，明确金融机构监管和信息披露要求，建立政策激励约束体系，完善绿色金融产品和市场体系，持续推进绿色金融国际合作。

金融是资源配置的重要工具之一，实现低碳、可持续发展需要运用金融手段优化资源配置。而能源行业推进“双碳”目标的实现，需要充分调动资本力量，为行业发展提供充足的资金支持保障。绿色金融是撬动能源低碳转型的有力杠杆，引导资源从高能耗、高污染部门流向低能耗、环境友好的部门，促使能源与生态环境协同发展。经济发展与减污降碳协同效应凸显，能源生产和消费革命取得显著成效，产业低碳化为绿色发展提供新动能，生态系统碳汇能力明显提高，绿色低碳生活成为新风尚。

“双碳”目标下中国可再生能源发展面临的机遇和挑战

毕　希
（中国石油大学（北京）经济管理学院）

推动能源转型、发展可再生能源已成为全球共识，世界各国纷纷制定能源绿色低碳发展战略，并将发展可再生能源作为应对气候变化和推动能源转型的重要抓手。欧盟委员会承诺到2030年，可再生能源占一次能源比例达到40%；COP26呼吁各国加快向低碳能源体系转型，加快可再生能源部署，降低能效，同时逐渐减少煤电，并结束“效率低下的化石能源补贴”。“十四五”期间是推动中国可再生能源高质量发展的关键时期，中国可再生能源产业快速、规模化发展，累计和新增装机规模长期位居世界首位，光伏、风电等技术革新及成本下降步伐不断加快，产业链供应链日益完备，部分优势企业已率先进入国际市场。在中国可再生能源蓬勃发展的同时，仍然存在一些发展困境。本文在梳理现状的基础上，对存在问题进行了识别，并据此提出相关建议。

一、“双碳”目标下可再生能源发展面临的机遇

（一）可再生能源政策体系不断完善

进入21世纪，中国更加重视可再生能源的发展，形成了以《可再生能源法》为基础，价格管制、财税支持等多项政策措施相配套的政策体系。2007年，制定了《可再生能源中长期发展规划》，承诺到2020年建立起完善的可再生能源技术和产业体系。2008年，可再生能源被正式纳入“五年规划”。为应对可再生能源发电成本高、上网难等问题，风能、光伏和生物质发电上网电

价及补贴政策在 2009—2011 年实施。为了进一步规范专项资金管理，提升资金使用的有效性，中央政府在 2015 年出台了《可再生能源发展专项资金管理暂行办法》。2017 年风电平价上网示范项目开始组织实施，由此拉开了可再生电力无补贴平价上网的序幕。2019 年正式发布《关于建立健全可再生能源电力消纳保障机制的通知》。2022 年 3 月，《氢能产业发展中长期规划（2021—2035）年》发布，利用可再生能源规模化制氢等方式进一步解决中国可再生电力消纳问题。

近年来，在一系列政策支持和激励下，中国可再生能源迅猛发展。2000—2022 年，全国可再生能源发电累计装机容量和发电量分别从 0.82 亿千瓦和 0.24 万亿千瓦时增长至 12.13 亿千瓦和 5.18 万亿千瓦时，年均增长 13.04% 和 14.99%。

尽管如此，中国现有可再生能源的发展水平仍不能满足“双碳”目标的要求，例如，实现 2060 年的碳中和目标，中国可再生能源在能源消费中的比重可能需要接近 100%。截至 2022 年，中国可再生能源的消费占比为 25.9%，仍显著低于欧洲等发达国家，如德国和丹麦分别为 46.9% 和 40%。可再生能源在替代化石能源过程中，尚未使中国能源消费结构发生本质性改变，对碳排放的抑制作用十分有限。

在“双碳”背景下，中国可再生能源要实现大规模、高比例、市场化、高质量的发展目标，需要进一步完善现有可再生能源政策体系，应对可再生能源发展的不确定性和难题。

（二）市场规模扩大，潜力无限

中国光伏制造领跑全球。中国光伏行业经过多年发展，产业规模持续扩大，已形成世界最完整、竞争力最强的产业链，具有稳定的生产和制造能力。2020 年，中国光伏企业多晶硅、硅片、电池片和组件产量的全球占比分别为 76%、96%、83% 和 76%，处于绝对领先地位。

风电制造国际竞争力有待提升。尽管中国风电装机规模与制造产能均居世界首位，但产品主要供应国内市场，境外市场占比很小。2020 年全球除中国外风电新增装机 38.6 吉瓦，中国风机出口量 1.19 吉瓦，占比仅 3.1%，且主要应用于中资企业投资或EPC项目。由于中国风电设备企业走出去时间不长，参与项目和业绩较少，国际知名度和认可度不高，与通用电气、维斯塔斯、西门子歌美飒等国际巨头竞争时劣势明显。

中国企业境外可再生能源投资尚未进入第一梯队。与国内如火如荼的可再生能源市场投资不同，长期以来中国企业在海外可再生能源市场投资方面进展较慢。

金融机构对境外可再生能源项目支持力度有限。与国际金融机构相比，中资金融机构在境外可再生能源市场的渗透率有待进一步提升，对中国企业的支持潜力可进一步挖掘。

（三）可再生能源开发技术不断提升

核心技术是产业发展的关键，多年来中国积极鼓励和引导可再生能源企业加大研发投入，掌握核心科技，目前中国水电、风电、光伏发电等技术已经处于世界先进水平。目前，风电已经形成了低风速、低温、高原、海上多条成熟技术路线，机组大型化趋势明显。风电的主流装机机型从2000年前后的750千瓦已经提升到目前的3兆瓦左右，海上风电单机容量达到了15兆瓦。光伏也实现了从多晶到单晶，电池效率持续提升，量产的单晶电池转化效率达到了23.1%，电池转化效率多次刷新了世界的纪录。中国光伏各个环节的全球市场占有率均超过7成，在硅片环节高达96%，在组件环节达到了76%，全球排名前十的光伏制造企业当中，中国占到7家以上。全球十大风机制造企业中，中国占到了6家。先进的发电技术又进一步降低了中国可再生能源发电成本。目前中国陆上风电、光伏发电成本较十年前分别下降了48%和70%。

二、中国可再生能源发展面临的挑战

全球变暖带来的气候变化威胁成为世界各国和各地区面临的最严峻挑战之一。为保障人类社会的全面可持续发展，推进全球治理及生态保护发展进程，越来越多的国家及能源企业通过发展可再生能源技术、投资等，加快了能源转型步伐。从现在到2030年前是中国可再生能源发展的关键期，它决定了中国能源转型能否从初级阶段进入中级阶段，进而决定了2050年可再生能源成为中国主体能源的规划能否成为现实。中国面临着来自全球各国以及自身可再生能源发展的严峻挑战，亟须做出改变。

（一）可再生能源技术服务体系有待完善，公众认知欠缺

中国可再生能源发展成绩显著，鼓励和支持可再生能源发展的政策体系也日益丰富，但能源规划与政策没有完全按照能源转型的逻辑进行梳理和调整，目前国内支持可再生能源发展的技术服务体系尚未形成，可再生能源的技术标准、资源环境评测体系还不完善。在促进可再生能源发展的名义下，一些不利于提高电力系统运营效率的政策依然大行其道。对可再生能源重要性的宣传推广力度还不够，导致公众的认可度有待提高，影响了可再生能源的进一步推广和深层次应用。

（二）可再生能源配置不均

中国太阳能、风能和水资源丰富，但资源空间分布不均匀，长期存在资源错配问题。中国区域间地形和气候条件差异决定太阳能和风能在西部地区较为丰富，水资源储备则集中在西南地区。但是，中国东部区域技术条件成熟，太阳能、风能和水资源开发程度大。这要求建立高水平的技术支持能源长途调配，增加资源合理配置。

（三）可再生能源电力上网、并网难，产业存在短期过剩与长期不足

中国一些大型电源分布在人少的区域，消纳能力低，很多电站因为无法并网而导致资源浪费。可再生能源是传统能源最佳的替代品，而其替代效应正是由于技术不成熟以及配套计划落后等因素，受到大幅削弱，因此许多地区消费者的消费偏好，并未转移到可再生能源电力产品上。基于长期考虑，当前可再生能源电力产业建设规模不能满足将来的市场需求，可再生能源行业还存在广阔的发展前景和空间。由于市场的恶性竞争，可再生能源发电企业以及其上游设备制造企业出现利润率低，甚至严重亏损等问题。

（四）可再生能源发电成本的降低和技术创新仍需突破

高成本是束缚可再生能源行业发展的重要因素之一。以发电技术为例，如以燃煤发电成本为1，则水力发电成本约为煤电的1.2倍，生物质发电（沼气发电）成本为煤电的1.5倍，风力发电成本为煤电的1.7倍，光伏发电成本为煤电的11 ~ 18倍。尽管在整个生命周期当中，可再生能源因其极少的燃料消耗而更具备竞争性，但高昂的初期投入成本使得可再生能源与传统能源相比，平均每单位的产出投入比仍较低。此外，可再生能源技术设备进口也会面临较高的税收和进口关税，而进一步增加成本费用，降低了其优势。可再生能源发电产业并没有达到市场自由竞争水平，仍需依靠政府颁布各类法律法规以及补贴政策得到保护。可再生能源具有资源分散、规模小、生产不连续等特点，且随着开发利用的不断深入，可能出现新的应用模式，提出新的技术需求。中国可再生能源的技术水平低、成本高，缺乏设备制造的核心技术和专利，技术水平和生产能力与国外先进技术差距较大，同样是中国大规模发展可再生能源的一大挑战。

三、“双碳”目标下中国可再生能源发展面临的思考

针对上述中国可再生能源技术服务体系不完善、发电成本较高、技术创新难度较大等问题，提出如下建议。

（一）教育消费者主动践行绿色行为消费，推动能源理性消费

建设完整的支持可再生能源发展的技术服务体系，加大可再生能源宣传力度，扩大社会影响力，增加大众对可再生能源的了解，主动践行低碳能源消费，逐步推进可再生能源在生活能源中的占比。因地制宜地开发利用可再生能源，例如将农村中靠作物秸秆和砍伐树木获得的能源向可再生能源方向转型，既可满足这些地区人民基本生活用能，又有利于生态环境的改善。

（二）加强可再生能源技术创新，推动节能减排目标实现

首先，要加快先进适用技术的研发和推广应用。加大新能源科技投入，

大力发展光伏及光热发电，持续推动氢能技术应用，集中力量开展关键核心技术和装备攻关，以技术创新带动产业创新，扩大能源有效供给，提高能源利用效率，增强自主保障能力。推动能源技术与现代信息、新材料和先进制造技术深度融合，探索能源生产和消费新模式。

另外，可再生能源领域的技术突破需要营造良好的创新生态和政策环境，鼓励和吸引社会资本、各类企业等主体积极参与技术创新，加强基础理论研究和关键核心技术攻关，推进新技术、新业态、新模式发展。

（三）完善可再生能源政策体系

需加强政策制定的前瞻性，提前制定或缩短发布的滞后时间，目前虽有《“十四五”可再生能源发展规划》，尚未有与“双碳”目标相对应的长远期发展规划，仍需尽早明确制定。精简可再生能源政策体系，需注意提升统筹与区域间政策协同性，及时反馈政策实施效果以便调整政策方向，避免不协调导致弃风弃电情况。制定的政策目标明确，可量化程度高，将有力促进可再生能源的发展。强化命令控制型政策与引导示范型政策的协同，加强对可再生能源示范项目的严格管理以及完善可再生能源项目的引导体系。完善监督考评机制，衔接补贴落实，强化实施细则。

“双碳”目标下可再生能源发展财政政策研究

胡启迪
（中国石油大学（北京）经济管理学院）

2021年，中共中央、国务院发布《关于完整准确全面贯彻新发展理念做好碳达峰碳中和工作的意见》和《2030年前碳达峰行动方案》，这两个文件都在“双碳”背景下对可再生能源发展提出了具体要求。2022年5月，财政部印发《财政支持做好碳达峰碳中和工作的意见》，该意见明确了财政支持的六大重点方向和领域，其中包括优化清洁能源支持政策，大力支持可再生能源高比例应用，推动构建新能源占比逐渐提高的新型电力系统；支持光伏、风电、生物质能等可再生能源，以及出力平稳的新能源替代化石能源。这些财政政策积极支持可再生能源发展，取得了较高成效，本文在梳理相关政策的基础上，对政策实施现状进行分析，并据此提出相关建议。

一、可再生能源财政政策梳理

（一）可再生能源财政补贴类型

中国现行的财政政策支持可再生能源发展的方式主要包括财政补贴和税收优惠。

财政补贴分成项目投资补贴、产业设备补贴、发电补贴等。项目投资补贴是指根据项目装置容量分级给予补贴。以光伏发电为例，2009年实施的“金太阳示范工程”是中国首次对太阳能发电产业实施大范围补贴，装机容量大于50千瓦的太阳能光电建设项目补助标准为20元/瓦，同年，并网光伏发电项目的补贴政策出台，对光伏发电产业关键技术产业化和基础能力建设项目通过贷款贴息予以支持。产业设备补贴是指对制造可再生能源相关设备、零部件的企业进行补贴。2008 年，国家对满足支持条件的企业首 50 台风能发电机组按 600 元 / 千瓦的标准进行补贴，整机制造企业与关键零部件制造企业各占 50%，各关键零部件制造企业补贴金额按成本占比确定。发电补贴是指对可再生能源上网电价进行补贴。中国分别从 2009 年、2013 年起对风电、光伏发电进行补贴，随着技术的发展、市场机制的不断完善，国家补贴逐步退坡，2021 年起对部分光伏项目和新核准陆上风电项目不再补贴。

税收优惠主要包括增值税优惠和企业所得税优惠。增值税优惠以风能为例，依据《财政部 国家税务总局关于风力发电增值税政策的通知》，自 2015 年 7 月 1 日起，对纳税人销售自产的利用风力生产的电力产品，实行增值税即征即退 50% 的政策。企业所得税则是企业从事国家重点扶持的公共基础设施项目的投资经营的所得，自项目取得第一笔生产经营收入所属纳税年度起，第一年至第三年免征企业所得税，第四年至第六年减半征收企业所得税，即“三免三减半”。

（二）可再生能源财政政策执行

在可再生能源财政政策执行时，一般分中央政府和地方政府两个层级去执行。中央政府对可再生能源发展的财政支持是直接推动中国可再生能源技术进步和生产规模扩大的有力措施，它的对象主要是高精尖的可再生能源技术研发、可再生能源示范项目的支持与推广和可再生能源发电项目上网补贴。地方政府对可再生能源发展的财政支持是推动中国可再生能源发展的直接措施，它也对上网电价进行补贴。受各地区可再生能源禀赋和发展规划差异的影响，各地地方政府对不同可再生能源项目的补贴力度不同。除补贴外，地方政府还对一些项目或是居民用分布式可再生能源给予优惠，如对可再生能源供热制冷项目用电按民用电价收费，同时免收水费，对居民用分布式可再生能源发电项目进行减碳奖励等。

中央与地方的可再生能源政策供给力度进一步加大，合力进一步推动大型风电光伏基地建成并网，加强部分地区新能源消纳利用研究，对符合政策性开发性金融工具的风电光伏和抽水蓄能项目，力争能纳尽纳，不断促进中国可再生能源发展。

二、可再生能源财政政策现状及主要问题分析

2022年，中国光伏、风能、生物质能、氢能的装机容量以及发电量均大幅提升。其中，风电、光伏发电量达到1.19万亿千瓦时，同比增长21%；长江干流上乌东德、白鹤滩、溪洛渡等6座巨型水电站形成世界最大的“清洁能源走廊”。储能方面，截至2022年底，全国已投运新型储能项目装机规模达870万千瓦时，比2021年底增长110%以上；充电基础设施2022年增长260万台左右，同比增长近100%。

中国可再生能源发展取得的这些成就离不开财政政策的支持，但这些政策在执行过程中也出现了对政策内容理解不到位、不深入的现象。据SOLAR-ZOOM新能源智库专家估算，截至2021年末，中国可再生能源补贴拖欠累计达到4000亿元左右。中国正处在经济转型、产业结构调整与力争实现“双碳”目标的关键时期，发展可再生能源是实现这些目标的关键路径，也是中国近些年能源产业发展的重中之重。因此，需对中国可再生能源财政政策制定及施行现状进行分析，寻找提高政策效益的着力点。

（一）可再生能源布局需持续优化，以提高财政政策全产业链效益

可再生能源禀赋存在差异，使得各地区可再生能源发展规划与布局也不相同。由于并网、储能等关键技术的限制，部分地区可再生能源生产端与消费端存在不匹配的现象，易使弃风弃光比率增大。现行的可再生能源财政政策较多地关注与投入到降低成本中，税收政策也较多地采用减免税的方式，容易导致可再生能源产业链上不同企业的受益程度存在较大差异，也不易充分发挥能源市场的调节作用。此外，政府主体未及时核准生产力水平，不利于提高可再生能源财政政策效益。政府主体需在核准可再生能源生产力水平的基础上，提高精准性和有效性，保障消纳、储能等关键技术的政策扶持供应，推动强链补链，依照可再生能源产业链分工对供应链上下游实施科学统筹管理，解决“卡脖子”问题，从而提高可再生能源财政政策的全产业链效益。

（二）市场化机制作用未成为主导，绿电交易量占比待提高

可再生能源财政政策在降低绿电项目成本中发挥了重大作用，在其逐渐进行退坡时，其发力点逐渐转向推动市场化进程。2023 年 2 月 15 日，国家发展改革委、财政部、国家能源局下发《关于享受中央政府补贴的绿电项目参与绿电交易有关事项的通知》（发改体改〔2023〕75 号），其中指出，扩大绿电参与市场规模，在推动平价可再生能源项目全部参与绿电交易的基础上，稳步推进享受国家可再生能源补贴的绿电项目参与绿电交易；享受国家可再生能源补贴的绿色电力，参与绿电交易时高于项目所执行的煤电基准电价的溢价收益等额冲抵国家可再生能源补贴或归国家所有，发电企业放弃补贴的，参与绿电交易的全部收益归发电企业所有。可再生能源财政政策将在绿电项目逐步提高市场化程度的进程中发挥重要作用，对绿电项目的扶持从直接发放补贴优惠逐步向市场化获益转变，有助于提高绿电企业提高企业经营自主性和市场竞争力，从而促进可再生能源产业良性发展。

（三）产业布局与规划实施尚未充分衔接，全流程的监督机制有待完善

中央与地方的可再生能源发展布局与规划未充分衔接，国家可再生能源发展目标与规划对地方约束性不够；部分地区可再生能源发展规划与电网基础设施规划也存在不匹配现象；可再生能源市场、绿电交易市场和碳交易市场未形成更为流畅的互动等；可再生能源产业链上的各个流程衔接不上，这些现象都易使可再生能源财政政策未能充分发挥作用。此外，可再生能源财政政策的施行尚未形成全流程的监督机制，信息透明度不高，各级政府部门、相关企业的权责清晰度不够，也易导致可再生能源产业链上不同部门间协同性不高，政策执行不到位时难以实施处罚。

三、可再生能源财政政策制定与施行建议

通过对上述可再生能源财政政策的现状分析，结合中国经济高质量发展和“双碳”目标的背景，为进一步推动中国可再生能源发展，加快能源结

构调整，构建新型能源体系，就可再生能源财政政策的制定与实施提出如下建议。

（一）以绿色经济和新型能源体系为导向，进一步发挥可再生能源财政政策的作用

可再生能源财政政策的制定与实施，需切合中国宏观发展目标，以绿色经济和新型能源体系为导向，在发展绿色经济和构建新型能源体系中寻找发力点。未来的可再生能源财政政策可从加大区域间的可再生能源协同规划、协同开发和联合调度，进一步发挥可再生能源在能源保供中的作用；在消费端着力推动新增可再生能源消费不纳入能源消费总量控制，尽快完善可再生能源发电绿色电力证书交易制度，增强部分地区新能源消纳利用研究，加强新能源发现预警预测等。除上述直接作用外，可再生能源财政政策可发挥杠杆作用，以小带大，以市场化的方式带动更多的社会资本进入重点行业领域，推动社会资本发挥重要作用，支持绿色金融的发展，间接促进可再生能源的发展。

（二）顺应加快构建科技创新新型举国体制，增强研发费用抵税力度

科技创新是提高社会生产力、提升国际竞争力、增强综合国力、保障国家安全的战略支撑，也是可再生能源发展的核心支撑。中国正处于转变经济发展方式、构建新型能源体系的重要交汇期，随着可再生能源发电成本的下降，可再生能源财政政策需在可再生能源大规模和高质量发展上发挥更多的作用，提升其精准高效性，加强其在可再生能源高端技术上的支持力度。税收优惠可增加多种形式，增强研发费用抵税力度，尤其是可再生能源并网、储能方向上，致力于解决可再生能源消纳、储能、预警等关键问题，将可再生能源财政政策的支持作用发挥到“刀刃”上。

（三）完善监督机制，构建全流程的监督体系

完善监督方式，进一步加大政策供给和行业服务，加强政府、行业、企业和公众间的联系，构建“政府主导、第三方监督、企业自律、公众参与”

的监督体系。

在政府完善法律法规、标准，市场监测、风险预警体系基础上，透明发布行业资源、价格与市场信息，对违法违规企业行为，依法惩戒；中央与地方需紧密衔接，控制补贴项目数量和规模，避免可再生能源项目盲目上马，导致行业产能过剩，造成财政资金浪费；政府应及时、定期开展论证，对相关政策和标准进行调整，给予监督方科学合理的核查标准，有利于监督工作的开展。

政府授权行业协会及有实力的专业机构和公司为第三方监督机构，代表政府行使监督权，根据政府所制定的行业法律和法规获取相关信息并进行评价。行业协会需将评价结果告知企业，企业据此调整经营内容与策略；同时向公众公布必要的信息，加大公众参与监督的力度，形成政府、行业、企业和公众间的合力，构建可再生能源从生产到消费全流程的监督体系。

低碳经济视角下中国可再生能源产业政策新动向

郭　风
（中国石油大学（北京）经济管理学院）

在国家能源战略引领和政策驱动下，“十三五”期间，水电、风电、光伏发电等可再生能源的快速发展，逐步成为中国能源结构调整和能源转型的重要力量。2022 年，全国风电、光伏发电新增装机突破 1.2 亿千瓦，达到 1.25 亿千瓦，连续三年突破 1 亿千瓦，再创历史新高。全年可再生能源新增装机 1.52 亿千瓦，占全国新增发电装机的 76.2%，已成为中国电力新增装机的主体。其中风电新增 3763 万千瓦、太阳能发电新增 8741 万千瓦、生物质发电新增 334 万千瓦、常规水电新增 1507 万千瓦、抽水蓄能新增 880 万千瓦。截至 2022 年底，可再生能源装机突破 12 亿千瓦，达到 12.13 亿千瓦，占全国发电总装机的 47.3%，较 2021 年提高 2.5 个百分点。其中，风电 3.65 亿千瓦、太阳能发电 3.93 亿千瓦、生物质发电 0.41 亿千瓦、常规水电 3.68 亿千瓦、抽水蓄能 0.45 亿千瓦。可再生能源大规模发展是中国实现碳中和目标的重要途径。为了积极参与并引领全球气候治理，2020 年 9 月 22 日，习近平主席首次提出中国将实现 2030 年前碳达峰，2060 年前碳中和目标。而高碳能源结构是中国碳排放急剧增长的主要原因，除提高能源效率、推动技术变革等重要举措之外，大幅度提升可再生能源比例，实现能源结构的根本性转变，是中国如期实现“双碳”目标的必然选择。尽管如此，中国现有可再生能源的发展水平仍不能满足“双碳”目标，特别是碳中和所需要的发展水平。碳中和目标对中国的可再生能源发展提出了更高要求。中国可再生能源实现大规模、高比例、市场化、高质量的发展目标需要进一步完善现有可再生能源政策体系，以应对可再生能源发展的不确定性和难题。本文将系统梳理可再生能源政策的演变路径，详细明确可再生能源政策对中国低碳经济发展的影响机制；分析比较中国与欧美等发达国家可再生能源政策的区别与联系及其对碳减排的影响，厘清“双碳”目标下中国可再生能源大规模开发的政策体系的不足之处，提出相应的政策完善建议，以期为中国可再生能源高质量发展提供决策支持。

一、欧美可再生能源产业政策经验分析

（一）美国可再生能源政策

美国是最早将能源政策纳入经济体系的国家之一。殖民时期，美国的能源政策建立在供热和工业用材的基础上。19 世纪，煤炭的大规模应用使得能源政策转向工业革命。后来，由于石油能源简单安全的特点，煤炭的使用减少，能源政策侧重于能源安全。1883 年，美国在尼亚加拉大瀑布建造了首个水力发电站，能源政策再一次发生转变，不同于以石油、天然气、柴油和核能为基础的发电，水力发电为 20 世纪的发电方式开辟了新道路。同时，基于电能生产的法规，美国经济增长迅速达到二战后的顶峰。为应对气候变化、能源安全及经济问题，美国制定了《能源独立与安全法》（EISA）和《能源政策法》（EPAct）。EPAct05 和 EISA 给出了 4 个方面的节能和能效策略：（1）运输节能和能效规定；（2）建筑物节能和能效规定；（3）工业节能和能效规定；（4）电力节能和能效规定。EPAct05 和 EISA 加快了美国节能力度，改变了美国石油进口和碳排放的前景。

（二）英国可再生能源政策

2019 年下半年，英国政府修改了《2008 年气候变化法案》，引入“净零”一词。该法令中的修正案规定，到 2050 年，英国必须比 1990 年减少 100% 的碳排放，也就是达到“净零排放”。根据欧盟法律，英国有法律义务，到 2020 年，将可再生能源占总能源消耗的比重提至 20%，并有法律强制的政策目标，即到 2050 年将 GHG（温室气体）排放量减少 80%（2008 年制定），在 2050 年前实现净零排放（2019 年制定的法律修正案）。在过去 20 年里，英国出台

并修订了大量政策文书，包括加强建筑和设计标准（如建筑控制条例）、强制性能源标签（能源性能证书和显示能源证书），以及相当不稳定的一系列经济处罚和激励措施（如绿色协议、上网电价、气候变化税）。

（三）德国可再生能源政策

德国是公认的制定发展可持续能源政策的先驱，也是目前推动可再生能源向可持续能源体系过渡最成功的国家。能源政策的研究与发展由德国联邦经济和能源部（BMWi）负责；环境政策，包括核安全、气候变化和化石燃料燃烧影响，由德国联邦环境、自然保育及核能安全部（BMU）负责；能效和节能由2000年成立的德国能源署（DENA）负责；能源和电力市场由联邦卡特尔办公室（FCO）或州级竞争办公室负责。此外，还成立了独立专家小组和机构组织讨论并提供报告，以指导能源政策。2011年，德国政府宣布能源转型，并表示到2050年将化石燃料在能源供应中的比重从80%降低到20%。逐步淘汰核能、减少化石燃料和提高预期能源效率是德国能源转型计划的3个主要组成部分。2014年，BMWi发布了《能效绿皮书》，该能效战略中首次确定了2030年的新能效目标：相较于2008年将一次能源消耗减少30%。

二、可再生能源政策对低碳经济的影响

（一）可再生能源政策促进能源低碳转型

可再生能源政策通过提高可再生能源装机规模和发电量推动能源低碳转型，实现碳减排。一方面，为了应对可再生能源发电成本高等问题，政府出台上网电价等扶持政策，降低了可再生能源与化石能源发电成本之间的差距，保障了可再生能源发电收益，促进了可再生能源装机规模的提高。另一方面，通过实施消纳保障和管理规定等政策，提高了能源消费总量中的可再生能源渗透率，实现了能源低碳替代。在可再生能源配额制（RPS）政策和“重点地区最低保障性收购利用小时数”等消纳保障政策的约束下，促进电网公司购买绿色电力的意愿增强，推动可再生能源在能源消费中占比的提高。绿电交

易等政策有助于打破可再生能源电力的省际传输壁垒、提高可再生能源消纳利用水平，为提高可再生能源渗透率创造了良好制度环境。

（二）可再生能源政策引导产业低碳发展

可再生能源政策通过影响能源消费结构和产业结构推动产业低碳转型，实现碳减排。一方面，电价管制政策、RPS 等消纳保障政策有助于促进可再生能源消纳，降低化石能源消费。相关政策可促进能源调度优化，提高可再生能源的设施利用效率、并网率、渗透率和市场需求，从而推动产业的能源消费结构转向低碳化，促进产业低碳转型。另一方面，绿色金融等财税支持政策不仅有助于对重污染企业形成融资惩罚效应以及投资抑制效应，淘汰高耗能产业，而且有助于降低绿色产业投资的代理成本，引导资金流向资源节约型的低碳产业，推动产业结构升级，促进产业低碳化转型。

（三）可再生能源政策推动低碳技术创新

一方面，可再生能源政策通过绿色金融和绿色证书交易等政策吸引投资、推动设备节能改造，提升能源效率和全要素生产率，推动碳减排。另一方面，财税支持和研发补贴，可以有效降低技术研究沉没成本，降低技术创新风险，吸引更多的研发投入，最终诱发更多可再生能源技术创新，促进可再生能源的技术创新与大规模应用，进而推动碳减排。此外，可再生能源政策有助于推动碳捕集、利用与封存（CCUS）等负碳技术的发展。同时，价格管制政策对使用 CCUS 技术的发电企业施行电价补贴，能够起到鼓励电力企业脱碳的效果。

三、中国可再生能源产业政策新动向

（一）发电侧政策仍会有差异化补贴

保障可再生能源持续发展的多样性补贴可能将转变成支撑可再生能源发展的多样性补贴或地方补贴平价上网落地之后，国家层面大规模的补贴取消，但为保障可再生能源持续发展的多样性、支撑前沿技术发展，针对一定业务范围技术发展的支持或地方补贴是有可能的。可再生能源多样化发展可能支持的领域包括光热、海上风电等。地方性补贴支撑技术发展，促进产业进步。“十四五”时期海上风电实现平价是有难度的，但从促进行业发展的角度，每年至少维持 100 万 ~ 200 万千瓦的装机规模增量，才能支撑海上风电行业的发展以及设备、技术的迭代。从地方补贴角度来看，海上风电领域是需要政府补贴的，但具体要看地方财政收入情况。有经济实力、有风电制造产业发展需求的地方的补贴力度更大，一方面是基于地方财政水平基础，另一方面是基于对上游产业发展支撑的考量。可能的补贴方式包括地方财政直补、从可再生能源与煤电标杆电价的差额中拿出一部分来补贴等多种形式。上海、广东等地已经落实对海上风电的补贴办法。

（二）输电侧鼓励优化配网和可再生能源发电

电力市场交易目前还处于矛盾积累的阶段，可再生能源进入就意味着降价，但矛盾积累到一定阶段，也预示着可能会有大步伐、跨越式的发展。未来，电力市场单纯提供电量的价值会越来越低，提供电网运行稳定性的价值会越来越高，解决发电、用电的不匹配问题，实现电网的稳定运行，是未来电力市场的发展方向。完善适应可再生能源局域深度利用和广域输送的电网体系。整体优化输电网络和电力系统运行，提升对可再生能源电力的输送和消纳能力。通过电源配置和运行优化调整尽可能增加存量输电通道输送可再生能源电量，明确最低比重指标并进行考核。统筹布局以送出可再生能源电力为主的大型电力基地，在省级电网及以上范围优化配置调节性资源。电网企业应提升新能源电力接纳能力，动态公布经营区域内可接纳新能源电力的容量信息并提供查询服务，依法依规将符合规划和安全生产条件的新能源发电项目和分布式发电项目接入电网，做到应并尽并。

（三）市场侧转向绿电市场化体系

从企业市场开发角度来看，未来尤其是“十四五”期间风电项目积累会相对容易；从国家层面上看，平价之后国家没有理由限制风电项目规模，国家层面主要考虑的因素是土地规划的承受能力、电网消纳的能力等，以保障土地可承载、弃风弃光率达到要求；从地方层面上看，可再生能源消纳权重对地方政府将有一个硬性考核指标，各地方电网公司会有实际能够匹配的消纳量，各地方政府将提出本地区的可再生能源规划目标、方案。因此，总体来看，市场开发理念在转变，不管是政府还是企业，项目积累的动力都在提升。充分利用国际要素助力国内能源绿色低碳发展。落实鼓励外商投资产业目录，完善相关支持政策，吸引和引导外资投入清洁低碳能源产业领域。完善鼓励外资融入中国清洁低碳能源产业创新体系的激励机制，严格知识产权保护。加强绿色电力认证国际合作，倡议建立国际绿色电力证书体系，积极引导和参与绿色电力证书核发、计量、交易等国际标准研究制定。

四、中国可再生能源产业政策体系完善建议

（一）完善交通运输领域能源清洁替代政策

推进交通运输绿色低碳转型，优化交通运输结构，推行绿色低碳交通设施装备。推行大容量电气化公共交通和电动、氢能、先进生物液体燃料、天然气等清洁能源交通工具，完善充换电、加氢、加气（LNG）站点布局及服务设施，降低交通运输领域清洁能源用能成本。对交通供能场站布局和建设在土地空间等方面予以支持，开展多能融合交通供能场站建设，推进新能源汽车与电网能量互动试点示范，推动车桩、船岸协同发展。对利用铁路沿线、高速公路服务区等建设新能源设施的，鼓励对同一省级区域内的项目统一规划、统一实施、统一核准。

（二）推动构建以清洁低碳能源为主体的现代能源供应体系

以沙漠、戈壁、荒漠地区为重点，加快推进大型风电、光伏发电基地建设，对区域内现有煤电机组进行升级改造，探索建立送受两端协同为新能源电力输送提供调节的机制，支持新能源电力能建尽建、能并尽并、能发尽发。各地区按照国家能源战略和规划及分领域规划，统筹考虑本地区能源需求和清洁低碳能源资源等情况，在省级能源规划总体框架下，指导并组织制定市（县）级清洁低碳能源开发利用、区域能源供应相关实施方案。各地区应当统

筹考虑本地区能源需求及可开发资源量等，按就近原则优先开发利用本地清洁低碳能源资源，根据需要积极引入区域外的清洁低碳能源，形成优先通过清洁低碳能源满足新增用能需求并逐渐替代存量化石能源的能源生产消费格局。鼓励各地区建设多能互补、就近平衡、以清洁低碳能源为主体的新型能源系统。

（三）顶层政策激励清晰，提升政策协同

精简冗余政策，形成清晰的体系，提升可再生能源政策协同是降低政策实施成本、增强实施效果的重要前提。中国可再生能源政策虽制定和实施较欧美日等国家晚，但发行的政策数量和终止率却高于他们，侧面反映出中国可再生能源政策重复冗余突出。政策的区域、部门、阶段和类别间的目标和要求不协同，弱化了政策实施效果。如目标规划政策与消纳保障政策的协调性不足，未统筹可再生能源“源网荷”规划，可再生电力弃电频发。2010—2016 年弃风造成直接经济损失达 800 亿元。因此，亟须通过分阶段、有侧重等方式精准施策，加强区域可再生能源政策之间以及可再生能源政策与其他政策之间的协同，促进可再生能源高比例消纳和高质量发展。

（四）健全监督考评政策，完善法律保障体系

监督考评和法律保障是可再生能源政策实施的关键环节。然而，中国现行可再生能源政策体系中，部分政策的监督考评制度欠缺，导致执行过程中落实难，实施效果大打折扣。可再生能源补贴政策实施过程中，由于监督不完备，骗补事件频发，补贴财政缺口巨大、补贴资金严重滞后。仅靠可再生能源电费附加收入，到 2022 年底，中国可再生能源补贴历史欠账将达到 3800 多亿元。同时，现有可再生能源政策体系中对不执行政策的处罚力度较轻，且缺乏实施细则，导致相关政策并未取得预期成效。因此，亟须健全中国可再生能源政策体系中的监督考评机制，加大不执行政策的处罚力度，强化实施细则。

生物航煤发展的现状、问题与对策

张心馨，孙仁金
（中国石油大学（北京）经济管理学院）

2018年11月，欧盟委员会首次提出到2050年实现气候中和愿景，与《巴黎协定》提出的将全球温度升幅力争控制在1.5℃以下的目标一致。2020年3月，欧洲联盟委员会向欧洲议会及理事会提交了《欧洲气候法》提案，为2050年实现气候中和目标奠定法律基础。2021年3月，欧盟委员会正式通过欧盟碳边境调节机制议案，同年，欧盟发布“Fit for 55”一揽子减排方案，启动了欧盟碳边境调节机制的立法程序，欧盟碳边境调节机制作为“Fit for 55”的一部分，其宗旨是促进欧盟在2050年前实现碳中和。2020年9月22日，中国提出“双碳”目标，彰显了中国始终坚持以世界眼光、全球视野构建人类命运共同体的大国担当，也是中国在“十四五”期间坚定贯彻新发展理念，构建新发展格局，实现高质量发展的必由之路。党的二十大报告提出，积极稳妥推进碳达峰碳中和，立足中国能源资源禀赋，坚持先立后破，有计划分步骤实施碳达峰行动，深入推进能源革命，加强煤炭清洁高效利用，加快规划建设新型能源体系，积极参与应对气候变化全球治理。国家对“双碳”的高度重视再次得到充分体现，显示出中国在“双碳”目标的实现上更加坚定，更加自信。

航空业作为一种较新兴的现代经济发展服务模式，成为未来主要城市经济发展的重点之一，在区域经济发展中的“新动力”和“增长极”作用，有利于提高城市的中心地位，更好地发挥中心城市的辐射带动作用。国际航空运输协会的数据显示，1990年以来，每客公里的燃油消耗量已减少一半。2019年，全球航空业载客量超过45.4亿人次，碳排放约占全球总量的2%。既能实现航空业转型，又能将行业的增长宏图与《巴黎协定》温控目标协调一致，唯一的选择是使用可持续航空燃料。与化石燃料相比，它可减少碳排放 70% 甚至接近 100%。生物燃料是一个更具可行性的短期方案，用植物油或废油制造航空燃料的技术可行性已经得到证实，产品也获得了认证，一些航空公司甚至已经在日常运营中使用这种燃料。因此，加大替代燃料方面的科技研发，尽快实现生物燃料产业化，是未来航空业必经之路。

一、生物航煤发展现状

近年来，欧洲出台了一系列政策来推动生物航煤行业应用范围，如在“可持续航空燃料”法案中明确，2025 年生物航煤占航空燃料的比重需达 2%、2050 年需达 63%。以 2019 年欧盟航空燃料使用量 6854 万吨为参考标准，在 63% 添加比例估计下，则对应生物航煤需求潜力超 4300 万吨 / 年。

中国生物燃料政策持续推出，“双碳”时代下国内生物油品产业稳步推进。尽管中国在此前已经立下“不与人争粮”基本国策，但“双碳”时代下的减排压力，以及与海外减排制度的接轨，欧盟正在推进立法，后续所有飞往欧洲的国际航班都需执行欧盟的燃料标准，中国发展以生物柴油、生物航煤为主的生物燃料亦是大势所趋。中国的生物航煤主要以餐饮废弃油脂和油脂工业的油脚为原料。中国共有生物航煤企业 30 余家，生物航煤产能 230 万吨 / 年，技术水平总体处于世界前列，中国生物航煤产品绝大部分用于出口，目前已成为世界上最主要的以餐饮废弃油脂为原料的生物航煤出口国。2017—2020 年，中国生物航煤出口量快速增长，从 17 万吨增加至 90 万吨。按照欧洲 63% 的远期添加比例，对应生物航煤市场潜力达 1913 万吨。此外，陆面交通柴油消费量近 1 亿吨，传统生物柴油具有广阔添加前景。关于生物航煤（SAF）的制备技术主要有 4 种，分别是加氢法、费托合成法、糖制航煤（DSHC）路线、醇制航煤（ATJ）路线等（表 20）。其中，加氢法和费托合成法（图 122）是目前相对成熟、可以实现完全商业化的路径，DSHC 路线和 ATJ 路线还未实现市场化。

表 20 主要制备生物航煤技术

方法	原料	技术手段
加氢法	动植物油脂	经加氢工艺路线生产出的航煤与常规石油基喷气燃料性质基本相同
费托合成法	纤维素、木质素等生物质	先气化生成合成气，合成气经费托合成生成蜡，蜡再加氢改质生产出生物航煤
糖制航煤路线（简称 DSHC 路线）	生物质糖	通过专有的发酵技术将糖直接转化为法尼烯，然后再通过加氢工艺将法尼烯转化为法尼烷（2，6，10- 三甲基十二烷）
醇制航煤路线（简称 ATJ 路线）	木质纤维素	先将生物质原料转化为醇，然后再通过醇脱水（生成烯烃）、聚合生成长链烯烃，最后经加氢改质工艺，生产出生物航煤产品

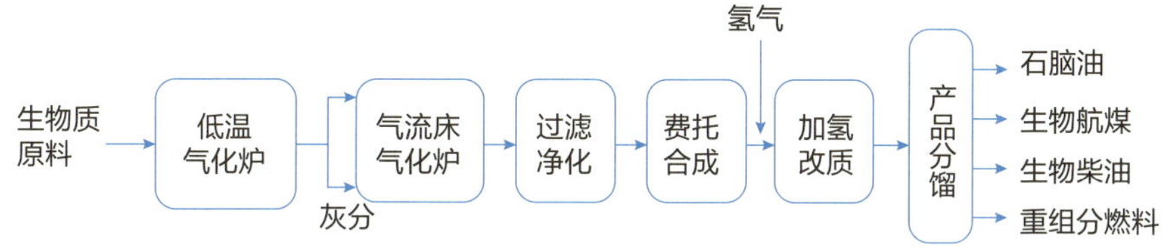

图 122 费托合成法制备生物航煤技术路线图

二、生物航煤发展主要问题分析

（一）生物航煤生产成本高，盈利压力大，市场化推动有阻力

生物航煤是以可再生资源为原料生产的航空煤油，原料主要包括椰子油、棕榈油、麻风子油、亚麻油等植物性油脂，以及微藻油、动物脂肪等。餐饮废油，即我们俗称的“地沟油”，也可以作为原料，实际上，加工出来的生物航煤，并非全部来源于餐饮废油，它还要与普通航煤进行一定比例的混合。在这之前要先对“地沟油”进行系列物理、化学处理。由于这项技术在任何国家都属于核心技术，生产生物航煤只能走自主研发之路。且不说用植物油提炼成航空煤油的难度，仅仅将“地沟油”提炼干净，成本就非常高。另外，生物航煤的生产工艺也相对复杂，加上中国餐饮废油的成分较多，需要增加装置和工艺进行更多预处理，因此成本远远高于普通的航空煤油。生物航煤属于可再生绿色能源，而且中国是航空燃料的消费大国，生物航煤的商业化

应用将为航空业可靠、绿色的油品提供新的渠道。但是，受成本、技术等因素的制约，通过大规模生物航煤生产来防止餐饮废油回流餐桌的问题仍有困难，要想缓解盈利压力，需要多方面的政策支持。

（二）生物航煤原料难以规模化且供应波动较大

生物航煤原料与传统石油基航空煤油相比，在全生命周期中具有很好的降低二氧化碳和颗粒污染物排放的作用。建立稳定的原料供应渠道，是推进生物航煤产业化的重要关口。在 2007 年，国内化工企业就开始在四川、云南等地投资种植麻风树等能源林，但植物种植存在生长周期长且产量不高等因素，制约了生物航煤的规模化生产。同时，生物航煤的原料供应缺乏保障。许多生物质原料不掌握在生物燃料生产企业的手里，非粮生物质多是农林业残留物、边际土地上种植的能源作物、餐饮废油、屠宰场下脚料等，通常并不掌握在燃料生产企业手中，且存在资源分散和间歇性供应的问题。同时生物质原料除了制备航煤，还可以用作其他用途，例如农林业剩余物可用作肥料、固体燃料、动物饲料等；废弃油脂也可用作生产肥皂、洗涤剂、油漆等，其供应和价格都会受到一定的影响。

生物航煤开发在全球范围内尚属刚刚起步，原料规模化、供应产业化还有很长的路要走。

（三）与生物航煤发展规模相适应的产业政策导向还需要加强

对于生物航煤产业的发展，中国缺乏足够的政策面支持，相关产品甚至缺乏统一标准，燃油替代成本压力较大，导致企业积极性普遍不高。以生物柴油为例，中国的支持政策仅有设立专项基金、提供补偿补助和贷款贴息、对以废弃油脂生产生物柴油的企业增值税实行先征后返等。为增强能源多样性，实现能源独立和安全，不少国家对生物燃料生产制定鼓励政策，尤其针对用于交通运输的生物燃料制定了特殊优惠政策，主要激励措施包括：制定强制性的调合标准、对生物燃料提供补贴、减免税赋、给予研发资金支持等。有 31 个国家确定了生物燃料（燃料乙醇和生物柴油）调合标准，至少有 19 个国家和地区（包括 10 个欧盟国家和 4 个发展中国家）实施了燃料免税和生

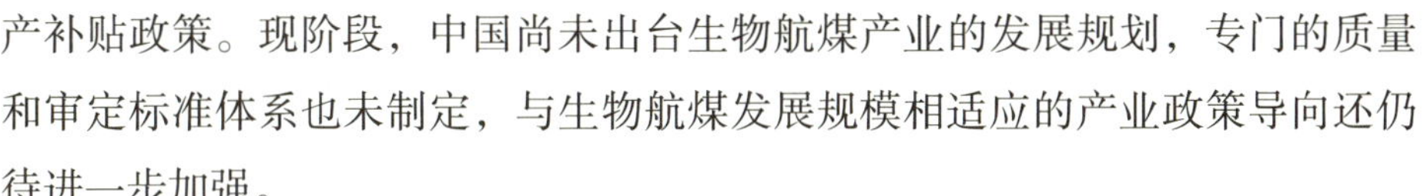

产补贴政策。现阶段，中国尚未出台生物航煤产业的发展规划，专门的质量和审定标准体系也未制定，与生物航煤发展规模相适应的产业政策导向还仍待进一步加强。

（四）生物航煤市场推广尚需引导消费者

生物航煤消费是低碳经济的重要内容，也是各国应对气候变化的重要举措。在公众行动上，公众环境意识、参与意识的提高，以及对良好生活质量的要求和期待的日益增长，构成了生物航煤消费的社会基础。现阶段，公众绿色低碳消费意识比较薄弱。居民由来已久的粗放式消费习惯还在某种程度上存在，在出行的日常生活中还未养成环保的消费习惯，一定程度上造成了巨大的资源浪费、环境污染和生态退化问题。低碳生活方式也没有成为社会风尚。在生物航煤的价格远高于传统航煤的价格背景下，关于乘坐使用生物航煤的航班减排贡献远大于使用传统航煤的航班宣传仍不到位。同时，针对生物航煤降碳减排等方面的知识普及推广不到位。这就要求航煤行业媒体与科普管理部门在宣传推广上应该更推进一步，提高公众对生物航煤的市场接受度和受教育程度。

三、生物航煤发展对策

（一）降低生物航煤生产成本，实现航煤产业化发展

面对居高不下的油价和应对气候变化的巨大压力，不少国家对生物燃料生产制定鼓励政策，尤其针对用于交通运输的生物燃料制定了特殊优惠政策，包括制定强制性的调合标准、对生物燃料提供补贴、减免税赋、给予研发资金支持等。美国、巴西、韩国、印度尼西亚等国家以及欧盟都相继出台了支持生物燃料普及的能源发展战略。国家应提供财政补贴积极支持生物航煤的推广应用。餐饮废油的收取上应建立适当的补偿机制，餐饮废油回收产业链将从地下转移到地上，加快研发，实现原料多样化和技术的提高，通过财政基金、绿色基金、绿色债券、绿色信贷等渠道加大对生物航煤项目的投资支持力度。同时设立生物航煤碳税及碳交易制度，通过出台生物航煤应用支持

政策，进一步培育扩大生物航煤市场，摊薄生产成本。还可以由地方政府牵头健全废弃油脂回收网络，强化市场监管，推动区域规模化收集和集中化处理。同时鼓励行业龙头企业牵头，联合生产企业、销售企业、航空公司、废弃油脂回收方及航空器制造企业等相关方以市场化方式联合投资生物航煤项目，形成成本共担、利益共享机制。

（二）多原料并举推动生物航煤产业化

生物航煤开发在全球范围内尚属刚刚起步，原料规模化、供应产业化还有很长的路要走。生物航油原料持续供应是需要解决的问题。生物航煤的生产原料应该具有产量大、分布广、价格低、获取途径方式多等特点。商业化大规模生产生物航煤可能会对环境、社会和经济造成广泛的后果。例如，生物质的大量生产可能会造成土地和水资源的过度利用、破坏生物多样性、土壤流失等问题，甚至会影响城镇的发展。在“不与人争粮”的基本国策下，保障原料稳定供应的关键是研发出单位生产率高的原料。此外，充分利用餐饮废油、城市固体垃圾等，也是提高原料可利用性的理想方案。中国的餐饮废油依然有约 40% ~ 60% 会通过不法手段回到餐桌上，这不仅无法保障食品安全，也没有将餐饮废油发挥出更高的价值。原料供应的不稳定让生物航煤难以快速步入产业化的道路，政府建立健全相关政策，保障企业多种原料并举，依靠多途径、多原料，不断积累经验，生物航煤的开发才能实现经济性的突破。

（三）国家鼓励形成政策导向支持，实现生物航煤全产业链发展

“双碳”目标下，生物航煤应用已是大势所趋，必须从国家战略高度以更超前的眼光加快产业发展。推广应用生物航煤也是实现航空运输领域清洁低碳转型的主要路径，中国生物航煤产业发展还处于初期阶段，针对生物航煤产业存在的缺乏顶层设计和政策支持、生产成本高、应用成本高、餐厨废油资源化利用不规范等问题，国家要高度重视，出台一些相应的鼓励政策，加强政策导向。

一是做好并加强顶层规划设计。研究出台可持续航空燃料中长期发展规

划，建立生物航煤优先利用机制，出台终端补贴政策。推动生物航煤商业化生产，规范原料种植收集、燃料储运机制，并建立生物航煤示范运营航线。在国家层面出台生物航煤产业中长期发展规划，制定分机场分航线分阶段的生物航煤加注路线图。通过建立一个应用示范点，从个别干线机场实现常态化加注再到主要干线机场实现常态化加注，分阶段加快推动中国生物航煤规模化商业应用。

二是出台产业支持政策。政府部门应加强政策鼓励和引导，加大技术研发攻关和资金支持，尽快突破以纤维素等为原料的新一代生物航煤生产技术，以破解原料制约难题。通过财政基金、绿色基金、绿色债券、绿色信贷等渠道加大对生物航煤项目的投资支持力度；按照参照生物柴油的增值税返还政策给予生物航煤支持；出台生物航煤应用支持政策，进一步培育扩大生物航煤市场，摊薄生产成本。根据测算有望使生物航煤价格达到传统航油的 2.5 倍左右（国际标准水平）。此外，应当设立生物航煤碳税及碳交易制度。

三是推动建立生物航煤全产业链。地方政府牵头健全废弃油脂回收网络，强化市场监管，推动区域规模化收集和集中化处理；鼓励行业龙头企业牵头，联合生产企业、销售企业、航空公司、废弃油脂回收方及航空器制造企业等相关方以市场化方式联合投资生物航煤项目，形成成本共担、利益共享机制；加快完善机场生物航煤配套设施，出台相关应用标准，降低生物航煤运输、储存和加注环节成本。

（四）多部门协调实现生物航煤市场化推广

伴随着生物航煤的逐步市场化，多部门还需统一协调教育消费者，引导人们可以从自身做起增强绿色消费意愿，意识到绿色消费对可持续发展的作用，让乘坐加注生物航煤的飞机成为新的时尚。在满足居民生活质量提高需求的基础上，努力削减高碳消费和奢侈消费，实现生活质量提高和碳排放下降。政府需加大力度采取方式宣传生物航煤在“双碳”目标下的重要性，为生物航煤营造良好的市场氛围，加快其进入能源消费市场，发挥生物航煤对碳达峰碳中和目标的支撑作用。

中国加氢站发展现状与战略思考

于　楠
（中国石油大学（北京）经济管理学院）

中国氢能产业发展已经进入关键时期，氢能已具备成为部分替代主流能源的基础条件。氢能具有热值高、环保可再生等特性，在新能源发展利用上，应该注重氢能的发展。2020 年 4 月 10 日，国家能源局发布的《中华人民共和国能源法（征求意见稿）》中，氢能被正式纳入能源行业。2022 年 3 月 23 日，国家发展改革委、国家能源局联合发布《氢能产业发展中长期规划（2021—2035 年）》，明确了氢的能源属性，是未来国家能源体系的组成部分，应充分发挥氢能清洁低碳特点，推动交通、工业等用能终端和高耗能、高排放行业绿色低碳转型。同时，明确氢能是战略性新兴产业的重点方向，是构建绿色低碳产业体系、打造产业转型升级的新增长点。随着氢能被纳入能源进行管理以及氢能应用领域的拓展，氢能产业成长空间广阔。加氢站作为氢能大规模市场化应用的关键性基础设施，是氢能发展利用的关键环节，近年来发展迅猛。

一、中国加氢站发展现状

（一）政策红利驱动，加快加氢站建设

近年来，中国致力于发展可再生能源，鼓励新能源应用。尤其是“十四五”期间，中国大力发展可再生能源，致力于加快储能、氢能发展。中国是全球最大的氢气生产国，为中国发展氢能源提供了广阔的发展空间。同时，国家出台了一系列政策促进氢能、氢燃料电池车发展，加氢站作为氢能发展的重要一环，也受到国家及政府的支持（表 21）。

表 21　中国加氢站行业相关政策

日期	政策名称	主要内容
2022 年 12 月	《“十四五”现代物流发展规划》	加强货运车辆适用的充电桩、加氢站及内河船舶适用的岸电设施建设，在运输、仓储、配送等环节积极扩大氢能等清洁能源应用，加快建立天然气、氢能等清洁能源供应和加注体系
2022 年 12 月	《扩大内需战略规划纲要（2022—2035）》	释放出行消费潜力。优化城市交通网络布局，大力发展智慧交通。推动汽车消费由购买管理向使用管理转变。推进汽车电动化、网联化、智能化，加强充电桩、加氢站等配套设施建设
2022 年 7 月	《国家标准化发展纲要》行动计划	加强新型电力系统标准建设，完善风电、光伏、输配电、储能、氢能、先进核电和化石能源清洁高效利用标准
2022 年 1 月	《“十四五”新型储能发展实施方案》	拓展氢（氨）储能、热（冷）储能等应用领域，开展依托可再生能源制氢（氨）的氢（氨）储能、利用废弃矿坑储能等试点示范；探索利用可再生能源制氢，支撑大规模新能源外送
2021 年 12 月	《关于推进中央企业高质量发展做好碳达峰碳中和工作的指导意见》	鼓励传统加油站、加气站建设油气电氢一体化综合交通能源服务站；稳步构建氢能产业体系，完善氢能制、储、输、用一体化布局；加强绿色氢能示范验证和规模应用，推动建设低成本、全流程、集成化、规模化的二氧化碳捕集利用与封存示范项目
2021 年 10 月	《关于印发 2030 年前碳达峰行动方案》	积极扩大电力、氢能、天然气、先进生物液体燃料等新能源、清洁能源在交通运输领域应用；有序推进充电桩、配套电网、加注（气）站、加氢站等基础设施建设；聚焦化石能源绿色智能开发和清洁低碳利用、可再生能源大规模利用、新型电力系统、节能、氢能、储能、动力电池、二氧化碳捕集利用与封存等重点；加快氢能技术研发和示范应用

资料来源：前瞻产业研究院。

在加氢站补贴层面，对加氢站提出明确补贴的城市数量有不少，具有补贴政策的主要集中在一线城市，补贴领域主要以加氢站建设和运营两方面为主，实际执行差异较大（表 22）。建设补贴根据日加注能力给予一定设备投资比例或一定数额的补贴，例如补贴数额最高的为河南省濮阳市按照投资比例给予不超过 1000 万元的建设补贴，北京是对日加注能力大于等于 1000 公斤的给予定额补贴 500 万元，广东省南沙区按照实际设备投资额的 30% 给予不超过 500 万元补贴。销售补贴主要为促进市场发展而降低终端销售价格从而给予的运营补贴，定价区间主要在 30 ~ 35 元之间，补贴力度呈现逐年退坡态势。例如北京市对销售价格不高于 30 元 / 千克的给予 10 元 / 千克运营补贴，广东省南海区对于销售价格不高于 35 元 / 千克的给予 18 元 / 千克运营补贴。从补贴政策出台的情况来看，广东省力度最大。

表 22　截至 2022 年各省份产业扶持政策（部分）

省市	政策名称	补贴内容
北京	《北京市关于支持氢能产业发展的若干政策措施（征求意见稿）》	加氢站：压缩机 12 小时额定工作能力 ≥ 1000 公斤的，定额补贴 500 万元，≥ 500 公斤的，定额补贴 200 万元。销售价格不高于 30 元 / 千克的加氢站：10 元 / 千克运营补贴
广东	《南沙区氢能产业扶持办法》（征求意见稿）	扩建、改建固定式加氢站能力 ≥ 500 千克，最高按照实际设备投资额 40% 予以补助；新建日加氢能力 ≥ 500 千克的固定式加氢站，最高按照实际设备投资额 30% 予以补助，最高不超过 500 万元。车辆加氢：三年，最高 15 元 / 千克；同一企业每年不超过 150 万元
广东	《广东省加快建设燃料电池汽车示范城市群行动计划（2022—2025 年）》	加氢站建设补贴："十四五"期间建成并投入使用，每日工作 12 小时，加气能力 500 公斤及以上加氢站，属于中油（气）氢合建站、制氢加氢一体化综合能源补给站，250 万元，其余固定式，200 万元；撬装站，150 万元，每个加氢站补贴最多 500 万元且不超过加氢站固定资产投资总额的 50%，首笔补贴到位后 5 年内停止加氢的，主动返还补贴
广东	《佛山市南海区促进加氢站建设运营及氢能源车辆运行扶持办法（2022 年修订）》	加氢站新建补贴：固定式 1000 公斤及以上，500 万元；撬装站 500 公斤及以上，250 万元 加氢站运营补贴：2023 年底前 < 35 元 / 公斤，2024 年底前 < 30 元 / 公斤，补贴 18 元 / 千克 自用撬装式加氢站运营补贴：10 元 / 千克
安徽	《支持新能源汽车和智能网联汽车产业提质扩量增效若干政策》	日加氢能力 1000 公斤及以上、日加氢能力 500 公斤及以上，按加氢站（撬装站）固定资产（不含地价款）投资的 50% 给予补助，每站分别最高补助 500 万元、300 万元

续表

省市	政策名称	补贴内容
河南	《濮阳市促进氢能产业发展扶持办法》	新建、扩建、改建固定式加氢站日加氢能力 500 千克以上，并承诺连续运营三年以上：实际投资（不含土地费）40%，最高不超过 1000 万元。 加氢站运营：价格≤ 35 元 / 千克，按实际销售量退坡补贴，每年每座不超过 200 万元
湖北	《关于十堰市新能源汽车推广应用行动计划（2022—2024 年）的通知》	加氢站：按主要设备投资额最高不超过 20% 给予财政支持 燃料电池汽车终端用户补贴：10 元 / 千克
湖北	《关于支持氢能产业发展意见的实施细则（征求意见稿）》	对日加氢能力不低于 500 千克且销售价格不高于 35 元 / 千克的加氢站，按照年度累计加氢量，按 15 元 / 千克（2022 年）、12 元 / 千克（2023 年）、8 元 / 千克（2024 年）、3 元 / 千克（2025 年）的标准，给予最高 150 万元的运营补贴
四川	《2022 年成都市氢能产业高质量发展项目申报指南》	对日加氢能力不低于 500 千克的 35 兆帕固定式加氢站，按建设实际投资（不含土地费用）的 30% 给予最高 500 万元的一次性补贴，对 70 兆帕加氢站及符合条件的“制氢 – 加氢”示范一体站，按建设实际投资（不含土地费用）的 30% 给予最高 1000 万元的一次性补贴

资料来源：金联创。

根据工信部指导、中国汽车工程学会修订编制的《节能与新能源汽车技术路线图 2.0》相关规划显示，到 2025 年，中国加氢站的建设目标为至少 1000 座，到 2035 年为至少 5000 座。《氢能产业发展中长期规划（2021—2035 年）》和《“十四五”可再生能源发展规划》，充分体现了中国对发展氢能产业的决心。在政策红利驱动下，国内多个地方政府对于氢能产业布局加快了速度，布置多地氢能发展规划，着力加强对加氢站配套设备和建设运营进行补贴，并在加氢站建设方面做出了明确的数量规划，政策支持有力地推动了加氢站建设发展。

从各地区已发布的 2022 年加氢站规划及结合实际建设数量，可以看到部分地区的总体建设速度低于规划目标，仍有较大发展空间。例如，天津实际建成 4 座，低于 2022 年规划的 10 座；河北 21 座，低于 2022 年规划的 25 座；广州实际建成 4 座，低于 2022 年规划的 30 座（表 23）。

表 23　各地区对 2022 年加氢站发展规划

省份	政策名称	目标 / 时间	加氢站（座）
天津	《天津市氢能产业发展行动方案（2020—2022 年）》	2022 年	10
北京	《北京市氢燃料电池汽车产业发展规划（2020—2025 年）》	2023 年	37
广东	《广州市氢能产业发展规划（2019—2030 年）》《广东省加快建设燃料电池车示范城市群行动计划 2022—2025》	2022 年	30
河北	《河北省氢能产业发展“十四五”规划》	2022 年	25
河南	《河南省氢燃料电池汽车产业发展行动方案》	2023 年	50
内蒙古	《内蒙古自治区促进燃料电池汽车产业发展若干措施（试行）》（征求意见稿）	2023 年	60
重庆	《重庆市氢燃料电池汽车产业发展指导意见》	2022 年	10
山西	《大同市氢能产业发展规划（2020—2030 年）》	2023 年	17

资料来源：金联创。

通过统计各地区现有加氢站的发展规划，预计到 2025 年，各地区规划建设加氢站超 1041 座，其中广东最多，为 200 座；河北、河南、山东位列第二，各 100 座；内蒙古第三，为 94 座。当前，广东、山东加氢站建设及政策布局均居中国前列。

（二）国内加氢站基础设施迅猛发展

从氢气售价成本结构来看，主要由氢气原材料、氢气的生产运输固定成本及可变成本、加氢站可变成本以及加氢站维护、储压器、压缩机等几个部分组成。涉及氢气的制备和储运成本占比达 70%，其中氢气原材料占比 50%、氢气生产运输固定成本占比 17%，氢气生产运输可变成本占比 3%（图 123）。

综合计算设备安装、土地、审核、管理运营等一系列成本来看，即便是一个规模为日加氢能力 200 千克 / 天的小型加氢站，成本预估也在 1200 万元左右，其中压缩机就占到全部建设成本的 30% 以上，而结合各地一系列的补贴政策之后，预计回收成本的周期在两到三年左右（图 124）。

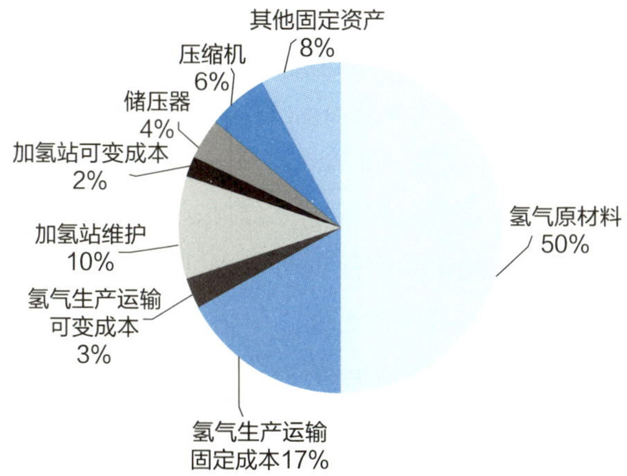

图 123　中国加氢站氢气交货成本占比情况

数据来源：华经产业研究院

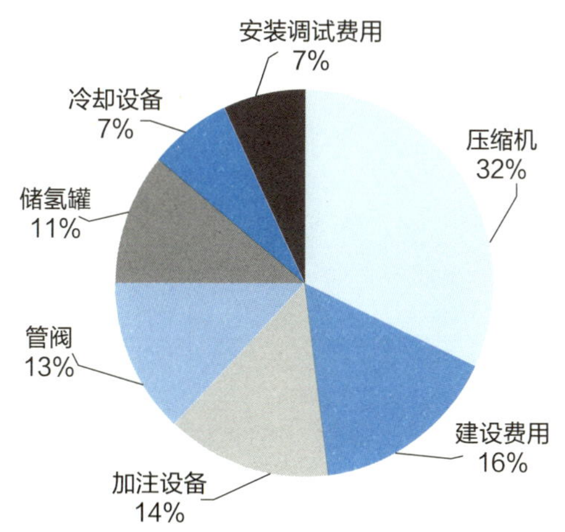

图 124　中国加氢站前期建设成本占比情况

数据来源：华经产业研究院

加氢站作为氢能商用之基石，中国的加氢站布局和建设处于快速发展阶段，在世界排名第一，前三名分别是中国、日本和德国。2016 年初，国内正在运营的加氢站有 3 座；2017 年新增 5 个加氢站项目；2018 年新增 10 个加氢站项目；2019 年底，中国加氢站保有量为 49 座（其中 2 座已拆除），投入运营的有 41 座，在建的加氢站超过 50 座，但多数仅供示范车辆加注使用，暂未实现商业化运营。

2020 年，中国加氢站数量上升至 118 座，其中，已投入运营 101 座，待运营 17 座（图 125）。2021 年，中国加氢站共建成 218 座，新增加氢站 100 座。截至 2022 年，中国共建成投运加氢站 274 座，同比增加 25.7%。而全国加油站在 2022 年的数量为 11.3 万座，加氢站的数量不及加油站的零头。从氢能全产业链的同步发展来看，加氢站相较于上游制氢、下游氢燃料电池汽车的发展速度较慢。加氢站作为给燃料电池汽车提供氢气的基础设施，随着燃料电池汽车保有量的不断增加以及中国石化、中国石油等能源央企的入局持续加速，国内加氢站数量将持续快速增加。

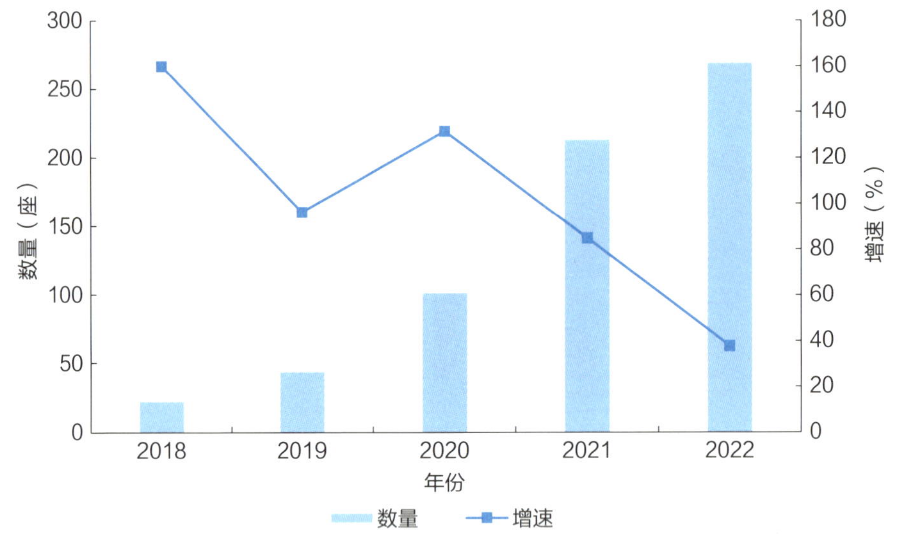

图 125　2018—2022 年中国加氢站数量及增速

数据来源：华经产业研究院、隆众资讯

按省份看，广东、江苏和山东分别以 47 座、28 座和 27 座，位列前三，排名前十的省份（市）加氢站累计达到 210 座，有 50% 集中在 5 大示范城市群（图 126）。从 2021 年 8 月份开始，国家启动了京津冀、上海、广东和河南、河北“3+2 城市群”燃料电池汽车示范推广，国内政策相继出台、企业不断布局、项目相继落地、应用不断推广。按企业看，中国石化投资建站数量最多，中国石化从 2019 年开始入局并投资建站，目前累计建成并运营加氢站数量达 75 座，占比超 27%。

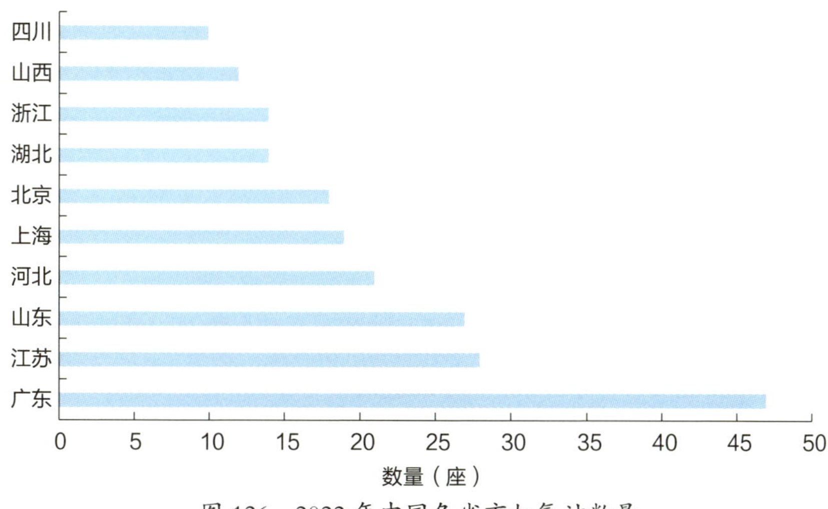

图 126　2022 年中国各省市加氢站数量

数据来源：势银（TrendBank）加氢站数据库

从加氢站类型来看，以纯加氢站和油氢合建站为主。其中，纯加氢站 133 座，油氢合建站 49 座，其他为气氢合建站、氢电合建站，或以油、气、氢、电、光供应的综合能源供应站。

从加注能力来看，已建成加注能力为 500 千克 / 天的加氢站 101 座，1000 千克 / 天的 60 座，剩余多为钢铁、化工园区自用加氢站，加氢能力为 500 ~ 9000 千克 / 天不等。从当前政府补贴角度看，加注能力为 500 千克 / 天、1000 千克 / 天的加氢站为当前的主流。

从建设方式来看，以固定式加氢站为主。截至 2022 年，固定式加氢站占比超 70%。

二、中国加氢站发展的主要问题分析

中国氢能产业发展迅速，必须冷静处理，如果加氢站不能形成一定规模，后期就难以做到氢能大规模的普及应用。为实现加氢站的普及应用，需要解决以下五方面问题。

（一）加氢站建设运营成本高，市场化发展难

国内建设一座加氢能力大于 200 千克的加氢站需投资 1000 多万元。尽管

国家及各省市均出台针对加氢站建设的补贴政策，高昂的建设成本依然是加氢站规模化发展的最大障碍。氢能市场以公交、物流车示范为主，需要与公交公司、政府部门协调，推动示范项目实施，但由于运营成本高，短期内盈利空间不大，推进动力不足，市场化发展具有较大难度。

（二）加氢站建设标准体系有待完善，发展速度较慢

加氢站建设申请用地，需要面对审批流程。虽然各地政府鼓励和支持加氢站的建设，但在加氢站的建设过程中，规划、立项、审批、运营监管相关方面的制度不够健全，各地审批流程繁复且不一致，各地审批牵头部门也不一致，且大多按照危化品流程审批，涉及规划、安全、消防等多部门协作，审批周期较长，实施后在验收环节遇到困难也较多，导致加氢站发展速度较慢。

（三）部分加氢站核心设备、技术仍需进口，国产化亟须加强

加氢站设备中的“三大件”包括压缩机、固定储氢设施和加氢机。从成本结构上看，分别占加氢站建设成本的 30%、11% 和 13%，其中压缩机成本占比最高，但核心零部件高度依赖进口，国内相关技术尚在研究过程中，是中国加氢站设备国产化的主要降本点；“三大件”中仅加氢机有望最先国产化；高压储氢罐应用广泛，国内技术有待突破。

（四）加氢站建设技术和标准不统一，监管难度大

全球范围内加氢站建设技术和标准没有统一的标准。比如国内在压力等级上观点就不一致，车载氢系统的压力等级是多少更好不能统一。全球针对加氢站制定的标准并不统一，针对加氢站制定了专门法规、标准的国家有近 10 个并且都有所差别，包括日本《高压气体保安法》、美国《NFPA 2》等。国内加氢站相关标准规范不全，内容也参差不齐，对此增加了行业有效监管的难度。

（五）市场推广尚需教育消费者，需多部门统一协调

国内针对氢能经济、氢燃料电池汽车的安全性、适用性、发展方向等方面的知识普及推广不到位，汽车行业媒体与科普管理部门在宣传推广上应该

更推进一步。关于氢安全的宣传仍不到位，此外，政府还需加大宣传未来氢社会的蓝图和价值，营造良好的安全用氢氛围，加快氢能进入居民能源消费终端，发挥氢能对碳达峰碳中和目标的支撑作用。

三、中国加氢站发展战略思考

2021 年 3 月，氢能被正式纳入“十四五”规划“前沿科技和产业变革领域”，国家多部门关于支持、规范氢能源的利好政策频出，涵盖氢能源技术路线、燃料电池汽车发展规划、氢能产业基础设施建设等细分领域。在国家和地方多重利好政策加持下，中国氢能源行业有望进入高速成长期，并在交通运输、工业等领域持续渗透，预计将产生较为广阔的市场环境。随着补贴政策的持续推进以及产业下游需求的不断扩大，中国加氢站建设和运营数量将会持续增长，同时随着未来研发技术以及加氢设备的国产化突破与规模化生产，加氢站建设成本将大幅下降，进一步提升加氢站产业规模。加氢站主要用于氢燃料汽车氢气加注，是联系产业链上游制氢和下游应用的重要枢纽，高密度的加氢站建设是氢燃料汽车大规模推广的必备条件。氢燃料汽车渗透率的不断提升，将加快中国加氢站建设，投入运营加氢站的数量也将实现快速增长。

随着氢能产业的不断深入和氢能在各个领域的规模化应用，成本过高、审批复杂、占用土地、技术标准不统一等制约加氢站发展的瓶颈问题会逐步得以解决。随着加氢站建设标准更加健全、审批管理制度更加规范、加氢站补贴政策更加明确，国内加氢站将迎来黄金发展阶段，加氢站建设将迎来提速换挡，满足当下氢能产业不同应用场景，拉升氢能产业配套能力，提升整个氢能产业成熟度。

（一）完善加氢站标准体系与管理体系

学习借鉴国外加氢站相关标准，制定和完善适合中国具体国情的加氢站审批、建设、运营、安全管理的法规标准体系。优化加氢站工艺控制，规范加氢站的操作流程，提高安全监测与安全防护能力，保障储氢、用氢过程安全。建立加氢站监测预警平台，对加氢站运行状态进行实时动态监测；做好应急预案，及时应对各种突发情况；构建监管体系，保障加氢站安全运行。

（二）抓住关键环节，简化加氢站建站审批流程

国家尚无明确的审批流程，各地的相关部门均在探索。审批流程一般包括项目选址和立项阶段以及报建阶段。从国家层面考虑，在充分调研并结合现有的审批管理办法后，出台全国统一的、能有效实施的加氢站审批管理规定。由于气体性质相似，建议可参照《燃气车辆加气站》的审批流程来制定加氢站的审批流程。同时精简审批环节，建议将性质相同或类似的环节合并，如立项环节中的选址和核准，报建环节中的各种审查等。

（三）落实氢能产业补贴政策，推动市场化氢能利用

充分发挥财政资金的引导作用，根据加氢站日加氢能力划分加氢站建设补贴等级，根据氢气零售价格划分加氢站运营补贴等级，并提高单个项目最高补贴限额。对重大科技创新项目给予奖励；对于企业的新能源汽车重大科技创新项目，开展关键技术、共性技术研发等，给予适当资助。开展专项扶持计划，加大对氢能暨新能源汽车的培育。

（四）提高氢能产业链整体配套能力，扩大利用规模

加快建设氢能产业集群，打造上下游联动、协同发展的氢能产业体系。通过树立示范企业、重点培育等方式，推动加氢站相关产业链企业的成熟发展，积极培育一批国内领先的龙头企业，打造品牌产品，拓展相关业务，加快布局氢能领域。推动氢能工程机械配套企业发展，提高氢能产业整体配套能力，形成上下游联动、全产业链提升的局面，扩大利用规模。

（五）加强氢气作为能源使用的社会宣传引导，吸引更多市场参与者

科学规划加氢站建设，加强加氢站与新能源的宣传。借助广播、电视、报纸、互联网、数字广告等途径，进行氢能经济、氢燃料电池汽车的优势宣传，提升群众的购买热情，引起人们的共识，提高购买新能源汽车的积极性。加强关于氢安全的知识科普宣传，建立社会对氢的使用安全性的信任；加强宣传未来氢社会的蓝图和价值，营造良好用氢氛围。

附录

附件 1　2022 年成品油与新能源行业大事记

1 月

1 月 1 日，《区域全面经济伙伴关系协定》（RCEP）正式生效，文莱、柬埔寨、老挝、新加坡、泰国、越南 6 个东盟成员国和中国、日本、新西兰、澳大利亚 4 个非东盟成员国正式开始实施协定。中方将全面和充分履行 RCEP 义务，高质量实施协定，扩大对外贸易和双向投资，不断稳固和强化产业链供应链，持续改善营商环境。中国将引导地方、产业和企业利用好协定市场开放承诺和规则，更好把握 RCEP 带来的市场开放机遇。

1 月 5 日，工信部节能与综合利用司有关负责人赴中国石油和化学工业联合会开展工业固废综合利用工作调研。与会者围绕固体废弃物探讨行业发展现状，交流固体废弃物处理相关技术，并提出下一步政策措施建议。

1 月 17 日，德国化工巨头科思创宣布，其与总部位于澳大利亚的全球绿色能源和绿色工业公司 FFI 拟签订长期协议，向科思创供应绿氢及其衍生物，包括绿氨。

1 月 19 日，沙特阿拉伯主权财富基金、韩国钢铁制造商浦项制铁和三星 C&T 集团宣布联手探索合作项目，旨在发展用于生产出口用途的绿色氢。

1 月 24 日，国家能源投资集团有限责任公司在京召开技术发布会，正式对外发布燃煤锅炉混氨燃烧技术。该技术日前顺利通过中国电机工程学会与中国石油和化学工业联合会组织的技术评审。这标志着中国成功研发燃煤锅炉混氨燃烧技术。氨体积能量密度高，单位能量储存成本低，对环境污染较小，是一种极具发展潜力的清洁能源载体和低碳燃料。

1 月 27 日，“主要经济体能源与气候论坛（MEF）”部长级会议以视频形式举办，中国气候变化事务特使解振华、生态环境部副部长赵英民出席并发言。结合会议议题，中方介绍了中国在甲烷控排、能源转型、防止非法毁林、新能源汽车发展等方面的积极进展，并表示愿与各方分享有益做法、开展技术交流与务实合作，推动绿色低碳发展转型，共建人与自然生命共同体。

1月28日，中国工业节能与清洁生产协会、机械工业节能与资源利用中心、中国电子学会等22家单位共同发布“节能服务进企业”活动倡议。结合工业节能监察、节能诊断服务以及行业调研中揭示的共性问题，各单位积极宣贯解读工业节能与绿色低碳发展相关规划、政策和标准等。围绕钢铁、有色、建材、石化、化工等重点行业以及数据中心、5G基站等重点领域，推广系统能效提升、综合能源管控、可再生能源利用等节能降碳工艺技术及管理服务模式。

1月29日，国家发展改革委、国家能源局出台了《“十四五”现代能源体系规划》，同时编制印发《“十四五”新型储能发展实施方案》，围绕新型储能与电力系统建设这一中心，内容涉及方案总体要求、推进技术创新、展开试点示范、构建新型电力系统、完善电力市场体制建设、健全新型储能管理体系和推进国际合作，旨在推动新型储能行业模块化、产业化、市场化发展。

2月

2月4日，俄罗斯石油公司与中国石油就俄方向中国供应石油以及在低碳发展领域开展合作达成多项协议。俄罗斯石油公司和中国石油签署了一项为期10年的协议，经哈萨克斯坦向中国供应1亿吨石油。原材料将在中国西北的工厂进行加工，以满足中国对石油产品的需求。

2月8日，中国石油吉林石化公司转型升级项目举行全面启动仪式。该项目包括新建120万吨/年乙烯等21套炼油化工装置，改造9套装置，停运7套装置，是中国石油第一个全部使用绿电的化工项目，采用先进环保节能技术实现绿色生产。

2月15日，中国海油在总部举行庆祝成立40周年对外合作签约仪式。这是中国海油近年来对外合作中分量最重、成果最多、范围最广的一次集中签约。

2月17日，国家发展改革委发布消息称，根据近期国际市场油价变化情况，按照现行成品油价格形成机制，自2月17日24时起，国内汽油、柴油价格每吨分别提高210元和200元。至此，国内汽油、柴油价格将迎来“四连涨”。

2月17日，中国石油和化学工业联合会在京召开2021年度中国石油和化学工业经济运行新闻发布会。

2月24日，乌克兰危机爆发，原油价格持续大涨，最高布伦特价格一度涨至123.58美元/桶，独立炼厂炼油成本大幅增加，至3月，山东地方炼油厂开工率下跌至50%。

2月25日，财政部大连监管局邀请大连市财政局、中国人民银行大连市中心支行相关人员，就落实财政部、人民银行、税务总局、交通运输部关于成品油税费改革有关预算收入清算工作进行座谈。

2月28日，为全面推动能源绿色低碳发展，国家发展改革委、国家能源局印发《关于完善能源绿色低碳转型体制机制和政策措施的意见》，引发社会高度关注。

3月

3月10日，中国石油与中国出口信用保险公司在京签署战略合作协议。协议签署前，中国石油董事长、党组书记戴厚良与中国信保董事长、党委书记宋曙光进行座谈，双方就深入合作交换了意见。合作双方本着“互利共赢、共同发展”的原则，扩大合作领域，提升合作层次，实现互利共赢。

3月15日，中国建设科技出版社主办了建材建筑协同碳达峰研讨会视频会议，旨在加强建材行业与建筑行业协同耦合，更好助力实现绿色低碳发展，共同推动碳达峰碳中和目标实现。会上，建材和建筑行业全国“两会”代表委员、部分重点行业协会和企业代表围绕建材建筑协同碳达峰主题，重点交流了一季度运行情况、行业和企业在碳减排方面取得的进展和存在的主要困难，研讨了建材和建筑领域协同推动碳达峰、建材使用结构调整促进综合碳减排等方面内容。

3月16日，哥本哈根基础设施合作伙伴（CIP）和英国储能开发商Alcemi已联手在英国开发、建造和运营4吉瓦的电池储能。该产品组合包括每个300兆瓦至500兆瓦的后期开发项目，储能时间长达四小时。

3月17日，国家能源局研究制定《2022年能源工作指导意见》，意见要求各个能源行业夯实能源供应保障系统、加快能源绿色低碳转型、增强能源供应弹性与韧性、增强能源治理能力、提升能源产业现代化水平与能源服务水平、深化高质量国际能源合作，旨在推动能源高质量发展，深入落实“碳达峰”目标。

3 月 22 日，中国能源建设集团投资有限公司（以下简称中国能建）举行 2022 年首批工程建设项目集中开工（奠基）仪式，此次共集中开工 15 个项目，总投资近 100 亿元，项目类型涵盖光伏、风电、能源站及通信铁塔等。其中，新能源项目 13 个，总装机容量达 1600 兆瓦，项目全面建成后，每年可提供清洁电能约 23 亿千瓦时，减少二氧化碳排放约 225 万吨。

3 月 23 日，国家发展改革委、国家能源局印发《氢能产业发展中长期规划（2021—2035 年）》，分析氢能发展的现状与形势、战略定位以及规划的总体要求，旨在构建氢能产业高质量发展体系、强化氢能基础设施建设、推进氢能多元化示范应用、加快完善氢能发展政策与制度保障体系，促进中国可再生能源的发展。

3 月 29 日，生态环境部公布中碳能投科技（北京）有限公司等机构碳排放报告数据弄虚作假等典型案例，中央纪委国家监委驻生态环境部纪检监察组督促驻在部门查处碳排放数据虚报、瞒报、弄虚作假等问题，依法追究监管单位、排放权企业和中介机构的责任，并严格跟进监督碳市场后续的碳排放核算、配额分配、核查、履约清缴等工作。

3 月 30 日，韩国环境部发布了“2022 年碳中和实施计划”。根据计划，2022 年，韩国将致力于完善碳中和整体方案，各部门制定相关的碳中和推进战略，构建稳固有效的实施体系。

4 月

4 月 2 日，国家能源局印发的《2022 年能源工作指导意见》（以下简称《指导意见》）提出，稳步推进结构转型，加快能源绿色低碳转型。《指导意见》要求，大力发展风电光伏。加大力度规划建设以大型风光基地为基础、以其周边清洁高效先进节能的煤电为支撑、以稳定安全可靠的特高压输变电线路为载体的新能源供给消纳体系。优化近海风电布局，稳妥推动海上风电基地建设。

4月8日，国家能源局、科技部印发了《“十四五”能源领域科技创新规划》（以下简称《规划》）。《规划》提出，“十四五”时期，能源领域现存的主要短板技术装备基本实现突破。前瞻性、颠覆性能源技术快速兴起，新业态、新模式持续涌现，形成一批能源长板技术新优势。能源科技创新体系进一步健全。能源科技创新有力支撑引领能源产业高质量发展。

4月15日，中国石油企业协会与对外经济贸易大学在北京联合发布《中国油气产业发展分析与展望报告蓝皮书（2021—2022）》（以下简称《中国油气蓝皮书》）和《中国低碳经济发展报告蓝皮书（2021—2022）》。其中，《中国油气蓝皮书》预测，国际油气价格有望下半年回落。

4月19日，工信部最新数据显示，截至2022年一季度，中国新能源汽车已累计推广突破1000万辆大关，达到1033万辆。一季度，新能源汽车累计产销分别完成129.3万辆和125.7万辆，同比均增长1.4倍，市场渗透率达19.3%，较2021年全年提高5.9个百分点。

4月26日，按照《财政部 人民银行 税务总局 交通运输部关于成品油税费改革新增城市维护建设税及教育费附加收入划转有关问题的通知》（财预〔2021〕178号）有关要求，财政部重庆监管局“五步走”顺利完成2018年5月至2021年12月期间重庆市成品油税费改革新增城市维护建设税及教育费附加收入划转清算工作，全力保障中央财政收入准确划转入库。

4月27日，财政部发布《财政部宁夏监管局：“三举措”做好成品油价格和税费改革收入划转清算审核》公告。成品油价格和税费改革收入划转审核是财政部各地监管局开展中央预算收入监管的重要内容。按照财政部统一部署，宁夏监管局认真准备、严格审核、强化服务，认真完成好成品油价格和税费改革划转收入清算审核工作。

5月

5月4日，联合国启动2025年前能源承诺促进行动计划，以促进可再生能源使用。该行动计划的目标还包括到2025年使全球可再生能源发电能力增加100%，在可再生能源和能源效率领域增加3000万个工作岗位，以及大幅增加全球清洁能源年度投资。

5月14日，国家发展改革委、国家能源局印发《关于促进新时代新能源高质量发展的实施方案》，方案内容主要包括创新新能源利用开发模式、加快构建适应新能源占比逐渐提高的新型电力系统、深化新能源领域“放管服”改革、支持引导新能源产业健康有序发展、保障新能源发展合理空间需求、充分发挥新能源的生态环保效益、完善支持新能源发展的财政金融政策。

5月16日，国家发展改革委价格司根据近期国际市场油价变化情况，按照现行成品油价格形成机制，自2022年5月16日24时起，国内汽、柴油价格（标准品）每吨分别提高285元和270元，相关价格联动及补贴政策按现行规定执行。

5月25日，财政部印发《财政支持做好碳达峰碳中和工作的意见》，意见内容包括总体要求、支持重点方向和领域、财政政策措施以及保障措施，旨在通过财政工作，支持“碳达峰”。

5月26日，国家发展改革委印发了《关于完善进口液化天然气接收站气化服务定价机制的指导意见》，将气化服务价格由政府定价转为政府指导价，实行最高上限价格管理，鼓励“一省份一最高限价”，并明确按照“准许成本加合理收益”的方法制定最高气化服务价格，旨在完善液化天然气接收站气化服务定价机制，助力天然气行业高质量发展。

5月27日，生态环境部召开控制污染物排放许可制实施工作领导小组第二次会议。会议强调，要深入落实《关于加强排污许可执法监管的指导意见》要求，加快构建以排污许可制为核心的固定污染源监管制度体系，推动环评和排污许可两个管理名录协同，尽快实现将固体废物全部纳入排污许可管理。

5月31日，财政部、税务总局发布《关于减征部分乘用车车辆购置税的公告》，购置税减免政策颁布之后，汽油消费获得新的支撑，新能源车销售占比高位。

6月

6月1日，为深入贯彻“四个革命、一个合作”能源安全新战略，落实碳达峰碳中和目标，推动可再生能源产业高质量发展，根据《中华人民共和国国民经济和社会发展第十四个五年规划和2035年远景目标纲要》和《“十四五”现代能源体系规划》有关要求，国家发展改革委组织编制了《“十四五”可再生能源发展规划》。

6月14日，在中国共产党中央委员会宣传部举行的“中国这十年”系列主题新闻发布会上，工信部副部长辛国斌表示，新能源汽车车辆购置税到2022年底就要结束，正在会同有关部门研究是否将继续延续这个政策。同时还提到，工信部还将优化“双积分”管理办法，加大新体系电池、车用操作系统等的攻关突破，启动公共领域车辆全面电动化城市试点。

6月14日，财政部和国家发展改革委联合发布《关于做好国际油价触及调控上限后实施阶段性价格补贴有关工作的通知》。为保障成品油安全稳定供应，降低实体经济运行成本，减轻消费者负担，经国务院同意，当国际市场原油价格高于国家规定的成品油价格调控上限时，成品油价格阶段性不再上调，中央财政对炼油企业给予相应价格补贴。

6月16日，工信部装备工业发展中心在京组织召开《乘用车企业平均燃料消耗量与新能源汽车积分并行管理办法实施情况年度报告（2022）》（以下简称《年度报告》）发布会。《年度报告》总结了中国2021年节能与新能源汽车发展情况，梳理分析了2021年积分交易抵偿情况，并对后续政策要点、积分供需形势进行分析。

6月16日，财政部发布《财政部湖南监管局：“三强化”做好成品油调库审核工作》，开展对湖南省炼化企业2021年度成品油价格和税费改革收入划转清算调库审核工作。一是强化政策学习，夯实基础把握“关键点”；二是强化沟通协作，各方联动盘活“资源库”；三是强化数据审核，多措并举织密“保障网”。

6月16日，安徽省经济和信息化厅召开全省新能源汽车动力蓄电池回收利用协调推进会，安徽省新能源汽车动力蓄电池回收利用试点工作协调小组成员单位等部门，以及有关专家80余人参加会议，中国工业节能与清洁生产协会新能源电池回收利用专业委员会负责人通过视频方式在北京参会。

6月17日，工信部、农业农村部、商务部、国家能源局联合组织的2022年新能源汽车下乡活动正式拉开序幕，启动仪式暨江苏昆山站活动顺利举办。

组织汽车协会、有关地方和参与企业，创新工作思路，加大宣传力度，利用懂车帝等垂直媒体的线上展厅、云端车展、直播卖车等新模式，加强与消费者的交流互动。

6 月 26 日，资金短缺的斯里兰卡政府宣布派遣部长前往俄罗斯和卡塔尔，希望在燃料几乎耗尽的最后时刻获得廉价石油。同时，斯里兰卡政府将非必要的国家机构暂时关闭两周，以节省燃料，只保留骨干人员提供最低限度的服务。

6 月 30 日，财政部发布新一轮成品油调价窗口开启。据国家发展改革委信息，根据近期国际市场油价变化情况，按照现行成品油价格形成机制，自 2022 年 6 月 28 日 24 时起，国内汽、柴油价格每吨分别降低 320 元和 310 元。本次调价是国内油价今年第二次下调，调价后年内成品油呈现“十涨二跌零搁浅”格局。

7 月

7 月 1 日，中国石油首个水面光伏项目——大庆油田星火水面光伏示范工程并网发电，作为“大庆油田绿色低碳可持续发展示范基地”的先导示范工程，该项目建设用地 40 万平方米，装机规模 18.73 兆瓦，年均发电 2750 万千瓦时，可减排二氧化碳 2.2 万吨。

7 月 4 日，中国石油北斗高精度网搭建完成。中国石油北斗运营服务中心融合 4G、5G、云计算、人工智能等新技术，搭建完成了中国油气行业唯一覆盖全国的北斗高精度网，全面赋能油气生产，助力“数字中国石油”建设。

7 月 6 日，由壳牌东方贸易有限公司向中国石油国际事业有限公司提供的首船 6.6 万吨碳中和 LNG 在大连港完成卸货，这是全球首个以长约形式开展的 LNG 贸易碳中和业务。

7 月 14 日，欧盟委员会就应对气候变化提出了名为“Fit for 55”的一揽子提案，旨在将其净零排放气候目标转化为具体行动。提案涉及气候、能源、交通运输、税收等多个方面，包括收紧现有欧盟排放交易体系（EU-ETS）并应用于新的行业、增加可再生能源占比、提高能效、加快推广低碳交通方式等内容。

7 月 21 日，2022 世界动力电池大会动力电池产业发展重点企业研讨会在四川宜宾召开，会议由工信部装备工业发展中心、中国汽车动力电池产业创新联盟联合承办，来自政府部门、行业组织、高等院校、整车和动力电池产业链企业的 70 多名代表共同参加。会上，整车和动力电池行业知名专家、领先企业代表，围绕动力电池产业链供应链安全、技术发展趋势以及电池的回收与综合利用等议题进行了深度研讨。

7 月 23 日，G20 能源与环境部长会议在意大利那不勒斯举行，当天会议讨论的重点是气候和能源问题。G20 能源和气候部长首次达成联合公报，一致认同 58 项行动，但对另外两项行动未能取得一致共识：一是通过设置煤炭淘汰日期，在未来十年加速去碳化进程；二是停止对煤电的国际公共融资，并在特定日期前终止对低效化石能源的补贴。

7 月 25 日，由隧道股份上海能建和长江设计集团所属长江勘测规划设计研究有限责任公司组成的项目联合体，共同承接的长江电力绿电绿氢示范 EPC（工程总承包模式）工程启动 。该项目基于中国氢能发展时机，率先在三峡坝区开展的水电解制氢加氢示范项目，也是国内首个内河氢燃料电池动力船舶及制氢加氢一体站，其部分关键技术达到全球领先水平。

8 月

8 月 9 日，国家发展改革委根据近期国际市场油价变化情况，按照现行成品油价格形成机制，自 2022 年 8 月 9 日 24 时起，国内汽、柴油价格每吨分别降低 130 元和 125 元。

8 月 18 日，为扩大消费、培育新增长点和促进新能源汽车消费、相关产业升级、绿色低碳发展，国务院总理李克强主持召开国务院常务会议，决定延续实施新能源汽车免征车购税等政策，促进大宗消费。

8 月 22 日，海南政府网公布了海南省人民政府于 8 月 9 日印发的《海南省碳达峰实施方案》。方案提出，到 2025 年，公共服务领域和社会运营领域新增和更换车辆使用清洁能源比例达 100%。到 2030 年，全岛全面禁止销售燃油汽车。除特殊用途外，全省公共服务领域、社会运营领域车辆全面实现清洁能源化，私人用车领域新增和更换新能源汽车占比达 100%。

8 月 24 日，为深入贯彻落实党中央、国务院关于碳达峰碳中和的重大战略决策，推进能源生产清洁化、能源消费电气化，推动新型电力系统建设，加快电力装备绿色低碳创新发展，工信部、财政部、商务部、国务院国资委、国家市场监督管理总局联合印发《加快电力装备绿色低碳创新发展行动计划》，提出加速发展清洁低碳发电装备。

8 月 24 日，工信部发布《工业和信息化部办公厅 市场监管总局办公厅 国家能源局综合司关于促进光伏产业链供应链协同发展的通知》（以下简称《通知》）。《通知》强调，各地工业和信息化、市场监管、能源主管部门要围绕碳达峰碳中和战略目标，科学规划和管理本地区光伏产业发展，积极稳妥有序推进全国光伏市场建设。

8 月 25 日，为统筹推动能源电子产业发展，工信部会同有关部门起草了《关于推动能源电子产业发展的指导意见（征求意见稿）》，把促进新能源发展放在更加突出的位置，积极有序发展光能源、硅能源、氢能源、可再生能源，推动能源电子产业链供应链上下游协同发展，形成动态平衡的良性产业生态。

8 月 26 日—28 日，2022 世界新能源汽车大会在北京、海南两地召开。作为中国燃料电池领域的重点企业，海卓动力（青岛）能源科技有限公司燃料电池系统及自主化核心零部件亮相，该公司常务副总经理谢佳平受邀参会并发表主题演讲。

8 月 29 日，中国石化宣布，中国最大的碳捕集利用与封存全产业链示范基地、国内首个百万吨级 CCUS 项目——“齐鲁石化 – 胜利油田百万吨级 CCUS 项目”正式注气运行，标志着中国 CCUS 产业开始进入技术示范中后段——成熟的商业化运营。

8 月 30 日，财政部发布《财政部河北监管局：围绕“三个度”认真开展成品油划转调库审核工作》，按照财政部工作部署要求，河北监管局扎实履职，进一步优化监管方式方法，明晰监管底数、拓展审核“广度”，优化方式方法、强化审核“深度”，强化服务意识、提升审核“温度”，认真开展成品油价格和税费改革收入划转审核和清算工作。

9 月

9 月 6 日，由中国石化胜利石油工程公司施工的胜利济阳页岩油国家级示范区樊页 1 试验井组，顺利完成 8 口井 252 段压裂储层改造施工任务，创造了胜利东部油区单井压裂段数最多，以及胜利页岩油水平井单日施工液量最大、加砂规模最大等多项纪录。

9 月 9 日，雪佛龙（Chevron）加入澳大利亚 CCS 项目，对澳大利亚近海二氧化碳的潜在储存进行评估和评价工作，共包括三个子项目。其中 G-9-AP 和 G-11-AP 许可区由桑托斯运营，第三个项目 G-10-AP 由伍德赛德公司运营。

9 月 12 日，中国电力建设集团有限公司与哈萨克斯坦萨姆鲁克能源公司共同投资建设的谢列克风电项目举行了投产发电庆典仪式。谢列克风电项目作为中国电力建设集团有限公司在中亚地区投资的首个新能源项目，是中哈高质量共建“一带一路”的标志性项目。风电场的发电投产将为缓解哈萨克斯坦南部地区电力短缺、改善电力生产结构单一的状况、助力哈萨克斯坦政府减碳目标的实现做出贡献。

9 月 14 日，中国石油化工股份有限公司天然气分公司中原储气库群东部气源管道工程主管线贯通，项目建成后可与山东管网南干线互联互通，最大限度发挥中原储气库群调峰作用，对保障华北地区天然气供应具有重要意义。

9 月 15 日，中国石油投资项目一体化管理系统（扩展与提升）正式上线运行，实现了有关投资项目的前期管理从线下向线上转变，标志着中国石油发展计划业务数字化转型工作进入加速推进阶段。

9 月 16 日，阿曼政府与壳牌及其合作伙伴签署了 11 号区块的勘探和产量分成协议（EPSA），旨在勘探、评估和开发 11 号区块的天然气资源和凝析油。

9 月 16 日，道达尔能源已完成将其在伊拉克库尔德地区陆上 Sarsang 油田 18% 的权益出售给 ShaMaran Petroleum 公司，价格为 1.55 亿美元，ShaMaran Petroleum 在加拿大和瑞典上市并专注于库尔德地区石油勘探开发。根据产量和油价，未来将支付额外的 1500 万美元的或有对价。

9 月 20 日，中韩石化碳四炔烃选择加氢项目中交，进入开车投料准备阶段。该项目采用北京化工研究院研发的碳四炔烃加氢技术，可实现丁二烯尾气的高效回收利用。

9 月 22 日，中国石化 1000 吨 / 年聚烯烃弹性体中试装置在茂名石化一次开车成功。该装置采用中国石化自主研发的系统溶液聚合技术。该装置的成功开车标志着中国石化成为中国首家具备相关自主知识产权的技术专利商，为中国石化在建 5 万吨 / 年 POE 工业化装置顺利投产奠定坚实基础。

9 月 23 日，浙江大学 – 镇海炼化联合研究中心在中石化宁波新材料研究院揭牌，这是浙江大学与中国石化全面深化新时代合作的重要举措。联合研究中心将聚焦洁净新能源、高端化学品、化学反应工程、高分子新材料等领域，开展重大技术研究和攻关，积极申报、承接国家重大科技项目，推动多学科交叉融合协同创新，形成具有国际引领性的一流研究成果，支撑未来石油化工产业发展。

9 月 29 日，中国石油化工燃料油公司在广州南沙港为中国首艘自主研发建造的甲醇双燃料船舶首行加注 90 吨燃料，成为中国第一个开展甲醇燃料加注作业的船燃供应企业。该船为中国船舶集团有限公司旗下广船国际有限公司自主研发建造的 4.99 万吨甲醇双燃料化学品 / 成品油首制船，能够有效控制燃烧状态，以减少碳排放。

9 月 30 日，生态环境部与中国农业发展银行在北京签署战略合作协议。双方就贯彻落实党中央、国务院关于推进生态文明建设的决策部署，探索建立多元化市场化环保投融资机制，支撑深入打好污染防治攻坚战和推动绿色发展等达成合作共识，旨在发展绿色金融、建立健全绿色金融体系、深入打好污染防治攻坚战、推动绿色发展。通过发挥资本市场优化资源配置的优势和绿色金融的杠杆作用，促进绿色低碳转型，推进中国生态环境高水平保护和经济高质量发展。

10 月

10 月 8 日，山西省发展和改革委员会、山西省能源局发布关于印发《山西省可再生能源发展“十四五”规划》的通知。该规划是根据《关于在山西开展能源革命综合改革试点的意见》《中共中央国务院关于完整准确全面贯彻新发展理念做好碳达峰碳中和工作的意见》《2030 年前碳达峰行动方案》《关于做好可再生能源发展“十四五”规划编制工作有关事项的通知》《山西省国民经济和社会发展第十四个五年规划和2035年远景目标纲要》等要求制定的。

10月8日，国家发展改革委价格监测中心国际价格监测处处长赵公正分析，主要受欧佩克与非欧佩克产油国决定大幅减产200万桶/日等因素影响，国际市场原油期货价格连续5个交易日上涨。受此影响，国际原油10日移动平均价格从月初的低点开始回升，和前10日移动平均价格相比，降幅在逐渐收窄。

10月10日，武汉市生态环境局起草编制了《武汉市应对气候变化“十四五”规划（征求意见稿）》，明确大力推广新能源汽车。到2025年，武汉市新能源汽车达到25万辆的使用规模，中心城区新增新能源公交车占比达100%（应急车辆除外），力争推广应用5000辆燃料电池汽车；建设1200个集中式充换电站、45万个充电桩（其中建成20万个，具备安装条件25万个）；建成30座以上加氢站，构建武汉新能源汽车公共充电服务体系。

10月10日，国家发展改革委网站发布，自2022年9月21日国内成品油价格调整以来，国际市场油价震荡运行，按现行国内成品油价格机制测算，10月10日的前10个工作日平均价格与9月21日前10个工作日平均价格相比，调价金额每吨不足50元。根据《石油价格管理办法》第七条规定，本次汽、柴油价格不做调整，未调金额纳入下次调价时累加或冲抵。

10月11日，中国汽车工业协会发布了9月中国汽车工业经济运行情况。数据显示，9月新能源汽车产销分别完成75.5万辆和70.8万辆。今年前三季度，新能源汽车产销分别完成471.7万辆和456.7万辆。汽车出口方面，9月中国汽车出口30.1万辆，同比增长73.9%。2022年1—9月，中国汽车出口211.7万辆，同比增长55.5%。其中，新能源汽车出口38.9万辆，同比增长超过1倍。

10月11日，重庆市印发了《重庆市促进绿色消费实施方案》，其中提到，重庆市将大力发展和推广应用新能源汽车，到2025年，重庆市新能源汽车新车销售量将达到汽车新车销售总量的20%以上。同时，到2025年，重庆市将建成两种及以上能源供应类型的车用综合能源站100座。

10月11日，深圳市发展和改革委员会发布了《深圳市关于促进智能网联汽车产业高质量发展的若干措施（征求意见稿）》，拟从四个方面采取十六条措施来推动智能网联汽车产业发展。同时，深圳市发展和改革委员会也发布了《深圳市关于促进半导体与集成电路产业高质量发展的若干措施（征求意见稿）》，提出鼓励通信设备、新能源汽车、电源系统、轨道交通、智能终端等领域企业推广试用化合物半导体产品，提升系统和整机产品的竞争力。

10 月 12 日，由西安石油大学、陕西省石油学会及北京振威展览有限公司联合主办的 2022 国际石油石化技术会议暨新能源及节能技术国际会议以线上形式顺利举办。

10 月 13 日，湖南省发布了《湖南省电力支撑能力提升行动方案（2022—2025 年）》，强调引导居民优先购置新能源汽车，加快布局充换电基础设施，提升终端用能电气化和智能化水平。

10 月 13 日，上海市政府解读新一轮《上海市交通发展白皮书》指出，到 2025 年，上海新能源汽车年产量预计超过 120 万辆，新能源汽车产值突破 3500 亿元，占全市汽车制造业产值 35% 以上；同时，出台燃料电池汽车专项资金管理办法、加氢站专项规划、动力电池回收利用等一系列政策；做好新能源汽车推广应用，2025 年个人新增购置车辆中纯电动占比超 50%，公交汽车、巡游出租车等新能源占比超 80%。

10 月 15 日，山西省相关部门发布了《山西省氢能产业发展中长期规划（2022—2035 年）》，其中提出了具体的发展目标：到 2025 年，燃料电池汽车保有量超过 1 万辆，部署建设一批加氢站，应用规模全国领先；到 2030 年，燃料电池汽车保有量达到 5 万辆，可再生能源制氢在交通、储能、工业等领域实现多元规模化应用，形成布局合理、产业互补、协同共进的氢能产业集群，有力支撑山西省实现碳达峰；到 2035 年，形成国内领先的氢能产业集群。

10 月 23 日，中国能建公告，公司正在筹划非公开发行 A 股股票事项，拟将募集资金用于以新能源为主的新型综合能源项目，包括光伏、风电、氢能、储能等新能源一体化、专业化项目，新能源工程施工项目、新能源重大装备采购，以及生态环境治理、新型基础设施等项目。本次募集资金总额在 150 亿元以内。

11月

11月2日，工信部、国家发展改革委、生态环境部、住房和城乡建设部联合发布《建材行业碳达峰实施方案》。方案规定了建材行业要逐步淘汰落后产能、推进能源结构转型以及原料替代，从而在生产过程中减少碳排放。

11月4日，沙特阿美（Aramco）表示，下调12月销往亚洲的旗舰型阿拉伯轻质原油的官方售价，至每桶较阿曼/迪拜原油均价升水5.45美元。该公司将12月销往欧洲西北部的阿拉伯轻质油价格定为较布伦特原油价格升水1.7美元/桶。将12月销往美国的阿拉伯轻质原油价格定为较阿格斯含硫原油指数（ASCI）升水6.35美元/桶。

11月6日,《联合国气候变化框架公约》缔约方第二十七次大会（COP27）在埃及海滨城市沙姆沙伊赫举办。生态环境部应对气候变化司指导，生态环境部宣传教育中心与中华环保联合会主办的“绿色生活，共建共享——倡导公众参与绿色行动”主题边会在COP27中国角举办。绿普惠公司打造的“绿普惠云—碳减排数字账本”在本次大会亮相。

11月7日，世界上最大的炼油厂之一，科威特Al-Zour炼油厂正式开始商业运营。该炼厂主要加工来自科威特的重质原油，将重质原油转化为符合欧盟5标准的低硫燃料油（LSFO 1%）。

11月8日，以“拥抱数字时代 共建零碳未来”为主题的2022中国国际进口博览会“中国国际经济管理技术高峰论坛”于上海举办。在能链智电（NASDAQ：NAAS）及其战略合作伙伴快电的助力下，本次论坛成为行业首次通过电动汽车充电碳减排实现碳中和的会议，并获得北京绿色交易所颁发的碳中和证书。

11月9日，中国核工业集团有限公司“核蓄一体化”抽蓄项目——福建云霄抽水蓄能电站在漳州市云霄县火田镇主体工程开工。电站投产后，将与漳州核电形成核蓄一体化运营，在为核电提供调峰服务、确保核电基荷运行的同时，承担福建电网的调峰、填谷、调频、调相及紧急事故备用等任务，保障电网运行安全和清洁能源消纳，确保福建电力供应安全，促进当地经济社会发展。

11 月 15 日，2022 中国核能高质量发展大会暨深圳国际核能产业创新博览会在深圳国际会展中心开幕，大会以“核聚湾区·能动世界”为主题。来自“政、企、学、研、用”等机关、企事业、科研单位等 500 余位相关领导、特邀专家学者、行业领军人物齐聚一堂，共商核能高质量发展大计，共绘核电可持续发展蓝图，为中国乃至世界核电产业的发展汇聚行业智慧。

11 月 22 日，中国海油与蔚来合作共建的首对换电站在广州中海油荔城服务区正式投入运营。该综合能源零碳示范服务区集“油 + 光伏 + 超充 + 换电”为一体，为社会提供清洁、低碳、安全、高效的能源和出行服务。

11 月 25 日，德国总理朔尔茨在柏林同到访的法国总理博尔内签署双边团结声明，强调两国需在能源领域紧密合作，在能源安全方面彼此提供支持，旨在减少欧洲国家对俄罗斯能源的依赖，尽最大可能保障两国电网互联，并将在发展氢能基础设施等领域加强合作。

12 月

12 月 6 日，国际能源署发布的《2022 年可再生能源报告》预计，2022 年至 2027 年间，全球可再生能源发电装机容量将增加 2400 吉瓦，占全球电力增量的 90% 以上。到 2025 年初，可再生能源将超过煤炭成为全球第一大电力来源。未来五年，欧洲地区可再生能源新增装机容量有望达到上一个五年期增量的两倍，中国增量将占全球近一半，美国、印度的可再生能源增量也很显著。

12 月 9 日，2022 能源电力转型国际论坛以线下和线上结合方式在北京举行。本次论坛主题为“清洁低碳的能源未来”，旨在共享推动能源转型经验，共商应对气候变化挑战之策，共绘全球能源电力绿色发展美好前景。

12 月 15 日—16 日，中央经济工作会议在北京举行。会议指出，要加强重要能源、矿产资源国内勘探开发和增储上产，加快规划建设新型能源体系，提升国家战略物资储备保障能力，提升传统产业在全球产业分工中的地位和竞争力，加快新能源、人工智能、生物制造、绿色低碳、量子计算等前沿技术研发和应用推广。

12 月 16 日，美国能源部宣布将购买 300 万桶石油，以补充战略石油储备。

12 月 17 日，阿塞拜疆、格鲁吉亚、罗马尼亚和匈牙利四国在罗马尼亚首都布加勒斯特签署绿色能源开发与运输战略伙伴协议。该协议将为铺设黑海海底电缆项目提供资金和技术框架，计划于 2029 年底投入使用。

12 月 19 日，在两岸企业家峰会年会即将召开之际，中国石化宣布：海峡两岸最大的石化合作项目——福建漳州古雷炼化一体化项目正式投入商业运营。该项目是推动海峡两岸融合发展的重要实践，有助于探索海峡两岸石化产业融合发展共赢的新路径，促进两岸共同繁荣。

12 月 28 日，中国石化在北京正式发布《中国能源展望 2060》，这是中国石化首次公开发布能源中长期展望相关成果。

12 月 29 日，中国石化（香港）有限公司与泰国 Susco 成品油及航煤销售公司签署股权收购协议，收购其全资子公司 Susco Dealers Company Limited 49% 股权，共同拓展泰国成品油终端市场。

附件 2　国内外成品油与新能源相关数据

附表 1　2012—2021 年全球主要国家、组织或共同体炼油能力

单位：千桶 / 日

国家、地区、组织	2012 年	2013 年	2014 年	2015 年	2016 年	2017 年	2018 年	2019 年	2020 年	2021 年
美国	17823	17925	17967	18317	18617	18598	18808	18974	18143	17941
中国	13681	14503	15253	15024	14895	15231	15655	16199	16691	16990
俄罗斯	5767	6229	6366	6472	6543	6545	6551	6676	6736	6861
巴西	2004	2097	2238	2281	2289	2285	2285	2290	2290	2303
德国	2097	2061	2077	2049	2051	2069	2062	2062	2062	2121
意大利	2098	1861	1900	1900	1900	1900	1900	1900	1900	1900
沙特阿拉伯	2107	2507	2899	2899	2901	2826	2835	2835	2905	2905
印度	4279	4319	4319	4307	4620	4699	4972	5008	5018	5018
日本	4254	4123	3749	3721	3600	3343	3343	3343	3285	3285
韩国	2878	2878	3123	3128	3259	3298	3346	3393	3572	3572
经济合作与发展组织（OECD）	45388	44881	44485	44771	44853	44684	45154	45503	44781	43730
非经济合作与发展组织（NON-OECD）	49965	51800	53254	53396	53835	54280	55194	56468	57551	58182
欧盟	13143	12777	12824	12871	12761	12757	12735	12748	12656	12310
全球总计	95421	96681	97739	98167	98689	98965	100348	101971	102331	101912

数据来源：bp《世界能源统计年鉴 2022》。

附表 2　2022 年中国石油石化主要产品产量

产品名称	1—2 月	3 月	4 月	5 月	6 月	7 月	8 月	9 月	10 月	11 月	12 月	合计
原油（万吨）	3347.4	1771.3	1699.6	1756.7	1719.5	1712.6	1694.1	1680.9	1722.2	1678.3	1686.9	20469.5
天然气（亿立方米）	372.4	196.8	177.0	177.0	173.0	170.6	169.8	164.1	184.8	188.9	203.6	2178.0
原油加工量（万吨）	11301.4	5858.5	5181.0	5391.7	5493.9	5321.0	5365.9	5680.7	5861.6	5961.2	5987.9	67404.8
汽油（万吨）	2621.4	1372.3	1105.5	1160.5	1166.2	1185.2	1203.7	1199.7	1236.2	1173.7	1151.4	14575.8
煤油（万吨）	556.3	262.7	175.0	152.2	211.7	255.3	286.5	246.6	243.5	299.8	2949.1	5638.7
柴油（万吨）	2459.0	1553.7	1426.6	1467.8	1438.8	1386.4	1403.7	1714.7	1882.9	1901.4	1935.7	18570.7
燃料油（万吨）	817.4	368.7	368.1	409.1	465.1	469.9	477.1	457.5	392.0	390.2	416.8	5031.9
石脑油（万吨）	785.7	440.1	403.5	404.8	435.3	417.2	431.6	498.0	507.0	508.8	533.9	5365.9
液化石油气（万吨）	689.9	429.7	383.1	425.1	410.6	438.2	386.7	398.9	412.0	386.1	369.0	4729.3
石油焦（万吨）	476.8	251.7	230.0	242.5	248.9	258.6	247.7	241.6	261.9	257.0	280.4	2997.1
石油沥青（万吨）	640.9	342.8	324.4	332.3	305.8	314.6	339.9	331.4	322.1	315.9	301.2	3871.3

数据来源：国家统计局。

附表 3　2022 年国内主要汽柴油历史油价调整一览表

单位：元 / 升

调整时间	调整类别	89 号汽油		92 号汽油		95 号汽油		0 号柴油	
		价格	涨跌	价格	涨跌	价格	涨跌	价格	涨跌
2022/11/8	上调	7.92	↑ 0.11	8.46	↑ 0.12	9.01	↑ 0.13	8.2	↑ 0.13
2022/10/25	上调	7.81	↑ 0.14	8.34	↑ 0.15	8.88	↑ 0.16	8.07	↑ 0.16
2022/9/22	下调	7.67	↓ 0.21	8.19	↓ 0.23	8.72	↓ 0.25	7.91	↓ 0.25
2022/9/7	上调	7.88	↑ 0.14	8.42	↑ 0.15	8.97	↑ 0.17	8.16	↑ 0.16
2022/8/24	下调	7.74	↓ 0.16	8.27	↓ 0.16	8.8	↓ 0.18	8	↓ 0.17
2022/8/10	下调	7.9	↓ 0.09	8.43	↓ 0.11	8.98	↓ 0.11	8.17	↓ 0.11
2022/7/27	下调	7.99	↓ 0.23	8.54	↓ 0.24	9.09	↓ 0.26	8.28	↓ 0.25
2022/7/13	下调	8.22	↓ 0.27	8.78	↓ 0.29	9.35	↓ 0.3	8.53	↓ 0.3
2022/6/29	下调	8.49	↓ 0.24	9.07	↓ 0.26	9.65	↓ 0.28	8.83	↓ 0.27
2022/6/15	上调	8.73	↑ 0.29	9.33	↑ 0.32	9.93	↑ 0.34	9.1	↑ 0.33
2022/5/31	上调	8.44	↑ 0.3	9.01	↑ 0.32	9.59	↑ 0.34	8.77	↑ 0.34
2022/5/17	上调	8.14	↑ 0.22	8.69	↑ 0.23	9.25	↑ 0.24	8.43	↑ 0.23
2022/4/29	上调	7.92	↑ 0.15	8.46	↑ 0.16	9.01	↑ 0.18	8.2	↑ 0.17
2022/4/16	下调	7.77	↓ 0.41	8.3	↓ 0.44	8.83	↓ 0.47	8.03	↓ 0.46
2022/4/1	上调	8.18	↑ 0.09	8.74	↑ 0.09	9.3	↑ 0.09	8.49	↑ 0.1
2022/3/18	上调	8.09	↑ 0.56	8.65	↑ 0.6	9.21	↑ 0.65	8.39	↑ 0.62
2022/3/4	上调	7.53	↑ 0.19	8.05	↑ 0.21	8.56	↑ 0.22	7.77	↑ 0.22
2022/2/18	上调	7.34	↑ 0.16	7.84	↑ 0.17	8.34	↑ 0.18	7.55	↑ 0.18
2022/1/30	上调	7.18	↑ 0.24	7.67	↑ 0.25	8.16	↑ 0.26	7.37	↑ 0.26
2022/1/18	上调	6.94	↑ 0.25	7.42	↑ 0.28	7.9	↑ 0.3	7.11	↑ 0.28
2022/1/1	上调	6.69	↑ 0.11	7.14	↑ 0.11	7.6	↑ 0.12	6.83	↑ 0.12

数据来源：隆众资讯。

附表 4　2022 年国际原油现货市场月平均价格（普氏现货报价）

月份	WTI（美元 / 桶）	布伦特（美元 / 桶）	迪拜（美元 / 桶）	辛塔（美元 / 桶）	大庆（美元 / 桶）	胜利（美元 / 桶）
1 月	75.43	78.11	76.85	70.75	75.65	79.65
2 月	88.51	89.62	87.45	82.97	86.99	90.99
3 月	96.16	98.43	98.66	90.92	97.54	102.09

续表

月份	WTI（美元/桶）	布伦特（美元/桶）	迪拜（美元/桶）	辛塔（美元/桶）	大庆（美元/桶）	胜利（美元/桶）
4月	100.89	105.25	101.4	91.58	101.24	105.34
5月	104.08	106.3	104.65	87.79	105.85	110.75
6月	115.1	116.08	112.66	98.75	114.9	120.1
7月	106.1	109.49	106.31	90.82	109.3	115.8
8月	98.66	103.92	101.5	85.48	103.46	109.68
9月	89.26	95.18	93.95	68.83	88.31	95.42
10月	81.12	86.35	88.26	70.64	84.23	89.43
11月	86.21	92.67	91.39	73.52	91.52	95.87
12月	80.49	96.78	81.35	56.5	83.52	87.62
2022年均价	93.51	98.18	95.37	80.71	95.21	100.23

数据来源：同花顺。

附表5　2013—2022年中国新能源汽车产销量

产销量	2013年	2014年	2015年	2016年	2017年	2018年	2019年	2020年	2021年	2022年
产量（万辆）	1.75	7.85	34.05	51.70	79.40	127.00	124.20	136.60	354.50	705.8
销量（万辆）	1.76	7.48	33.11	50.70	77.70	125.60	120.60	136.70	352.10	688.7

数据来源：中国汽车工业协会。

附表6　2022年中国新能源汽车充电基础设施整体情况

项目	1月	2月	3月	4月	5月	6月	7月	8月	9月	10月	11月	12月
公共充电桩累计量（万台）	117.8	121.3	123.2	133.2	141.9	152.8	157.5	162.3	163.6	168.0	173.1	179.7
充电电量（亿千瓦时）	12.5	11.8	10.8	14.2	15.6	19.3	21.9	23.3	21.9	20.6	19.9	21.4

数据来源：中国充电联盟。

附表 7　2013—2022 年中国新能源装机容量

类别	2013 年	2014 年	2015 年	2016 年	2017 年	2018 年	2019 年	2020 年	2021 年	2022 年
光电（万千瓦）	1589	2486	4318	7742	13025	17446	20430	25300	30600	39261
风电（万千瓦）	7652	9657	13075	14747	16400	18427	21005	28172	32800	36544
生物质（万千瓦）	850	940	1034	1214	1476	1781	2254	2952	3798	4103

数据来源：国家能源局。

附表 8　2013—2021 年中国新能源分种类发电量

类别	2013 年	2014 年	2015 年	2016 年	2017 年	2018 年	2019 年	2020 年	2021 年
光电（亿千瓦时）	84	235	385	662	967	1778	2243	2605	3259
风电（亿千瓦时）	1412	1561	1858	2371	2950	3660	4057	4665	6526
核电（亿千瓦时）	1116.1	1325	1707	2132	2480	2943	3483	3662	3971
生物质（亿千瓦时）	370	425	527	650	795	906	1111	1326	1637

数据来源：国家能源局。

附表 9　2019—2021 年全球主要地区新能源分种类发电量

单位：亿千瓦时

地区	2019 年			2020 年			2021 年		
	光电	风电	核电	光电	风电	核电	光电	风电	核电
北美洲	1196	3483	9639	1503	3967	9404	1824	4396	9230
中南美洲	191	788	246	228	854	247	372	1082	255
欧洲	1529	4600	9300	1789	5101	8374	1956	5030	8828
独联体国家	17	13	2112	48	26	2180	41	46	2302
中东地区	119	16	64	164	19	80	152	29	141
非洲	189	189	136	124	218	156	165	244	104
亚太地区	392	509.4	6469	4703	5726	6548	5815	7792	7143
总计	707.9	14182	27966	8557	15912	27001	10325	18619	28003

数据来源：bp《世界能源统计年鉴 2022》。

附表 10　2012—2021 年全球主要国家和地区的石油消费量

单位：千桶 / 日

国家、地区、组织	2012 年	2013 年	2014 年	2015 年	2016 年	2017 年	2018 年	2019 年	2020 年	2021 年
美国	17581	17992	18111	18499	18593	18845	19417	19424	17183	18684
中国	10061	10563	11018	11890	12297	13003	13642	14321	14408	15442
日本	4676	4499	4283	4116	3983	3949	3815	3592	3269	3341
加拿大	2426	2422	2420	2443	2453	2424	2501	2491	2191	2229
巴西	2519	2656	2729	2488	2370	2407	2293	2303	2134	2252
德国	2276	2336	2273	2269	2307	2374	2255	2270	2049	2045
俄罗斯	3140	3163	3300	3197	3275	3280	3310	3376	3210	3407
沙特阿拉伯	3140	3163	3300	3197	3275	3280	3310	3376	3210	3407
印度	3674	3717	3832	4147	4544	4724	4974	5150	4701	4878
韩国	2466	2476	2473	2586	2811	2804	2800	2789	2640	2813
经济合作与发展组织（OECD）	44716	44746	44317	45026	45522	45952	46420	46070	40360	42941
非经济合作与发展组织（NON-OECD）	43831	45151	46275	47439	48647	49972	51070	51677	48386	51147
欧盟	11157	10955	10749	10913	11090	11319	11345	11307	9853	10421
全球总计	88547	89897	90592	92464	94169	95924	97490	97747	88746	94088

数据来源：bp《世界能源统计年鉴 2022》。

参考文献
REFERENCE

[1] 驻喀麦隆共和国大使馆经济商务处 . 国际货币基金组织预计 2022 年通货膨胀率为 4.6%，为 2008 年以来的最高水平 [EB/OL].（2022–07–09）[2022–02–12]. http://cm.mofcom.gov.cn/article/jmxw/202207/20220703332174.shtml.

[2] 中国环境网 . 欧盟可再生能源法案通过 可再生能源目标提升至 45%，绿氢大幅加码 [EB/OL].（2022–07–14）[2023–02–12]. https://www.eco.gov.cn/news_info/56901.html.

[3] 董天意 . 经济不景气？劳斯莱斯创 118 年来最高销量纪录！网友：小丑竟是我自己 [EB/OL].（2023–01–10）[2023–02–12]. https://www.nbd.com.cn/articles/2023–01–10/2627907.html.

[4] 陈籽 . 漫评美联储加息拖累全球经济复苏：“压力好大” [EB/OL].（2022–12–30）[2023–02–12]. http://m.people.cn/n4/2022/1230/c23–20409292.html.

[5] 中国新闻网 . 西方国家达成一致：对石油产品限价！俄：反制！ [EB/OL].（2023–02–04）[2023–02–12]. https://www.chinanews.com/gj/2023/02–04/9947108.shtml.

[6] 立鼎产业研究网 . 2020—2022 年 H1 欧盟天然气进口、库存、价格增长情况分析 [EB/OL].（2022–11–14）[2023–02–12]. http://www.leadingir.com/datacenter/view/8333.html.

[7] 赵冰 . 俄副总理：2022 年俄天然气出口下降约 25% [EB/OL].（2022–12–26）[2023–02–13]. http://www.news.cn/world/2022–12/26/c_1129233828.htm.

[8] 戏说金融 . 欧盟能源进口来源发生重大变化，美国份额飙升，俄罗斯锐减 [EB/OL].（2022–05–30）[2023–02–12]. https://www.sohu.com/a/552597905_120355094#:~:tex.

[9] 智谷趋势 . 德国重磅消息，亚欧大陆为之一震 [EB/OL].（2023–01–05）[2023–02–12]. https://www.myzaker.com/article/63b58ef1b15ec00ed96486be.

[10] 期货日报 . 欧洲通胀爆表！天然气价格暴跌超 60% 还不够？欧盟出招：限价，还带上了衍生品！ [EB/OL].（2022–10–21）[2023–02–12]. https://finance.sina.com.cn/money/future/fmnews/2022–10–21/doc–imqmmthc1604988.shtml.

[11] 任珂 . 国际能源署：欧盟 2023 年仍将面临天然气短缺 [EB/OL].（2022–12–13）[2023–02–12]. http://www.news.cn/world/2022–12/13/c_1129205275.htm.

[12] 财联社 . 2022 油气市场年终盘点：乌克兰危机影响深远 美国成为最大赢家 [EB/OL].（2022–12–29）[2023–02–12]. https://futures.eastmoney.com/a/202212292599935850.html.

[13] 金融时报 . 欧盟碳关税机制更进一步 全球可再生能源发电份额有望大幅提升 [EB/OL].（2023–02–15）[2023–02–17]. https://www.chinacace.org/news/fieldsview?id=14387.

[14] 王俊岭 . 到 2025 年，非化石能源消费比重提高到 20% 左右——"现代能源体系" 看点多 [EB/OL].（2022–03–26）[2023–02–12]. http://www.gov.cn/xinwen/2022–03/26/content_5681588.htm.

[15] 界面新闻 . 11 月中国电动汽车出口创新高，70% 销往欧洲 [EB/OL].（2022–12–29）[2023–02–12]. https://finance.sina.com.cn/jjxw/2022–12–29/doc–imxyitkk9323847.shtml?r=0&tr=174.

[16] 期货日报 . OPEC 下调石油需求预期 打击市场情绪 [EB/OL].（2022–11–16）[2023–02–12]. https://finance.sina.com.cn/money/future/fmnews/2022–11–16/doc–imqmmthc4758727.shtml.

[17] 尚凯元 . 全球新能源汽车产业加速发展（环球热点）[N/OL]. 人民日报海外版，（2022–12–03）[2023–02–12]. https://paper.people.com.cn/rmrbhwb/html/2022–12/03/content_25952379.htm.

[18] 21 世纪经济报道 . 后 COP26 时代新格局：减少煤炭成共识，全球碳市场蓄势待发 [EB/OL].（2021–11–26）[2023–02–12]. https://view.inews.qq.com/k/20211122A0BUIW00?web_channel=wap&openApp=false.

[19] 苏佳纯，刘畅 . 2022 年国际油价半年回顾与展望 [J]. 能源，2022（8）：61–67.

[20] 王一冰 . 上半年原油成品油保持增产炼油产能过剩凸显 [J]. 中国石化，2022（9）：17–18.

[21] 国际国内原油成品油价格月报 [J]. 国企管理，2022（18）：110.

[22] 常鑫 . 中国成品油消费现状及趋势分析 [J]. 炼油与化工，2022，33（3）：1–4.

[23] 李月 . 我国成品油消费税的消费效应研究 [D]. 昆明 : 云南财经大学，2022.

[24] 国内成品油需求恢复至疫情前水平 [J]. 中国石油企业，2022（5）：33.

[25] 胡丽 . 我国成品油价格改革历程与展望研究 [D]. 成都 : 四川大学，2022.

[26] 赵海 . 基于美国成品油批发市场启示下的营销模式探析 [J]. 北京石油管理干部学院学报，2020，27（5）：70–73.

[27] 王会良，刘竣川 . 美国成品油销售市场发展特点与启示 [J]. 国际石油经济，2019，17（11）：63–67，92，76.

[28] 张之华 . 成品油销售企业直销新模式探索与实践 [J]. 北京石油管理干部学院学报，2018，25（3）：21–24，39.

[29] 史乐蒙 . 中国大宗商品仓储管理进入标准化时代 [N]. 期货日报，2022–8–26（7）.

[30] 梁鸿宇 . 数字化仓储“急求”标准化 [J]. 中国储运，2020（8）：58–60.

[31] 殷超，曹萍 . 凝实“三基本”建设 推动成品油仓储物流高质量发展 [J]. 国企，2022（5）：68–69.

[32] 田保涛 . 扩大成品油市场准入背景下我国民营石油企业发展策略研究 [J]. 现代商业，2022（1）：106–109.

[33] 周冰 . 以供应链优化创新降低成品油物流成本的探索与实践 [J]. 中国市场，2022（25）：166–170.

[34] 程鹏 . 成品油物流配送优化及运输成本控制策略 [J]. 中国航务周刊，2022（13）：47–49.

[35] 王静 . 被地缘冲突引爆的全球能源市场 [J]. 中国远洋海运，2022（6）：30–33，8.

[36] 闫坪卉，武全，张晓宇，史文波 . 全力保障疫情期间成品油市场供应 [N]. 中国石化报，2022–4–2（1）.

[37] 孔劲媛，齐超，罗艳托 . 2022 年中国成品油市场分析预测 [J]. 油气新能源，2022，34（3）：11–18.

[38] 曹志宏 . 乌克兰危机对国际能源格局的影响及中国的应对 [J]. 商业经济，2022（9）：93–95，126.

[39] 丁少恒，邢治河，单海杰 .“十四五”初期中国成品油市场特征与行业发展建议 [J]. 国际石油经济，2022，30（4）：63–71.

[40] 邢治河，仇玄，魏昭 . 中国成品油供需关系演进二十年回顾与“十四五”展望 [J]. 油

气与新能源，2021，33（3）：22-26.

[41] 张少华 . 我国成品油市场供需现状及趋势分析 [J]. 北方经贸，2019（10）：46-51.

[42] 李晓依，许英明，肖新艳 . 乌克兰危机背景下国际石油贸易格局演变趋势及中国应对 [J]. 国际经济合作，2022（3）：10-18.

[43] 刘满平 . 俄乌局势对能源市场的影响及对策建议 [J]. 当代石油石化，2022，30（4）：1-10.

[44] 李思漫，栾宏宇，王姝，等 . 对 2022 年中国成品油出口的思考与建议 [J]. 国际石油经济，2022，30（10）：84-89.

[45] 李妍，习文青，刘子嫣，等 . 能源综合服务站系统的能流分析方法与效能评估 [J]. 电力建设，2022，43（4）：140-148.

[46] 武云鹏，互联网思维下智慧加油站建设研究 [J]. 电子元器件与信息技术，2022，6（9）：122-125.

[47] 钟云环，张路，王睿，等 . 大数据背景下智慧加油站创新管理与服务研究 [J]. 科技创新与应用，2022，12（14）：188-191，196.

[48] 邸建凯，孙仁金，董秀成，等 . 中国石油流通行业发展蓝皮书（2020—2021）[M]. 北京：中国经济出版社，2022.

[49] 倪好，冯晓丽，孙仁金 . 防疫常态化下加油站非油业务经营策略探析 [J]. 中国石油企业，2022（5）：78-82.

[50] 陈子怡，刘婕，于璐，等 . 后疫情时代宿迁零售业的机遇与发展 [J]. 产业与科技论坛，2021，20（20）：25-26.

[51] 刘媛，孙申，吴安琪，等 . 加油站非油业务品牌架构建设探析 [J]. 国际石油经济，2020，28（10）：79-83.

[52] 周琦 . 中石化易捷如何开好全国最多的便利店 [J]. 中国经济周刊，2021（18）：80-82.

[53] 李文涛 . 数据驱动：后疫情时代的数字零售发展策略研究 [J]. 经营与管理，2021（6）：12-14.

[54] 种照辉，姜信洁，何则 . 国际能源贸易依赖网络特征及替代关系研究：化石能源与可再生能源 [J]. 地理研究，2022，41（12）：3214-3228.

[55] 刘霞 . 中国引领全球可再生能源投资，能源目标加速实现 [J]. 新能源科技，2022

（10），1–2.

[56] 韩宇 . bp 公司将运营全球最大的可再生能源和“绿氢”中心 [J]. 石油炼制与化工，2022，53（9）：95.

[57] 顾洪宾，范慧璞，谢越韬，等 . 双碳背景下全球可再生能源领域发展机遇展望 [J]. 国际工程与劳务，2022（9）：22–25.

[58] 周天舒，迟东训，艾明晔 . 双碳背景下可再生能源面临的挑战及对策建议 [J]. 宏观经济管理，2022（7）：59–65.

[59] 白苏，白云飞，袁骏，等 . 碳中和目标下可再生能源匮乏型国家电力发展研究——以新加坡为例 [J]. 全球能源互联网，2022，5（4）：398–408.

[60] 余庆玉 . 碳交易机制下可再生能源投资价值与投资时机研究 [J]. 中国产经，2022（13）：114–116.

[61] 陈璇，李晓，何明珠 . 欧盟积极向可再生能源转型 [J]. 生态经济，2022，38（7）：1–4.

[62] 张安华 . 可再生能源新规划的新特点 [J]. 中国电力企业管理，2022（16）：8–9.

[63] 范新宇 . 低碳经济视角下我国可再生能源产业发展 [J]. 中小企业管理与科技，2022（9）：138–140.

[64] 边卫红，税蓝蝶 . 全球能源脱碳目标下美国能源转型的新特征 [J]. 清华金融评论，2022（5）：99–103.

[65] 欧阳明高 . 发展可再生能源制氢 推进氢能产业高质量发展 [J]. 科学新闻，2022，24（2）：17–19.

[66] 邹阳阳 . 可再生能源战略下的哈萨克斯坦立法与国际合作 [J]. 华北电力大学学报（社会科学版），2022（1）：35–42.

[67] 罗佐县 . 全球新能源在挑战中快速发展 [J]. 中国石化，2022（2）：32–35.

[68] 张彬 . 基于可再生能源的综合能源系统环境主导评价建模及多目标优化 [D]. 兰州：兰州理工大学，2022.

[69] 庞广廉，汪爽，王瑜 . 中亚能源转型与可再生能源投资合作 [J]. 国际石油经济，2022，30（2）：76–83.

[70] 王宇，朱沈超，陈芳斌，等 . 中国核电与可再生能源发电协调发展初探 [J]. 可再生能源，2021，39（8）：1069–1077.

[71] 苗安康，袁越，吴涵，等 .“双碳”目标下绿色氢能技术发展现状与趋势研究 [J]. 分

布式能源，2021，6（4）：15-24.

[72] 古雨．中国可再生能源发展趋势预测及应用前景分析 [D]. 北京：华北电力大学（北京），2021.

[73] 王禹锡，姚玉璧，姚小英．“一带一路”背景下中欧可再生能源发展现状及投资机遇分析 [J]. 能源研究与利用，2021（2）：2-7，55.

[74] 郭子珣，曹雅妃．中国可再生能源东中西部差异化发展现状研究 [J]. 现代商贸工业，2021，42（10）：11-12.

[75] 李根柱．可再生能源配额与电力协调交易研究 [D]. 北京：华北电力大学（北京），2020.

[76] 乌日力嘎．可再生能源电力发展现状与展望 [J]. 环境保护与循环经济，2019，39（12）：4-6.

[77] 周玉辉，文丽晨．能源转型下可再生能源发展现状研究 [J]. 营销界，2019（37）：241-242.

[78] 韩雪，任东明，胡润青．中国分布式可再生能源发电发展现状与挑战 [J]. 中国能源，2019，41（6）：32-36，47.

[79] 国际氢能委员会．氢能平价之路（中文版）[R]. 比利时：国际氢能委员会，2020.

[80] Meng X，Chen M，Gu A, et al. China’s hydrogen development strategy in the context of double carbon targets[J]. Natural Gas Industry B，2022，9（6）：521-547.

[81] 本书编委会．中国氢能源及燃料电池产业白皮书 [M]. 北京：中国氢能联盟，2019.

[82] 王胜男，吴琦．生物质发电厂成本控制及经济可行性研究分析 [J]. 工程建设与设计，2022（9）：217-219.

[83] 任焕焕，李冰阳，夏丽娜，等．中国新能源汽车出行碳资产开发现状及应用展望 [J]. 石油石化绿色低碳，2022，7（6）：1-6.

[84] 王永超．中国新能源汽车发展现状评析 [J]. 新能源科技，2022（11）：34-36.

[85] 孙俊杰．新能源汽车新型产业生态链构建路径 [J]. 时代汽车，2022（24）：115-117.

[86] 张卓颖．新能源汽车财政补贴政策及发展策略探讨 [J]. 中国市场，2022（32）：36-38.

[87] 龚永丽．促进我国新能源汽车产业发展的财税政策探讨 [J]. 现代商贸工业，2022，43（23）:27-29.

[88] 刘润泽，周楠，李志勇，等 . 新能源汽车供能电池技术的应用分析 [J]. 中国设备工程，2022（21）：208–210.

[89] 族青 . 新能源汽车换电模式现状及发展趋势 [J]. 现代工业经济和信息化，2022，12（10）：260–262.

[90] 刘洋，于欣 . 低碳经济下我国新能源汽车发展问题及对策 [J]. 产业创新研究，2022（19）：63–65.

[91] 丁沛，马铁驹，马也 . 基于在线评论的新能源汽车销量影响因素研究 [J]. 系统科学与数学，2022，42（10）：2647–2664.

[92] 马宁，于楠，孙仁金，等 . 新能源汽车发展对汽油消费影响实证分析 [J]. 油气与新能源，2022，34（5）：40–45.

[93] 吴昊俊，陈伟光 . 政策支持、环保压力与新能源汽车推广——基于空间杜宾模型的 31 省市面板数据分析 [J]. 交通节能与环保，2022，18（5）：81–87.

[94] 公丕明 . 中国新能源汽车产业国际竞争力：影响因素、特征表现与提升路径 [J]. 现代管理科学，2022（4）：63–72.

[95] 王青，江华，李嘉彤，等 . 中国及全球光伏产业发展形势分析 [J]. 太阳能，2022（11）：5–10.

[96] 李元丽 . 光伏已成为全球增速最快的可再生能源 [N]. 人民政协报，2022–10–22（9）.

[97] 赵三珊，华珉，肖浥青 . 全球光伏产业发展及中美两国对比 [J]. 张江科技评论，2022（4）：28–31.

[98] 刘叶琳 . 全球光伏行业加速向“绿”而行 [N]. 国际商报，2022–05–10（3）.

[99] 董梓童 . 新兴市场持续发力 全球光伏装机创新高 [N]. 中国能源报，2022–03–14（6）.

[100] 董梓童 . 中国光伏成为全球能源转型中坚力量 [N]. 中国能源报，2021–12–27（9）.

[101] 李雪威，李鹏羽 . 中欧氢能竞争与合作新态势及中国应对 [J]. 德国研究，2022，37（5）：4–24，113.

[102] 王萧 . 全球通力合作 推动氢能燃料电池产业规模化发展 [N]. 中国黄金报，2022–09–06（6）.

[103] 金瑞庭 . 全球主要国家发展氢能的实践经验与政策建议 [J]. 中国能源，2022，44（7）：5–9.

[104] 刘坚，景春梅，王心楠 . 氢储能成全球氢能发展新方向 [J]. 中国石化，2022（6）：

69–71.

[105] 潘志丽 . 国际氢能委员会：2050 年全球清洁氢终端需求 [J]. 世界石油工业，2022，29（1）：82–83.

[106] 卢奇秀 . 中汽协：我国新能源汽车产销连续年全球第一 [N]. 中国能源报，2023–01–16（11）.

[107] 魏文 . 全球新能源乘用车销量中国份额达 53% 比亚迪、五菱进入车企销量前三 [N]. 第一财经日报，2022–02–09（A09）.

[108] 安宇飞 . 新能源车强势崛起 中国汽车出口跃居全球第二 [N]. 证券时报，2022–10–11（A01）.

[109] 杨忠阳 . 新能源汽车领跑全球 [N]. 经济日报，2022–09–27（6）.

[110] 全球最大规模 350 MW 盐穴压缩空气储能示范工程开工 [J]. 电世界，2022，63（6）：62.

[111] 孙昌岳 . 全球储能步入高速发展期 [N]. 经济日报，2022–08–01（4）.

[112] 全球储能市场增长依然强劲 中美欧市场持续领跑 [J]. 天然气勘探与开发，2022，45（2）：130.

[113] 杨骏飞，卢艺丹，何艺辰，等 . 实现“双碳”目标 中国储能电池产业如何迎头赶上 [J]. 中国商人，2023（1）：122–123.

[114] 高岩，李少彦，辛颂旭，等 . 2021 年中国储能发展现状与展望 [J]. 水力发电，2022，48（9）：1–4，55.

[115] 中国青年网 . 2022 年全球电动汽车市场份额首次增至 10%[EB/OL].（2023–01–25）[2023–01–31]. https://auto.youth.cn/xw/202301/t20230125_14276942.htm.

[116] 中国电池研究院 . 2022 年全球新能源汽车销量达 1082.4 万辆 中国市场占比突破 6 成 [EB/OL].（2023–01–27）[2023–01–31]. http://www.itdcw.com/news/hangyebaogao/011G332Y2023.html.

[117] 中关村储能产业技术联盟 . 2022 储能产业盘点：截至 2022 年底电力储能项目累计装机 59.4GW 同比增长 37%[EB/OL].（2023–01–16）[2023–01–31]. https://news.bjx.com.cn/html/20230116/1283429.shtml.

[118] CBC 全球生物质能源 . 世界生物质能源发展现状及未来发展趋势 [EB/OL].（2022–10–26）[2023–02–02]. https://newenergy.in–en.com/html/newenergy–2415803.shtml.

[119] 可持续发展经济导刊 . 全球主要国家氢能源发展战略与政策扫描 [EB/OL].（2021-06-10）[2023-02-02]. https://finance.sina.com.cn/esg/ep/2021-06-10/doc-ikqcfnca0287092.shtml.

[120] 刘为 . CNESA 重磅 | 2022 储能产业盘点：大势已成，因势而动 [EB/OL].（2023-01-16）[2023-02-02]. https://www.nengapp.com/zixun/a8c80c06d6cf44efbfb2a692a37ebd68.

[121] Hart Energy Company. Global refining forecast[EB/OL]. [2021-12-06]. https：//stratasadvisors.com.

[122] 鲜楠莹，王红秋，周笑洋 . 中国成品油供需现状及其发展趋势 [J]. 石化技术与应用，2022，40（3）：149-152.

[123] 郑玉华，孔盈皓 . 中国成品油消费影响因素分析及增长趋势预测 [J]. 天然气与石油，2017，35（5）：130-136.

[124] 吴方卫，付畅 . 我国未来经济发展中成品油与原油估算 [J]. 上海财经大学学报，2011，13（6）：72-79.

[125] 贾珍，方红，胡东欧，等 . 中国成品油消费需求波动及影响因素分析 [J]. 现代化工，2019，39（7）：6-10.

[126] 程晓龙，刘垂祥，况新亮，等 .“碳中和”背景下的中国成品油消费现状及未来发展分析 [J]. 化工管理，2022（10）：11-13.

[127] 徐英俊，丁少恒，罗艳托 . 中国新能源汽车发展及其对汽油需求影响的长期趋势预测 [J]. 国际石油经济，2022，30（8）：32-40.

[128] 罗艳托，韩冰，邢治河 . 中国航煤市场 2021 年回顾及 2022 年需求预测 [J]. 油气与新能源，2022，34（2）：25-28.

[129] 孙仁金，于楠，董秀成，等 . 2021 年中国成品油行业运行特点与近期展望 [J]. 国际石油经济，2022，30（4）：72-78.

[130] 牛犁，陈彬 . 国际油价走势分析及能源企业应对建议 [J]. 中国能源，2018，40（9）：4-7.

[131] 鲁政委，钱立华，方琦 . 可再生能源获绿色金融重点支持 [N]. 证券日报，2019-4-27（A3）.

[132] 殷剑峰，王增武 . 中国的绿色金融之路 [J]. 经济社会体制比较，2016，（6）：43-50.

[133] 杜雅男 . 绿色金融对新能源产业发展的影响研究 [J]. 统计理论与实践，2022，（7）：

50-53.

[134] 陈婕，邓学平．可再生能源投资与绿色经济发展的实证分析 [J]. 华东经济管理，2020，34（11）：100-106.

[135] 邱庆全，李爽，夏青．中国可再生能源消费与能源碳排放影响关系研究 [J]. 生态经济，2017，33（2）：19-23.

[136] Azam Anam et al. Analyzing the effect of natural gas, nuclear energy and renewable energy on GDP and carbon emissions: A multi-variate panel data analysis[J]. Energy, 2021, 219（prepublish）：119592-.

[137] Zhijian Wang, Mehdi Ben Jebli, Mara Madaleno, Buhari Doğan, Umer Shahzad, Does export product quality and renewable energy induce carbon dioxide emissions: Evidence from leading complex and renewable energy economies, Renewable Energy[J]. 2021, 171: 360-370.

[138] Xuedi Ren, Qinglong Shao, Ruoyu Zhong, Nexus between green finance, non-fossil energy use, and carbon intensity: Empirical evidence from China based on a vector error correction model[J]. Journal of Cleaner Production, 2020, 277.

[139] 颜越．我国可再生能源发电项目补贴退坡的困境机理解析 [J]. 能源技术与管理，2022，47（6）：203-205.

[140] 丁峰，李晓刚，梁泽琪，等．国外可再生能源发展经验及其对我国相关扶持政策的启示 [J]. 电力建设，2022，43（9）：1-11.

[141] 刘双柳，陈鹏，程亮，等．碳达峰碳中和目标下可再生能源产业财税金融支持政策研究 [J]. 中国环境管理，2022，14（4）：40-43.

[142] 王风云．我国可再生能源电价补贴及优化研究 [J]. 学习与探索，2020，（3）：95-102.

[143] 仲苏亮．稳步推进中国可再生能源平价上网的必要性及相关政策建议 [J]. 中外能源，2019，24（5）：15-20.

[144] 北京大学国家发展研究院能源安全与国家发展研究中心，中国人民大学经济学院能源经济系联合课题组，王敏，等．关于中国风电和光伏发电补贴缺口和大比例弃电问题的研究 [J]. 国际经济评论，2018，（4）：67-85，6.

[145] IATA fact sheet 4: strategic direction the wedge chart [EB/OL]. [2022-2-16]. https://www.iata.org/contentassets/d13875e9ed784f75bac90f000760e998/saf-the-wedge-chart.pdf.

[146] Bond JQ, Upadhye AA, Olcay H, et al. Production of renewable jet fuel range alkanes and

commodity chemicals from integrated catalytic processing of biomass[J]. Energy Environ Sci, 2014, 7（4）：1500–1523.

[147] 雪晶，王红秋，王双庆 . 生物液体燃料在未来能源体系中的作用与前景 [J]. 油气与新能源，2022，34（3）：60–65.

[148] 张胜军，门秀杰，孙海萍，等 .“双碳”背景下生物液体燃料的机遇、挑战及发展建议 [J]. 现代化工，2022，42（6）：1–5.

[149] 王圣，杨鹤，闫瑞，等 . 生物航煤生产技术的发展现状 [J]. 生物工程学报，2022，38（7）：2477–2488.

[150] Wei HJ, Liu WZ, Chen XY, et al. Renewable bio–jet fuel production for aviation: a review[J]. Fuel, 2019, 254: 115599.

[151] Zhao YH, Wang CB, Zhang LX, et al. Converting waste cooking oil to biodiesel in China: environmental impacts and economic feasibility[J]. Renew Sustain Energy Rev, 2021, 140: 110661.

[152] Ahman V V, Nilsson M, Nilsson L J. Assessment of hydrogen direct reduction for fossil– free steelmaking [J]. Journal of Cleaner Production, 2018, 203（1）：736– 745.

[153] 毛宗强 . 世界氢能炙手可热 中国氢能蓄势待发 [J]. 太阳能，2016（7）：16– 19.

[154] 中商情报网 . 超 25 省市出台政策布局加氢站，2019 年加氢站市场格局分析 [EB/OL].（2019–09–25）[2022–08–15]. https://www.shangyexinzhi.com/article/238430.html.

[155] 王璐，向家莹 . 可再生能源政策供给加大 金融输血靶向发力 [N]. 经济参考报，2022–09–19（2）.

[156] 於世为，孙亚方，胡星 .“双碳”目标下中国可再生能源政策体系完善研究 [J]. 北京理工大学学报（社会科学版），2022，24（4）：93–102.

[157] 林水静 . 绿电交易下一步该怎么走？ [N]. 中国能源报，2023–02–27（9）.

[158] 金雍奥，高得莲，汤庆峰 . 电力市场化交易助绿电大范围消纳 [N]. 国家电网报，2022–11–22（5）.